Walter E. Pfister

Regierungsprogramm und Richtlinien der Politik

Europäische Hochschulschriften

European University Papers
Publications Universitaires Européennes

Reihe II

Rechtswissenschaft

Série II   Series II

Sciences juridiques
Law

Bd./Vol. 108

Walter E. Pfister

Regierungsprogramm und Richtlinien
der Politik

Herbert Lang Bern
Peter Lang Frankfurt/M.
1974

Walter E. Pfister

Regierungsprogramm und Richtlinien der Politik

Herbert Lang Bern
Peter Lang Frankfurt/M.
1974

Druck ab Manuskript des Autors

ISBN 3 261 01480 6

©

Herbert Lang & Cie AG, Bern (Schweiz)
Peter Lang GmbH, Frankfurt/M. (BRD)
1974. Alle Rechte vorbehalten.

Nachdruck oder Vervielfältigung, auch auszugsweise, in allen Formen wie Mikrofilm, Xerographie, Mikrofiche, Mikrocard, Offset verboten.

Druck: Lang Druck AG, Liebefeld/Bern (Schweiz)

Inhaltsverzeichnis
=====================================

                                                                Seite

Inhaltsverzeichnis   I
Literaturverzeichnis   XI
Abkürzungsverzeichnis   XVIII

EINLEITUNG   1

Teil A: GRUNDLAGEN
==================

§ 1 Die Richtlinien der Politik

1.   Der Begriff der Richtlinien der Politik

1.1. Schwierigkeiten einer Definition   5
1.2. Versuch einer Umschreibung der Richtlinien der
      Politik   7
1.3. Der Gegenstand der Richtlinien   9
1.4. Die Richtlinien als angebliche Rechtsnormen   13

2.   Die Richtlinien als umfassendste Regierungsfunktion

2.1. Richtlinienbestimmung als Oberleitung und Staats-
      lenkung   15
2.2. Richtlinienbestimmung als Impulsgebung und Planung   17
2.3. Richtlinienbestimmung als Mittel zu Koordination
      und Integration   18
2.4. Richtlinienbestimmung und Kontrolle   20
2.5. Zusammenfassung   21

§ 2 Das Regierungsprogramm

1.   Der Begriff des Regierungsprogrammes

1.1. Die Vieldeutigkeit des Begriffes Regierungsprogramm   24
1.2. Eingrenzung des Begriffes Regierungsprogramm   26

1.3.	Abgrenzung des Regierungsprogrammes	29
1.4.	Regierungsprogramm und Haushalt- sowie Finanzplan	34

2. Grundsätze zum Regierungsprogramm

2.1.	Erfordernis eines fundierten Regierungsprogrammes	38
2.2.	Der Inhalt des Regierungsprogramms	42
2.3.	Zielbestimmung und Programmformulierung	46

3. Das Regierungsprogramm als internes Arbeitsinstrument

3.1.	Regierungsprogramm und Planung	52
3.2.	Das Regierungsprogramm als Koordinations- und Integrationsmittel	59
3.3.	Das Regierungsprogramm als Kontrollinstrument	60

4. Das Regierungsprogramm im Verhältnis zu Parlament und Oeffentlichkeit

4.1.	Das Regierungsprogramm als informativer Ueberblick	63
4.2.	Das Regierungsprogramm als Investiturerklärung	65
4.3.	Regierungsprogramm und Gesetzgebungsprogramm	66
4.4.	Das Regierungsprogramm als Gegenstand und Massstab externer Kontrolle	67

5. Regierungsprogramm und Parteien

5.1.	Regierungsprogramm und Parteiprogramme	73
5.2.	Regierungsprogramm und Koalitionsvereinbarung	76
5.3.	Die Durchsetzung des Regierungsprogrammes	78

Teil B: REGIERUNGSPROGRAMM UND RICHTLINIEN DER POLITIK
IN EINIGEN AUSLAENDISCHEN STAATEN

§ 3 Vereinigte Staaten von Amerika

1. **Die Richtlinien der Politik**

1.1.	Die Kompetenz des Präsidenten zur Bestimmung der Politik	82
1.2.	Hilfsbefugnisse und Ergänzungen der Führungskompetenz	82
1.3.	Die Bedeutung des Kongresses bei der Bestimmung der Politik	86
1.4.	Die Rolle der Parteien und Fraktionen	88

2. **Führungsinstrument und politische Planung**

2.1.	Das Kabinett	89
2.2.	Das White House Office	90
2.3.	Das Bureau of the Budget	91
2.4.	Die übrigen Stabstellen im Executive Office	93
2.5.	Die mittel- und kurzfristige Planung der Regierung	94
2.5.1.	Im Allgemeinen	94
2.5.2.	Das Planning-Programming-Budgeting-System (PPBS)	95
2.5.3.	PPBS und Kongress	98

3. **Das Regierungsprogramm in den Vereinigten Staaten**

3.1.	Entwicklung und Ausarbeitung des Regierungsprogrammes	99
3.1.1.	Entwicklungsgeschichte	99
3.1.2.	Ausarbeitung des Regierungsprogrammes bis 1965	101
3.1.3.	Ausarbeitung des Regierungsprogrammes seit 1965	103
3.2.	Das Regierungsprogramm als Arbeitsinstrument der Regierung	105
3.3.	Das Regierungsprogramm im Verhältnis zu Kongress und Parteien	108
3.4.	Regierungsprogramm und Oeffentlichkeit	111

§ 4 Grossbritannien

1. Die Richtlinien der Politik

1.1.	Die Bestimmung der Regierungspolitik im Kabinett	114
1.2.	Die besondere Stellung des Premierministers	116
1.3.	Die Rolle der Parteien bei der Richtlinienbestimmung	117
1.4.	Die Bedeutung des Parlamentes bei der Richtlinienbestimmung	118
1.5.	Die Bedeutung der öffentlichen Meinung für die Richtlinien der Politik	120

2. Führungsinstrumentarium und politische Planung

2.1.	Kabinettsausschüsse und interdepartementale Ausschüsse	122
2.2.	Das Schatzamt (Treasury)	123
2.3.	Das Cabinet Office	125
2.4.	Das "No 10-Office", der persönliche Stab des Premierministers	127
2.5.	Die Stäbe in den Departementen	127
2.6.	Die Königlichen Kommissionen und Untersuchungsausschüsse	128
2.7.	Die politische Planung	129
2.7.1.	Im Allgemeinen	
2.7.2.	Die Planung in den Departementen	
2.7.3.	Die Planung auf Regierungsebene	

3. Das Regierungsprogramm in Grossbritannien

3.1.	Entwicklung und Ausarbeitung des Gesetzgebungs- und Regierungsprogrammes	131
3.1.1.	Entwicklungsgeschichte	131
3.1.2.	Die Ausarbeitung des Regierungs- und Gesetzgebungsprogramms	133
3.2.	Das Regierungsprogramm als Arbeitsinstrument der Regierung	136
3.3.	Das Regierungsprogramm als Mittel zur Zusammenarbeit mit dem Parlament und als Grundlage des Parteiprogramms	139
3.4.	Regierungsprogramm und Oeffentlichkeit	141

§ 5 Frankreich

1. **Die Richtlinien der Politik**

1.1. Die Kompetenz der Regierung zur Bestimmung der Richtlinien … 143
1.2. Die besondere Stellung des Premierministers … 144
1.3. Stellung und Einfluss des Präsidenten der Republik … 146
1.4. Die Bedeutung des Parlamentes bei der Richtlinienbestimmung … 149
1.5. Die Bedeutung der öffentlichen Meinung für die Richtlinien der Politik … 151

2. **Das Führungsinstrumentarium der Exekutive**

2.1. Der Conseil des Ministres und der Conseil du Cabinet … 153
2.2. Politische Berater und Superminister … 153
2.3. Interministerielle Zusammenkünfte … 154
2.4. Das Secrétariat Général du Gouvernement … 155
2.5. Die persönlichen Kabinette … 157

3. **Das Regierungsprogramm in der IV. Republik**

3.1. Die Ausarbeitung des Regierungsprogrammes durch den Premier … 159
3.2. Der Inhalt der Regierungserklärung … 160
3.3. Die Funktionen des Regierungsprogrammes in der IV. Republik … 161

4. **Das Regierungsprogramm in der V. Republik** … 165

§ 6 Belgien und Italien

1. **Die Bestimmung der Richtlinien der Politik in Belgien**

1.1. Aufgabe und Organisation der Regierung … 167
1.2. Das innere Kabinett und die Regierungsausschüsse als Gremien zur Bestimmung der Regierungspolitik … 168

1.3.	Die Vormachtstellung des Premierministers	169
1.4.	Die Bedeutung des Staatsoberhauptes	173
1.5.	Die Bedeutung des Parlamentes und der Parteien	174

2. **Ausarbeitung und Bedeutung des Regierungsprogrammes in Belgien**

2.1.	Die Ausarbeitung des Regierungsprogrammes	177
2.2.	Die Bedeutung des Regierungsprogrammes	180

3. **Richtlinien der Politik und Regierungsprogramm in Italien**

3.1.	Die Richtlinien der Regierungspolitik	182
3.1.1.	Die Aufgabe der Regierung	183
3.1.2.	Die Kompetenz des Ministerpräsidenten zur Richtlinienbestimmung	183
3.1.3.	Die Rolle der politischen Parteien bei der Richtlinienbestimmung	184
3.2.	Die Führungsinstrumente der Regierung	185
3.3.	Ausarbeitung und Bedeutung des Regierungsprogrammes in Italien	187

§ 7 Deutschland (BRD)

1. **Die Richtlinien der Politik**

1.1.	Die Richtlinienkompetenz des Bundeskanzlers	190
1.2.	Die Bedeutung der Richtlinienkompetenz innerhalb der Regierung	193
1.3.	Die Richtlinienkompetenz im Verhältnis zum Bundespräsidenten	195
1.4.	Die Richtlinienkompetenz im Verhältnis zum Bundestag	195
1.5.	Die Richtlinienkompetenz im Verhältnis zum Bundesrat	198
1.6.	Der Einfluss der Parteien auf die Richtlinienkompetenz	198

2. **Führungsinstrumentarium und politische Planung**

2.1.	Kabinettsausschüsse und andere interministerielle Ausschüsse	201

2.2.	Das Bundeskanzleramt (BKA)	202
2.3.	Das Presse- und Informationsamt der Bundesregierung	206
2.4.	Die Stäbe der Minister, insbesondere zur Planung	206
2.5.	Die politische Planung auf der Regierungsebene	207
3.	**Das Regierungsprogramm in der Bundesrepublik**	
3.1.	Regierungsprogramm und Planungsorganisation nach den Vorschlägen der Projektgruppe für Regierungs- und Verwaltungsreform	211
3.2.	Das Regierungsprogramm als internes Arbeitsinstrument der Regierung	221
3.3.	Das Regierungsprogramm im Verhältnis zu Parlament und Oeffentlichkeit	223
3.4.	Regierungsprogramm und Koalitionsvereinbarung	227

Teil C: REGIERUNGSPROGRAMM UND RICHTLINIEN DER POLITIK IN DER SCHWEIZ

§ 8 Entstehung und Entwicklung des schweizerischen Regierungsprogramms

1.	Vorgeschichte	231
2.	Die Diskussion über die Motion Schürmann	237
3.	Die Richtlinien für die Regierungspolitik 1968-1971	243
4.	Die Diskussion um Gruners Reformvorschläge	249
5.	Die Institutionalisierung der Richtlinien der Regierungspolitik	253
6.	Der Rechenschaftsbericht des Bundesrats für die Legislaturperiode 1967-1971	256
7.	Das Minimalprogramm der Bundesratsparteien	259
8.	Die Richtlinien der Regierungspolitik 1972-1975	264

§ 9 Die Richtlinien der Politik im schweizerischen Staatsrecht

1. **Eigenheiten und Gefahren des schweizerischen Regierungssystems**

1.1.	Allgemeines	271
1.2.	Die Trias der Organisationssysteme für die Regierungsorgane	272
1.3.	Die Allparteienregierung	274

2. **Die Richtlinienkompetenz des schweizerischen Bundesrates**

2.1.	Kurze geschichtliche Entwicklung	276
2.2.	Die Kompetenz des Bundesrates zur Bestimmung der Richtlinien	278
2.3.	Einflüsse auf die Richtlinienkompetenz des Bundesrates	281
2.4.	Charakter und Verbindlichkeit der Richtlinien der Politik	284
2.5.	Die Verantwortlichkeit für die Richtlinien der Politik	290

- IX -

3. Die institutionelle Verankerung der Richtlinien der Politik

3.1. Die Verankerung der Richtlinien im Geschäftsverkehrsgesetz 294

3.2. Die vorgesehene Verankerung der Richtlinien im BG über die Organisation und die Geschäftsführung von Bundesrat und Bundesverwaltung 304

§ 10 Ausarbeitung und Vollzug des schweizerischen Regierungsprogrammes

1. Das Führungsinstrumentarium des Bundesrates und seiner Mitglieder

1.1. Die Bundeskanzlei 307
1.2. Alternativen zur Bundeskanzlei 311
1.2.1. Weitere Stabsstellen im Bunde 312
1.2.2. Eidgenössische Departemente 313
1.2.3. Exkurs: Die Verknüpfung der Planungsprozesse für das Regierungsprogramm und den Finanzplan 313
1.2.4. Das Präsidialdepartement 316
1.2.5. Gremien ausserhalb der Administration 317
1.3. Departementale Stäbe 320

2. Der Werdegang der Richtlinien 1971/75

2.1. Grundsatzfragen 322
2.2. Schwierigkeiten in der Disposition 324
2.3. Redaktion und Beratung des Richtlinienberichtes 326
2.4. Präsentation und Korrektur der Richtlinien der Politik 327
2.5. Richtlinienbericht und Parteien 328

3. Der Vollzug der Richtlinien der Politik

3.1. Die Ueberwachung des Vollzuges der Richtlinien in der Verwaltung 328
3.2. Der Aufbau der Uebersichten im besonderen 330

4. Der Rechenschaftsbericht von 1971

4.1. Die Erarbeitung des Rechenschaftsberichtes für 1967/71 332
4.2. Rechenschaftsbericht und Geschäftsbericht 333

§ 11 Möglichkeiten und Grenzen des schweizerischen Regierungsprogrammes

1.	Das Regierungsprogramm als internes Arbeitsinstrument der Exekutive	335
1.1.	Das Regierungsprogramm als Mittel zur Integration des Regierungskollegiums	335
1.2.	Das Regierungsprogramm als Planungs- und Koordinationsinstrument	339
1.3.	Das Regierungsprogramm als Kontrollinstrument	349
2.	Das Regierungsprogramm im Verhältnis zu Parlament und Oeffentlichkeit	
2.1.	Das Regierungsprogramm als Informationsmittel	352
2.2.	Das Regierungsprogramm als Mittel zur Herausforderung und Mitbeteiligung des Parlamentes	354
2.3.	Das Regierungsprogramm als Gegenstand und Mittel der parlamentarischen Kontrolle	357
3.	Regierungsprogramm und Parteien	
3.1.	Allgemeines	363
3.2.	Schwierigkeiten und Nachteile einer Koalitionsvereinbarung	364
3.3.	Möglichkeiten und Tragweite eines Minimalprogrammes	368

§ 12 Das Regierungsprogramm in den Schweizer Kantonen

1.	Ueberblick	373
2.	Ausarbeitung und Vollzug der kantonalen Regierungsprogramme	377
3.	Möglichkeiten und Grenzen der kantonalen Regierungsprogramme	380

Anhang A

Präsident Dwight Eisenhowers Regierungsprogramm für 1954 (Darstellung des Verfahrens zur Ausarbeitung) — 385

Anhang B

Das Gesetzgebungsprogramm der Regierung Attlee für 1945-1949 (Darstellung des Verfahrens zur Ausarbeitung) — 395

Literaturverzeichnis

Anmerkung: Die benutzten Werke werden mit dem Autorennamen oder mit dem Sammeltitel angegeben. Sind von einem Autor verschiedene Werke verwendet worden, so wird ein - nachfolgend unterstrichenes - Kennwort hinzugesetzt.

Allgemeine und rechtsvergleichende Literatur

BOEHRET, Carl	Entscheidungshilfen für die Regierung, Opladen 1970
	Das Planning-Programming-Budgeting-System, in: Politische Planung S.158ff (zit.: Böhret, PPBS)
ELLWEIN, Thomas	Einführung in die Regierungs- und Verwaltungslehre, Stuttgart u.a. 1966
	Parlament und Verwaltung, Stuttgart u.a. 1967
	Regierung und Verwaltung, Stuttgart u.a. 1970
	Politik und Planung, Stuttgart u.a. 1968
FLOHR, Heiner	Parteiprogramme in der Demokratie, Göttingen 1968
FRIESENHAHN, Ernst	Parlament und Regierung im modernen Staat, in: Veröffentlichungen der Vereinigung der Deutschen Staatsrechtslehrer, H. 16 (1958), S. 9ff
GLUM, Friedrich	Das parlamentarische Regierungssystem in Deutschland, Grossbritannien und Frankreich, 2.A., München und Berlin 1965
GRUBER, Dietrich	Die Stellung des Regierungschefs in Deutschland und Frankreich, Hamburg 1964
KROEPFLE, Franz	Inhalt und Grenzen der Richtlinien der Politik des Regierungschefs, in: Deutsches Verwaltungsblatt Jg. 80 (1965), S. 857-862 und 925-930
LOMPE, Klaus	Gesellschaftspolitik und Planung, Freiburg i.Br. 1971
MAUNZ, Theodor	Die Richtlinien der Politik im Verfassungsrecht, in: Bayrische Verwaltungsblätter, 1956, S.260ff
MORSTEIN-MARX, Fritz	Regierungsprogramm und Haushaltplanung in vergleichender Sicht, in: Politische Vierteljahresschrift Jg. 6 (1965), H. 4, S. 442-464
	Das Dilemma des Verwaltungsmannes, Schriftenreihe der Hochschule Speyer Bd. 26, Berlin 1965
Politische Planung	in Theorie und Praxis, herausgegeben von Volker Ronge und Günther Schmieg, München 1971

Erster Bericht zur Reform der Struktur von Bundesregierung und Bundesverwaltung, Bonn 1969, S. 220ff	
Regierungsprogramme	und Regierungspläne, Schriftenreihe der Hochschule Speyer, Bd.51, Berlin 1973
SCHEUNER, Ulrich	Der Bereich der Regierung, in: Festschrift für Rudolf Smend, Göttingen 1952, S. 263ff
STERNBERGER, Dolf	Lebende Verfassung, Studien über Koalition und Opposition, Meisenheim a.G. 1956

Vereinigte Staaten von Amerika

BLAIR, Georges	American Legislatures (Structure and Process), New York + London 1967
FENNO, Richard	The President's Cabinet, Cambridge + Massachusetts 1959
FRAENKEL, Ernst	Das amerikanische Regierungssystem, 2.A., Köln + Opladen 1962
KALLENBACH, Joseph	The American Chief Executive (The Presidency and the Governorship), New York + London 1966
LENZ, Carl Otto	Die Beratungsinstitutionen des amerikanischen Präsidenten in Fragen der allgemeinen Politik, Bonner Diss. (ungedruckt) 1961
LOEWENSTEIN, Karl	Verfassungsrecht und Verfassungspraxis in den Vereinigten Staaten, Berlin, Göttingen + Heidelberg 1959 (zit.: Loewenstein, US)
NEUSTADT, Richard E.	The Growth of Central Clearance, in: American Political Science Review, Vol.48 (Sept. 1954), S. 641 - 671
	Planning the President's Program, in: American Political Science Review, Vol.49 (Dezember 1955) S. 980 - 1021
	Presidential Power, the Politics of Leadership, New York + London 1960

Grossbritannien

BERKELEY, Humphry	The Power of the Prime Minister, London 1968
JENNINGS, Sir Ivor	Cabinet Government, 2.A., Cambridge 1951
JENNINGS, Sir Ivor/ RITTER, Gerhard	Das britische Regierungssystem, Leitfaden, Opladen + Köln 1957
LOEWENSTEIN, Karl	Staatsrecht und Staatspraxis von Grossbritannien, Band I, Berlin u.a. 1967 (zit.: Loewenstein, GB)
	Der britische Parlamentarismus (Entstehung und Gestalt), Reinbeck bei Hamburg 1964

MACKINTOSH, John P.	The British Cabinet, 2.A., London 1968
MORRISON, Herbert	Regierung und Parlament in England, München 1956
WALKLAND, S.A.	The Legislative Process in Great Britain, London 1968

Frankreich

ARNE, Serge	Le Président du Conseil des Ministres sous la IVe République, Paris 1962
AVRIL, Pierre	Le Régime Politique de la Ve République, Paris 1964
BURDEAU, Georges	Droit constitutionnel et institutions politiques, 15.A., Paris 1972
COLIN, Jean	Les services du Premier Ministre, in: La Revue Administrative, Bd. 16 (1963), S. 15ff
DUVERGER, Maurice	La Cinquième République, Paris 1959 (zitiert: Duverger, La Ve République)
	Institutions politiques et droit constitutionnel, 11.A., Paris 1970 (zitiert: Duverger, Institutions)
GICQUEL, Jean	Essai sur la pratique de la Ve République, Paris 1968
LAUBADERE, André de	Traité élémentaire de droit administratif, Bd.III: Grands services publics et entreprises nationales, Paris 1966
MARCEL, J.	La Présidence du Conseil, in: Revue du Droit Public et de la Science Politique, Bd. 74 (1958), S. 452ff
TAY, Hughues	Le Régime Présidentiel et la France, Thèse Lyon, Paris 1967
VEDEL, Georges	Le fonctionnement des institutions de la Ve République, in: Revue Banque et Bourse, Mai 1960 S. 195ff oder in: Editions du Centurion 1958 S. 49ff

Belgien

DE CROO, Herman-Frans	Parlement et Gouvernement, Brüssel 1965
GANSHOF VAN DER MEERSCH	in einem längeren Vorwort zu:
URBAIN, Robert	La fonction et les services du Premier Ministre en Belgique, Brüssel 1958
VAN IMPE, Herman	Le régime parlementaire en Belgique, Brüssel 1968

Bundesrepublik Deutschland

BACHMANN, Günther	Das Bundeskanzleramt, in: Die Staatskanzlei, Schriftenreihe der Hochschule Speyer, Bd. 34, Berlin 1967
BEHRENDT, Günther	Das Bundeskanzleramt, Aemter und Organisationen der BRD, Bd.7, Frankfurt und Bonn 1968
BOECKENFOERDE, Ernst-Wolfgang	Die Organisationsgewalt im Bereich der Regierung, Schriften zum öffentlichen Recht, Bd. 18, Berlin 1964, insbes. S. 234ff
ELLWEIN, Thomas	Das Regierungssystem der Bundesrepublik Deutschland, 2.A., Köln + Opladen 1965 (zitiert: Ellwein, BRD)
ESCHENBURG, Theodor	Staat und Gesellschaft in Deutschland, 2.A., Stuttgart 1956
GUILLEAUME, Emil	Regierungslehre, in: Strukturwandel der modernen Demokratie, Darmstadt 1967, S. 459ff
	Entwicklung und Bedeutung der Richtlinien der Politik in der Bundesrepublik Deutschland, in: Verwaltungspraxis Nr. 1/73, S. 12ff
HENNIS, Wilhelm	Richtlinienkompetenz und Regierungstechnik, in: Recht und Staat Bd.300/301, Tübingen 1964
JOCHIMSEN, Reimut	Zum Aufbau und Ausbau eines integrierten Aufgabenplanungssystems und Koordinationssystems der Bundesregierung, im Bulletin des Presse- und Informationsamtes der Bundesregierung Nr.97 vom 16.7.1970, S. 949-957, oder in: Politische Planung in Theorie und Praxis, München 1971 (Piper Sozialwissenschaft Bd.9), S. 184ff
JUNKER, Ernst	Die Richtlinienkompetenz des Bundeskanzlers, Diss. Tübingen 1964
LECLAIRE, Alfred	Grosse Koalition als permanente Krisenregierung, Heidelberger Diss., 1966
von MANGOLDT / Hermann KLEIN, Friedrich	Das Bonner Grundgesetz, Kommentar, 2.A., Berlin und Frankfurt a.M.,1966
MAUNZ, Theodor / DUERIG, Günter	Grundgesetz, Kommentar, München und Berlin, 1958ff
PRIOR, Harm	Die interministeriellen Ausschüsse der Bundesministerien, Sozialwissenschaftliche Studien Heft 10, Stuttgart 1968
Erster Bericht zur	Reform der Struktur von Bundesregierung und Bundesverwaltung, Bonn 1969, besonders Teil III, S. 184ff
SCHATZ, Heribert	Bedingungen für Strukturinnovationen in politischen Systemen, Diskussionsunterlage für die 2. Tagung der Arbeitsgruppe "Comparative Politics" in Buchenbach, 6.-8. April 1970 (unveröffentlicht)

SCHOENE, Siegfried — Von der Reichskanzlei zum Bundeskanzleramt, Berlin 1968

SCHUELE, Adolf — Koalitionsvereinbarungen im Lichte des Verfassungsrechts, Tübingen 1964

WEBER, Harald — Der Koalitionsvertrag, Bonn 1965

Schweiz

AKERET, Erwin — Regierung und Regierungsform der Schweiz. Eidgenossenschaft. Zürcher Diss., Andelfingen 1941

AUBERT, Jean François — Traité du droit constitutionnel Suisse, Bd.II, Neuchâtel 1967

BAEUMLIN, Richard — Die Kontrolle des Parlamentes über Regierung und Verwaltung, ZSR 85 (1966) S. 161ff

BURCKHARDT, Walther — Kommentar der schweizerischen Bundesverfassung, 3.A., Bern 1931

DOMINICE, Christian — Le Système Gouvernemental Suisse comparé à d'autres types de gouvernement, JoPW 1967, 39ff

EICHENBERGER, Kurt — Die Problematik der parlamentarischen Kontrolle, SJZ 61 (1965), 269ff und 285ff

Organisatorische Probleme des Kollegialsystems, JbPW 1967, S. 69ff

Das Präsidialdepartement, Festschrift für Marcel Bridel, Lausanne 1968, S. 131ff

Die politische Verantwortlichkeit der Regierung im schweizerischen Staatsrecht, in: Verfassungsrecht und Verfassungswirklichkeit, Festschrift für Hans Huber, Bern 1961

FLEINER, Fritz/ GIACOMETTI, Zacharia — Schweizerisches Bundesstaatsrecht, Zürich 1949 (Nachdruck 1965)

GERMANN, Raimund E. — Richtlinien der Regierungspolitik - Fragen zu einer neuen Institution, Verwaltungspraxis Nr. 3/1973, S. 71ff

GRUNER, Erich — Regierung und Opposition im schweizerischen Bundesstaat, Bern 1969

Die Parteien in der Schweiz, Bern 1969

HUBER, Karl — Aus dem Aufgabenkatalog der Bundeskanzlei, in: Tag der offenen Tür (Dokumentation für die Aussprache mit der Bundeshauspresse vom 21.3.1972), Bern 1972

HUG, Klaus	Die Regierungsfunktion als Problem der Entscheidungsgewalt, Diss. Zürich, Bern 1971
KOCHER, Gerhard/ FRITSCH, Bruno	Zukunftsforschung in der Schweiz, Bern 1970
MUELLER, Georg	Die Stabsstelle der Regierung als staatsrechtliches Problem, Diss. Basel, 1970
PETITPIERRE, Max	De quelques problèmes concernant le conseil fédéral, JbPW 1967, S. 7ff
RIEDWEG, Walter	Das Planungs-Programmierungs- und Budgetierungssystem als Instrument der Verwaltungsführung, Diss. Zürich, 1971
ROHR, Rudolf	Die Finanzplanung der öffentlichen Hand in staatsrechtlicher Sicht, Diss. Zürich 1971
SCHUMANN, Klaus	Das Regierungssystem der Schweiz, Diss. Köln 1971
Schlussbericht	der Arbeitsgruppe für die Vorbereitung einer Totalrevision der Bundesverfassung, Bern 1973
SCHUERMANN, Leo	Probleme der Allparteienregierung, JbPW 1967, S. 83ff.
	Die Auswirkungen der Richtlinien für die Regierungspolitik auf die Bundesverwaltung, Verwaltungspraxis Nr. 1/1973, S. 3ff
	Richtlinien der Politik des schweizerischen Bundesrates, ZBl 69 (1968), Nr. 19/20 vom 15.10.1968, S. 407ff
STEINER, Jürg (Hrsg.)	Das politische System der Schweiz, München 1971
STUTZ, Walter	Die Richtlinien für die Regierungspolitik als Führungs- und Planungsinstrument: erste Erfahrungen einer kantonalen Verwaltung, Verwaltungspraxis Nr. 1/1973, S. 8ff
VOLLENWEIDER, Hans-Jürg	Die Organisation des Bundesrates nach Art.103 der Schweiz. Bundesverfassung, Zürcher Diss., Winterthur 1954
VULPIUS, Axel	Die Allparteienregierung, Frankfurt 1957

Materialien und Expertenberichte

Bericht I	Bericht des Bundesrates an die Bundesversammlung über die Richtlinien für die Regierungspolitik in der Legislaturperiode 1968-1971 vom 15. Mai 1968 (BBl 1968 I 1204ff)
Bericht II	Bericht des Bundesrates an die Bundesversammlung über die Richtlinien der Regierungspolitik in der Legislaturperiode 1971-1975 vom 13. März 1972 (BBl 1972 1 1021ff)
Rechenschaftsbericht	Bericht des Bundesrates an die Bundesversammlung über den Vollzug der Richtlinien für die Regierungspolitik in der Legislaturperiode 1967-1971 vom 28. April 1971 (BBl 1971 I 853ff)
Botschaft	Botschaft des Bundesrates an die Bundesversammlung vom 12. November 1969 über die Ergänzung des Geschäftsverkehrsgesetzes durch die Art.45 bis und 45 ter betreffend Richtlinien der Regierungspolitik (BBl 1969 II 1318ff)
	Bundesgesetz über die Ergänzung des Geschäftsverkehrsgesetzes vom 24. Juni 1970 (BBl 1970 II 6ff)
Expertenbericht I	Expertenbericht über Verbesserungen in der Regierungs- und Verwaltungsführung des Bundesrates, Bern, November 1967 (sog. "Hongler-Bericht")
Expertenbericht II	Bericht und Gesetzesentwurf der Expertenkommission für die Totalrevision des Bundesgesetzes über die Organisation der Bundesverwaltung, Bern, September 1971 (sog. "Huberbericht")

Abkürzungsverzeichnis

A.	Auflage
a.a.O.	am angeführten Ort
Abs.	Absatz
Anm.	Anmerkung
A.P. Suisse	L'Année Politique Suisse (Schweizerische Politik im Jahre ...), Bern
L'Année Politique	L'Année Politique, Paris
A.N.	Assemblée Nationale
a.o.	ausserordentlich
Art.	Artikel
B	Belgien
BBl	Bundesblatt der Schweizerischen Eidgenossenschaft
Bd.	Band
bes.	besonders
betr.	betreffend
BG	Bundesgesetz
BKA	deutsches Bundeskanzleramt
BKl	schweizerische Bundeskanzlei
BN	Basler Nachrichten, Basel
BR	Bundesrat
BRD	Bundesrepublik Deutschland
BV	Bundesverfassung der Schweizerischen Eidgenossenschaft vom 29. Mai 1974
BVerwOG	BG über die Organisation und die Geschäftsführung des Bundesrates und der Bundesverwaltung (Entwurf)
bzw.	beziehungsweise
dgl.	dergleichen
d.h.	das heisst
Diss.	Dissertation
E	Entwurf
eidg.	eidgenössisch
evtl.	eventuell
f, ff	folgende Seite(n)
F	Republik Frankreich
GB	Königreich Grossbritannien
Genossenschaft	Genossenschaft, Wochenzeitung von Coop Schweiz, Basel
GG	Grundgesetz für die BRD vom 23. Mai 1949
gl.M.	gleicher Meinung
GOBReg	Geschäftsordnung der (deutschen) Bundesregierung
GVG	BG über den Geschäftsverkehr der Bundesversammlung sowie über die Form, die Bekanntmachung und das Inkrafttreten ihrer Erlasse, vom 23. März 1962
H.	Heft
Hrsg.	Herausgeber

I	Republik Italien
insbes.	insbesondere
i.S.	im Sinne
JbPW	Schweizerisches Jahrbuch für Politische Wissenschaft, Lausanne; (Annuaire suisse de science politique)
Jg.	Jahrgang
Kap.	Kapitel
Komm.	Kommentar
lit.	Litera, Buchstabe
m.E.	meines Erachtens
Nr.	Nummer
NR	schweizerischer Nationalrat
NZ	Nationalzeitung, Basel
NZZ	Neue Zürcher Zeitung, Zürich
Rep.	Republik
rev.	revidiert
S.	Seite
SJZ	Schweizerische Juristen-Zeitung, Zürich
sog.	sogenannt
SR	Ständerat
StenBull	Stenographisches Bulletin (der eidg. Räte)
u.a.	unter anderem
USA	Vereinigte Staaten von Amerika
u.U.	unter Umständen
v.	vom
Verwaltungspraxis	Verwaltungspraxis, Monatsschrift für die Verwaltung, Solothurn
vgl.	vergleiche
Vol.	Volume
Weltwoche	Die Weltwoche, Unabhängige Umschau und Schweizer Spiegel, Zürich
z.B.	zum Beispiel
Zbl	Schweizerisches Zentralblatt für Staats- und Gemeindeverwaltung, Zürich
zit.	zitiert
ZSR	Zeitschrift für Schweizerisches Recht, Basel

Die Abkürzungen hinter schweizerischen Parlamentariern bedeuten:

Parteizugehörigkeit

CVP	Christlichdemokratische Volkspartei der Schweiz
FDP	Freisinnig-Demokratische Partei der Schweiz
LdU	Landesring der Unabhängigen
SPS	Sozialdemokratische Partei der Schweiz
SVP	Schweizerische Volkspartei

Kantonsherkunft

AG	Aargau		SO	Solothurn
BE	Bern		SZ	Schwyz
BL	Basel-Landschaft		TG	Thurgau
BS	Basel-Stadt		TI	Tessin
FR	Freiburg		UR	Uri
LU	Luzern		VD	Vaud, Waadt
NE	Neuenburg		ZG	Zug
SG	Sankt Gallen		ZH	Zürich
SH	Schaffhausen			

Einleitung
─────────

Regierung und Verwaltung der Schweizerischen Eidgenossenschaft sehen sich heute, ebenso wie die Exekutiven anderer Industrieländer, qualitativ und quantitativ steigenden Anforderungen an ihre Führungs- und Entscheidungsfähigkeit gegenüber. Die meist sektoral organisierten gesellschaftlichen Institutionen und Gruppen sind angesichts der wachsenden Dimension und Verflechtung der Probleme immer weniger in der Lage, die aus der Verschiedenartigkeit der Bedürfnisse und der Knappheit der Mittel resultierenden Konflikte mit einem für die ganze Gesellschaft annehmbaren Ergebnis zu regeln.

Dieser innergesellschaftlichen Entwicklung entspricht ein wachsender internationaler Wettbewerb in Wirtschaft, Wissenschaft und Technik und eine Verstärkung der aussenpolitischen Beziehungen. Aufgrund dieser Gegebenheiten muss der Staat zwangsläufig noch mehr zum aktiv gestaltenden Leistungsstaat werden. Der Staat kann deshalb weniger denn je sein Handeln von äussern Anstössen abhängig machen, sondern muss vielmehr eine konzeptionelle Politik entwickeln und aus einer Gesamtschau des sozialen, wirtschaftlichen und technologischen Wandels ständig Impulse zu neuen, bewusst gesteuerten Entwicklungen geben. Sollen Entscheidungsfähigkeit und Handlungsspielraum der politischen Führung auch in Zukunft gewährleistet sein, bedarf es gezielter Anpassungsschritte bezüglich der Struktur und Aufgabenstellung des Regierungs- und Verwaltungsapparates, sowie der verwendeten Verfahren und Instrumentarien.

In der Schweiz haben sich die Reformvorstellungen zum Regierungssystem schon einigermassen konkretisiert und 1967 im Expertenbericht über die Verbesserung der Regierungstätigkeit und Verwaltungsführung des Bundesrates niedergeschlagen. [1] Die Schaffung eines Regierungsprogrammes geht jedoch auf parlamentarische

───────────
1) Vgl. hinten § 9 Kap. 1.

Bestrebungen zurück. [2] Als das Sofortprogramm zur Sanierung der Bundesfinanzen scheiterte, verlangte Nationalrat Leo Schürmann mit einer am 1. März 1967 eingereichten Motion vom Bundesrat Richtlinien für die zu befolgende Regierungspolitik und eine Dringlichkeitsordnung für die zu lösenden Aufgaben, gültig für die Dauer einer Legislaturperiode. Die Motion wurde noch 1967 von beiden Kammern überwiesen und nach einigem Zögern entschloss sich die Landesregierung, die Forderung bereits für die kommende Legislaturperiode 1967-71 zu erfüllen. Am 15. Mai 1968 hat der Bundesrat erstmals und am 28. März 1972 zum zweiten Mal "Richtlinien für die Regierungspolitik" aufgestellt, sowie am 28. April 1971 einen auf die ersten Richtlinien bezüglichen Rechenschafts - bericht abgestattet. Welche Bedeutung Regierungsprogramm und Rechenschaftsbericht im schweizerischen Staatsleben haben oder haben könnten, ist Gegenstand der vorliegenden Arbeit.

Die Unbestimmtheit und Vieldeutigkeit von Ausdrücken wie "Richtlinien der Politik" und "Regierungsprogramm" erforderten vorerst eine allgemeine Klärung der beiden zentralen Begriffe und ihre funktionelle Ueberprüfung. Da es darüber kaum allgemeine Literatur gab, erschien es angezeigt, empirisch vorzugehen und einige der für die Schweiz bedeutsamsten ausländischen Regierungssysteme auf ihr Regierungsprogramm hin zu untersuchen. Der Vergleich mit dem Ausland war umsomehr geboten, als einerseits das Regierungsprogramm in der Schweiz noch eine sehr junge und nicht gefestigte Einrichtung ist und anderseits seine Entwicklung insbesondere in den angelsächsischen Ländern und in Deutschland weiter fortgeschritten ist. Weil die Bedeutung des Regierungsprogrammes vom jeweiligen Regierungssystem abhängt, musste dessen Darlegung in den Länderberichten jeweils vorangehen; das betreffende Regierungssystem liess sich dabei anhand der Bestimmung, Konkretisierung und Durchsetzung der Richtlinien aufzeigen. [3]

---

2) Vgl. zum folgenden hinten § 8
3) Vgl. nachfolgend § 1 Kap. 2.5.

Aus dieser induktiven, beobachtenden und verstehenden Methode und aus dem sehr weitreichenden Spektrum des Regierungsprogrammes ergab sich notgedrungen eine für eine monographische Arbeit ungewöhnliche Breite und Stoffülle, musste doch nahezu der gesamte politische Teil der verschiedenen Verfassungen und seine praktischen Auswirkungen gestreift werden. Ein engeres Blickfeld durfte aber im Interesse eines umfassenden Ueberblickes über die verschiedenen Aspekte des Regierungsprogrammes nicht zulänglich sein, umsomehr als allgemeine Untersuchungen hiezu m.W. fehlen. [4] Die Weite des Stoffes hat die monographische Eindringlichkeit erschwert und mag vielfach eine gewisse Oberflächlichkeit zur Folge gehabt haben; so musste beispielsweise auf eine eingehendere Behandlung der zurzeit besonders in Diskussion stehenden politischen Planung, der Finanzplanung und der Regierungsreform im allgemeinen verzichtet werden.

Schwierigkeiten ergaben sich daraus, dass die Richtlinienbestimmung und der Entstehungsprozess des Regierungsprogrammes nicht öffentlich sind; beides erfolgt weitgehend regierungsintern oder innerhalb der Parteien. Die offiziell verkündeten Regierungsprogramme und -erklärungen geben nur das Ergebnis - und nicht einmal das vollständig - wieder. Infolgedessen war es oft schwer und bezüglich Frankreich und Italien geradezu unmöglich, über den tatsächlichen Prozess der Entstehung einer Richtlinienentscheidung und des ganzen Programmes, sowie über den wirklichen Inhalt Genaueres zu erfahren.

Von einem streng normativen Begriff des Staatsrechts aus könnte man zur Auffassung gelangen, dass die Richtlinien der Politik und das Regierungsprogramm kein staatsrechtlicher, sondern ein bloss staatssoziologisch-politischer Gegenstand seien. In den angelsächsischen und französischsprachigen Staaten schon immer und in Deutschland und der Schweiz seit der Zwischenkriegszeit hat sich die Staatsrechtslehre gegen ihre normative Verengung gewehrt und die staatssoziologische und politische Betrachtung entschieden miteinbezogen. Auch die Verfassungswirklichkeit muss

---

4) Ausgenommen einige Beiträge der 40. Staatswissenschaftlichen Fortbildungstagung der Hochschule Speyer, in: Regierungsprogramme

mit rechtlicher Methode betrachtet und gewertet werden. Die vorliegende Arbeit versteht sich in diesem Sinne als staatsrechtlich-politologische.

Teil A: GRUNDLAGEN
****

§ 1 Die Richtlinien der Politik

1. Der Begriff der Richtlinien der Politik [5]

1.1. Schwierigkeiten einer Definition

Es ist bemerkenswert, dass ein für das Staatsleben so bedeutender Begriff wie derjenige der Richtlinien der Politik bis heute keine sichere Definition gefunden hat, ja dass eine solche kaum versucht worden ist. Dabei gibt es keinen Staat, in dem nicht Richtlinien der Politik bestimmt würden. Jeder Staat, der über ein noch so eingeschränktes politisches Eigengewicht verfügt, führt seine Politik nach gewissen Richtlinien und trifft dementsprechende Richtungsentscheidungen; "indem er Richtlinien seiner Politik bestimmt, bestimmt er sich selbst". [6]

Dass dem Begriff der politischen Richtlinien so wenig Aufmerksamkeit geschenkt wird, mag zum einen daran liegen, dass er wegen seines vieldeutigen Inhalts und seiner unscharfen Konturen kaum juristisch prägnant erfasst werden kann; zum andern hat der Begriff - ausser in der Bundesrepublik - keine verfassungsrechtliche Bedeutung, etwa zur Abgrenzung von Kompetenzen innerhalb der Regierung. In den Vereinigten Staaten bestimmt der Präsident - unter Vorbehalten - nicht nur die Richtlinien, sondern die Politik schlechthin. [7] Aehnlich, nur nicht so ausgeprägt, ist die Stellung des Bundesrats in der Schweiz. [8] In Grossbritannien und Belgien wurde die Regierungspolitik früher im Kabinett, heute eher in einem Kabinettsausschuss (einem "inneren" oder "Kernkabinett"), nach den Richtlinien des Premiers bestimmt. [9]

---

5) Zum Begriff: Junker 45ff; Maunz 260ff; Kröpfle 857ff und 925 ff; Mangoldt/Klein, Art.65, III 2
6) Junker 56
7) Vgl. unten §3 Kap. 1.1.1.
8) Vgl. unten §9 Kap. 1.
9) Vgl. § 4 Kap. 1.1. und 2.1.; § 6 Kap. 1.2.1. und 1.3.2.

Die Bestimmung der Richtlinien ergibt sich aber nicht aus dem Verfassungsrecht direkt, sondern indirekt aus den sonstigen Befugnissen des Premiers und seiner politischen Stellung, sodass die Grenzen gegenüber Kabinetts- und Ressortentscheiden sehr unscharf und wegen ihrer ausschliesslich politischen Relevanz rechtlich nicht fassbar sind.

Nach der Verfassung der V. Republik Frankreichs hat die Regierung die ausdrückliche Kompetenz zur Bestimmung und Führung der "Politik der Nation", wobei der Premierminister die Regierung leitet. In der Verfassungswirklichkeit bestimmt jedoch der Staatspräsident allein oder zusammen mit dem Premierminister die Richtlinien der Politik, wobei diesen Richtlinien politisch wiederum keine Grenzen gesetzt sind. [10] Die italienische Verfassung statuiert zwar eine ausdrückliche Kompetenz des Ministerpräsidenten zur Richtlinienbestimmung, doch ist gewohnheitsrechtlich eine Beratung im Ministerrat geboten. Zudem ist der Ministerpräsident durch Koalitionsvereinbarungen weitgehend gebunden und hat sich nach den Weisungen der mächtigen Parteisekretariate zu richten [11]; eine Diskussion über den Richtlinienbegriff erübrigt sich darum auch hier.

Im deutschen Staatsrecht, das den Ausdruck erst schuf, gab es schon unter der Weimarer Reichsverfassung eine Richtlinienkompetenz. [12] In Art. 65 des Bonner Grundgesetzes ist nun der Begriff unerlässlich geworden für die Abgrenzung des Kanzlers- vom Kabinetts- und Ressortprinzip; die Richtlinienkompetenz des Bundeskanzlers hat eine grosse Bedeutung. Dennoch wurden auch in Deutschland die Rechtsnatur und Grenzen der Richtlinienkompetenz wenig erörtert. [13] Lehrbücher und Kommentare behandeln den Begriff teils als dem natürlichen Verständnis feststehend, teils als bewusst undefinierten Ausdruck, und erfassen ihn nur durch Umschreibung

---

10) Vgl. unten § 5 Kap. 1.1. bis 1.3.
11) Vgl. unten § 6 Kap. 3.1.1.f
12) Vgl. ausführlich Junker 5 ff und 27ff; sowie Guilleaume, Richtlinien 12 ff
13) Maunz/Dürig Art. 65, 2

seines Anwendungsgebietes und seiner Wirkungen. Erst JUNKER [14] unternahm erstmals den Versuch einer Definition der Richtlinien, allerdings nur in bezug auf die Stellung des deutschen Bundeskanzlers.

Die eingangs erwähnten Schwierigkeiten einer juristisch prägnanten Richtlinienformulierung liegen im unbestimmten, flexiblen Charakter solcher Worte wie "Richtlinien", "Politik" oder "bestimmen", der sie für rechtliche Anordnungen ungeeignet erscheinen lässt. Die Regierung besitzt nicht wie die meisten anderen hoheitlichen Funktionen eine klare Verfahrensordnung, sondern nur vereinzelte Formvorschriften und einige organisatorische Normen. Sie kennt keinen Rechtszwang und keine rechtsförmige Gewährleistung von Zuständigkeiten ihrer Organe. Bei einer Vernachlässigung oder Ueberschreitung einer Kompetenz können - von der strafrechtlichen Verantwortung abgesehen - praktisch nur politische Sanktionen eintreten. Dabei fallen neben den Regeln der Verfassung die konkrete Konstellation von Parlament und Regierung, Regierungschef und Ministern, sowie deren individuelle Fähigkeiten und Temperamente ins Gewicht. Die Verschiedenheit der untersuchten Regierungssysteme endlich erschwert die Formulierung eines allgemeingültigen Richtlinienbegriffs noch mehr.

1.2. Versuch einer Umschreibung der Richtlinien der Politik

Dem Ausdruck "Richtlinien der Politik" ist wenig zu entnehmen. Nach dem blossen Wortlaut bedeutet er etwa "Ziel und Richtung der Politik". Die Richtlinie umfasst demnach die Ziele der Politik und damit auch die Richtung auf diese Ziele und der Weg dazu. [15]

Die Bezeichnung "Richtlinien" kommt zwar auch in Verwaltungsgesetzen vor, etwa als "Steuerrichtlinien" oder "Planungsrichtlinien", doch handelt es sich in diesen Fällen um be-

---

14) Junker 45 ff
15) Mangoldt/Klein, Art. 65, III 2 a

stimmte rechtssatzmässige Bindungen des Verwaltungshandelns in tatbestandsmässig umschriebenen Situationen. Solche liegen aber bei den Richtlinien der Politik regelmässig nicht vor. [16]

Aus der deutschen Begriffsgeschichte lässt sich bloss herleiten, dass auf Grund der Richtlinienkompetenz dem Kanzler der "allgemeine Teil" der Regierungsgeschäfte obliegen sollte, während die Minister je für einen "besonderen Teil" zuständig und verantwortlich sein sollten. [17]

Lässt sich Näheres weder aus dem Wortlaut, noch aus der Geschichte des Begriffes entnehmen, so kann eine Definition aus der Eigenart des Bereichs staatlicher Tätigkeit, dem sie angehören, weiterführen. Der Bereich der Richtlinien der Politik ist derjenige der Regierung. SCHEUNER [18] definiert diesen Bereich als die zur Exekutive gehörige Seite der politischen Sphäre oder des Bereichs des Verfassungslebens. Die Sphäre des Politischen bestimmt er inhaltlich vom Staat her gerade als die oberste Zielsetzung, die Selbstbestimmung des Staates, die schöpferische Entscheidung und die Erringung und Ausübung sozialer Macht zu ihrer Durchsetzung. [19] Regierung wäre demnach inhaltlich die politische Entscheidung der Staatsführung, die Festlegung der Richtlinien, die integrierende Oberleitung des Staates.

Die Akte des Regierungsbereichs sind nicht rechtsfrei, sondern die Verfassung bildet auch für sie Grundlage und Ermächtigung. Die Verfassung setzt ihnen Ziele und gibt ihnen Mittel, sodass man sagen kann, dass sie selbst die obersten Richtlinien der Regierungspolitik enthält. [20] Das Recht weist im Regierungsbereich jedoch starke Eigenarten auf, besonders wegen der hier vorhandenen stärksten sozialen Ener-

---

16) Vgl. nachfolgend Kap. 1.1.4.
17) Junker 46. In den Niederlanden wird übrigens der Ministerpräsident als "Minister van de allgemenen Saken" bezeichnet
18) Zum Bereich der Regierung grundlegend: Scheuner 253 ff (Definition S. 276)
19) Scheuner 272
20) Junker 48

gien und wegen des Fehlens von genauerer Vorhersehbarkeit und rationaler Eindeutigkeit. [21] Es überwiegt darum das Organisations- und Verfahrensrecht, während inhaltliche Bindungen des Regierungshandelns selten sind; die Regierungsaktionen sind deshalb nur "verfassungsrechtlich begrenzt, nicht gebunden" [22].

Von den Aufgaben und Formen der Regierungsaktion her lassen sich die Richtlinien der Politik nun zuverlässiger definieren als die Ent_sch_eidung_en, welche die Richtung der Regierungsaktion bestimmen. [23] Richtlinien sind nur diejenigen Regierungsentscheidungen, denen eine grundsätzliche Bedeutung zukommt, indem sie einen Bezug auf_s_Staatsganze_ aufweisen, sei es dass sie dessen innere Ordnung prägen oder sei es, dass sie es als Einheit ins Spiel bringen (wie in der Aussenpolitik). [24] Die besondere politische Bedeutung braucht einer Angelegenheit nicht von vornherein anzuhaften, sondern kann auch dadurch entstanden sein, dass diese für das Staatsganze erst durch das Hinzutreten weiterer Umstände wichtig wird, oder dass die Oeffentlichkeit besonderen Anteil daran zu nehmen begonnen hat. Immer aber ist bei ihnen ein zukunftsbezogenes Richtungselement vorhanden.

Die Richtlinien der Politik sind im übrigen zunächst ein reiner Pluralbegriff. Nicht auf der Setzung einzelner Richtlinien liegt der Akzent dieses Ausdrucks, sondern auf der Prägung des politischen Gesamtbildes. [25]

1.3. Der Gegenstand der Richtlinien

Die Regierungsentscheidungen lassen sich in zwei Arten unter-

---

21) Scheuner 279
22) Scheuner 279
23) In ähnlichem, aber stark abgeschwächten Sinn versteht der schweizerische Bundesrat unter den Richtlinien "jene grundsätzlichen Absichten und Vorsätze, von denen er sich in der Staatslenkung ... leiten lassen will" (Bericht I, Einleitung S.1)
24) Junker 50
25) Junker 50 (unten)

teilen, nämlich die programmatischen und die reagierenden.[26]
Die Regierung handelt einmal als Gestalterin zukünftiger Ordnung, indem sie Ziele formuliert, verfolgt und verwirklicht.
Sie wählt sich selber ihre Aufgaben und stellt einen Plan
auf, wie und in welcher Reihenfolge sie diese erfüllen will.
Das Regierungsprogramm ergibt sich aus dem Situationsbefund,
wie ihn die Regierung bei ihrem Amtsantritt antrifft, und
aus ihrer parteipolitischen Richtungsauffassung.[27]

Daneben treten auch von ausserhalb Aufgaben an sie heran:
Konflikte und Notstände erfordern ihre augenblickliche Stellungnahme. Auf die oft einmaligen und unvorhergesehenen Tatbestände muss die Regierung tatkräftig reagieren. Aehnlich
der Verwaltung und Justiz hat sie hier einen Einzelfall zur
Aufrechterhaltung der gegenwärtigen Sozialordnung zu gestalten.

Den genannten zwei Arten entsprechen zwei Formen der Entscheidung: Die Regel und die Einzelfallentscheidung. Die Gestaltung künftiger Sozialordnung erfolgt durch Regeln, deren
Merkmale das Generelle und Abstrakte sind. Weitere Merkmale
der Regel sind die prinzipielle Vielheit möglicher Entscheidungen und - da sie in eine nie genau überschaubare Zukunft
hineinwirkt - eine gewisse Anpassungsfähigkeit und die Notwendigkeit zur Ausfüllung. Die Regel gestaltet nur in grossen Zügen und kann deshalb Einschränkungen und Ausnahmen
erfahren. Die Einzelfallentscheidung ist dagegen die Form
der Gestaltung im Individuellen und Konkreten. Sie löst eine
gegenwärtig vorhandene Frage endgültig und kann dabei ihren
Fall vollständig gestalten, da sie die Einzelheiten überblickt.

Programmatische Regierungsaktion und Regel einerseits und
reagierende Regierungsaktion und Einzelfallentscheidung anderseits entsprechen sich indessen nicht unbedingt und vollkommen. Man kann einen Einzelfall durchaus in der Form einer

---

26) Hiezu Junker 49
27) Eschenburg 665

Regel lösen und durch eine Einzelfallentscheidung auch
eine Regel künftiger Gestaltung aufstellen. Daneben gibt
es noch manche Zwischenformen. Für den Begriff der Richtlinien ist festzuhalten, dass für das Staatsganze sowohl
programmatische wie reagierende Regierungsaktionen von Bedeutung sein können. [28] Gestaltende Planung künftiger Ordnung kann ebenso richtungsbestimmend sein, wie die Lösung
gegenwärtig entstandener Einzelaufgaben. Die Richtlinien
können deshalb sowohl die Form der Regel wie diejenige der
Einzelfallentscheidung haben; auch das letztere ist eine
alltägliche, kaum noch angegriffene Erscheinung. [29]

Die frühere deutsche Theorie hatte die Richtlinien stets
als Regeln aufgefasst und Einzelfallentscheidungen strikt
ausgeschlossen. [30] Die Richtlinien galten als "Rahmenan-
weisungen" und wurden mit "Rahmengesetzen" verglichen. Das
lag zum einen daran, dass das Wort im Sprachgebrauch die
Vorstellung von etwas regelhaftem erweckt und in seiner
sonstigen Verwendung in der Rechtssprache ja auch diesen
Zweck hat. Zum andern trug dazu die Auffassung bei, die
Richtlinien seien Rechtssätze oder Normen. [31]

Jüngere Autoren [32] haben dagegen die Beschränkung auf das
Generelle mit guten Argumenten in Frage gestellt. Zum einen
war schon von der (deutschen) Begriffsgeschichte her nicht
beabsichtigt, den leitenden Staatsmann auf den Kreis gene-
reller, programmatischer Lenkung zu beschränken, sondern es
war ihm die gesamte politische Leitung zugedacht. [33] Dazu
gehört aber auch promptes und entschlossenes Reagieren auf
konkrete Geschehnisse, ausserdem die konkrete Bestimmung
der Rang- und Dringlichkeitsfolge der zu bewältigenden Auf-

---

28) Nach Kröpfle (S. 928) reicht aus, dass eine Frage zum
 "Politikum" geworden ist, damit eine Richtlinienentscheidung möglich wird.
29) Junker 51; Kröpfle 862
30) Maunz 260f; Maunz/Dürig Art.65, 2; Mangoldt/Klein, Art.65,
 III 2 b und dort zitierte Autoren
31) Vgl. nachfolgend 1.4.
32) Junker 51; Kröpfle 859ff und 925ff; Gruber 108
33) Kröpfle 859f

gaben. Zum andern war die frühere Auffassung schon darum nicht praktikabel, weil es der Regierungschef in der Hand hatte, die zum Schutze der Ressortselbständigkeit aufgestellte Sperre zu umgehen: er kleidete seine ad hoc-Entscheide ins Gewand von mehr oder weniger generell-abstrakten "Grundsatzrichtlinien" und fasste sie so ab, dass dem Minister im konkreten Fall keine andere Wahl mehr blieb. [34] Dem Regierungschef sollte jedoch nicht Zuflucht zu solcher Verbrämung seiner Direktiven zugemutet werden. Für den Charakter der Richtlinien soll also das Grundsätzliche - und nicht das Allgemeine - massgeblich sein. [35]

Dieser Auffassung nähern sich auch MANGOLDT/KLEIN [36], indem sie neben den "Grundsatzrichtlinien" (etwa den Grundsätzen der Regierungserklärung) auch "tagespolitische Richtlinien" anerkennen; die letzteren betreffen solche in der Tagespolitik neu auftauchenden Fragen, die von grundsätzlicher Bedeutung sind. Der Einzelfall soll dabei nur Anlass für eine über ihn hinausgehende, von ihm abstrahierende und noch Raum zur Ressortentscheidung des betreffenden Ministers lassende Weisung sein.

Die (nur in der deutschen Literatur geführte) Diskussion über den Gegenstand der Richtlinien ist ohne grosse praktische Bedeutung, denn letztlich ergeben sich die Grenzen der Richtlinien aus der politischen Machtkonstellation. Der Regierungschef kann einerseits mehr als die Richtlinien bestimmen, wenn er z.B. einem widerspenstigen Minister ohne Gefahr politischer Folgen mit der Entlassung drohen kann, und anderseits nicht einmal die Richtlinien bestimmen, wenn er etwa an einen detaillierten Koalitionsvertrag gebunden ist oder sonst politische Rücksichten nehmen muss. Eine Justiziabilität von Konflikten zwischen Regierungschef und Ministern ist nicht zu wünschen, weil die Regierung selten zuwarten könnte, bis ein Gericht die Kompetenzfragen geklärt hätte, und weil ein derartiger Prozess ein ausgesprochen

---

34) Kröpfle 925
35) Kröpfle 926; Junker 50 und 54; Gruber 108
36) Mangoldt/Klein, Art.65, III 2 c

schlechtes Licht auf die Regierung und ihre Solidarität werfen würde. [37] Politischer Takt wird hier vor streng verfassungsrechtlichen Erwägungen Vorrang geniessen.

Im schweizerischen Staatsrecht, wo die Richtlinien keine Kompetenzen abgrenzen, werden unter den Richtlinien nur die programmatischen, schriftlichen, auf vier Jahre gültigen verstanden. [38]

1.4. Die Richtlinien als angebliche Rechtsnormen

Mehrheitlich wird in der deutschen Literatur die Auffassung vertreten, die Richtlinien seien Rechtssätze oder Normen, weil sie für eine unbestimmte Zahl von Fällen alle Ministerien binden. [39] Dagegen lässt sich mit JUNKER einiges einwenden: [40]

Richtig am Hinweis auf die Normqualität ist nur der Ausdruck der spezifischen Bindungswirkung gegenüber den Ministern; diese Bindungswirkung ist jedoch nicht nur der Norm eigen und steht ausserdem unter starkem politischen Vorbehalt. Die Richtlinien sind auch der Sache nach keine Rechtsnormen, denn diese sind immer das Ergebnis eines Rechtssetzungsaktes. Die Richtlinienbestimmung ist aber nicht Rechtssetzung, sondern politische Entscheidung der Regierung. Eine Norm ist ferner nicht ohne eine gewisse Rechtsförmlichkeit und ordentliche Publikation denkbar. Richtlinien werden hingegen nur selten - etwa in der offiziellen Regierungserklärung - förmlich bestimmt, meistens aber mündlich und ohne Bezeichnung als "Richtlinie" gegeben. [41] Wären Richtlinien der Politik Normen, so wären Hoheitsakte, die im Widerspruch dazu stehen, rechtswidrig; ein richtlinienwidriger Akt einer

---

37) Kröpfle 930
38) Bericht I, Einleitung S.1
39) Maunz 260f; Maunz/Dürig Art. 65, 2; sowie die bei Junker auf S. 51 in Anm. 34 genannten Autoren.
40) Junker 51ff; gl. M. auch Jean Amphoux, Le Chancelier Fédéral dans le Régime Constitutionnel de la République Fédérale d'Allemagne, Aix-en-Provence, 1960, S. 314/15
41) In der Schweiz versteht man unter "Richtlinien der Politik" nur die schriftlichen, in einem periodischen Bericht (Regierungsprogramm) veröffentlichten Richtlinien.

Verwaltungsbehörde wird jedoch als rechtlich einwandfrei betrachtet. [42]

Die Bestimmung der Richtlinien der Politik ist kein staatsrechtlicher Formalakt, sondern eher ein formfreier, jederzeit vorhanderer politischer Wille, der auf Anerkennung und Verwirklichung durch die übrigen Staatsorgane rechnen darf; sie ist die allgemeine Zielsetzung und Willensbildung der Regierung. Deshalb haben die Richtlinien der Politik auch keine Gewähr der Dauerhaftigkeit, was wiederum gegen die Normqualität spricht. Die Richtlinien entwickeln sich allmählich, bilden sich um, differenzieren sich, passen sich wechselnden Gegebenheiten an und reagieren auf neue Sachverhalte. Sie sind nicht eine Sammlung von Vorschriften, die man in einem Katalog nachschlagen könnte, sondern sie sind ein fortwährender Prozess. [43] Die Regierungserklärung enthält nicht alle - und nicht nur - Richtlinien der Politik.

Aufgrund der verschiedenen gewichtigen Einwände sollte besser auf Einordnung der Richtlinien der Politik ins System der Rechtsnormen verzichtet werden. Frei stünde die Bezeichnung der Richtlinien allenfalls als "zukunftsgestaltende, richtungsweisende (Ziel-)Normen", welche die kommende Regierungs- und Verwaltungsarbeit in starkem Masse beeinflussen. [44] Man muss sich aber im klaren sein, dass eine rechtliche Bindung der Regierung selbst nicht in Frage kommt und für die Verwaltung nur insofern, als die Richtlinien in bestimmte klare Weisungen gefasst sind.

Die Normqualität der Richtlinien steht nur in der Bundesrepublik in Diskussion. In den andern untersuchten Ländern werden die Richtlinien dem Spiel der politischen Kräfte überlassen. In der Schweiz kommt den Richtlinien ausdrücklich keine Verbindlichkeit zu. [45]

---

[42] Junker 52; Amphoux, a.a.O. 309
[43] Mangoldt/Klein Art.65, III 2 d
[44] Rohr (137 ff) setzt die Richtlinien des Regierungsprogrammes an die Spitze der sog. "Plannormen", die insofern sehr wirksam sind, als sie spätere Entscheidungen vorbereiten und prägen. Die Direktionsfähigkeit hängt davon ab, wie konkret und bestimmt die einzelne Richtlinie ist.
[45] Bericht I, Einleitung S. 1; vgl. aber § 9 Kap. 2.4.

Als allgemeingültige Quintessenz der bisherigen Ausführungen bleibt deshalb nur die Umschreibung der Richtlinien als die "grundlegenden, staatsrichtungsbestimmenden Gestaltungsentscheidungen im Bereiche der Regierung". [46] Wenn es dieser Definition an juristischer Präzision mangelt, so liegt das grösstenteils an ihrem Gegenstand.

2. Die Richtlinienbestimmung als umfassendste Regierungsfunktion

Die Richtlinienbestimmung ist das Kernstück der Regierungsfunktion, denn sie lässt sich ebenso wie Regieren definieren als die Betätigung des Willens, das politische Geschehen in bezug auf einen Staat planvoll zu lenken. [47] Sie ist Regierungstätigkeit par excellence. Umgekehrt lässt sich die Regierung auch bezeichnen als die Bestimmung, Konkretisierung, Durchsetzung und Ueberwachung der Richtlinien der Staatspolitik. Zur genaueren Betrachtung dieser Wechselbeziehung muss das Regieren in seinen Unterfunktionen betrachtet werden. Die Unterfunktionen lassen sich allerdings nur idealtypisch zerlegen, denn in Wirklichkeit sind sie eng ineinander verwoben. [48]

2.1. Richtlinienbestimmung als Oberleitung und Staatslenkung

Hauptaufgabe der Regierung ist die Erarbeitung eines Gesamtkonzepts aller Staatsaufgaben, worin das Gewicht der einzelnen Staatsziele und ihre Verwirklichung genau bestimmt sind. Das Bestimmen der Richtlinien und ihre Vorbereitung und Zusammenfassung im Regierungsprogramm sind der stärkste Ausdruck dieser Staatslenkung.

Der verfassungsgebenden Gewalt steht es frei, welchem Staatsorgan sie die wichtige Richtlinienbestimmung übertragen will, aber sie ist an das soziologische Gesetz der Willensbildung

---

[46] Junker 55
[47] Hans Nawiasky, Allgemeine Staatslehre, Zürich und Köln 1952, Bd.2 II, S. 16
[48] Ueber die Regierungsfunktionen siehe bei Ellwein, Einführung 124ff

gebunden, demzufolge differenziertere Entscheidungen und schnelle Reaktionen nur bei einer oder bei wenigen Personen liegen können. [49]

In Frage kommen also das Staatsoberhaupt (USA, Frankreich V. Republik), ein kleineres Regierungskollegium (Schweiz, Oesterreich, Belgien), der Regierungschef alleine (Grossbritannien, z.T. Deutschland) oder ein kleiner Parlamentsausschuss, besonders als Koalitionsausschuss (z.T. Deutschland, Oesterreich, Italien, Frankreich IV. Republik). Häufig werden die Richtlinien auch von mehreren Organen gemeinsam bestimmt, etwa vom Kabinett (Italien) oder kleinen Kernkabinett (Grossbritannien, Belgien) unter prägender Führung des Premierministers, der meistens auch Partei- oder Koalitionsführer ist; oder es bestimmt zwar der Regierungschef die Richtlinien, aber nur unter Vorbehalt allfälliger Koalitionsvereinbarungen und -ausschüsse (Deutschland, Oesterreich).

Ueberwiegend wird die Richtlinienbestimmung als Staatslenkung der Regierung zugestanden, doch ist diese bei der Konkretisierung der Richtlinien auf die Verwaltung und bei ihrer Durchsetzung auf die Mitwirkung des Parlamentes angewiesen, das mit seinem Gesetzgebungs- und Budgetrecht ein wirksames Mittel zur Mitgestaltung in der Hand hat. Daneben üben ausserparlamentarische pluralistische Kräfte wie die Verbände Einfluss auf die Richtlinienbestimmung aus. Die Führungsrolle gebührt aber in allen untersuchten Staaten der Regierung, die den umfassendsten Staatswillen hat, schliesst er doch den des Parlamentes regelmässig mit ein: Das Gesetzgebungsprogramm des Parlamentes wird ja überwiegend von der Regierung vorbereitet und formuliert. [50] Die Regierung muss in allen Angelegenheiten des öffentlichen Lebens einen Willen haben und diesen jederzeit artikulieren können.

---

49) Junker 56; vgl. auch Friesenhahn 33 (dort Anm. 60)
50) Ellwein, Parlament 33

2.2. Richtlinienbestimmung als Impulsgebung und Planung

Die Impulsgebung kann von allen Staatsorganen ausgehen: von der Regierung (v.a. im Regierungsprogramm), vom Parlament (v.a. in Motionen und Postulaten), vom Volke (Initiativen und Petitionen) und besonders von einer dynamischen Verwaltung. Dazu kommen Impulse aus den Parteien als solchen (neben den Eingaben ihrer Abgeordneten), von den Verbänden (Vernehmlassungen und persönliche Vorsprachen), von Einzelnen und Gruppen; in Bundesstaaten kommen auch die Gliedstaaten zum Zuge (z.B. Standesinitiative, Vernehmlassung). Damit die Impulse aber zu konkreten Ergebnissen führen, ist meistens nötig, dass sie die Regierung anhand von Richtlinien der Verwaltung zur Bearbeitung übergibt. [51] Die Impulse sind also einerseits Anregung zu Richtlinien der Regierung, anderseits sind die Richtlinien wiederum Impuls für die Verwaltung; die im Regierungsprogramm enthaltenen Richtlinien sind dabei wohl die wichtigsten Anstösse für die gesamte Verwaltungstätigkeit.

Die Politik muss die Zukunft in einem gewissen Sinne antizipieren, um Erfolg zu haben, denn nur das Durchdenken verschiedener Möglichkeiten erlaubt einen sinnvollen Entscheid zwischen ihnen. Das Verfahren, um eine zukunftsgerichtete und konzeptionelle Politik zu erreichen, ist die (politische) Planung. [52] Planung bezeichnet hier die Erfassung von Mitteln und Aufwand zur Erreichung der Staatsziele, welche die Inhaber der Oberleitung (meist die Regierung oder ihr Chef) aufgestellt und in einen Prioritätsbezug gesetzt haben; geplant wird also nach den Richtlinien der Regierungspolitik. Die Ergebnisse der Planung und Erfahrungen ihrer Durchführung wirken dann wiederum auf die Richtlinien zurück. - Die Richtlinienbestimmung bezieht sich weniger auf die einzelnen Planungstätigkeiten, sondern vielmehr auf den Gesamtplan

---

51) Es ist z.B. in allen untersuchten Staaten selten geworden, dass die Parlamentarier selbst ausgearbeitete Gesetzesvorlagen einbringen.
52) Vgl. hinten § 2 Kap. 3.1.

mit seinen "Zielansprachen" und der "politischen Spitze" [53], nach dem sich in einem politischen Planungsverfahren dann die einzelnen Planungsprozesse ausrichten. [54]

Die technische und politische Planung steht typischerweise der Verwaltung und Regierung zu, wobei ihr Schwergewicht in den Ressorts liegt. Die politische Planung wird als besonders heikle Aufgabe von spezialisierten Stäben und Abteilungen wahrgenommen und ist zumeist bei den einzelnen Ressortchefs und beim Regierungschef angesiedelt. [55] In Frankreich werden grössere Planungsvorhaben vor allem Studiengruppen und interministeriellen Ausschüssen übertragen. [56] In Italien wird praktisch nur Wirtschaftsplanung betrieben. [57] In allen Fällen muss die gesamte Planungsarbeit der Ressorts und Gruppen auf Regierungsebene koordiniert und zu einem Ganzen zusammengefasst werden.

2.3. Die Richtlinienbestimmung als Mittel zu Koordination und Integration [58]

Koordinieren bedeutet, die verschiedenen Staatstätigkeiten plan- und zweckmässig aufeinander abzustimmen und zu einem nach dem Mass der Sache gebotenen einheitlichen Ganzen zusammenzufügen. Das kann Verschiedenes bedeuten: Nach innen besteht es in der Sorge für die Einheitlichkeit der Geschäftsführung der Regierung, auf die der Regierungschef besonders hinzuwirken hat. Dieser hat vor allem im Sinne des Gemeinwohls zu koordinieren, weil die Minister erfahrungsgemäss dazu neigen, Ressortgesichtspunkte oder partikuläre Gruppeninteressen in den Vordergrund zu rücken. Hervorragendes Mittel des Regierungschefs ist hierbei die möglichst intensive und konsequente Bestimmung von allgemeingültigen Richtlinien.

---

53) D.h. auf ein qualifiziertes Regierungsprogramm
54) Vgl. zum Gesamtplan: Ellwein, Politik 61 und 80
55) USA § 3 Kap. 2.5; GB § 4 Kap. 2.5. und 2.7.; D § 7 Kap. 2.4
56) F § 5 Kap. 2.3. und 2.5.
57) Italien § 6 Kap. 3.2.1.
58) Hiezu Junker 59f

Nach aussen erscheint die Koordinationsfunktion - hier wohl besser Integration genannt - als Sorge für die Geschlossenheit der Regierung bei ihrem Auftreten vor der Oeffentlichkeit. Dazu gehört, dass sich der Regierungschef hinter einen Minister stellen muss, wenn dieser wegen einer richtliniengemässen Handlung angegriffen wird. Ueblicherweise ist deshalb nur der Regierungschef ermächtigt, im Parlament zu allen Fragen der allgemeinen Regierungspolitik (d.h. der Richtlinien) das Wort zu ergreifen und den Standpunkt der Regierung verbindlich darzulegen.

Ein dritter Aspekt liegt endlich in der Koordination der Regierungsarbeit über die Amtszeit des Kabinetts hin. Die Richtlinien sollen ihr eine einheitliche Zielsetzung für die ganze Periode geben, an der sich alle Entscheidungen - besonders die der Ressorts - ausrichten können und müssen. Da eine Vermutung für die Fortgeltung einmal aufgestellter Richtlinien besteht, können sich die Verfassungsorgane, die Oeffentlichkeit und auch das Ausland einigermassen darauf verlassen.

Koordinationsaufgaben haben neben dem gesamten Kabinett vor allem der Regierungschef und unter seiner Leitung die Kabinettsausschüsse, sowie andere interministerielle Ausschüsse. Alle diese brauchen dazu einen qualifizierten Stab, der für sie die verschiedenen Ressorts (anhand der Richtlinien) überwacht und Koordinationsmängel aufzeigt. In allen untersuchten Ländern ist ein solcher "Generalstab" eingerichtet worden: In den USA ist es das Executive Office mit seinen beiden wichtigsten Stellen, dem White House Office und dem Bureau of the Budget [59]; Grossbritannien hat das Schatzamt (Treasury) mit dem Cabinet Office [60], Frankreich das Secrétariat Général du Gouvernement [61] und Belgien die Services du Premierministre [62]; Italien hat zu diesem Zwecke das Amt

---

59) § 3 Kap. 2.2.ff
60) § 4 Kap. 2.2.f
61) § 5 Kap. 2.4.
62) § 6 Kap. 1.3.3.

des Ministerpräsidenten und das Ministerium für Budget und Programmation [63] und Deutschland schliesslich das Bundeskanzleramt. [64] Aufgrund ihrer allseitigen Information sind diese Stäbe prädestiniert, nicht nur zu koordinieren, sondern auch bei der Formulierung der Richtlinien der Regierungspolitik intensiv mitzuwirken und deren Verwirklichung in den Ressorts zu kontrollieren.

Koordination ist endlich auch nötig zwischen den aus Gründen der Machthemmung geteilten Regierungsfunktionen, vor allem zwischen Regierung und Parlament. Diese Koordination wird von der Regierung besorgt, indem sie für das Parlament vor allem ein genaues Gesetzgebungsprogramm aufstellt, das auf ihre eigenen Bedürfnisse abgestimmt ist und dementsprechend ihren Richtlinien entspricht; ausgeprägt ist dies in Grossbritannien der Fall [65], aber auch in Frankreich, Belgien und Deutschland dominiert der Anteil der Regierung.

2.4. Richtlinienbestimmung und Kontrolle

Kontrolle meint in diesem Zusammenhang das Messen der wirklichen Staatstätigkeit am Gesamtkonzept der Staatsaufgaben, wie es im Regierungsprogramm ausgedrückt ist. Die dort und auch sonst bekannt gegebenen Richtlinien der Regierungspolitik sind der Masstab, anhand dessen die Staatstätigkeit kontrolliert wird.

Kontrolliert wird einmal von der Regierung selbst, besonders von ihrem Chef oder einem Kernkabinett. Bei der nötigen Ueberwachung der Ressorts im Hinblick auf die Einhaltung der Richtlinien hilft der obersten Führung die gleiche zentrale Stabsstelle, welche auch die verschiedenen Tätigkeiten koordinieren hilft. [66]

---

[63] § 6 Kap. 3.2.
[64] § 7 Kap. 2.2.
[65] § 4 Kap. 3.3. und Anhang B
[66] Vgl. die Ausführungen im vorangehenden Kapitel 2.3.. Zusätlich zu erwähnen ist nur der besondere Stab des französisc Staatspräsidenten, welcher die Ressortarbeit nur kontrolliert, aber kaum koordiniert (vgl. § 5 Kap. 2.5.3.).

Daneben ist die Kontrolle heute vielleicht die wichtigste Aufgabe des Parlamentes. Seine Kontrolle geht weiter als blosse Kritik: sie bedeutet unter anderem ein ständiges Fragen nach den Zielen und Plänen der Regierung und eröffnet dem Parlament eine Beteiligungsrolle, ohne dass unbedingt Kritik im Sinne einer Missbilligung oder konkreter Auseinandersetzung beabsichtigt ist.[67] Hauptzweck dieser Kontrolle ist die Geltendmachung der politischen Verantwortlichkeit der Regierung.

Die Richtungskontrolle im speziellen betrifft inhaltlich gerade die Grundzüge der Politik, eben die Richtlinien oder Grundkonzeption der Regierungspolitik. Dementsprechend machen die grossangelegten, oft fundierten Debatten über die in den Regierungserklärungen enthaltenen Richtlinien einen bedeutenden Teil der Richtungskontrolle aus.[68] Aber auch eine Leistungskontrolle kann das Parlament anhand der Richtlinien ausüben, indem es das in der Regierungserklärung angekündigte Programm mit den konkreten Ergebnissen (Gesetzesvorlagen oder sonstigen Massnahmen) der Legislaturperiode vergleichen kann.

2.5. Zusammenfassung

Die Richtlinien sind nicht nur die programmatische Grundlage und der Bezugspunkt der Staatslenkung im allgemeinen und aller Planungsarbeiten im besonderen, sondern dienen auch als Leitlinie der Koordination und Masstab der Kontrolle. Wer die Richtlinien der Politik bestimmen darf und kann, hat gewöhnlich die Staatsführung inne. Dabei fällt auf, dass in allen untersuchten Staaten neben die Mehrheitsentscheidung, welche die Regelform der Willensbildung in einer demokratischen Herrschaftsordnung ist, die Führungs-

---

[67] Ellwein, Parlament 156
[68] Vgl. Ellwein, Parlament 158, und unten GB § 4 Kap. 1.5.2.; B § 6 Kap. 1.5.1.; D § 7 Kap. 3.3.3.; die USA kennen eine solche Debatte nicht mehr (vgl. § 3 Kap. 1.5.1.); in Frankreich hat die Regierungserklärung an Bedeutung eingebüsst (vgl. § 5 Kap. 1.4.).

macht des Einzelnen oder einiger Weniger tritt. Das ist
sinnvoll, ja notwendig in der modernen, pluralistischen
Massengesellschaft mit ihrer Gruppenabhängigkeit, Zentrifugalität und Verantwortungsscheu.[69]

Die Konzentration der Entscheidungsbefugnis muss aber in
feste Schranken demokratischer Ordnung eingeschient sein,
soll ihr nicht ihr Vorzug, die Aktionsfähigkeit, zur Gefahr
werden. Solche Schranken ergeben sich aus der Verfassung
und dem darin enthaltenen Gewaltenteilungsprinzip im Sinne
der "checks and balances": In allen untersuchten Staaten
sind hier in erster Linie das Gesetzgebungs- und Budgetrecht
des Parlamentes zu erwähnen und bei den parlamentarischen
Regierungssystemen zudem - wenn auch unter starken Vorbehalten [70] - das Vertrauenserfordernis; in Bundesstaaten
bedeuten auch die Kompetenzen der Gliedstaaten eine gewisse
Schranke. Weitere, ausserrechtliche Grenzen setzen die verschiedenartigen Abhängigkeiten der Regierung von der eigenen
Partei oder von Koalitionspartnern; die Vorformung der Richtlinien durch Koalitionsverträge oder -ausschüsse kann bis
zur Fremdbestimmung durch extrakonstitutionelle Gremien
gehen.

Wegen der universalen Bedeutung der politischen Richtlinien
für die Staatslenkung und die andern Funktionen des Regierens
und wegen der Mitwirkung aller politisch bedeutsamen Kräfte
eines Staates bei der Bestimmung und Durchsetzung der Richtlinien, gibt ihre Darstellung ein lebendiges und wahrheitsgetreues Bild des ganzen Regierungssystems des betreffenden
Staates. Ein solches Bild ist aber erforderlich, um den Charakter und die Bedingungen des Regierungsprogrammes in den

---

69) Theodor Eschenburg, Heisse Eisen im Wahlkampf, in: Aktionsgemeinschaft soziale Marktwirtschaft, Tagesprotokoll Nr. 14 Ludwigsburg 1960, S. 20
70) In Frankreich spielt das Vertrauenserfordernis kaum mehr (vgl. § 5 1.4.1.); in Grossbritannien und in Deutschland wird ihm durch die strikte Parteidisziplin die Bedeutung genommen.

untersuchten Ländern darstellen und erklären zu können. [71)]

Die Berichte über die einzelnen Staaten wurden deshalb so abgefasst, dass im ersten Kapitel jeweils ein Abriss über die rechtlichen und politischen Bedingungen der Richtlinien gegeben wurde, bevor darauf aufbauend die Darstellung des Führungsinstrumentariums und des Regierungsprogrammes folgen konnte.

---

71) Zum Verhältnis von Richtlinien der Politik und Regierungsprogramm siehe nachfolgend § 2 Kap. 1.3.2.

§ 2 Das Regierungsprogramm

1. Der Begriff des Regierungsprogrammes

1.1. Die Vieldeutigkeit des Begriffes Regierungsprogramm

1.1.1. Der Begriff Regierungsprogramm wird von Politikern, Journalisten und Wissenschaftern häufig verwendet und ist wohl gerade deshalb sehr vielgestaltig und kaum gefestigt:

- Regierungsprogramm wird das Wahlprogramm genannt, das eine Partei für den Fall ihres Wahlsieges zu erfüllen verspricht. [1]
- Als Regierungsprogramm gilt ferner ein von der Regierung mit einzelnen Fraktionen oder dem ganzen Parlament geschlossener Vertrag, wonach ein bestimmter Katalog von Sachgeschäften von der Regierung eingebracht und vom Parlament zügig verabschiedet wird. [2]
- Die Koalitionsvereinbarungen zwischen den Parteien oder Fraktionen im Hinblick auf eine gemeinsame Regierung werden ebenfalls als Regierungsprogramm bezeichnet. [3]
- In Grossbritannien wird darunter vor allem das Gesetzgebungsprogramm verstanden, das die Regierung zuhanden des Parlamentes minutiös vorbereitet. [4]
- Als Regierungsprogramm werden auch die einzelnen, auf einen Sachbereich beschränkten Programme der Regierung bezeichnet. [5]

---

1) So versteht es Ellwein, BRD 168
2) So wird es etwa in Frankreich (§ 5 Kap. 3.3.2.) und Belgien (§ 6 Kap. 2.2.1.) verstanden. Aehnlich fassen es die Arbeitsgruppe Wahlen (vgl. Schlussbericht S.42) und der schweizerische Bundesrat (vgl. Bericht I, S.2) auf.
3) In diesem Sinne wird der Begriff z.B. in der deutschen Politik verwendet; die gleiche Bedeutung kann die Regierungserklärung in Frankreich und Belgien haben.
4) Vgl. § 4 Kap. 3.3. und Anhang B
5) So von Carl Böhret und von Frido Wagener (in: Regierungsprogramme 14)

- Im allgemeinen bedeutet das Regierungsprogramm jedoch das gesamte, umfassende Arbeitspensum, das die Regierung sich bei Beginn ihrer Amtszeit für eine bestimmte Dauer - meist bis zu den nächsten Parlamentswahlen - setzt und das sie in der Regierungserklärung auch öffentlich zu erfüllen verspricht.

Die verschiedenen Bedeutungen, die der Begriff haben kann, weisen auf die verschiedenartigen Aspekte des Regierungsprogrammes hin. [6] Um dieses doch einigermassen in den Griff zu bekommen, ist darum vorerst die Frage zu klären, welche Aufgaben dieses Instrument überhaupt zu erfüllen hat, welche Formen es annehmen kann und wie es gegenüber verwandten Erscheinungen abgegrenzt werden kann.

1.1.2. Die *Aufgaben*, die an das Regierungsprogramm gestellt werden, lassen sich grob in drei Hauptgruppen zusammenfassen:
- Es wird vom Programm erwartet, dass es den Lenkungs- und Leitungseffekt der Regierung verstärke. Dazu gehört auf Regierungsebene, dass das Regierungskollegium oder Kabinett dadurch besser integriert, d.h. "zusammengeschweisst" werde und dass eine einheitliche, konzeptionelle Regierungspolitik verfolgt werde. Auf Verwaltungsebene soll das Programm oberster Bezugspunkt aller staatlichen Planung, Richtschnur der Koordination und Masstab zur Kontrolle aller Tätigkeiten sein.
- Im Verhältnis zum Parlament und zum Staatsbürger soll das Regierungsprogramm diesen Staatsorganen vermehrten Einfluss auf die Bestimmung der Regierungspolitik geben, indem die Regierung gerade im Hinblick auf das von ihr vor der Wahl verkündete Programm gewählt wird. Weiter soll das Programm das Parlament und die dahinterstehende Oeffentlichkeit über die Ziele der Regierung und die für deren Verwirklichung vorgesehenen Mittel auf eine bestimmte Zeit möglichst um-

---

[6] Gewöhnlich bildet das Regierungsprogramm eine Synthese verschiedener Aspekte; gl.M. auch Lompe 267

fassend informieren und damit auch speziell die Richtungskontrolle des Parlamentes über Regierung und Verwaltung stärken. Eventuell soll die Regierung in ihrem Programm sogar ein konkretes Gesetzgebungsprogramm für das Parlament vorlegen.
- Schliesslich wird vom Regierungsprogramm erwartet, dass es die frondierenden Regierungsparteien auf Kurs halte und dass somit das vereinbarte gemeinsame Programm verwirklicht werde.

1.1.3. Je nach der Funktion, die dem Regierungsprogramm zugeschieden wird, hat es dann grundsätzlich folgende Formen:

- ein internes Arbeitsprogramm der Regierung, ein Lenkungsinstrument für Regierung und Verwaltung, das Planungs-, Koordinations- und Kontrollfunktionen in sich vereinigt;
- eine Wahlplattform oder wenigstens ein Informations- und Kontrollmittel für Parlament und Oeffentlichkeit, eventuell auch ein Arbeitsprogramm für das Parlament;
- eine Koalitionsvereinbarung (zwecks Regierungsbildung im parlamentarischen Regierungssystem) oder ein Minimalprogramm (zur Durchsetzung der dringendsten Anliegen), zu dessen Durchführung sich eine Mehrheit des Parlamentes vorübergehend verbunden hat.

Inwiefern in den Regierungssystemen der untersuchen Staaten die Regierungsprogramme in den verschiedenen Formen den ihr gestellten Aufgaben gerecht werden, ist später zu untersuchen. [7]

1.2. Eingrenzung des Begriffes Regierungsprogramm

Wenn auch das Regierungsprogramm im weitesten Sinne all die vorstehend aufgezählten Formen haben kann, so empfiehlt es sich doch, den Begriff etwas einzuengen und zu präzisieren,

---

[7] Vgl. nachfolgend Kap. 3.-5. und in den Länderberichten (§§ 3 - 7) jeweils die Schlusskapitel; bezüglich der Schweiz siehe § 11

um ihn für die Diskussion klar und eventuell sogar für die juristische Sprache tauglich zu machen.

1.2.1. Vom Wortlaut und augenfälligen Sinn her bedeutet Regierungsprogramm in erster Linien Programm *der* Regierung, d.h. das Arbeitsprogramm, das sich die Regierung selbst setzt und das sie meistens öffentlich zu erfüllen verspricht. In zweiter Linie kann es dann auch Programm *zu* einer Regierung heissen, also ein verpflichtendes Wahlprogramm oder eine Koalitionsvereinbarung meinen. In dritter Linie mag es auch das (Gesetzgebungs-)Programm der Regierung für das Parlament ausdrücken; dies aber nur in Regierungssystemen wie dem englischen, wo Regierung und Parlament ausserordentlich eng miteinander verknüpft sind.

Der Verfasser möchte vorschlagen, als Regierungsprogramm nur das zu bezeichnen, was seinem Wortlaut und Sinn am ehesten entspricht: *das Arbeitsprogramm der Regierung*, wie es intern entworfen und ausgeführt wird, und wie es meistens auch - wenigstens in seinen Hauptteilen - in der Regierungserklärung nach aussen bekanntgegeben wird. [8] Dieses Konzept der Regierung muss als mindeste Anforderung eine Rangfolge von Zielen enthalten und die Mittel zu deren Verwirklichung andeuten.

Vorbereitungsphasen des Regierungsprogramms wie Wahlprogramme, echte Koalitionsvereinbarungen und Minimalprogramme unterstützender Parteien sollen als solche mit ihrem Fachausdruck genannt werden. Ebenso sollen Teilaspekte wie Gesetzgebungs- und Ressortprogramme, sowie beschränkte Sachprogramme (z.B. ein Massnahmen- und Gesetzespaket zur Teuerungsbekämpfung) als solche erkenntlich gemacht werden. Als Programm lässt sich zwar jeder abgrenzbare Kreis von Aktivitäten bezeichnen, dem ein bestimmter Personal- und Mitteleinsatz zugeord-

---

[8] In diesem Sinne auch Morstein-Marx, Regierungsprogramm 444ff und Dilemma 108ff; Schürmann, Allparteienregierung 93; ähnlich F. Wagener, in: Regierungsprogramme 14.

net ist [9]; als Regierungsprogramm soll jedoch nur der gesamte, die ganze Regierungstätigkeit umfassende Generalplan gelten. Ueblicherweise wird das Regierungsprogramm ja als Singularbegriff verwendet; man spricht vom Regierungsprogramm schlechthin oder von bestimmten Programmen der Regierung, aber kaum von den Regierungsprogrammen.

1.2.2. Gewisse Unzulänglichkeiten der vorgeschlagenen Definition werden nicht verkannt. So muss und wird sich das intern für Verwaltung und Regierung geltende Regierungsprogramm mit dem nach aussen bekannt gegebenen - der allgemeinen Regierungserklärung - nicht vollständig decken. Die Regierungserklärung kann schon rein umfangmässig nicht alle wichtigen Projekte des nächsten Jahres und noch weniger der nächsten Legislaturperiode enthalten und wird auch einige künftige Massnahmen und "Schritte" der Regierung verschweigen, um den Erfolg nicht von vornherein zu vereiteln. [10]

Ueber Abweichungen des internen vom offiziellen Regierungsprogramm lässt sich allerdings kaum etwas eruieren - höchstens aus dem konkreten, andern Verhalten der Regierung heraus - und ausserdem dürften die Abweichungen kaum je schriftlich fixiert werden, sondern eher stillschweigende Vorbehalte der offiziellen Erklärung darstellen. Es lässt sich also rechtfertigen, in der vorliegenden Arbeit eine ungefähre Identität von internem und externem Regierungsprogramm in den grundsätzlichen Anliegen zu vermuten und beide als Regierungsprogramme zu bezeichnen.

Die vorgeschlagene Formulierung kann immer noch Regierungsprogramme recht verschiedener Art umfassen: darunter können fallen antike Schiffahrts-, mittelalterliche Haus-, merkantilistische Wirtschafts- oder moderne Sozialpolitik. [11] Es sind sowohl die "unverbindliche Aufzählung politischer Wünsche und Pläne, die nicht veröffentlicht werden" [12]

---

9) Reform der Struktur 233
10) Zur Qualität der üblichen Regierungserklärungen siehe F. Wagener und L. Heigl, in: Regierungsprogramme 14 bzw.85f
11) Vgl. Ellwein, Einführung 137
12) So die Definition bei Mangoldt/Klein, Art.65, III 2 d Abs.1

wie die detaillierten, auf intensiver politischer Planung beruhenden, mittel- und langfristigen Regierungsprogramme "als verbaler Fixierung einer rationalen, konzeptionellen Politik" [13] darunter vorstellbar. Mag die Qualität der verschiedenen möglichen Verfahren zum Regierungsprogramm auch denkbar verschieden sein, so ist das Ergebnis doch in jedem Fall ein Programm, d.h. ein Katalog von Projekten, welche die Regierung innert einer bestimmten Frist verwirklichen möchte. Für jede Qualitätsstufe des Regierungsprogrammes eine besondere Bezeichnung einführen zu wollen, ist nutzlos und zudem sehr heikel, weil die Uebergänge fliessend sind; die Qualität der einzelnen Regierungsprogramme wird deshalb jeweilen in den betreffenden Länderberichten umschrieben.

1.3. Abgrenzung des Regierungsprogrammes

1.3.1. Vom <u>Gesetz</u> unterscheidet sich das Regierungsprogramm dadurch, dass es keine Rechtssätze enthält und auch nicht vom Gesetzgeber erlassen werden muss. [14] Seine Aussagen sind konkretisiert, auf bestimmte Entwicklungen und Erwartungen bezogen, an bestimmte Voraussetzungen resolutiv gebunden und zeitlich befristet. Das Programm ist weder für den Bürger, noch für die Verwaltung unmittelbar verbindlich; die internen Regierungsprogramme von modernen Planungssystemen (wie z.B. PPBS) können allerdings verbindliche Anweisungen zur Programmverwirklichung enthalten.

1.3.2. Am nächsten ist das Regierungsprogramm mit den <u>Richtlinien der Politik</u> verwandt, aber nicht identisch. Das Programm braucht die Richtlinien der Regierungspolitik weder richtig noch vollständig wiederzugeben [15] und mag auch manche Pro-

---

13) Reform der Struktur 197
14) In Italien und Belgien braucht die Regierung zu ihrer Investitur allerdings die Genehmigung ihres Programmes durch den Gesetzgeber (Parlament).
15) Junker 2/3; Amphoux a.a.O. 311

jekte ohne grundsätzliche Bedeutung (d.h. ohne Richtliniencharakter) enthalten. Die Richtlinien wiederum können nicht
nur die Form einer Regel, eines Programmsatzes haben, sondern auch die der Einzelfallentscheidung. [16] Die Gesamtheit
der programmatischen Richtlinien deckt sich jedoch mit dem
Regierungsprogramm weitgehend. Wer die Richtlinien bestimmen
und durchsetzen kann, schafft und verwirklicht auch das Regierungsprogramm.

Die Scheidung von Richtlinien und Regierungsprogramm in der
Verbindlichkeit zu suchen [17], erscheint untauglich. Denn
zum einen ist die rechtliche Verbindlichkeit der Richtlinien
recht fraglich [18] und zum andern kann auch ein qualifiziertes Regierungsprogramm intern verbindliche Weisungen enthalten. [19]

1.3.3. Besonders schwer zu scheiden sind <u>Pläne</u> und Programme.
ELLWEIN [20] sieht den Unterschied vor allem darin, dass der
Plan meist kein einmaliger Beschluss sei, sondern variabel
und sich anpassend, und dass sich der moderne Plan viel mehr
als das blosse Programm dem Konkreten und dem Einzelnen zu-
wende und damit stärkere unmittelbare Verbindlichkeit bekomme.

Die angeführten Merkmale sind wenig kennzeichnend, weil es
nicht nur moderne Pläne, sondern auch moderne Regierungsprogramme gibt, die ebenfalls das Ergebnis eines umfangreichen
Planungsverfahrens sein können. [21] Diese qualifizierten
Programme bleiben nur äusserlich unverändert, weil sie nicht
nach jeder Aenderung neu verkündet werden können; intern

---

16) Die sog. reagierenden oder tagespolitischen Richtlinien;
vgl. vorn § 1 Kap. 1.3.
17) Wie es etwa Mangoldt/Klein, Art.65 III 2d, unternehmen
18) Sie käme höchstens für die BRD in Frage; vgl. vorne § 1 1.4
19) Vgl. unten Kap. 3.1.4. Ebenso unbehelflich scheint m.E. der
Versuch von Guilleaume (Richtlinien 15/16) zu sein, zwischen
den "traditionellen Regierungsprogrammen" als blossen Glo-
balvorstellungen und den "Richtlinien der Regierungspolitik
neuerer Art" als den zu verwirklichenden (Gesamt-)Handlungs
konzeptionen zu unterscheiden.
20) Ellwein Einführung 137/38 und Politik 58
21) Vgl. unten Kap. 3.1.

werden sie dagegen ständig modifiziert und auf den neuesten
Stand gebracht. Dank ihrem konkreten Gehalt können die
Programme für die einzelnen Ressorts auch verbindliche Anweisungen bedeuten. Im allgemeinen Sprachbereich allerdings
stellt man sich unter einem Plan meist etwas Konkreteres
vor als unter einem Programm. Im übrigen können sowohl Pläne
wie Programme bewirken, dass sich die Regierung selbst festlegt und dann gezwungen ist, sich an die eigenen Absichten
zu halten. [22]

Andere Differenzierungsversuche gehen dahin, im Plan die
Erfassung von statischen Tatbeständen, im Programm jedoch
eher die Steuerung von Handlungsabläufen zu sehen oder beim
Plan eine Ordnung künftiger Zustände in der Gesellschaft,
beim Programm dagegen eine Bestimmung des künftigen Verhaltens des Staates zu vermuten. Pläne und Programme können
aber sowohl Tatbestände wie Handlungsabläufe erfassen und
eine Ausrichtung einerseits auf die Gesellschaft, anderseits auf den Staat lässt sich wohl kaum nachweisen, weil
die beiden Begriffe nicht sauber getrennt werden können.

Angesichts dieser Schwierigkeiten wird besser auf eine
Scheidung der beiden Begriffe verzichtet, umso mehr als
sie ohne praktische Folgen bleibt: Pläne und Programme
müssen beide noch in jedem Einzelfall auf ihre Konkretisierung und Verbindlichkeit geprüft werden. Hingegen kann
das Regierungsprogramm, wenn es eine konkrete Substanz auf-
weist, als Unterart des Plans bezeichnet werden. Das Regierungsprogramm wäre dann der Gesamtplan der Regierungstätigkeit auf eine bestimmte Zeit (meist ein Jahr oder eine Legislaturperiode). Bedeutende Autoren [23] brauchen denn auch
das Wort Regierungsplan synonym zu Regierungsprogramm und
die kommunistischen Staaten führen ebenso ihre mehrjährigen
Programme unter Bezeichnungen wie "Fünfjahresplan", "Sieben-
jahresplan" oder ähnlich. [24]

---

22) Ellwein, Einführung 141 und Politik 59
23) Eschenburg 665ff; Morstein-Marx, Dilemma 107
24) Deren politische Durchsetzung ist allerdings auch gesicher-
 ter als die der Programme westlicher Demokratien (vgl. unten Kap. 5)

1.3.4. Regierungsprogramm und andere Kontrollmittel des Parlamentes, insbesondere der Rechenschaftsbericht

Als Kontrollmittel des Parlamentes gegenüber Regierung und Verwaltung erscheinen in erster Linie Geschäftsberichte und die Staatsrechnung, sowie das Regierungsprogramm und ein allfälliger Rechenschaftsbericht. Interpellationen, Fragestunden u.a.m., sowie Hearings können als völlig anders geartete Kontrollmittel beiseite gelassen werden. Sowohl den Geschäftsberichten, wie der Staatsrechnung, als auch dem Rechenschaftsbericht ist eigen, dass sich die mit ihnen ausgeübte Kontrolle auf bereits abgeschlossene, vergangene Tatbestände bezieht. Mit diesen nachträglichen Kontrollen kann immerhin die gesamte Tätigkeit des Staates erfasst werden: Während die Staatsrechnung das finanziell Bedeutsame betrifft, umfasst der Geschäftsbericht mehr die übrige Tätigkeit, beidemale jeweils auf ein Jahr. Eine nachträgliche Kontrolle auf mehrere Jahre in Form eines Rechenschaftsberichtes der Regierung gibt es m.W. nur in der Schweiz und in den USA, obschon ein solcher Bericht gerade am Ende einer Amtsperiode vor Neuwahlen an sich ein bedeutsames Instrument zur Beurteilung der gegenwärtigen Regierung sein könnte. [24a]

Weshalb mittelfristige Rechenschaftsberichte als Pendant zum Regierungsprogramm fehlen, lässt sich vermuten. In allen Regierungssystemen gilt die Schwierigkeit, dass sich eine Regierung, die an der Macht bleiben will, selber kaum objektiv beurteilen kann. Zudem hat sich das Parlament über die Regierung seine Meinung schon lange gebildet, resp. eher beibehalten, denn ungeachtet des Erfolgs der Regierung bleiben in einem parlamentarischen System die Regierungsparteien zur Unterstützung, die Opposition aber zur Bekämpfung verpflichtet. Als wichtigstes fehlt jedoch eine Sanktion, denn

---

[24a] In der BRD gibt es neuerdings einen Tätigkeitsbericht der Regierung, der über den Stand der Vorhaben aus dem Regierungsprogramm Auskunft gibt - und zwar 1 Jahr nach der Regierungserklärung. Vgl. hiezu C.K., Tätigkeitsbericht der Bonner Regierung, in: NZZ Nr. 584 vom 16.12.197 S.2.

über die Bestätigung, bzw. Neuwahl der Regierung befindet – ausser in der Schweiz – letztlich das Volk in den Parlamentswahlen. Ein Rechenschaftsbericht hätte also nur an die Adresse der Wähler einen Sinn und könnte deshalb nur propagandistisch ausfallen.

So wurden in einer erstmals im Dezember 1972 veröffentlichten Bilanz der Regierung Nixon, die vom White House Office ausgearbeitet worden war, die Fehlschläge Präsident Nixons während seiner ersten Amtszeit nicht in der gleichen Ausführlichkeit behandelt wie seine Erfolge. [25] Als weitere Schwierigkeit kommt in den USA hinzu, dass der Präsident sein Programm nur mit Hilfe eines oft eigenwilligen Kongresses durchführen kann, weshalb der Rechenschaftsbericht gleichzeitig ein solcher des Kongresses sein müsste.

In Grossbritannien sollte die Regierung ihr Programm wegen der klaren Mehrheitsverhältnisse und strengen Parteidisziplin durchbringen können, wodurch sich ein Rechenschaftsbericht erübrigt. In Deutschland, Italien und Belgien setzt sich die Regierung gewöhnlich aus mehreren Parteien zusammen, sodass die Gefahr besteht, allfällige Versagen den Koalitionspartnern in die Schuhe zu schieben. Ausserdem fehlte in diesen Staaten bisher – wie auch in Frankreich – ein konkretes, mittelfristiges Regierungsprogramm, das einen zuverlässigen Vergleich mit dem in der Amtszeit Erreichten erlaubt hätte.

Eine gewisse Bedeutung kann ein Rechenschaftsbericht nur in der Schweiz haben, weil hier das Parlament die Regierung wegen ihrer relativen Unabhängigkeit und Ueberparteilichkeit, sowie wegen des Allparteiensystems ernennt, ohne praktisch den Ausgang von Parlamentswahlen zu berücksichtigen. Der Rechenschaftsbericht hat gegenüber den jährlichen Geschäftsberichten den Vorteil, dass er in gedrängter Form, aber im

---

[25] Dies musste von Nixons innenpolitischem Berater J. Ehrlichman zugegeben werden; vgl. "Nixons aussenpolitische Ziele in der 2. Amtsperiode", NZ vom 17.12.1972, Nr. 461, S.2

zeitlichen und sachlichen Ueberblick weiter als jene über
die Regierungspolitik Rechenschaft ablegt.

Im Gegensatz zu Geschäftsbericht, Staatsrechnung und
Rechenschaftsbericht soll das Regierungsprogramm - wie auch
das Budget und die Finanzpläne - dem Parlament eine Richtungskontrolle in die Zukunft erlauben. Weil das Budget und die
Finanzpläne auf das finanziell Bedeutsame beschränkt sind
und manchmal in wichtigen Posten allgemein bleiben, wäre
der Einfluss des Parlamentes auf die Bestimmung der Politik lückenhaft, wenn nicht das Regierungsprogramm hinzu-
träte. [26] Die breitangelegten, mehrtägigen Debatten über
das Regierungsprogramm sowie die Diskussion allgemeiner
Regierungserklärungen können ein bedeutendes Mittel der
Richtungskontrolle des Parlamentes sein. [27]

1.4. Regierungsprogramm und Haushalt- sowie Finanzplan

1.4.1. Der Haushaltplan wird etwa bezeichnet als formalisiertes
und detailliertes Regierungsprogramm, das dem Parlament
zur gesetzförmigen Annahme vorgelegt wird. [28] Zumindest
sieht man in ihm das in Zahlen ausgedrückte Regierungsprogramm. [29] Richtig daran ist, dass das Staatsbudget durch
das Regierungsprogramm wesentlich bestimmt wird und dass
in jedem Voranschlag fast die ganze Staatstätigkeit enthalten ist; die politische Budgetkontrolle beginnt deshalb bereits bei den festzustellenden Regierungsplänen. [30] Das
Regierungsprogramm wiederum bleibt in der Luft hängen, wenn
die erforderlichen Geldmittel nicht bewilligt werden können. [31] Die Genehmigung oder Verwerfung des vorgelegten
Budgets bedeutet die Zustimmung oder Ablehnung des Regierungsprogrammes durch das Parlament.

---

26) Vgl. anschliessend Kap. 1.4.
27) Vgl. unten Kap. 4.4.
28) Junker 99; Heckel im HdbDStR, Bd. II S. 392
29) Reform der Struktur 193; Böhret, Entscheidungshilfen 175
30) Kurt Heinig, Das Budget, Bd. 1, 1949, S. 245
31) Vgl. hiezu eingehend Ulrich Becker, Regierungsprogramm und
    Ressourcenrahmen, in: Regierungsprogramme 135ff

Budget und Regierungsprogramm zielen beide auf die Erfassung der künftigen Staatstätigkeit ab. Während aber das Programm meistens nur die Aufgaben plant, ist das Budget ein Ausgabenplan; der Haushaltplan packt die Staatstätigkeit von der Ausgabenseite an und erfasst sie so nur lückenhaft und unvollkommen. Zudem erstreckt sich das Budget gewöhnlich auf den Zeitraum eines Jahres, was für ein qualifiziertes Programm zu kurzfristig ist. -

Längerfristig konzipiert ist der Finanzplan, der sich im Planungsbereich mit dem Regierungsprogramm nahezu überdeckt. [32] Im Verhältnis dieser zwei Führungsinstrumente gibt es vor allem drei Möglichkeiten: Zum ersten kann die Finanzplanung ins Regierungsprogramm integriert werden, wobei sie als Quantifizierung des gesamten Programmes an dessen Schluss zu rücken wäre. Die zweite Variante besteht in der völligen Trennung der beiden Planungsprozesse, was ein Regierungsprogramm mit beschränkten Funktionen zur Folge hätte; ein vollwertiges Regierungsprogramm kann jedoch nicht darauf verzichten, seine finanziellen Auswirkungen zu ermitteln, deren Tragbarkeit abzuwägen und entsprechende Finanzierungsmöglichkeiten zu skizzieren. Als dritte Möglichkeit können zwei verschiedene Formen von Finanzplanung aufgebaut werden: eine gröbere, auf Regierungsebene ausgehandelte Finanzplanung im Rahmen des Regierungsprogrammes und eine technisch-orientierte, detaillierte im Zuge des jährlichen Budgetierungsprozesses.

Eine Verknüpfung der beiden Planungsprozesse ist aus zweierlei Gründen nicht leicht: Zum einen wird das Regierungsprogramm gewöhnlich in den Planungsstäben des Regierungschefs oder -kollegiums aufgestellt, der Finanzplan dagegen im Finanzdepartement. Zum andern haben beide eine verschiedene Optik, indem beim Regierungsprogramm in der Regel bloss Schwerpunkte und kein abschliessender Katalog von Massnahmen zur Diskussion stehen, während beim Finanzplan gerade

---

32) Hiezu Rohr 112/13

die Gesamtheit aller finanziell relevanten Aktivitäten erfasst werden soll. Es ist deshalb in der Staatspraxis - ausser in den USA - kaum zu einer Integration der beiden Instrumente gekommen, sondern es wurden andere Wege einer Verbindung gesucht. Dass indessen die beiden Planungsprozesse eng miteinander verknüpft und aufeinander abgestimmt werden müssen, ist unbestritten.

1.4.2. Die mittelfristige Planung der Staatstätigkeit wurde meistens zuerst von der finanziellen Seite her angepackt und in der mittelfristigen Finanzplanung etabliert. [33] Dieses wichtige Planungsinstrument reicht aber für die Vorbereitung einer fundierten politischen Gesamtkonzeption aus verschiedenen Gründen nicht aus. Zum ersten muss in manchen Bereichen für länger als 5 Jahre - also über den Zeitraum der Finanzplanung hinaus - geplant werden und zum zweiten enthält der Finanzplan keine Angaben über die Belastung der personellen und nicht-monetären Kapazitäten (z.B. der Forschung). Zum dritten werden von ihr Aufgaben ohne direkten Niederschlag in Ausgabenpositionen und politische Bereiche ohne grössere finanzielle Auswirkungen (z.B. grossenteils die Rechtssetzung und Aussenpolitik) nicht erfasst. [34] Gegen ihren Ausbau zum alleinigen Instrument politischer Planung spricht vor allem, dass dadurch das Finanzministerium ein weiteres Uebergewicht erhielte und zum alles dominierenden Superministerium würde; die Vorbereitung des Regierungsprogrammes sollte jedoch auf der Ebene des Regierungschefs und des Kabinetts erfolgen. Zudem sollte das Spannungsverhältnis zwischen der mittelfristigen Finanz- und der eigentlichen politischen Planung erhalten bleiben, denn eine organisatorisch eigenständige Finanzplanung kann die Erfordernisse der konjunkturpolitischen und fiskalischen Betrachtungsweise gegenüber der politischen Planung besser vertreten. -

---

[33] So in den USA, in Grossbritannien und in Deutschland; ebenso in den Schweizer Kantonen (vgl. Rohr 111 unten)
[34] Vgl. Reform der Struktur 196/97; Rohr 112; umgekehrt erfasst die Finanzplanung die finanziell relevante staatliche Aktivität sowohl in die Breite wie in die Tiefe weit intensiver als die üblichen Regierungsprogramme.

1.4.3. Wegen der Korrelation von Aufgaben- und Ausgabenplanung sollten die politische und die finanzielle Planung aber eng zusammenarbeiten, besonders weil die letztere bei der Ausarbeitung und Fortschreibung des Regierungsprogrammes ständig die wirtschaftlichen und finanziellen Grenzen aufzeigt und zur Prioritätenbildung zwingt. [35]

In den USA hat diese Zusammenarbeit, nachdem sie schon immer intensiv gewesen ist, mit der allgemeinen Einführung des PPBS 1965 zu einer Verschmelzung der beiden Planungsverfahren geführt. [36] Anders als im traditionellen Budget spiegeln im PPBS die einzelnen Programmkategorien nicht die agierende Abteilung oder die zu beschaffenden Dinge wider, sondern die fundamentalen Regierungsziele. [37] Die Machtkonzentration, die eine Vereinigung von politischer und mittelfristiger Finanzplanung unweigerlich mit sich bringt, ist wohl nur im Präsidialsystem zulässig, weshalb gegen eine Uebertragung des PPBS in andere Regierungssysteme bedeutende politische Bedenken sprechen. [38]

In Grossbritannien wird das Budget auf der Grundlage der mittelfristigen Finanzpläne im Schatzamt ausgearbeitet, wo auch die Vorbereitung der Departementalprogramme und die Durchführung des Regierungsprogrammes in den Departementen überwacht wird und wo die Durchsetzung im Parlament in die Wege geleitet wird. [39] Auch hier liegen also in der Treasury Programm- und Haushaltplanung eng beieinander.

In Deutschland lag die politische Planung bisher vorwiegend im BKA, während die Finanzplanung Aufgabe des Finanzministeriums war; die Zusammenarbeit war deshalb ungenügend. Wegen verfassungsrechtlicher Bedenken (Kollegial- und Ressortprinzip) soll auch in Zukunft auf eine organisa-

---

35) Reform der Struktur 199; allgemein und vergleichend zum Problem Morstein-Marx, Regierungsprogramm 442ff; Rombach 231 ff.
36) Vgl. USA § 3 Kap. 2.5.
37) Böhret, Entscheidungshilfen 184
38) Andere, technische Einwände in § 3 Kap. 2.5.2.
39) Vgl. § 4 Kap. 2.7.1. und 2.2.

torische Vereinigung der beiden Planungen verzichtet werden. Hingegen soll das mit der politischen Gesamtplanung beauftragte Gremium ("Arbeitsgemeinschaft der Planungsbeauftragten") ständigen Kontakt zu den Organen der mittelfristigen Finanzplanung pflegen. [40] Während die Finanzplanung dem Finanzminister untersteht, sind der Bundeskanzler und das Kabinett die obersten Instanzen der politischen Planung.

Da es in den übrigen untersuchten Staaten m.W. noch keine qualifizierten, auf die Finanzplanung abgestimmten politischen Planungssysteme gibt, können Sie hier ausser betracht gelassen werden.

2. Grundsätze zum Regierungsprogramm

2.1. <u>Erfordernis eines fundierten Regierungsprogrammes</u>

2.1.1. Der Staat ist heute zur Vorsorge und Vorausschau verpflichtet. Nach ESCHENBURG [41] muss die Regierung "immer wieder bei der Fülle der Staatsaufgaben nach Notwendigkeit und Dringlichkeit entscheiden und eine entsprechende Wichtigkeitsskala aufstellen... Regierung verlangt eine an einem Plan orientierte Lenkung und eine von den jeweiligen Bedürfnissen ausgehende sowie die möglichen Entwicklungen berücksichtigende Vorsorge." Allgemein wird demnach von der Regierung ein Programm verlangt, sowie Vorsorge für unerwartete Fälle. Das Programm soll die Linie, die Grundsätze des Regierens bestimmen und muss zukunftsorientiert sein. Zugleich dient es als Masstab, mit dem finanzielle Prioritäten festgelegt, Schwerpunkte gesetzt, die Kräfte auf einen bestimmten Bereich konzentriert werden. [42] Das Programm wirkt damit auch selektiv; es weist einen bestimmten Weg "nach vorn"

---

40) Vgl. § 7 Kap. 2.5.2. und 3.1.
41) Eschenburg 664ff
42) Ellwein, Einführung 131; ähnliche Gedanken bei Schürmann, Allparteienregierung 93

und versperrt damit andere Wege. Es bindet die Aufmerksamkeit und lenkt von vielem ab, was ebenfalls Aufmerksamkeit erregen könnte.

2.1.2. Wenn ein politisches System wie die Demokratie seine letzte Rechtfertigung in der Fähigkeit zur gemeinsamen verbindlichen Willensbildung findet, wird das Programm zum B̲e̲w̲ä̲h̲r̲u̲n̲g̲s̲m̲a̲s̲s̲-̲ s̲t̲a̲b̲.̲ [43] hiezu muss es ein Minimum an Substanz aufweisen, d.h. eine in Aussicht genommene Bemühung, eine "Energieinvestition" ankündigen. Ohne für andere notwendigerweise Normen zu setzen oder in normativer Form zu ergehen, wird dann das Programm zu einer (nicht rechtlichen) Norm für seine Urheber: Indem die Regierung sich anheischig macht, etwas Bestimmtes zu erreichen, stellt sie sich Parlament und Oeffentlichkeit späterer Rechnungslegung, bei der das Mass ihrer Leistung im Vordergrund steht.

Die politische Verbindlichkeit eines offiziell verkündeten Programmes ist für den praktischen Politiker häufig Grund genug, zur Wahrung seiner eigenen Ermessensfreiheit und zum besseren Lavieren vom Primat eines politischen Programmes lieber abzusehen. [44] Die opportunistische und manipulative Politik des Nichtprogrammes mag zwar auf kurze Sicht grosse Anziehungskraft haben, kann aber auf längere Sicht - insbesondere auf Regierungsebene - sehr kostspielig werden. [45] Geradezu widersprüchlich wird das Verhalten einer Regierung, wenn sie den mangelnden Gemeingeist von stets nachfordernden Verbandsvertretern anprangert, ohne gleichzeitig bereit zu sein, sich ihrerseits auf eine ernstlich gemeinte programmatische Linie festzulegen. [46] "Die Politik darf nicht ein Spiel des schnellen Zupackens sein, in dem den grössten und

---

43) Zum folgenden Morstein-Marx, Regierungsprogramm 444f
44) Morstein-Marx, Dilemma 108
45) Vgl. Morstein-Marx, Regierungsprogramm 442; Eichenberger, Verantwortlichkeit 125f
46) Nach Eichenberger (Verantwortlichkeit 126) verdanken die intermediären Kräfte (v.a. Verbände) das offene Feld zu mächtiger Entfaltung z.T. diesem richtungsfreien Regieren.

schnellsten Händen der entsprechende Teil aus dem allgemeinen Beutel zufalle, sonst wäre jedes politische Regiment nur sanktionierende Fassade." [47] Einen solchen "bellum omnium contra omnes" (Hobbes, Leviathan) muss der Staat vermeiden und deshalb zum voraus programmatisch Prioritäten setzen.

Wenn man den Staat bewusst vager als "Versuch zur Gemeinsamkeit" umschreibt, wird klar, dass dieser Versuch im Programmatischen, im Mut zum klaren Programm und in der Kraft zur Durchführung seinen Mittelpunkt findet. Je nach der Breite, Ernstlichkeit und Sachdienlichkeit des Versuchs, könnte man - wie MORSTEIN-MARX meint [48] - unterschiedliche Grade des Staat-Seins unterscheiden.

2.1.3. Wegen vieler Ungewissheiten in der Zukunft kann das Regierungsprogramm keine Vorhersage eines natürlichen Ablaufes von Ereignissen sein. Es darf aber auch keine Fiktion sein, zu der es eine gewisse Tendenz hat, wenn es eher der Werbung als der Klarstellung und mehr dem Zuspruch als der Selbstverpflichtung dient. Durch Worte wie Planung und Programm werden nämlich Wunschbilder geschaffen, weil in ihnen das Gegebene mit der Ueberzeugungskraft einer anziehenden Behauptung für überwindbar erklärt wird. [49] Eine Utopie kann zwar einen Augenblick begeistern, aber auf die Dauer den Tatsachen und der kritischen Oeffentlichkeit nicht standhalten. So kann ein bankrottes Regime zwar den ersehnten und theoretisch möglichen Ausgang einer Aktion als ihr Programmziel proklamieren, obwohl es dabei keine Hand rühren kann, oder das ausposaunte Programm kann auch die Absicht des Nichtstun verdecken wollen. Doch wird aus den Tatsachen der Missbrauch des Programms bald offenkundig.

Damit das Regierungsprogramm keine Utopie ist, braucht es eine vorgängige Planung und insbesondere eine fundierte Zu-

---

47) Morstein-Marx, Regierungsprogramm 463
48) Morstein-Marx, Regierungsprogramm 445
49) Morstein-Marx, Regierungsprogramm 442

kunftsforschung, welche brauchbare Prognosen zulässt. Damit wird die Zukunft zwar nicht machbar, aber doch stark beeinflussbar. Die Regierung und die anderen Staatsorgane können durch ihre rationalen Entscheide die Zukunft immerhin teilweise sich selbst anpassen. Falsch wäre es hingegen, sich der Zukunft bloss flexibel, pragmatisch anpassen zu wollen, wie es bis vor kurzem in der Schweiz der Fall gewesen ist. [50] Durch die dort vorherrschende Politik, abzuwarten, bis ein Entscheid nicht mehr zu umgehen war, liessen sich Regierung und Parlament in Sachzwänge hineintreiben, in denen sie schliesslich in Zeitnot und zu spät handeln mussten, wobei die Zahl der Alternativen erst noch geringer war, als sie bei rechtzeitigem Handeln gewesen wäre. [51]

2.1.4. Das rationale Regierungsprogramm

Um ein rationales Programm entwerfen, nach ihm verfahren und es fortlaufend ergänzen zu können, braucht die Regierung Stabstellen, welche alle einschlägigen Informationen sammeln, speichern und auswerten. [52] Aufgrund der Auswertungsarbeit sind dann die relativ Konstanten und die relativ Variablen der Entwicklung zu ermitteln und auf das politische Instrumentarium der Gegenwart zu beziehen. Danach ist das unbedingt Notwendige, d.h. was sich der freien politischen Entscheidung entzieht - herauszuarbeiten, wobei deutlich wird, dass in der inneren Politik immer mehr unausweichlich wird. Erst dann eröffnet sich der Bereich des wünschenswerten, wo die Politik noch frei Akzente und Schwerpunkte setzen und so in die Automatik der Entwicklung gestaltend eingreifen kann.

Das Sammeln und Auswerten von Informationen, das Bewerten von Tatbeständen ist eine Aufgabe, an der mit verschiedener Akzentsetzung Wissenschaft, Publizistik, Industrie und Poli-

---

50) Kocher/Fritsch 10
51) Kocher/Fritsch 9
52) Zum folgenden Ellwein, Einführung 133f

tik gemeinsam beteiligt sind. [53)] Wie können diese Arbeiten gegenseitig nutzbar gemacht werden? Was sammelt die Regierung und wie speichert sie? Wie kommuniziert sie mit der Wissenschaft, die prinzipiell öffentlich ist und deshalb auf Publikation drängt, während die Regierung nach aussen und innen ihr Wissen für sich behalten und es nur in den ihr geeignet erscheinenden Dosierungen der Oeffentlichkeit zugänglich machen will? [54)] Wird die Regierung von der Industrie nur interessenbedingt informiert oder verlässlicher? Das alles gehört zur Technik der Programmentwicklung. Ihre Möglichkeiten werden zurzeit in modernen politischen Planungssystemen - wie sie z.B. die USA entwickelt haben und Deutschland gerade aufbaut - erprobt; endgültige Stellungnahmen sind noch nicht möglich.

2.2. Der Inhalt des Regierungsprogrammes

2.2.1. Entwicklung zur Rationalität

Abstrakt betrachtet ist als Programm fast alles möglich, wobei man grob zwischen kurz-, mittel- und langfristigen Programmen unterscheiden kann. [55)] Anhand des historischen Materials kann man feststellen, dass hier Politik für das "Haus" über viele Generationen gemacht wurde, während dort ein Herrscher mehr um seine Selbstdarstellung bemüht war, oder dass das Programm in einem Fall ganz durch die Herausforderung der Natur und im andern durch einen Gedanken bestimmt worden ist. In jedem Fall wird das politische Handeln durch ein mehr oder weniger bewusstes Programm, mindestens durch einen Erwartungseffekt bestimmt. "Die Erwartung kann durch Hoffnung oder Furcht, durch Vision oder Utopie, durch wissenschaftliches Kalkül oder instinktverhaftete Prophetie bestimmt sein." [56)]

---

53) Hiezu Ellwein, Einführung 134
54) Vgl. hiezu Klaus Lompe, Wissenschaftliche Beratung der Politik, Göttingen 1966. Die realen Möglichkeiten der Wissenschaft werden allerdings überschätzt (F. Wagener, in: Regierungsprogramme 35)
55) Zum folgenden Ellwein, Einführung 131
56) Ellwein, a.a.O.

Die Regierung muss sich in ihren Plänen nicht nur an den jeweiligen Staatsbedürfnissen, sondern auch an ihren parteipolitischen Richtungszielen orientieren. Das Regierungsprogramm setzt sich darum gewöhnlich aus den beiden Komponenten Situationsbefund und Richtungsauffassung zusammen, deren Gleichgewichtslage je nach politischer Konstellation verschieden ist. [57] Die grundlegenden Voraussetzungen des Programminhalts finden sich dementsprechend einmal in der Repräsentationsordnung (im Verhältnis des Wählers zur Partei und der Partei zu den organisierten Interessen) und dann im Funktionskreis der Verwaltung (in der Meinungsbildung innerhalb der Behörden). Dort sind die entscheidenden Vorstadien der Umsetzung des Besonderen ins Umfassendere; die Konversion findet also "von unten" her statt. Für diese Konversion stehen die Parteien am strategischen Platz; je grösser ihr diesbezüglicher Erfolg ist, desto eher lässt sich das Programm über das Parlament verwirklichen. Je geringer der Konversionserfolg der Parteien ist (wie z.B. in den USA oder der Schweiz), desto eher muss das Programm "oben", d.h. auf Regierungs- und Verwaltungsebene gemacht werden. [58] Die Zunahme von Sachzwängen einerseits und die ideologische Angleichung unter den regierungsfähigen Parteien anderseits haben in den letzten Jahren allmählich zu einem Uebergewicht der Verwaltung in der Ausarbeitung des Regierungsprogrammes geführt, eine Tendenz, die sich in Zukunft verstärken dürfte.

Denn an Regierungsprogramme sind in Zukunft höhere und rationalere Anforderungen zu stellen [59]: Zum einen sind die Gestaltungs- und Einwirkungsmöglichkeiten der Politik gegenüber früher stark angewachsen und zum andern sind die Möglichkeiten, über die Zukunft etwas zu wissen, sie zu berechnen, Trends festzustellen und mindestens Eventualerwartungen belegbar auszuformulieren, ebenfalls wesentlich grösser geworden.

---

57) Eschenburg 667ff
58) Morstein-Marx, Regierungsprogramm 444
59) Zum folgenden Ellwein, Einführung 132/33

Je grösser aber das tatsächliche und das Eventualwissen
um die Zukunft in einzelnen Bereichen und in grösserem
Zusammenhange ist, desto stärker wird die Notwendigkeit,
für das Regieren ein klares, d.h. rational überprüfbares
Programm zu haben. Nicht zu übersehen sind dabei die Fehlerquellen eines Programmes; gescheiterte Zukunftspläne
gab es von Babylon bis Brasilia. Die Fehler in der Zukunftsbeurteilung machen neben der Unterschätzung des Gegners und
der Fehleinschätzung der eigenen Möglichkeiten die eigentlichen Fehler in der Politik aus.

2.2.2. Regierungsprogramm und Sonderinteressen

Was alle oder die meisten begehren, hat bei der Aufnahme
in das Programm Vorrang, wenn es - wie in der Demokratie -
auf alle ankommt. Deshalb ist nach MORSTEIN-MARX [60] "die
demokratische Gesellschaft bereit, sich am ehesten auf diejenigen Programme festzulegen, die unmittelbaren Bedürfnissen oder Aeusserungen spontanen Appetits entsprechen. Solche
Programme liegen in der Luft und drängen sich aus der Natur
der Sache auf. Anders Programme, die der Gegenwart die Zurückstellung von Anliegen zumuten, um der Zukunft gerecht
zu werden." Populäre Programme wachsen schnell, unpopuläre
kaum oder gar nicht und nur völlig unpopuläre können abgesetzt werden. [61]

Es ist klar, dass langfristige Programme viel härtere
Anforderungen stellen und darum schwerer durchzuhalten sind
als Programme auf kurze Sicht, zumal wenn diese die Befriedigung greifbarer Interessen verheissen. [62] Der nötige Weitblick verlangt ein hohes Mass an staatsbürgerlicher Einsicht,
und ein Programm, das momentan nichts bietet als einen Appell
zur Vorleistung für die Zukunft, grosse Disziplin. Grosse,
längerfristige Programme, die der Gemeinschaft wirklich
Rechnung tragen, sind deshalb keine Alltagserzeugnisse.

---

60) Morstein-Marx, Regierungsprogramm 445
61) Böhret, Entscheidungshilfen 204
62) Hiezu Morstein-Marx, Regierungsprogramm 445f

Die industrielle Gesellschaft mit ihrem durch Spezialisierung weit vorangetriebenen Interessenseparatismus lebt
in der Vielheit des Besonderen. Das Angebot an eigenbezo-
genen Sonderprogrammen ist deshalb unerschöpflich, während
der Staat nur mit grössten Schwierigkeiten ein umfassendes
Programm hervorbringen kann. [63] Auseinandersetzungen über
unterschiedliche Ziele sind unvermeidlich. Das politisch
tragbare Regierungsprogramm entsteht demzufolge - wenn es
nicht eine verwendbare Vorsortierung in Parteiprogramm oder
Koalitionsvereinbarung vorfindet - aus einer Abwägung von
Kombinationsmöglichkeiten, wie es mit viel Geschick z.B.
Präsident L.B. Johnson zu unternehmen verstanden hat. [64]

Weil das Regierungsprogramm häufig ein Resultat von
Verhandlungen zwischen den verschiedensten Interessenten
und der Regierungsspitze ist, wird seine innere Geschlossenheit und Zukunftsorientierung leicht zum Zufallsprodukt.
Da zudem der Nutzen kollektiver Bedürfnisse oft schlecht
messbar ist, kommen viele Programmentscheidungen nur als
Ergebnisse der kräftigeren politischen Argumente, des for-
scheren Auftretens oder der politischen Drohung (z.B. mit
Wahlstimmenentzug oder mit Referendum) zustande. [65] Von
den Regierungen demokratischer Staaten sollte aber verlangt
werden, dass sie ihre Entscheidungsgrundlagen verbessern
und erkennbare Risiken bei der Programmauswahl bewusst auf
sich nehmen. In diesem Sinne werden in einem ausgefeilten
politischen Planungssystem wie dem PPBS die möglichen politischen Beeinträchtigungen seitens organisierter Interessen
in die politisch reale Analyse miteinbezogen. Die politische
Rücksichtnahme auf besonders gewichtige gesellschaftliche
Gruppen sowie Budgetbeschränkungen können zwar beim PPB-
Programm zu einer "Summierung von zweitbesten Lösungen"
führen, doch kann hier der Entscheidende mittels der Analyse

---

63) Morstein-Marx, Dilemma 111; ähnliche Gedanken bei Schürmann, Allparteienregierung 93
64) Morstein-Marx, Regierungsprogramm 446
65) Böhret, PPBS 158

diese Beeinträchtigungen bei der Programmerstellung möglicherweise von vornherein kompensieren oder neutralisieren.[66]

Die Grundfrage demokratischen Regierens nach dem Ausgleich von zukunftsorientierter Führung und gegenwartsbezogenen gesellschaftlichen Ansprüchen lautet dann: Wie sehr soll oder darf der Entscheidende die mit instrumenteller Hilfe ermittelten Programme auch gegen retardierende Interessen aus der Gesellschaft durchsetzen und wieweit müssen die einzelgesellschaftlichen Ziele direkt berücksichtigt werden?[67] Wann sollte die Gestaltungsaufgabe vorrangig werden, ohne doch die Artikulation gesellschaftlicher Wünsche zu missachten? Diese Grundproblematik aller demokratischen Regierungssysteme kann hier weder weiterverfolgt noch gar gelöst werden; es sei dafür auf die neuere Demokratietheorie verwiesen.[68]

2.3. Zielbestimmung und Programmformulierung

2.3.1. Ziele und Programme

Von welcher Art Regierungsprogramm man auch ausgeht, immer stehen an seinem Anfang bestimmte Ziele. Die Ziele geben der Ausarbeitung und Fortschreibung des Programmes Richtung und Zweck, und aus ihm ergeben sich die Bewertungskriterien für die weitere Planung und den Erfolg des Handelns. Die Ziele lassen sich nach ihrem Inhalt in vier Stufen unterordnen, die untereinander in einem eigentlichen "Zielableitungsprozess" verbunden sind:[69]

---

66) Hiezu Böhret, Entscheidungshilfen 205ff
67) Böhret, Entscheidungshilfen 205; Zum Problemkreis von politischer Planung und Rechtsstaatlichkeit (Aspekte der Grundrechte, Zielkontrolle) siehe Roman Herzog, in: Regierungsprogramme 56ff
68) Frieder Naschold, Die systemtheoretische Analyse demokratischer politischer Systeme, in: Politische Vierteljahresschrift, 1970 Nr.1 (Sonderheft)
69) Reform der Struktur 232f; ähnlich Böhret, Entscheidungshilfen 50f und 85

- Alles staatliche Handeln kann letztlich wenigen obersten
  G̲r̲u̲n̲d̲w̲e̲r̲t̲e̲n̲ wie Menschenwürde, Freiheit, Gleichheit und
  Gerechtigkeit zugeordnet werden. Diese gesellschaftlichen
  Werte sind kulturspezifisch beeinflusst, weshalb über sie
  ein hinreichender allgemeiner Konsensus über einen längeren Zeitraum hinweg besteht. [70] Sie sind allerdings hochgradig abstrakt, sodass sich mit ihnen sehr verschiedenartige Vorstellungen über ihren Inhalt verbinden können. Sie
  schlagen sich allgemein in der "politischen Kultur" und
  besonders in den Verfassungen nieder. Da solche Werte nach
  groben Prioritäten geordnet werden können, sind sie in einem zeitlich und organisatorisch bestimmen Wertsystem erfassbar.

  Innerhalb des Wertkatalogs können weiter die eigentlichen
  "übergeordneten, kulturspezifischen Werte" von den etwas
  konkreteren - weil gesellschaftlich interpretierten -
  "langfristigen nationalen Werten" geschieden werden. Zu
  den ersteren gehört beispielsweise "Gleichheit", die bei
  den letzteren bereits "Gleichbehandlung", "Gute Lebensbedingungen für alle", "allseitige Förderung des Individuums
  in seinen Wahlmöglichkeiten" oder anderes mehr bedeuten
  kann. [71]

- Unterhalb der Grundwerte - und aus ihnen ableitbar -
  liegt die Ebene der p̲o̲l̲i̲t̲i̲s̲c̲h̲e̲n̲ Z̲i̲e̲l̲e̲. Bestimmte Ziele
  können besondere Schwerpunkte der Politik bilden, während
  andere daneben zurücktreten und u.U. darauf überprüft werden müssen, ob sie überhaupt weiterverfolgt werden. Die
  Zielebene muss je nach Bedarf weiter strukturiert und untergliedert werden, z.B. in Ziele und Unterziele [72] oder
  in "von der Gesellschaft als dringlich und erstrebenswert
  empfundene Ziele" und in die aus ihnen abgeleiteten "konkretisierten, politischen Zielsetzungen" [73]. Die Gesamt-

---

70) Böhret, Entscheidungshilfen 50
71) Böhret, Entscheidungshilfen 84 f
72) Reform der Struktur 232
73) Böhret, Entscheidungshilfen 85 ff

heit der politischen Ziele oder ein Grossteil davon werden meistens in einem offiziellen Regierungsprogramm zusammengefasst und in der Regierungserklärung verkündet.

- Der Erreichung der ermittelten politischen Ziele dienen _einzelne Programme._ Sie bilden für sich einen abgrenzbaren Kreis von Aktivitäten, denen ein bestimmter Personal- und Mitteleinsatz zugeordnet ist. Sie sollten einen Zeit- und Arbeitsplan enthalten. Aeusserer Rahmen aller Einzelprogramme ist das Regierungsprogramm.

- Die Programme setzen sich ihrerseits aus _einzelnen Massnahmen_ zusammen, wobei als solche die letzte, sinnvoll nicht mehr teilbare Handlungseinheit verstanden wird. Wenn nötig, können mehrere zusammenhängende Massnahmen noch speziell zu einem Projekt zusammengefasst werden.

2.3.2. _Die Aufgabe der politischen Entscheidungsträger_ [74]

Die durch die politische Kultur und die Verfassung vorgesehenen Grundwerte sind grösstenteils nicht so eindeutig festgelegt, dass sie eine konkrete Handlungsanweisung für den Einzelfall abgeben könnten. Es ist nun Aufgabe der politischen Entscheidungsträger - d.h. der Regierung, aber auch von Parlament und Parteien [75] - im Rahmen näher konkretisierter Werte die politischen Ziele zu bestimmen und diese so genau zu definieren, dass später Erfolg oder Misserfolg festgestellt werden können. Das Setzen konkreter politischer Ziele aus dem Wertsystem heraus und die Abwägung solcher Ziele ist die wichtigste Führungsaufgabe der politischen Instanzen. [76]
Sie unterliegen dabei einem subjektiven und zumeist gruppenspezifischen - d.h. von ihrer gesellschaftlichen Herkunft bestimmten - Verständnis der einzelnen Werte und ihrer Zu-

---

[74] Hiezu Reform der Struktur 233/34; Böhret, Entscheidungshilfen S. 51ff
[75] Zu den Möglichkeiten und Grenzen einer parlamentarischen Mitwirkung siehe R. Herzog, in: Regierungsprogramme 49 ff.
[76] Zum folgenden Böhret, Entscheidungshilfen 51ff

ordnung. Die vorrangige Aufgabe der politischen Entscheidungsträger besteht nun darin, ihre subjektiv betonten Werte so in konkrete Zielsetzungen zu übertragen, dass sie auch für die Adressaten (Parlament, Volk) annehmbar werden; das ist nur der Fall, wenn sie auch hinreichend deren (oft unbewussten) subjektiven Wertvorstellungen und zugleich dem "objektivierten" gesellschaftlichen Wertsystem entsprechen. [77]

Die Konkretisierung der Ziele, insbesondere ihre Aufspaltung in schärfere Unterziele, hat gewöhnlich eine erhebliche Zunahme der Anzahl Ziele und damit der Informationsmenge zur Folge. Die gegenseitigen Abhängigkeiten dieser Ziele und ihre Multivalenz, d.h. dass jedes Ziel unter dem Blickpunkt anderer Ziele seinerseits nur ein Mittel darstellt, erhöhen die Schwierigkeiten. [78] Um die politischen Ziele und ihre Beziehungen einigermassen überschaubar zu halten, sollten deshalb die Zielentscheidungen der Regierung und Parteien - und damit deren offizielle Programme - einen gewissen Abstraktionsgrad nicht unterschreiten.

Zielkonflikte, d.h. Widersprüche eines politischen Zieles zum andern, werden umso eher sichtbar, je konkreter die Ziele formuliert werden. Da zudem die Mittel grundsätzlich immer knapp sind, also nicht alle Ziele gleichzeitig verwirklicht werden können, braucht es eine Prioritätensetzung. Diese würde - wenn sie rational sein wollte - eine strenge Vergleichbarkeit der Ziele voraussetzen, die es nicht geben kann. Ob beispielsweise die Interessen der Industrie oder eher die des Umweltschutzes in einem bestimmten Falle vorrangig sind, lässt sich nicht rechnerisch ermitteln. "Das Setzen von Prioritäten ist als politische Entscheidung letztlich von einer Bewertung abhängig". [79] Die Bewertung wird vielfach von der grundsätzlichen Einstellung des Entscheidungs-

---

77) Böhret a.a.O. 53
78) Reform der Struktur 233f
79) Reform der Struktur 234

trägers beeinflusst sein, wobei sich im modernen Staat grob drei Konzepte unterscheiden lassen: [80]

- Es sollen vor allem die Bedürfnisse des einzelnen Bürgers beachtet werden (liberales Konzept).
- Es soll eher der (kollektive) Bedarf der Gesamtheit befriedigt werden (sozialistisches Konzept).
- Es sollen jeweils die Ansprüche bestimmter Gruppen erfüllt werden (pluralitäres Konzept).

In der politischen Realität handels es sich zumeist um eine Kombination aller drei Konzepte, von denen aus die Ziele und Programme bestimmt werden.

2.3.3. Der Beitrag der Verwaltung [81]

Die Verwirklichung der politischen Ziele in Gestalt von Programmen ist vornehmlich Aufgabe der Verwaltung, die sich hierbei an den Rahmen des Regierungsprogrammes zu halten hat. Die Verwaltung hat sich auf das sachgerechte, zweckmässige Erreichen der Programmziele zu beschränken; die Ermittlung und Lösung politischer Probleme, die sich bei der Programmformulierung und -durchführung einstellen, sind Aufgaben der Regierung. Im übrigen haben die höheren Beamten verhältnismässig freie Hand; je technischer der Charakter der Einzelprogramme ist, desto grösser wird die Reichweite der rein administrativen Arbeit. Die letzte Prüfung der ausgearbeiteten Einzelprogramme ist dann in jedem Falle wieder Sache der politischen Spitze.

Neben den durch die politische Spitze im Regierungsprogramm, in Regierungserklärungen oder direkt vorgegebenen Zielen wird sich die Verwaltung u.U. auch an andere, mehr oder weniger scharf begrenzende Anweisungen halten. Solche **Anweisungen** können sich je nach Regierungssystem ergeben:

---

80) Böhret, Entscheidungshilfen 182
81) **Die Programmformulierung aus der Sicht der Verwaltung** schildert Morstein-Marx, Dilemma 108ff.

- aus den Kontrollmethoden der Legislative; in den USA besonders aus dem, was die Budgetbewilligungsausschüsse bevorzugen oder missbilligen:
- aus den Positionen der Parteien wie in Grossbritannien, wo die Parteien nach einem Wahlsieg politisch verpflichtet und meistens auch in der Lage sind, ihr Partei- und Wahlprogramm zu verwirklichen;
- aus dem Druck, der von organisierten Sonderinteressen ausgeht. Die Verwaltung soll aber die erhaltenen Informationen erfindungsreich verwenden, indem sie damit die verschiedenen Organisationen taktisch geschickt gegeneinander ausspielt. "Je mehr das Programm mit den technischen Interessen dieser oder jener Spezialistengruppe oder eines bestimmten Verwaltungszweiges zusammenfällt, desto enger wird das Zusammenwirken mit solchen Organisationen der Aussenwelt, die sich von dem Programm Nutzen versprechen." [82]

Die ständige Ueberwachung und Koordination der Programmformulierung, sowie die Kontrolle über die Durchführung der Programme sind in den meisten der untersuchten Staaten zentralen, umfassend orientierten Prüfungsstellen anvertraut; Beispiele dafür sind das Budgetbüro des amerikanischen Executive Office, die britische Treasury, das deutsche Bundeskanzleramt und das französische Generalsekretariat der Regierung. Die ausgleichende und ausweitende Wirkung kann etwas verlorengehen, wenn die Prüfungsstelle selbst - wie manchmal in den USA - der unbeschränkten politischen Zensur durch die Legislative unterliegt. Die allgemein-orientierten Prüfungsstellen müssen sich deshalb ein hohes Mass Respekt

---

[82] Morstein-Marx, Dilemma 110

vor ihrem sachlichen Urteilsvermögen erwerben, damit sie nicht auf fragwürdiger Grundlage stehen - umsomehr, als sie den Interessengruppen nichts zu verkaufen haben. [83]

3. Das Regierungsprogramm als internes Arbeitsinstrument

Vom Wortlaut und augenfälligen Sinn her bedeutet Regierungsprogramm in erster Linie Arbeitsprogramm der Regierung. Es soll deshalb zuerst von diesem Aspekt her beleuchtet werden. Als Arbeitsinstrument kann es der Planung, Koordination und Kontrolle der gesamten Tätigkeit von Regierung und Verwaltung dienen.

3.1. Regierungsprogramm und Planung

3.1.1. Von der Fülle der im Staatsapparat laufend zu treffenden Entscheidungen interessiert für das Regierungsprogramm nur der zahlenmässig kleine, aber wichtige Teil der Grundsatzentscheidungen, die bei der Entwicklung politischer Konzeptionen getroffen werden müssen. Diese Entscheidungen sind besonders schwierig und folgenreich, liegen ausserhalb der Routine und bedürfen daher der Planung. - Es gibt allerdings keinen allgemein anerkannten Begriff der Planung. [84] Im Zusammenhang mit dem Regierungsprogramm wird die Planung wohl am besten verstanden als "systematische und rationale Vorbereitung von Alternativen für Entscheidungen über politische Ziele und der darauf ausgerichteten Programme und Massnahmen auf einer möglichst breiten Wissensbasis". [85] Planung bedeutet dann, dass man sich in einem geordneten Verfahren darüber klar wird:

---

83) Morstein-Marx, a.a.O. 111/12
84) Ellwein, Politik 79; Zum Begriff der Planung im allgemeinen siehe Joseph H. Kaiser (Herausgeber), Planung, Bände und II, Baden-Baden, 1965 resp. 1966. Ueber den Begriff der politischen Planung im speziellen vgl. Politische Planung, Einleitung von Ronge/Schmieg S. 8ff (Ueberblick und Kritik)
85) Reform der Struktur 221

- welche Zielalternativen bestehen und welche Ziele aus heutiger Sicht erreicht werden sollen,
- wie Ziele und Massnahmen in eine Gesamtkonzeption eingebettet werden könnten,
- welche Mittel und Wege zu den erstrebten Zielen führen könnten und welche dieser Möglichkeiten vorzuziehen sind,
- wie über die Rückkoppelung die Ziele und die weiteren Schritte aufgrund der inzwischen gewonnenen Erfahrungen laufend überprüft und wenn nötig angepasst werden können. 86)

3.1.2. Planungsverfahren und -methoden des Regierungsprogrammes

Welches Planungsverfahren den genannten Anforderungen am besten gerecht wird, hat sich noch nicht herauskristallisiert. Politische Planungssysteme sind erst in einigen wenigen Staaten im Aufbau begriffen und müssen noch erprobt werden; endgültiges lässt sich noch nichts sagen. Im Idealfall wären nach der deutschen PROJEKT-GRUPPE etwa folgende Phasen und Takte - nicht stets alle - zu durchlaufen, wobei die logische Reihenfolge nicht mit der zeitlichen übereinstimmen muss: 87)

- Festlegung der lang- und mittelfristigen Ziele, Bildung von Zielschwerpunkten. Hiezu gehören: die Beschaffung der Informationen; Analysen des Ist-Zustandes, der prägenden Faktoren, des erforderlichen Aufwandes und des möglichen Nutzens; das Erstellen von Entscheidungsalternativen; schliesslich die Entscheidung über die Ziele und die Prioritätensetzung durch die Regierung.

- Festlegung der verschiedenfristigen Programmziele und Aufstellen der Einzelprogramme. Das bedeutet: vertiefte Ana-

---

86) Planung in diesem Sinne erfordert eine besondere Organisation der Verwaltung; siehe bei Eberhard Laux, in: Regierungsprogramme 109ff.
87) Reform der Struktur 231f; ähnlich Ellwein, Politik 35ff und Planung I, a.a.O. 35ff. Ein gutes Ablaufdiagramm für die langfristige Planung (am Beispiel Hamburgs) findet sich bei Ulrich Becker, in: Regierungsprogramme 147

lysen; die Vorbereitung der Zielkorrektur dank bisher gewonnener Erkenntnisse; das Erstellen von Programmalternativen; die Integration mit andern Zielen und Programmen; das Offenlegen der verschiedenfristigen Mittelbindungen; endlich die Entscheidung über die Programme und die Prioritätensetzung durch die Regierung, dann die Aufnahme in ein zentrales Programmtableau und in die mittelfristige Finanzplanung.

- Massnahmenplanung mit Mittelvergabe und Einzelzuweisungen, Ziel- und Programmkorrekturen, dann die Haushaltsaufstellung.

- Durchführung samt Ziel- und Programmkontrollen resp. -korrekturen.

Wichtig ist, dass die in einer bestimmten Phase gewonnenen Erkenntnisse nicht nur die folgenden Phasen beeinflussen, sondern auch der Kontrolle und allenfalls der Korrektur früherer Schritte (Rückkoppelung) dienen. [88]

Die geeignetsten Planungsmethoden werden ebenfalls zurzeit noch entwickelt, getestet und vervollkommnet, wobei die USA hier Pionierarbeit geleistet haben. An solchen Methoden sind etwa zu nennen: die Delphimethode (ein Planspiel), Szenarios (Modelle), Systemforschung (Kombinationen von Kybernetik, Operations Research, Informations-, Wahrscheinlichkeits- und Spieltheorie), Kosten-Nutzen-Analysen, Relevanzzahlverfahren, PPBS und Netzplantechnik [89]. Auch die Zukunftsforschung kann als Prognose- und Handlungswissenschaft eine Grundlage der politischen Programmatik und Planung sein. [90]

---

[88] Reform der Struktur 232
[89] Zu den Planungsmethoden vgl. Reform der Struktur 240ff und E. Laux, in: Regierungsprogramme 127ff; ausführlich auch Böhret, Entscheidungshilfen 82ff und Bd. VI der Reihe "Planung", (Neue integrierte Systeme der Planung + Budgetierung), Baden-Baden, 1972
[90] Lompe 221ff; ausführlich J. Bommer, Methoden der Zukunftsforschung, in: Analysen und Prognosen, Heft 5, September 1969

3.1.3. Das Regierungsprogramm als Gesamt- und Rahmenplan

In der Planungsdiskussion besteht Uebereinstimmung darüber, dass die politische Planung nicht rein zentral sein kann und in einem riesigen detaillierten Gesamtplan endet, sondern von einer Rahmenplanung ausgehend in regionalen und sektoralen Einzelplanungen ihren Niederschlag finden muss. [91] Die politische Gesamt- oder Rahmenplanung [92], die nur globale Vorstellungen über die anzustrebenden Ziele und die einzusetzenden Mittel entwirft, hat eine doppelte Funktion: Sie muss zum einen die einzelnen Plansektoren aufeinander abstimmen und ihnen dazu ihre Ziele zuweisen und zum andern den "inkohärenten Partikularismus" der übrigen Planungen überwinden und diesen dafür Gewissheit der weiteren Entwicklung geben. Rahmenplanung ist damit nach ELLWEIN [93] die entscheidende Stabilitätsvoraussetzung, selbst oder gerade wenn sie verändert oder Veränderungsprozesse steuert. Der flexible Rahmenplan, der nie abgeschlossen ist und der Steuerung des Gesamtsystems dient, ist das Regierungsprogramm. Es enthält stets eine "politische Spitze", die "Zielansprache" und wird deshalb auf Regierungsebene festgelegt. [94]

3.1.4. Verbindlichkeit der Pläne und Programme

Die Planung kann von unterschiedlicher Intensität sein; entsprechend ist der Grad der Verbindlichkeit der Pläne und Planelemente recht unterschiedlich. LEIBFRIED/QUILISCH [95] scheiden drei Stufen aus, denen spezielle Mittel zugeordnet sind:

---

91) Ellwein, Politik 47ff und Regierung 201; Niklas Luhmann, in: Politische Planung 78; Reform der Struktur, Anlagenband S. 314ff (besonders 337). Beispiele von Fachplanungen bei Ludwig Heigl, in: Regierungsprogramme 95 ff.
92) Auch strategische oder konzeptionelle Planung genannt; vgl. F. Wagener und U. Becker, in: Regierungsprogramme 16 bzw. 136
93) Ellwein, Politik 48
94) Lompe 275; Ellwein, Politik 61, 80
95) Stephan Leibfried/Martin Quilisch, Planung im Sozialstaat, in: Atomzeitalter Nr. 10 und 11, 1967; vgl. auch Ellwein, Politik S. 39ff.

- Durch indikative oder informative Planelemente wird der Bürger darüber unterrichtet, was die öffentliche Hand innerhalb der Planungsfrist tun wird; der Bürger kann so die Zukunft besser übersehen und sich darauf einrichten (Beispiel: Verkehrsplanung).

- Durch influenzierende Planelemente werdem dem Bürger unverbindliche, aber durch Mittel der Kredit- und Steuerpolitik sowie Subventionen aller Art sehr wirksame Empfehlungen gegeben (Beispiel: Pläne zur Gesundung der Landwirtschaft).

- Imperative Planelemente sind zwingende Normen, die mit rechtsverbindlichem Befehl durchgesetzt werden (Beispiel: Bauplanung).

In der Praxis ist zwischen diesen drei Stufen nicht scharf zu scheiden, weil sie sich häufig vermengen und gegenseitig ergänzen; ausserdem sind u.U. eine gezielte Information oder eine gewährte Subvention wirksamere Mittel zur Erzielung plankonformen Verhaltens als Befehle. [96] Das Regierungsprogramm als Rahmenplan wird gegen aussen (Parlament, Volk) vor allem informative, sowie induzierende Planungselemente enthalten; verwaltungsintern wird es dagegen oft imperativen Charakter haben, etwa wenn es den Ressorts konkrete Weisungen zur Durchführung bestimmter Sachprogramme erteilt. [97] Die Verbindlichkeit muss wohl in jedem Programmpunkt einzeln festgestellt werden.

Für die Regierung selbst ist das Regierungsprogramm intern stets abänderbar (entspricht also der "rollenden Planung"), während es nach aussen eher einer "springenden Planung" mit stabilisierten Phasen (der offiziellen Regierungserklärung) und periodischen Revisionen (alljährlich oder nach jeder Amtsperiode) gleicht.

---

96) Reform der Struktur 222; Ellwein, Politik 40/41
97) Gl.M. auch Guilleaume, Richtlinien S. 15/16

3.1.5. Die Oeffentlichkeit der Planung

Es ist ein demokratisches Postulat, dass die Pläne öffentlich erörtert, vorbereitet und beschlossen werden. [98] Die Oeffentlichkeit der Planung funktioniert aber nur, wenn das kritische Potential der Adressaten gross genug ist, um dem Wissen der Planungsinstanzen wirksam entgegentreten zu können; sonst muss anstelle der Einsicht das blosse Vertrauen treten. [99] Dann entstehen die Gefahren der "Planmagie" und der unbeirrten Fähigkeit der Planer, eben nicht Alternativen vorzubereiten, sondern selbst zu wählen und zu entscheiden, um dann apologetisch zu verfahren.

Beim Regierungsprogramm dürfte eine Oeffentlichkeit des Planungsverfahrens aus den berechtigten Geheimhaltungsinteressen der Regierung heraus nicht in Frage kommen. Zu diskutieren wäre allenfalls, wie das Parlament oder wenigstens die Regierungsparteien an der Ausarbeitung des Regierungsprogrammes sinnvoll beteiligt werden können.

3.1.6. Planung und Regierungswechsel

Mittel- und langfristige Planung einer Regierung bedeutet eine weitgehende Bindung ihres Nachfolgers. [100] Es wird darum gegen ein politisches Planungssystem häufig eingewendet, es führe zu einer weitreichenden Selbstbindung der legalen Führungsinstanzen, die jeden Machtwechsel sinnlos mache. Darauf ist zu erwidern, dass der überwiegende Teil der Staatstätigkeit heute durch tatsächliche oder angenommene Sachzwänge mehr oder weniger festgelegt ist. [101] Ausserdem ermöglicht die durch die Unsicherheit der Daten be-

---

[98] Ellwein, Regierung 208 (Anm.18); zu den Schwierigkeiten einer Oeffentlichkeit der Planung vgl. Ellwein, Politik 51ff und 62f, sowie Ellwein, Einführung 219
[99] Ellwein, Politik 70 und Einführung 136
[100] Zu diesem Problem Ellwein, Politik 39, 53, 70; Ellwein, Regierung S. 201; Lompe 206ff.
[101] Reform der Struktur 237; Ellwein, Politik 70; weitere Entgegnungen bei Ellwein, Regierung 202 und Lompe 206ff

dingte Flexibilität der langfristigen Planung auch den Einbezug der Opposition in die politische Konsensbildung.[102] Im übrigen wird die neue Regierung gemäss ihrem Wählerauftrag veränderte politische Entscheidungen fassen und den Planern entsprechende Weisungen zur Modifizierung ihrer Arbeit und eventuell neue Programmziele und -prioritäten vorgeben.

Da die erste Regierungserklärung meist direkt nach der Wahl und Regierungsbildung abgegeben wird, kann sie mangels einer Uebersicht der neuen Regierung über die dringenden Staatsbedürfnisse häufig noch nicht die Form eines Regierungsprogrammes annehmen, in dem konkrete Ziele für verschiedenfristige Planungen bestimmt werden.[103] Gerade eine zentrale, auf dem neuesten Stand gehaltene Datenbank, die unbedingt zu einem politischen Planungssystem gehören muss, wird der neugewählten Regierung erlauben, innert kürzester Zeit ein umfassendes, an den Staatsbedürfnissen orientiertes Regierungsprogramm aufzustellen.

Kaum zu vermeiden ist hingegen, dass die Früchte langfristiger Planungsinvestitionen möglicherweise erst von der nachfolgenden Regierung geerntet werden.[104] Ausser den von ihr in den Vordergrund gerückten negativen "Erbschaften", darf die neue Regierung eben auch positive übernehmen. Beides lässt sich bei alternierenden Regierungsweisen nicht umgehen.[105]

Regierungswechsel spielen in der Praxis der untersuchten Staaten keine grosse Rolle: Sowohl in den USA wie in Deutschlang wurden die modernen Planungssysteme trotz wichtigen Ablösungen an der Spitze konsequent weiterausgebaut; in Grossbritannien nehmen die mittelfristigen Finanz- und Wirtschaftspläne keine Rücksicht auf Regierungswechsel; in Frankreich (V. Republik) bestimmt unabhängig davon der länger im Amt

---

102) Ulrich Becker, in: Regierungsprogramme 156
103) Lompe 273 (Anm. 32)
104) Lompe 198
105) Hiezu Lompe 201ff

bleibende Staatspräsident die Richtlinien; in der Schweiz schliesslich wird die Regierung jeweilen nur teilweise ausgewechselt, sodass eine starke Kontinuität gewahrt bleibt.

3.2. Das Regierungsprogramm als Koordinations- und Integrationsmittel

3.2.1. In engstem Zusammenhang mit der Planung steht die Koordination: Die Planung ist geradezu die "vorweggenommene Koordination"[106]; umgekehrt zeigen Koordinationsbemühungen die Doppelspurigkeiten und Lücken in der Planung auf. Im Gegensatz zum Fall, dass die Regierung nur noch nachträglich koordinieren kann, was die Verwaltung in ihren sektoralen Programmen initiert hat, können vor allem die Haushaltplanung und eine qualifizierte Regierungsprogrammierung eine _vor-_ _gängige Koordination_ bewirken, indem die Wünsche der Ressorts schon in den Vorbereitungsphasen aufeinanderabgestimmt werden.[107] Früher war das Regierungsprogramm in den meisten Fällen ein bloss addiertes oder nachträglich koordiniertes Sortiment von Ressortwünschen gewesen.[108] In den modernen politischen Planungssystemen dagegen sollen in intensiver Zusammenarbeit der Ressortplanungsgruppen mit einer zentralen Koordinationsstelle[109] die Ressortprogramme während ihrer Vorbereitung ständig unter inhaltlichen, finanziellen und zeitlichen Aspekten aufeinander abgestimmt und in ihren wichtigsten Punkten zu einem Gesamtprogramm, einem Rahmenplan verarbeitet werden. Das so erarbeitete Regierungsprogramm kann für Kabinett und Regierungschef auch zum wichtigen Masstab für die mitlaufende und nachträgliche Kontrolle der Departemente werden.[110]

---

106) Ellwein, Regierung 78, 80 und 93
107) Ellwein, Regierung 193 und Einführung 150f
108) Reform der Struktur 187, 193; Ellwein, Regierung 205
109) Z.B. das Budgetbüro in den USA, die Treasury in GB, das BKA und die Arbeitsgemeinschaft der Planungsbeauftragten in der BRD
110) Ellwein, Einführung 153

3.2.2. Das auf einem Planungssystem basierende (interne) Regierungsprogramm soll eine ständig auf dem neuesten Stand gehaltene Uebersicht über die jeweiligen Regierungsziele und die darauf ausgerichteten konkreten Sachprogramme, über ihre gegenseitigen Beziehungen und Auswirkungen, sowie über den gegenwärtigen Stand der Verwirklichung jedes einzelnen Programms enthalten. [111] Ein solcher Ueberblick erleichtert die Koordination, weil Konflikte schneller erkannt und damit ausgetragen werden können, bevor sie sich verfestigt haben. Der interne Gesamtüberblick könnte der Regierung bei wichtigen und längerfristigen Entscheidungen in komplexen Bereichen die zur Wahl stehenden Alternativen und deren Konsequenzen aufhellen. Er zeigte ihr vor allem die Entscheidungsspielräume und das Beziehungsnetz auf, in das hinein Entscheide getroffen werden können und müssen.

3.2.3. Besonders in den kollegialen und parlamentarischen Systemen hat das Regierungsprogramm noch zwei weitere Koordinations- oder besser gesagt Integrationsfunktionen: Durch die gemeinsame Beratung und Beschlussfassung zuerst über die anzustrebenden politischen Ziele und dann über die einzelnen Programmentwürfe wird die Regierung intern besser zusammengeschweisst und auf eine einheitliche Linie gebracht; extern wird sie als geschlossen auftretendes Kabinett durch die Verkündigung des Regierungsprogramms darauf verpflichtet; beides zusammen hilft dem Regierungschef, auf die Solidarität der Regierung und die Einheitlichkeit ihrer Geschäftsführung hinzuwirken.

3.3. Das Regierungsprogramm als Kontrollinstrument

3.3.1. Kontrolle ist weitgefasst die Tätigkeit, durch die ein Kontrollierender Kenntnis davon erhält und feststellt, wie sich die Handlungen und Unterlassungen des Kontrollierten zu den für sie geltenden Normen und Aufträgen verhalten. Die Kontrolle überwacht, bewertet und stellt fest, ob sich die ein-

---

111) Reform der Struktur 237

zelnen Massnahmen mit dem Gesamtbild decken und die erwartete Qualität haben. [112] Im Zusammenhang mit dem Regierungsprogramm als Arbeitsinstrument ist dabei nur auf die verwaltungs- und regierungsinterne (Selbst-)kontrolle einzugehen.

Innerhalb der Kontrolle können _vier Arten_ unterschieden werden, die in einem politischen Planungssystem etwa folgendes bedeuten [113]:

- Richtungskontrolle bedeutet einen Vergleich zwischen der politischen Gesamtkonzeption (dem Regierungsprogramm) und den einzelnen (sektoralen) Programmen.

- Durchführungskontrolle beinhaltet den Vergleich zwischen den Programmen und ihrer Durchführung.

- Realitätskontrolle heisst, Annahmen über bestimmte Gegebenheiten oder Entscheidungssituationen mit dem gesicherten Ergebnis vergleichen.

- Erfolgskontrolle kennzeichnet den Vergleich zwischen einem vorgegebenen Ziel und dem tatsächlich erreichten Ergebnis.

Wichtig ist ein qualifiziertes Regierungsprogramm vor allem als Kontrollmasstab für die Richtungs- und Erfolgskontrolle. Die beiden Kontrollarten werden intensiver, je klarer und eindeutiger die Zieldefinitionen im Regierungsprogramm sind.

Damit alle Kontrollarten spielen, müssen Kontroll- und Planungssystem genau aufeinander abgestimmt sein und sich in den gleichen Dimensionen bewegen. Dies scheint in den USA, Grossbritannien und Deutschland der Fall zu sein. Ferner sind die für die Durchführung von Programmen verantwortlichen Stellen eindeutig festzulegen und zu verpflichten, alle für die genannten Kontrollarten relevanten Informationen an die

---

112) Zu Begriff und Wirken der Kontrolle vgl. Arthur Fuchs, Wesen und Wirken der Kontrolle, Tübingen 1966
113) Reform der Struktur 235

politische Spitze weiterzuleiten, welche die Programme bindend festgelegt hat, und jedenfalls auch an die Generalstabsstelle, welche eine zentrale Uebersicht führt. [114]

3.3.2. Der Informationsfluss darf in einem politischen Planungssystem nicht einseitig von den Beratern zum Entscheider und von dort zu den für die Durchführung Verantwortlichen verlaufen, sondern soll einen Kreislauf bilden: Einerseits sollen die konkreten Vorschläge die Ziele und diese wiederum die Durchführungsmassnahmen bestimmen und anderseits sollen die bei der Durchführung und Erfolgskontrolle gewonnenen Erfahrungen immer wieder zu neuen Vorschlägen führen; diese wirken damit auf die ursprüngliche Zielsetzung (im Regierungsprogramm) zurück, was seinerseits Anlass zu neuen Massnahmen sein kann. Eine solche Rückkoppelung verhindert, dass Planung zu Erstarrung führt, und die ständige Planüberprüfung aufgrund neuerer, besonders bei Durchführung und Kontrolle gewonnener Erkenntnisse kann sogar eine starke Dynamik in der Politik bewirken. Gerade eine fortwährende Kontrolle durch eine fachlich qualifizierte Instanz kann in sog. "iterativen Prozessen" zu einer schrittweisen Annäherung an die richtigen Lösungen führen. [115]

Das Regierungsprogramm als Arbeitsinstrument der Regierung ist in der vorstehend geschilderten Gestalt noch nirgendwo rein verwirklicht worden. Besonders die USA, aber auch Grossbritannien und Deutschland unternehmen grosse Anstrengungen in dieser Richtung, weil dort seine Bedeutung als überragendes Lenkungsinstrument der Regierung erkannt worden ist. Die zurzeit im Auf- und Ausbau befindlichen politischen Planungssysteme dienen zwar nicht nur, aber doch in erster Linie der Vorbereitung und Fortschreibung des Regierungsprogrammes, das als "verbale Fixierung einer konzeptionellen Politik" angesehen wird. [116]

---

[114] Z.B. das amerikanische Budgetbüro oder die britische Treasury
[115] Reform der Struktur 235/36 (mit Beispiel)
[116] Reform der Struktur 197 (unten)

4. Das Regierungsprogramm im Verhältnis zu Parlament und Oeffentlichkeit

4.1. Das Regierungsprogramm als informativer Ueberblick

Einen minimalen Zweck haben alle Regierungsprogramme: sie sollen zumindest das Volk und seine Repräsentanten darüber orientieren, was die Regierung in nächster Zukunft zu tun gedenkt. Parlament und Volk möchten wissen, wohin die Regierung sie führt und auf welchem Wege; sie fragen also nach den politischen Zielen und deren Verwirklichung. Darüber richtig informiert und vom Programm überzeugt, werden sie der Regierung eher Gefolgschaft leisten.

Die Qualität der Information kann sehr unterschiedlich sein, je nach Regierung und Regierungssystem: Sie geht von einer Regierungserklärung, die in letzter Minute zusammengestellt worden ist [117], bis zur verbalen Fixierung einer konzeptionellen Politik, die auf intensiver und umfangreicher politischer Planung beruht. [118] Die Unterschiede sind intern bedeutend grösser; nach aussen (gegenüber Parlament und Oeffentlichkeit) müssen sich alle Regierungsprogramme in einem gewissen Rahmen halten, damit sie von den Adressaten noch verdaut werden können. Zudem möchte sich keine Regierung zu sehr festlegen lassen, um eine gewisse Flexibilität zu behalten; darum wird sie in vielen Punkten nicht allzu konkret werden und vor allem bezüglich der zeitlichen Verwirklichung es bei Andeutungen bewenden lassen. [119]

Es ist nicht Sache des Regierungsprogrammes, für jedes wichtige Problem detaillierte Angaben über die Absichten und Pläne der Regierung zu machen. Das ist eher Aufgabe der speziellen Lageberichte, Botschaften, Erklärungen und der Oef-

---

[117] So manchmal in Italien und in Frankreich (IV. Republik)
[118] So z.B. in den USA und z.T. in Grossbritannien
[119] Vgl. die Regierungserklärung Bundeskanzler Brandts vom 18.1.73, welche bedeutend weniger konkret als diejenige vom Dezember 1969 ausgefallen ist.

fentlichkeitsarbeit der Regierung. Das Regierungsprogramm soll vielmehr einen ausgewogenen Ueberblick über die gesamte künftige Tätigkeit von Regierung und Verwaltung, bezogen auf einen bestimmten Zeitraum, geben. Es ist eines der wenigen Mittel, die immer wieder auseinanderfallende Staatstätigkeit zusammenzufassen, in einen gegenseitigen Bezug und eine Reihenfolge der Prioritäten zu stellen. Indem es die grossen Zusammenhänge aufzeigt, lässt es manche (vielleicht missliebige) Massnahme der Regierung als verständlich und notwendig erscheinen. Um die Uebersicht zu wahren, darf das Regierungsprogramm einen gewissen Abstraktionsgrad nicht unterschreiten.

Das gewöhnlich in der ersten Regierungserklärung nach Amtsantritt oder in der ersten Sitzung der Legislaturperiode verkündete Regierungsprogramm ist an das Parlament gerichtet, welches anschliessend - ausser in den USA - über das Vorgelegte ausführlich debattiert. Gleichzeitig wendet sich die Regierung an das hinter dem Parlament stehende Volk, das die Programmerklärung und -debatte meistens interessierter verfolgt als sonstige Parlamentsverhandlungen. Das Programm soll auf die Wähler einen günstigen Eindruck machen und sie für die Regierungsvorlagen stimmen. Dadurch entsteht etwa die Gefahr, dass die Programme stark propagandistischen Charakter annehmen und eher der Werbung als der Information und sachlichen Ueberzeugung dienen.

Mit der Information sind in den einzelnen Staaten häufig noch bestimmte Nebenzwecke verbunden: In den Vereinigten Staaten, wo der Präsident zum Kongress stets in einem heiklen Verhältnis steht und oft die Unterstützung der öffentlichen Meinung braucht, werden etwa gewisse Programmpunkte nur deshalb aufgenommen, um die öffentliche Diskussion darüber zu entfachen und so abzuklären, wie der Kongress und die öffentliche Meinung darauf reagieren. Das Ergebnis dieser Meinungsforschung erhält der Präsident nicht im Kongress, sondern privat, in Treffen mit den Fraktionsvorsitzenden, über Verbindungsleute im Kongress und in den Massenmedien. In Gross-

britannien, wo stärker als anderswo mit den Abgeordneten
auch das dahinterstehende Regierungsteam und das von
ihm propagierte Wahlprogramm gewählt werden, müssen die
Wähler als effektive Auftraggeber der Regierung umfassend
darüber orientiert werden, wie diese ihre Wahlversprechen
in der kommenden Legislaturperiode verwirklichen will. Auf
weitere Zwecke ist nachfolgend einzutreten.

4.2. Das Regierungsprogramm als Investiturerklärung [120]

In einigen parlamentarisch regierten Staaten (Belgien,
Italien, Frankreich IV. Republik) hat die Vertrauensabstimmung nach der Debatte über das Regierungsprogramm eine besondere Bedeutung, nämlich die Investitur der Regierung.
Diese ist erst in ihr Amt eingesetzt, wenn sie für das von
ihr vorgelegte Programm die Mehrheit im Parlament erhält.
Durch seine Zustimmung erteilt die Parlamentsmehrheit der
Regierung den Auftrag, das vorgelegte Programm zu verwirklichen und verpflichtet sich seinerseits zu dessen Unterstützung. In Frankreich und Belgien sprach man von einem
eigentlichen, politischen Vertrag zwischen der Regierung
und den sie unterstützenden Fraktionen; die Investitur begründe nicht nur eine Verantwortung der Regierung, sondern
auch ein reziprokes Engagement der Regierungsparteien. Ein
solcher Vertrag war aber nur "moralisch" und zudem einseitig verbindlich, wenn ihm nicht eine klare Koalitionsvereinbarung zugrunde lag. Der Vertrag spielte nur selten, weil
auf der einen Seite eine oft in sich gespaltene Regierung
war und auf der andern eine heterogene Gruppe mehr oder weniger regierungstreuer Abgeordneter stand. Zudem war die
Regierung an ihr offizielles Programm politisch gebunden
(Abweichungen wurden sofort gerügt), die Abgeordneten jedoch
kaum - es sei denn in den Augen der öffentlichen Meinung;
schliesslich fühlten sich nur jene Fraktionen daran gebunden,

---

120) Vgl. § 5 Kap. 3 (F); § 6 Kap. 2. (B) und Kap. 3.3. (I)

welche Vertreter in der Regierung hatten [121], nicht aber diejenigen, welche die Regierung - aus irgendeinem Grunde - bloss in der Investiturabstimmung unterstützt hatten. Die Lebensdauer solcher Regierungen, die sich nicht auf eine ausreichende Koalitionsvereinbarung stützen konnten, war denn auch entsprechend kurz.

4.3. Regierungsprogramm und Gesetzgebungsprogramm

Die Gesetzgebungsprogramme werden heute im wesentlichen von der Regierung formuliert und - ausser in den USA - auch von ihr entworfen und vorgelegt [122]. Vor allem in den taktischen und organisatorischen Belangen - etwa das praktische Einbringen der Vorlagen im Parlament - wird die Regierung aber von den Führern und Einpeitschern der Regierungsparteien oder vom Gremium aller Fraktionsvorsitzenden [123] unterstützt; das letztere hat zumeist die formelle Kompetenz zur Festlegung der Tagesordnungen resp. Sessionswochen des Parlamentes. Inhaltlich ist das Gesetzgebungsprogramm dagegen ein wesentlicher Bestandteil des Regierungsprogrammes. Hauptbestandteil desselben ist es in Grossbritannien: Da sich die Regierung unbedingt auf ihre Mehrheit im Unterhaus verlassen und so ihre Vorschläge sicher durchbringen kann, hat sie die Möglichkeit und Aufgabe, die ganze Sitzungsperiode sachlich und zeitlich genau zu planen. Das Gesetzgebungsprogramm ist darum eine detaillierte Agenda der Parlamentsarbeit, welche gewöhnlich streng befolgt wird. [124] Aehnliche Bedeutung, doch nicht so konsequent, hat das Gesetzgebungsprogramm auch im Regierungsplan anderer Staaten mit klaren Mehrheitsverhältnissen und strikter Parteidisziplin. [125] Selbst in den Vereinigten Staaten, wo die Durchsetzung des Regierungsprogrammes

---

121) Deren Entlassung wäre eventuell als Sanktion möglich.
122) Ellwein, Parlament 33; vgl. auch die Länderberichte.
123) Je nach Land Ratsbüro, Präsidentenkonferenz, Aeltestenrat oder ähnlich genannt
124) Vgl. GB § 4 Kap. 1.3. und Anhang B
125) Z.B. Deutschland und Oesterreich

am unsichersten ist, gibt dieses dem Kongress immerhin
einen Zeitplan und eine Agenda wünschenswerter Gesetze. [126]

4.4. Das Regierungsprogramm als Gegenstand und Masstab externer Kontrolle

4.4.1. Regierungsprogramm und einzelne Kontrollarten

Hauptaufgabe des Parlamentes ist heute wohl die Kontrolle der Regierung. Die Richtungskontrolle im besonderen [127] betrifft inhaltlich die Grundsätze, die Richtlinien der Politik, die Grundkonzeption der Regierung. Die grossen Debatten über das Regierungsprogramm sind besonders gut dafür geeignet, weil hier die Abgeordneten am weitesten nach den Zielen und Plänen der Regierung fragen und ihre Kritik daran anbringen können. Der Umfang der Kontrolle ist in parlamentarischen Regierungssystemen je nach der Stellung des Abgeordneten verschieden: Während die Opposition das ganze Programm in Frage stellen kann, darf die Mehrheit gegenüber der Regierung nur die Akzente anders setzen. [128] Die parlamentarische Diskussion und Genehmigung des Regierungsprogrammes ist übrigens der Regierung nicht unerwünscht, da sie dann in der öffentlichen Meinung die Verantwortung später nicht alleine tragen muss.

Die Diskussion des Regierungsprogramms stellt - wie auch die Budgetbehandlung - eine vorgängige Kontrolle dar. Daneben gibt es bezüglich des Regierungsprogrammes auch eine mitlaufende und nachträgliche Kontrolle, wobei wiederum beide je nach der Parteistellung des kontrollierenden Parlamentariers unterschiedlich sind. Die mitlaufende Kontrolle liegt darin, dass das Parlament die Gesetzesvorlagen und andere Massnahmen der Regierung daraufhin überprüft, ob sie den Punkten des Regierungsprogrammes entsprechen. Gerügt wird etwa, dass die Regierung ein bestimmtes Gesetz verfälscht

---

126) Vgl. USA § 3 Kap. 3.3.1.
127) Vgl. Ellwein, Parlament 158; Eschenburg 608f
128) Ellwein, Parlament 48

oder gar nicht vorlegt, oder dass sie etwas bringt, was im Programm ausdrücklich nicht vorgesehen war. Nebenzweck dieser Kontrolle ist, dass die Regierung weiss, dass ihr Tun ständig kritisch beobachtet wird.

Eine nachträgliche Kontrolle des Regierungsprogrammes gibt es nur selten: Neben vereinzelten unformellen Rückblikken von Parlamentariern oder Fraktionen auf die vergangene Amts- oder Legislaturperiode gibt es von den untersuchten Staaten m.W. nur in den USA und in der Schweiz einen formellen mittelfristigen Rechenschaftsbericht der Regierung, der zudem nur gerade in der Schweiz vom Parlament diskutiert wird. [129] Eine solche Leistungs- und Erfolgskontrolle ist recht schwierig, weil das Programm meistens relativ abstrakt und unverbindlich gehalten ist und seine Verwirklichung auch stark von äusseren Umständen und der Mitarbeit des Parlamentes abhängt; ausserdem wird die Regierung, wenn sie ihre Mehrheit behalten hat, auch für ihren - natürlich sehr positiv ausfallenden - Rechenschaftsbericht eine zustimmende Mehrheit im Parlament finden. Sachliche Kritik lässt sich besser an den jährlichen Geschäftsberichten der einzelnen Ressorts anbringen. Der Rechenschaftsbericht dient dagegen allenfalls der informativen Kontrolle, indem sich das Parlament umfassend über das orientieren kann, was die Regierung in der vergangenen Amtszeit tatsächlich getan oder unterlassen hat.

Eine daran anhängende korrigierende oder gar sanktionierende Kontrolle kommt beim Regierungsprogramm wegen der Mehrheitsverhältnisse im Parlament und wegen der Schwierigkeiten, Ergebnisse der Regierungstätigkeit rückgängig zu machen, kaum in Frage. Ueber die wichtigste Sanktion, die Absetzung der Regierung als ganzes, bestimmt mittelbar zudem erst das Volk

---

129) Ueber die Gründe des Fehlens und die Schwierigkeiten von Rechenschaftsberichten siehe vorne Kap. 1.3.4.

in den Wahlen. [130] In den parlamentarisch regierten Staaten kann allerdings der Druck des Parlamentes und der öffentlichen Meinung den Regierungschef zwingen, bestimmte unfähige oder besonders missliebige Minister fallen zu lassen; eine solche Entlassung ereignet sich aber zumeist als Folge einer Affäre und seltener als Sanktion am Ende einer Amts- oder Legislaturperiode.

4.4.2. Schwierigkeiten der parlamentarischen Kontrolle

Die parlamentarische Kontrolle besonders des Regierungsprogrammes hat den Charakter einer politischen Kontrolle, d.h. die Regierungstätigkeit wird nicht nach rechtlichen, sondern nach politischen Massstäben beurteilt. Entsprechend sind die möglichen Sanktionen politischer Natur: Angedrohter Rückzug eines Koalitionspartners aus der Regierung: Druck auf den Regierungschef, einen bestimmten Minister zu entlassen; ein Misstrauensvotum - doch sollte dieses unter normalen Mehrheitsverhältnissen keinen Erfolg haben; die strengste Sanktion, nämlich die Absetzung der gesamten Regierung, kann gewöhnlich nur das Volk an der Urne aussprechen. Die genannten Sanktionen sind grob und lassen sich nur unter bestimmten politischen Konstellationen durchsetzen.

An Kontrollmitteln besitzt das Parlament direkte (Prüfung von Berichten, Interpellationen etc.) und mittelbare (Gesetzgebung, Budget, parlamentarische Wahlen etc.). Dieses normative System wird ergänzt durch subjektive, oft wirkungsvollere Interventionsmöglichkeiten von einzelnen Parlamentariern und Fraktionen, besonders aus dem Regierungslager, das ja - um seine Vertreter in der Regierung zu schonen - lieber intern als im Parlament interveniert und kritisiert. Daneben spielen auch die ausserrechtlichen Kontrollbetätigungen der öffentlichen Meinung und ihrer Organe

---

130) In unzuverlässigen Koalitionsregierungen können auch die einzelnen Partner durch ihren Rückzug aus der Koalition den Fall der Regierung bewirken.

eine nicht zu unterschätzende Rolle. [131] Alle erwähnten Kontrollmittel dienen gewöhnlich der mitlaufenden Kontrolle und peilen bestimmte Massnahmen und Projekte an, beziehen sich dagegen kaum je auf das Regierungsprogramm als ganzes.

Kontrolle braucht einen M_a_s_s_t_a_b_, denn ohne feststehende Bewertungsgrundsätze bleibt sie ein wirres Tasten und droht rasch in simple Reklamationen auszulaufen. Dem kontrollierenden Parlament wird nun bei der gestaltenden Regierungstätigkeit mit ihrem grossen Ermessen zugemutet, selbst Wertungsgrundsätze zu schaffen. Anderseits darf man annehmen, dass auch die Regierung gerade ihr Programm nach Grundsätzen plant und bestimmt, und zwar nach solchen, die häufig sachgerechter als die des Parlamentes sind. Darin könnte eine tatsächliche und rechtliche Konfliktsituation liegen. Sie wird dadurch entschärft, dass in der Praxis üblicherweise das kontrollierende Parlament gern die Masstäbe anlegt, die ihm die Regierung selbst in die Hand gibt. [132] Das bedeutet letztlich, das Parlament kontrolliert anhand des Regierungsprogrammes die Einhaltung desselben, entwickelt selbst zum Programm aber keine Alternativen. Dass das vorgelegte Programm zum - als ganzem kaum angefochtenen - Masstab der Kontrolle wird, zeigt schon die Debatte des Regierungsprogramms. Sie beansprucht gewöhnlich mehrere Tage und ist von einer epischen Breite [133]; das Parlament erschöpft sich darin in einer Vielzahl von Einzelvorstössen, welche ihr subjektives Interesse oder ihren Gruppenegoismus kaum verdecken. Dies mag zwei Gründe haben: Zum einen ist das Parlament mangels Sachverstand und Ueberblick gar nicht in der Lage, ein ebenbürtiges Gegenkonzept oder wenigstens Teile davon zu entwickeln; zum andern hätten solche Alternativprogramme

---

[131] Kurt Eichenberger, die Problematik der parlamentarischen Kontrolle im Verwaltungsstaat, in: SJZ 1965, S. 270
[132] Vgl. hiezu Eichenberger, a.a.O. 270/71
[133] So z.B. in Grossbritannien, Deutschland und der Schweiz; für eine zügige Straffung der Debatte ist Ellwein, Einführung 126 (Anm. 10)

bei einer Regierung mit einer klaren Mehrheit im Rücken auch gar keine Chance.

Die parlamentarische Kontrolle findet ihre G̲r̲e̲n̲z̲e̲n̲ in der Leistungsfähigkeit und Sachkunde des Kontrollierenden und hier liegt auch ihr wunder Punkt. Das Parlament sieht sich bei einem qualifizierten Regierungsprogramm dem Sachkundemonopol der Planer, die zur Exekutive gehören, gegenüber und wird so je länger desto mehr in die Rolle des ohnmächtigen Zuschauers verwiesen. Der Ausbau politischer Planungssysteme wird den Machtzuwachs der Planer und damit der Regierung weiter verstärken und das Ungleichgewicht zwischen Regierung und Parlament noch vergrössern. Wenn das Parlament wieder ebenbürtig werden soll, muss es künftig wohl über dieselben qualifizierten Entscheidungshilfen (Berater, Spezialstäbe, Dokumentationsstellen) verfügen, wie sie die Regierung z.T. schon besitzt. Möglich ist, dass sich das Parlament einen eigenen Beratungsapparat aufbaut (wie in den USA verlangt wird) oder dass ihm die Regierung den ihren zur Verfügung stellt (wie für die Schweiz vorzuziehen ist). Um das Gleichgewicht zur Exekutive wiederherstellen zu können, braucht es jedenfalls eine bedeutende Verbesserung des Parlamentsbetriebes und der Qualität der Parlamentarier. [134)]

Zusammenfassend ist festzuhalten, dass mit fortschreitender Verbesserung der Programmqualität durch Planung das Regierungsprogramm sich immer mehr einer Kontrolle durch das Parlament entzieht, wenn dieses dazu nicht seinerseits Hilfen beizieht. Umgekehrt könnte es dadurch für das Parlament zu einem immer besseren und wirksameren Kontrollm̲a̲s̲s̲t̲a̲b̲ der gesamten Regierungs- und Verwaltungstätigkeit werden.

---

134) Zu den Grenzen der parlamentarischen Mitwirkung in der politischen Planung vgl. Roman Herzog, in: Regierungsprogramme 49ff.

4.4.3. Kontrolle durch die Oeffentlichkeit [135]

Die Programmpräsentation und die daran anschliessende Debatte findet in den meisten Staaten in einem besonders feierlichen Rahmen statt, womit das Interesse der Oeffentlichkeit daran noch stärker geweckt wird. Die Nation verfolgt diese Vorgänge aufmerksam und nimmt in den Massenmedien daran regen Anteil. Die periodisch veröffentlichten Regierungsprogramme könnten so der öffentlichen Meinung einen kontinuierlichen Vergleich mit dem inzwischen Erreichten erlauben und die Leistungen der Regierung grob abschätzen lassen. Mit dem Regierungsprogramm wäre ihr ein gewisser Kontrollmasstab in die Hand gegeben. Eine ungefähre Kontrolle auf längere Sicht wäre umso wünschenswerter als es letztlich das Volk ist, das über den Verbleib der Regierung befindet.

Diese Kontrolle spielt aber in Wirklichkeit nur schwach. Die breite Oeffentlichkeit bleibt zu stark am äusseren Pomp - etwa an der festlichen Thronrede des Monarchen (Grossbritannien, Belgien) oder Präsidenten (USA) - hängen und nimmt vom Inhalt des Programmes und der kritischen Debatte nur wenig zur Kenntnis; ausserdem vergisst sie das wenige Aufgenommene des Programmes sehr schnell wieder. Die Massenmedien, besonders die unabhängige Meinungspresse und die der Opposition nehmen zwar alle Handlungen der Regierung kritisch unter die Lupe und werden sie auch mit dem Regierungsprogramm vergleichen. Doch kann die Regierung bei ihrem Programm - ausser in politisch "heissen" Punkten und bei nachdrücklichen Versprechen - kaum streng behaftet werden, weil zu viele Programmpunkte abstrakt und wenig verbindlich formuliert worden sind. Die Regierung muss sich stets einen grösseren Ermessensspielraum freihalten, um Veränderungen der Programmvoraussetzungen und neuere Erkenntnisse einbeziehen zu können; die öffentliche Meinung billigt ihr diesen freien Aktionsradius zu. Die Kontrolle der Regierung durch die Oeffent-

---

[135] Vgl. hiezu besonders die USA (§ 3 Kap. 3.4.) und GB (§ 4 Kap. 3.4.)

lichkeit wird sich daher auf einen allgemeinen Eindruck
von ihrer Leistung bei der Programmverwirklichung beschränken.

Eine intensivere Kontrolle käme nur in Frage, wenn das
Planungsverfahren zum Regierungsprogramm und dessen konkrete Verwirklichung in den Departementen öffentlich wäre.
Dies ist natürlich durch die berechtigten Geheimhaltungsinteressen der Exekutive ausgeschlossen.

5. Regierungsprogramm und Parteien

Zur Verwirklichung ihres Programmes bedarf die Regierung
der Unterstützung durch die Mehrheit des Parlamentes. Je
nachdem wie sich die Mehrheit zusammensetzt, ist die Regierung von den Zielen und Programmen einer oder mehrerer
Parteien abhängig. Auf diese Beziehung des Regierungsprogramms zu den Parteien ist im folgenden einzutreten.

5.1. Regierungsprogramm und Parteiprogramme [136]

5.1.1. Bedeutung und Aufgabe der Parteiprogramme

Von einer Partei wird im allgemeinen erwartet, dass sie
ein Programm hat. Aufgabe des Parteiprogrammes ist es, Neumitglieder zu werben, sich auf die eigenen Zukunftsvorstellungen zu besinnen und durch die Entwicklung und Verkündung
des Programmes die Integration der eigenen sozialen Gruppe
herbeizuführen. [137] Fundierte Parteiprogramme sind eine
"Koordinationsbemühung erster Hand", indem sie - nach pragmatisch-utilitaristischen Gesichtspunkten - bestimmte Interessen zusammenfassen und eine Gruppe mit gewissem Zusammenhalt zu bilden vermögen. [138] Soweit sie einigermassen konkret sind und in ihnen vereinbare Interessen zur Verfolgung
allseitig erwünschter politischer Ziele zusammenfliessen,
können sie nach einer siegreichen Wahl mit administrativer

---

[136] Hiezu ausführlich Flohr 40ff; vgl. auch Friesenhahn 25ff
[137] Flohr 60
[138] Morstein-Marx, Dilemma 166

Hilfe relativ gut in Regierungsprogramme umgewandelt werden.

Unter den Parteiprogrammen können Grundsatz- und Aktionsprogramme unterschieden werden [139]: Grundsatzprogramme sollen das gesamtpolitische Leitbild und langfristige Konzeptionen enthalten, während die Aktions- oder Wahlprogramme (in Konkretisierung der ersteren) die Parteiziele für die nächste Legislaturperiode angeben; die Aktionsprogramme sollen politisch verbindliche Information liefern und sehr konkret sein, damit die Partei von den andern genügend gut unterschieden werden kann.

5.1.2. Die mögliche Bedeutung der Aktions- und Wahlprogramme

Enthält das Aktionsprogramm alle wesentlichen Massnahmen, welche die Partei nach einem Wahlsieg durchführen will und kann, und sind sie einigermassen klar und eindeutig, so kann es zur "aktuellen politischen Offerte der Partei" werden [140]: Indem der Wähler genau weiss, welchem Programm er allenfalls zum Sieg verhilft, bietet das fundierte Aktionsprogramm eine gute Grundlage für rationale Wahlentscheidungen, wie sie in der Demokratie zu wünschen sind. Durch die Wahl einer bestimmten Partei wird auch ein bestimmtes Programm vorgezogen; so kann das Wahlvolk an einer - je nach Programmqualität verschieden starken - Akzentsetzung des künftigen Regierungsprogrammes beteiligt werden. Bisher erfüllten die wenigsten Wahlprogramme die obgenannten Kriterien. [141]

5.1.3. Dagegen wird etwa eingewendet, es brauche gar keine verschiedenen Parteien mehr und die Opposition sei überflüssig. Denn die Entscheidungstätigkeit der Politiker sei im technischen Staat bloss mehr fiktiv, weil die politischen Entscheidungen

---

[139] Flohr 61ff, 67ff
[140] Flohr 45f
[141] Floh 45; kritisch auch W.D. Narr, CDU/CSU, Programm und Praxis, Stuttgart 1966

der Staatsführung nach wissenschaftlich kontrollierten
Sachgesetzlichkeiten falle. Die Regierung werde ein Organ
der Verwaltung und verbessere ihre Arbeit so, dass einer
Opposition die Basis abgegraben werde. [142] Richtig daran
ist, dass die Zeit der Umsturz- und Umwälzungsprogramme,
des blossen Neins zur Regierungspolitik und des Wartens
auf die zwangsläufige Abnützung der Regierung vorbei ist.
In den grossen Entscheidungen gibt es heute kaum mehr wahre
Alternativen. "Gerade weil die politischen Realitäten des
modernen Lebens so komplex sind, weil jeder Staat in unauflösbare internationale Verflechtungen eingewickelt ist,
existieren die berühmt-berüchtigten Sachzwänge, die selbst
die kühnste Opposition, sofern sie Bestand und Billigung
erreichen will, nicht durch zornige Aufwallungen beseitigen
kann." [143] Eine neue Position können die Oppositionsparteien praktisch nur noch in Detailfragen, in sehr konkreten
politischen Zielen einnehmen. Hier ist jedoch eine kräftige -
nicht auf Ideologie gebaute - Opposition unentbehrlich, denn
Alternativen müssen vertreten werden. Die Opposition wird
dann zum wichtigen Integrationsfaktor in der modernen Demokratie, indem sie jene Kreise der Bevölkerung, die sich von
den Regierungsparteien nicht repräsentiert fühlen, davor
bewahren, sich vom Staatswesen insgesamt zu entfernen. [144]
Sogar bei Allparteienregierungen - z.B. in der Schweiz und
zeitweise in Oesterreich - besteht das Bedürfnis nach einer
kräftigen Opposition: hier muss sie, um politisch überhaupt
wirksam zu werden, innerhalb des Regierungslagers aufgebaut
werden, darf aber nur von Fall zu Fall erlaubt sein, um das
Regierungsprogramm nicht ernstlich zu gefährden. [145]

---

142) Vgl. hiezu Ekkehardt Krippendorf, Das Ende des Parteienstaats, in: Der Monat, Berlin, Januar 1962, S. 64ff;
Helmut Schelsky, Der Mensch in der wissenschaftlichen
Zivilisation, Köln und Opladen 1961; Otto Kirchheimer,
Vom Wandel der politischen Opposition, in: Archiv für
Rechts- und Sozialphilosophie, Bd. 18, Neuwied und Berlin, 1957, S. 59ff
143) Hans O. Staub, Wehe der Opposition, in: Die Weltwoche
(Zürich) vom 13.12.1972, S. 1
144) Zur Bedeutung der Opposition siehe Sternberger
145) Vgl. Leclaire 174; Kirchheimer, a.a.O. 60

5.1.4. Treffender ist der Einwand, dass der Wähler die Leistung der Regierung gar nicht mit ihrem Wahl- und Regierungsprogramm vergleicht; ja meistens kennt er nicht einmal die wichtigsten Punkte des Programms jener Partei, die er wählt, und kann die Parteien nur sehr pauschal voneinander unterscheiden. [146] Gewöhnlich lässt sich der Wähler in seiner Wahlentscheidung weder von den Grundsatz- noch den Aktionsprogrammen der Parteien beeinflussen, weil sie ihm zu abstrakt oder in den Details zu kompliziert erscheinen. Er simplifiziert die Programme lieber auf ein paar Grundzüge und hält sich im übrigen an die von den Parteien herausgestellten Persönlichkeiten, vor allem den möglichen Regierungschef und seine bedeutendsten Mitarbeiter. Auch wenn der Wähler die Persönlichkeiten mit einer bestimmten Politik verbindet, so gilt seine Stimme letztlich doch mehr dem Führer - unter dem er sich etwas vorstellen kann - als dem Programm. [147] Er braucht sich dann weniger mit komplizierten Sachfragen zu befassen, sondern kann sich in eine einfache Personifikation der Probleme flüchten. Durch eine Qualitätsverbesserung der Parteiprogramme könnte vielleicht wieder eine Versachlichung der Probleme und damit eine Rationalisierung der Wahlentscheidung herbeigeführt werden.

5.2. Regierungsprogramm und Koalitionsvereinbarung

Wo keine Partei die absolute Mehrheit im Parlament erringt, müssen sich mehrere Parteien zu einer Koalition zusammenschliessen. [148] Grundlage der Zusammenarbeit unter den Koalitionspartnern ist die in oft wochenlangen, mühseligen Verhandlungen erarbeitete Koalitionsvereinbarung. [149] Sie stellt sich dar als ein von den verschiedenen Parteien mit

---

146) Flohr 58f; Ellwein, BRD 146
147) Eschenburg 742; Löwenstein, GB 399; Flohr 40/41 und 59
148) Zu den Arten der Koalition vgl. Sternberger 110
149) Vgl. zur Koalitionsvereinbarung Schüle 94ff und Weber 144ff

verschiedenen Zielen geschlossener Kompromiss über die Marschroute, d.h. das Programm der von ihnen gemeinsam gebildeten Regierung und Parlamentsmehrheit.

Die Koalitionsvereinbarung ist für die Regierungsparteien verbindlich - nicht rechtlich, aber doch politisch. [150] Die politischen Sanktionen - etwa der Ausschluss oder Rückzug eines Koalitionspartners aus der Regierung - sind im allgemeinen genügend wirksam, um die Einhaltung der Koalitionsvereinbarung durchzusetzen. Unterschiede ergeben sich allerdings aus den verschiedenen Regierungssystemen [151]: In Deutschland, Oesterreich und Belgien wird die Koalitionsvereinbarung zwischen disziplinierten Parteien mit strengem Fraktionszwang geschlossen, sodass ihre Einhaltung gewöhnlich garantiert ist, in Belgien wenigstens auf kürzere Dauer. In Italien und in Frankreichs IV. Republik hingegen waren wohl eher die Parlamentsfraktionen Vertragsparteien; sie hatten infolge ihrer lockeren, individualistischeren Organisation geringere Fraktionsdisziplin und liessen ihre Regierung häufig im Stich und bald fallen, was die zahllosen Regierungswechsel und unerfüllten Regierungsprogramme beweisen.

Zum Inhalt des Koalitionspapieres gehören neben dem Regierungsprogramm gewöhnlich auch personelle (Regierungszusammensetzung) und organisatorische Bestimmungen (etwa über Koalitionsausschüsse). Umgekehrt kam es schon vor (etwa in Oesterreich), dass die Koalitionsvereinbarung gar kein Sachprogramm enthielt, sondern dessen Festlegung ausdrücklich der bezeichneten Regierung überliess (wenn auch unter Aegide eines Koalitionsausschusses). Gewöhnlich aber macht das künftige Regierungsprogramm den Hauptteil der Koalitionsvereinbarung aus und erscheint in seinen Grundzügen - durch Anregungen der Verwaltung ergänzt - wiederum in der offiziellen Regierungserklärung.

---

150) Zur Verbindlichkeit der Koalitionsvereinbarung einlässlich Schüle 63ff, 75ff; vgl. auch § 7 Kap. 3.4.
151) Sternberger 105/107

Neben den umfassenden und detaillierten Koalitionsvereinbarungen, wie sie in parlamentarisch regierten Mehrparteienstaaten üblich und zur Regierungsbildung zumeist unentbehrlich sind, kann es vor allem in Staaten mit parlamentsunabhängiger Regierung auch minimale Koalitionsvereinbarungen geben. Diese sog. "M_i_n_i_m_a_l_p_r_o_g_r_a_m_m_e_" erfassen nur einige bestimmte Sachbereiche, Gesetzgebungsprojekte oder Massnahmenpakete; in den übrigen Fragen behalten sich die Fraktionen und Parteien volle Handlungsfreiheit vor. Eine bloss beschränkte Koalition schadet in diesen Staaten weniger, weil die Regierungen in ihrem Bestande davon unabhängig sind, und ist zugleich meistens das Grösstmögliche, weil die gerade dort stark föderalistisch organisierten Landesparteien sich gar nicht auf mehr verpflichten können. [152] Solche Minimalprogramme sind anderseits unerlässlich, damit die Regierung ihr Programm wenigstens in einigen wichtigen Punkten rasch und sicher durchbringen kann; sie sind eine notwendige Abstützung des Regierungsprogrammes im Parlament. So gibt es seit kurzem ein Minimalprogramm in der Schweiz [153] und in den USA wird es seit langem gefordert [154]. Wegen der geringen Fraktionsdisziplin waren auch in Italien und Frankreichs IV. Republik die Koalitionspartner häufig gezwungen, sich auf ein Minimalprogramm zu beschränken, obschon dort eine umfassende Vereinbarung angezeigt gewesen wäre.

5.3. Die Durchsetzung des Regierungsprogrammes

5.3.1. Die Durchsetzungschancen einzelner Regierungsvorlagen und damit des gesamten Regierungsprogrammes werden vom jeweiligen Regierungssystem bestimmt. Gross sind die Chancen - und damit die Verbindlichkeit - des Regierungsprogrammes in den p_a_r_l_a_m_e_n_t_a_r_i_s_c_h_e_n_, g_e_w_a_l_t_e_n_v_e_r_e_i_n_e_n_d_e_n_ R_e_g_i_e_r_u_n_g_s_systemen; da stehen sie wiederum am besten, wenn sich eine

---

152) Ihr Einfluss auf die gliedstaatlichen Parteisektionen und z.T. auch auf die Abgeordneten ist gering; vgl. USA § 3 Kap. 1.3. und CH § 11 Kap. 3.
153) Vgl. die publizierte "Vereinbarung der Regierungsparteien und -fraktionen über die Legislaturziele 1971-1975" vom Januar 1972
154) Vgl. USA § 3 Kap. 3.3.5.; Loewenstein, US 392

einzige Partei die absolute Mehrheit sichern kann. So kann
im Zweiparteiensystem britischer Prägung die Regierung nicht
nur ihr (fundiertes) Wahlprogramm weitgehend in ihr Regierungsprogramm umsetzen (mit administrativer Hilfe und Ergänzung), sondern es dank ihrer gesicherten Mehrheit und strengen Parteidisziplin auch im Parlament durchsetzen. Das Regierungsprogramm ist Arbeitsinstrument der Regierung und zugleich vermag es mit einiger Verbindlichkeit die gesamte Gesetzgebung einer Legislaturperiode vorzuentscheiden. Nach
den dort gesetzten Prioritäten und mit den dort skizzierten
Mitteln versuchen die Regierung und die mit ihr eng verbundene
Unterhausmehrheit, die vom Regierungsprogramm gesteckten Ziele
gemeinsam zu erreichen.

Auch in Frankreichs V. Republik kann die Regierung vorläufig noch auf eine loyale Parlamentsmehrheit zählen. Nur geht
hier das Regierungsprogramm nicht auf das Wahl- oder Grundsatzprogramm der Mehrheitspartei zurück [155], sondern auf
die Intentionen des Staatspräsidenten. Die Durchsetzung des
Programms ist auch hier gewährleistet.

Wenn sich zur Regierungsbildung mehrere Parteien zu
einer Koalition zusammenschliessen müssen, bleibt ihnen
nichts anderes übrig, als an ihren Wahlprogrammen Abstriche
zu machen und sich auf einen allseits genehmen Kompromiss
zu einigen. Der ausgehandelte Koalitionsvertrag ist politisch verbindlich und macht die politische Zielsetzung des
offiziell verkündeten Regierungsprogrammes aus. Seine Durchsetzungschance ist von der Fraktionsdisziplin abhängig: In
Deutschland, Oesterreich und Belgien scheint sie recht hoch
zu liegen [156], in Italien und Frankreichs IV. Republik ist
resp. war sie eher mässig.

Ueberwiegend kommt also dem Regierungsprogramm im parlamentarischen Regierungssystem eine in hohem Masse bindende
Kraft zu.

---

155) Die Gaullisten (UNR) haben kein richtiges Parteiprogramm
156) Das gute Gelingen der Koalition kann für die Regierungsparteien (z.B. die FDP in der BRD) sogar eine Existenzfrage sein.

5.3.2. In den Staaten, in denen Exekutive und Legislative auf eine feste Amtszeit gewählt sind und von der andern Gewalt nicht gestürzt resp. aufgelöst werden können, geht dem Regierungsprogramm diese grosse Durchsetzungschance ab. Im Parlament besteht keine kohärente Regierungsmehrheit, weil die Stabilität der Regierung und des Staates durch die festen Amtszeiten gewährleistet wird und deshalb das Regierungssystem nicht unabdingbar die stete Unterstützung der Regierung durch die Parlamentsmehrheit fordert. Die zur Verwirklichung des Regierungsprogrammes erforderliche Mehrheit muss sich - wie auch die Opposition - von Fall zu Fall formieren, wenn nicht zur Unterstützung der wichtigsten Anliegen wenigstens ein Minimalprogramm vereinbart werden konnte. Die Regierung kann ihr Programm - insbesondere das Verfahren zur Ausarbeitung und Fortschreibung - jedoch als qualifiziertes Arbeitsinstrument ausgestalten; baut sie es auf einem modernen politischen Planungssystem auf, so kann sie dadurch ihren Argumentationsdruck auf das Parlament verstärken und auf diese Weise die Durchsetzung ihres Programmes verbessern. In den Vereinigten Staaten ist heute darum das in der Budgetvorlage konkretisierte Regierungsprogramm das Ergebnis eines immer umfassender und intensiver werdenden Planungssystems (des PPBS), während es früher weitgehend eine blosse Umsetzung des Wahlprogrammes des Präsidenten - angereichert mit Departementsvorschlägen - gewesen war. Die Kongressfraktionen sind auch heute noch keineswegs auf dieses Programm verpflichtet. Doch können sich heute Präsident und Verwaltung auf die Ergebnisse fundierter, konkreter Planungen stützen und so gegenüber dem Kongress sachkundiger und überzeugender argumentieren. Die Exekutive hat unter anderem auch dadurch ein gewisses Uebergewicht erhalten.

In der Schweiz ist das Regierungsprogramm weder das Produkt eines Mannes (inkl. Beiträgen von Verwaltung und externen Beratern), noch die Umsetzung eines Wahlprogrammes, sondern stellt vielmehr ein Kompromissprogramm des Regierungskollegiums dar, bei dem der substanzielle Anteil der Verwaltung dominiert. Das Programm ist kein Kompromiss der Bundesratsparteien, denn sie sind an seiner Ausarbeitung nicht beteiligt und fühlen sich ihm darum kaum verpflichtet. Zur Unterstützung des Bundesrats kam nach den Nationalratswahlen von 1971 immerhin ein Minimalprogramm zustande. Dennoch bleiben die Durchsetzungschancen des Regierungsprogrammes sowohl in den Kammern wie auch im Parlament ungewiss.

Welche Bedeutung die Verbände für das Regierungsprogramm haben, braucht hier nicht erörtert zu werden, weil sie nach der heutigen Einwirkungspraxis ihren Einfluss über die Parteien und die Verwaltung, also in beiden Quellen des Programmes, geltend machen. Sie werden sich wohl weniger bei der Erarbeitung des Gesamtprogrammes als vielmehr bei den konkreten einzelnen Sachprogrammen, Projekten und Massnahmen einschalten.

Teil B: REGIERUNGSPROGRAMM UND RICHTLINIEN DER POLITIK
IN EINIGEN AUSLAENDISCHEN STAATEN
****

§ 3 Vereinigte Staaten von Amerika

1. Richtlinien der Politik

1.1. Die Kompetenz des Präsidenten zur Bestimmung der Politik

Der Präsident bestimmt nicht nur die Richtlinien der Politik, sondern die Politik schlechthin [1], und trägt dafür auch die Verantwortung. Seine Macht ist weder durch eine Aufteilung der Regierungsgewalt innerhalb der Exekutive, noch durch ein Kabinettsystem i.S. des britischen Regierungssystems begrenzt. Er ist Staatsoberhaupt und Regierungschef zugleich, ausserdem noch Oberkommandierender der Armee. Es steht ihm also ein umfassendes Entscheidungs- und Direktionsrecht zu.

Kein Mitwirkungsrecht haben seine "Minister", die Staatssekretäre. Wenn auch de facto jeder der Sekretäre im Rahmen der vom Präsidenten festgelegten Politik sein Departement weitgehend selbständig leitet, so kann doch keine Rede davon sein, dass der Präsident de jure verpflichtet ist, ein selbständiges Entscheidungsrecht eines Departementsvorstehers anzuerkennen.

1.2. Hilfsbefugnisse und Ergänzungen der Führungskompetenz

Um seine Politik verwirklichen zu können, stehen dem Präsidenten verschiedene Hilfsmittel zur Verfügung.

1.2.1. Botschaft über die Lage der Nation (state-of-the-union-message

Art.2 Sekt.3 der Verfassung gibt dem Präsidenten das Recht und die Pflicht, von Zeit zu Zeit dem Kongress über den Stand der Dinge in den USA Bericht zu erstatten und Mass-

---

1) Zum folgenden: Fränkel 261ff

regeln, die er für notwendig und nützlich erachtet, zu
empfehlen. Damit sieht schon die älteste Verfassung vor,
dass die Regierung eine aktive Führungsrolle in der künftigen Politik spielen soll.

Die beiden ersten Präsidenten gaben diesen Bericht zu Beginn der ordentlichen Session persönlich vor dem vereinigten Kongress ab, worauf sich jede Kammer zurückzog und eine Antwort aufsetzte. [2] Danach wählte jede Kammer einen Ausschuss, der ihre Replik dem Präsidenten vortrug, worauf er seinerseits mit einer Duplik erwiderte. Thomas JEFFERSON (1801-1808) führte dann ein, dass die grosse Botschaft schriftlich abgegeben und von den "Leaders" der beiden Häuser vorgelesen wurde. Er verzichtete auch auf die Replik der Häuser, weil er: 1.) sie nicht herausfordern mochte, 2.) ihre kostbare Zeit nicht vergeuden wollte und 3.) sie nicht in Verlegenheit bringen wollte, indem sie unverzüglich Antwort auf Vorschläge zu geben hatten, die noch nicht ausgereift waren. Seine Nachfolger hielten es gleich. Erst mit Thomas Woodrow WILSON (1912-1919) bürgerte es sich wieder ein, dass der Präsident vor dem versammelten Kongress erscheint, um in einer feierlichen Sitzung seine Regierungserklärung abzugeben. Es findet aber weiterhin keine Aussprache darüber statt. -

In der Befugnis zur Botschaft und zu schriftlichen Empfehlungen liegt die einzige Verfassungsgrundlage für die Mitwirkung der Exekutive bei der Ausarbeitung der Gesetzesvorlagen und des Budgets. [3] Indem der Präsident in der Botschaft das Gesetzgebungsprogramm vorschlägt, hat er auch in der Gesetzgebung die führende Rolle übernommen; die Botschaften setzen den Rahmen für die nachfolgende Gesetzgebungsarbeit des Kongresses.

Die präsidentielle Botschaft ist zugleich an die ganze Nation gerichtet. Sie soll das Volk informieren, überzeugen

---

2) Dazu Kallenbach 334f
3) Kallenbach 339

und durch die Macht der öffentlichen Meinung den Kongress dahingehend beeinflussen, dass er die Vorschläge des Präsidenten annimmt. [4] Die Botschaft ist schliesslich auch an die eigene Partei gerichtet, von der sich der Präsident die Unterstützung seines Programms erbittet; hier soll sie eher Anweisung als Empfehlung sein.

1.2.2. Weitere Botschaften und Empfehlungen (messages and recommandations)

Die jährliche Botschaft wurde bald ein umfangreicher und unausgeglichener Katalog von Empfehlungen, sodass sie kaum mehr verlesen werden konnte. Darum beschränkte man sie thematisch auf die Richtlinien der Regierungspolitik. Die einzelnen Gesetzgebungsvorschläge werden heute zumeist in die besonderen Botschaften verwiesen. [5]

- Der Budget and Accounting Act von 1921 verlangt vom Präsidenten zuhanden des Kongresses jährlich einen umfassenden Ausgabenplan der gesamten Bundesverwaltung. Da alle Programme früher oder später Geldmittel brauchen, bedeutete die Zuweisung der Finanzplanung an die Exekutive auch die Einwilligung des Kongresses, dass die Regierung alle politischen Massnahmen von nationaler Bedeutung einleite. Der Haushaltplan wird in der budget message sogleich nach der state-of-the-union-Botschaft verkündet.

- Der Full Employment Act von 1946 verlangt vom Präsidenten einen Wirtschaftsplan, der die Massnahmen zur Erhaltung der Konjunktur enthält. Der economic report muss in den ersten 60 Tagen der ordentlichen Session erscheinen und Empfehlungen für die entsprechende Gesetzgebung enthalten.

So wandelte sich die Befugnis des Präsidenten, Botschaften und Empfehlungen zu geben, zur Kompetenz, die Gesetzge-

---
4) Kallenbach 336f
5) Hiezu Kallenbach 340. Am 4. Mai 1973 hat Präsident R. Nixon erstmals auch einen "Bericht über die Lage der Welt" - als aussenpolitisches Pendant zur state-of-the-union-Botschaft - veröffentlicht.

bung zu planen und Gesetze auszuarbeiten. Die Botschaften sind in steigendem Masse gewichtige Techniken der Präsidialführung geworden. [6]

1.2.3. Das Vetorecht

Gegen jeden Beschluss des Kongresses - ausgenommen die Geldbewilligungen - kann der Präsident sein Veto einlegen, aber nur gegen die Vorlage als ganzes und nicht gegen deren Bestandteile. Deshalb bringt der Kongress an Geldbewilligungsgesetzen etwa einen "rider" an, d.h. materiellrechtliche Artikel, die eigentlich in ein normales Gesetz gehörten. [7]

Das Veto kann beseitigt werden, wenn jedes Haus mit 2/3 Mehrheit auf dem Beschluss beharrt. Wenn sich aber der Kongress vor Ablauf der zehntägigen Vetofrist vertagt und der Präsident die Unterzeichnung ablehnt, ist das Veto als sog. "pocket veto" endgültig. Das Veto des über den Parteien stehenden Präsidenten ist als check gedacht gegen reine Interessenentscheide des Kongresses. Der Präsident soll zum Wohle der Oeffentlichkeit jene Ziele seiner Politik fördern und durchsetzen können, die ihm ein spezielles Anliegen sind. [8]

Das Veto und seine Androhung sind ein zweischneidiges Schwert, denn die Gegnerschaft kann sich dadurch versteifen und viele Abgeordnete, die den Kongressbeschluss persönlich ablehnen, werden ihn allenfalls doch bestätigen, um gegenüber ihren Wählern auf jeden Fall ein Alibi oder Rückendeckung zu haben. [9]

1.2.4. Neben den verfassungsrechtlichen hat der Präsident weitere Mittel, um seine Politik besser durchzusetzen. [10]

---

6) Kallenbach 339; Fränkel 252; Loewenstein, US 370
7) Der Kongress hat die unbeschränkte "Power of the Purse"; Fränkel 252
8) Kallenbach 321, 356
9) Loewenstein, US 377
10) Dazu eingehend Neustadt, Power 179ff

Mit der P̲a̲t̲r̲o̲n̲a̲g̲e̲ kann er viele Kongressmitglieder an sich binden. Er bewerkstelligt dies vor allem mit Berufungen ins Amt sowie mit der Verteilung von Staatsaufträgen und der besonderen Förderung öffentlicher Werke in bestimmten Distrikten. [11]

Der Präsident kann ferner den Kongress durch M̲o̲b̲i̲l̲i̲s̲a̲t̲i̲o̲n̲ d̲e̲r̲ ö̲f̲f̲e̲n̲t̲l̲i̲c̲h̲e̲n̲ M̲e̲i̲n̲u̲n̲g̲ unter Druck setzen, um die Durchsetzungschancen seiner Vorschläge zu vergrössern. Dabei kann er sich auf das grosse Prestige seines Amtes stützen. Die Möglichkeiten der Beeinflussung sind mannigfaltig: Botschaften an den Kongress, persönliches Erscheinen bei wichtigen Anlässen, Radio- und Fernsehansprachen, Pressekonferenzen, offizielle Interviews mit prominenten Bürgern usw. [12]

Der p̲e̲r̲s̲ö̲n̲l̲i̲c̲h̲e̲ K̲o̲n̲t̲a̲k̲t̲ mit den Schlüsselfiguren des Kongresses ist für die Planung der Gesetzgebung unerlässlich. Bekannt sind dabei die "conferences of the big four" mit dem Speaker of the House, dem Vicepräsidenten und den beiden Fraktionsführern der Mehrheit; je nach Materie werden zur Konferenz weitere Mitglieder zugezogen. [13] Weiter hat jedes Departement und Aussenamt (agency) seine eigenen "liaison officers", die für Kongressmitglieder gerne einen Dienst tun, dafür aber auch eine Unterstützung ihrer Gesetzgebungswünsche erwarten.

1.3. Die Bedeutung des Kongresses bei der Bestimmung der Politik

Im Sinne des amerikanischen Systems der "checks and balances" bildet der Kongress das Gegengewicht zum Präsidenten. Der Kongress kann sich dabei vor allem auf seine Gesetzgebungs- und Finanzkompetenzen stützen. [14] Früher bestimmte er dank seiner uneingeschränkten Budgethoheit die Politik

---

11) Blair 327f; Kallenbach 372
12) Kallenbach 370
13) Kallenbach 371; Loewenstein, US 377, 386
14) Zum folgenden Fränkel 267f, 323; Loewenstein, US 253f

weitgehend; der Präsident war blosses Vollzugsorgan. Seit der Budgetreform von 1921 gewann aber der unter direkter Verantwortung des Präsidenten vom Budgetbüro ausgearbeitete Voranschlag zunehmend an Bedeutung. Doch fehlt ein einheitliches, vom Kongress verabschiedetes Haushaltsgesetz noch immer. Zudem bestehen die Geldbewilligungsbeschlüsse (approbations) aus einer Vielzahl von Einzelpositionen und nicht aus einer Pauschalsumme, über welche die betreffenden Departemente nach Gutdünken verfügen könnten. Schliesslich verkoppelt der Kongress die Geldbewilligung häufig mit der Gewährung von Aufsichtsbefugnissen über die betreffenden Verwaltungsbehörden. Präsident und Budgetbüro nehmen daher bei der Vorbereitung des Voranschlags auf die Wünsche der massgeblichen Kongressausschüsse grosse Rücksichten. Auch mit dem Einbringen selbstentworfener Gesetze setzt der Kongress wichtige Richtlinien.

Weitere bedeutende Befugnisse des Kongresses sind seine grossen Untersuchungskompetenzen (investigations, hearings) [15] und seine Organisationshoheit, deren selbständige Ausübung ihm einen massgeblichen Einfluss auf die Struktur der Bundesverwaltung erlaubt. Schliesslich ist die Mitwirkung des Senats bei der Ernennung hoher Beamter und bei der Bestimmung der Aussenpolitik zu erwähnen.

Durch seine vorgängige (in den approbations) und nachträgliche (in den investigations und hearings) Kontrolle beteiligt sich der Kongress an der Richtlinienbestimmung und -ausführung. Sein Einfluss wirkt jedoch nur vereinzelt und zusammenhangslos; eine gesamtpolitische Etat- oder Programmdebatte gibt es nicht, offenbar weil der Kongress sich davon wenig verspricht und er weder mit dem Präsidenten im Parlament diskutieren [16] noch ihn stürzen kann. [17]

---

15) Hiezu einlässlich Ferdinand Meyer, Die Untersuchungskompetenzen des amerikanischen Kongresses, Diss. Bern 1968
16) Wegen der strengen Inkompatibilität
17) Der Kongress kann nur die Amtsklage - das schwerfällige Impeachment - wegen Hochverrat oder anderer Staatsverbrechen erheben (Art.1 Sekt.2 und Sekt.3 Abs.6 der Verfassung).

Der Kongress hat es in der Hand, mit seinen Befugnissen die Verwirklichung des Regierungsprogrammes zu verhindern; umgekehrt kann der Präsident mit seinem Vetorecht die meisten der Kongressgesetze zu Fall bringen, denn das Veto wird selten beseitigt. Im schlimmsten Fall wären also beide Staatsorgane gelähmt. Einsicht, Konzilianz und zähe Verhandlungen lassen aber letztlich doch ein für Präsident und Kongress annehmbares Programm entstehen. [18]

1.4. Die Rolle der Parteien und Fraktionen

Das amerikanische Parteiwesen ist schwach und sehr dezentralisiert. Der Spitzenverband hat als einzige Aufgabe alle 4 Jahre einen Parteikonvent einzuberufen, der den Präsidentschaftskandidaten und seinen Stellvertreter wählt und nach zahllosen Kompromissen zwischen den einzelstaatlichen Delegationen gewöhnlich nichtssagende Wahlprogramme formuliert. Die Wahlprogramme (platforms) sind kein Aktionsplan, sondern geben nur die allgemeine Richtung der verschiedenen Parteiströmungen wieder. [19] Sie lassen einen weiten Spielraum offen und binden weder die Parteien noch ihre Kandidaten. Da die beiden massgeblichen Parteien (Republikaner und Demokraten) weder Klassen- noch Prinzipienparteien sind, gibt es keine programmatische Solidarität. [20]

Das Fehlen eines hierarchisch organisierten Parteiapparates trägt dazu bei, dass der Präsident - als nomineller Vorsitzender seiner Partei - ausserhalb seines Heimatstaates auf innerparteilichem Gebiet nur einen geringen Einfluss ausüben kann. [21] Weil er zudem nicht von einer Kongressmehrheit bestellt und von ihrem Vertrauen abhängig ist, fühlt sich seine Partei nicht streng an ihn gebunden. Die schwache Disziplin ist sogar unerlässlich, wenn ein Präsident einem

---

18) Fränkel 317f
19) Fränkel 151; Blair 263; Morstein-Marx, Regierungsprogramm 451
20) Morstein-Marx, Regierungsprogramm 448
21) Fränkel 152 und 286; Blair 263

Kongress gegenüber steht, dessen Kammern von der Gegenpartei beherrscht werden. Ohne Unterstützung aus dem andern Lager könnte er sein Programm gar nicht verwirklichen.

Um in den wichtigen Fragen der Verteidigungs-, Wirtschafts- und Aussenpolitik doch ein Ergebnis zu erzielen, einigen sich die beiden Parteileitungen zum vornherein über bestimmte Vorlagen. In den übrigen Fällen muss der Präsident versuchen, in geschickter Gleichgewichtspolitik mit beiden Parteien zu regieren: Er muss darauf achten, dass sich in den eigenen Reihen keine Opposition bildet, die sich an die Gegenpartei anschliesst, und dass er die Gegenpartei nicht dazu verleitet, sich mit dem gewöhnlich unzuverlässigen Fünftel seiner eigenen Partei zu verbünden. [22]

2. **Führungsinstrumentarium und politische Planung**

Die führende Rolle des Präsidenten bringt eine Aufgabenfülle mit sich, die ohne leistungsfähige Hilfsorgane nicht zu bewältigen wäre.

2.1. **Das Kabinett**

Das Kabinett ist eine - in der Verfassung nicht vorgesehene - Zusammenkunft von Departementschefs und weiteren Behördemitgliedern, welche den Präsidenten berät, aber als Gruppe keine Kompetenzen und keine Verantwortung hat; wer dazu gehören soll, bestimmt der Präsident. [23] Je nach dem Willen des amtierenden Präsidenten kann das Kabinett auch kollegial mitentscheidendes Organ sein. Seine Bedeutung und Arbeitsweise ist immer in Zusammenhang mit dem Regierungsstil des Präsidenten zu sehen. [24]

Neben dem Kabinett hat der Präsident auch nicht beamtete Ratgeber, graue Eminenzen, die als "kitchen-cabinet" (unter D. EISENHOWER) oder "brain-trust" (unter J. KENNEDY) bezeich-

---

[22] Loewenstein, US 383 und 385
[23] Lenz C 12 und C 72 ff
[24] Loewenstein, US 372; Lenz C 8ff; Fenno 94ff, 136ff

net werden. Sie sind oft enge Freunde oder frühere Mitarbeiter des Präsidenten, die einen sehr grossen Einfluss auf die Regierungspolitik ausüben. Auch L.B. JOHNSON und R. NIXON hatten ihre grossen Beraterstäbe, zu denen bedeutende Wissenschafter gehörten.

2.2. Das White House Office

Die verstreuten Stabsstellen für Koordinations-, Planungs- und Kontrollaufgaben auf höchster Ebene wurden 1939 zuhanden des Präsidenten im Executive Office zusammengefasst, welches zur Zeit zehn Aemter umfasst, von denen das White House Office und das Budgetbüro die bedeutendsten sind. [25]

Das White House Office ist die eigentliche Präsidialkanzlei, also ein Stab vorwiegend persönlicher Mitarbeiter, die alles Material vom und zum Präsidenten weiterleiten und ihn in Fragen der allgemeinen Politik beraten, wobei sie die Probleme unter dem Blickwinkel der Gesamtpolitik bearbeiten. Unter ihnen befinden sich auch die sog. "ghost writers", die dem Präsidenten bei der Abfassung seiner Reden und Schriften helfen. Das "Executive Branch Liaison Office" insbesondere wirkt als Koordinationsstelle für die gesamte Regierungstätigkeit: Seine Emissäre kontrollieren die Beamten im gesamten Executive Office auf ihre Uebereinstimmung mit den Absichten des Präsidenten, indem sie mit ihnen bei der Verwirklichung des Regierungsprogrammes unmittelbar zusammenarbeiten [26]; sie sind auch in den meisten interdepartementalen Ausschüssen vertreten und führen dort oft den Vorsitz.

An der Spitze des White House Office steht der "Assistant to the President", ein besonders enger Vertrauter des Präsidenten. Von grosser Bedeutung ist auch der "Special Counsel" der Rechtsberater des Präsidenten, der sich mit Fragen der allgemeinen Gesetzgebungspolitik und der Ueberwachung der

---

25) Zum folgenden Kallenbach 441f; Lenz W 11 f, W 27 ff
26) Morstein-Marx, Regierungsprogramm 450

Arbeit des Budgetbüros befasst und so in besonderem Masse für das Regierungsprogramm verantwortlich ist. Die "Legislative Reference Division" des Budgetbüros erspart ihm langwierige Nachforschungen, da sie ihm laufend die neueste Information über Gesetzgebungsvorhaben der Aemter liefert, sodass er die künftige Gesetzgebung umfassend planen und überprüfen kann. Er ist für das Budgetbüro der direkte Kanal zum Präsidenten und eine stete Quelle politischen Rates und Schutzes. [27]

Für Sonderaufgaben werden die "Special Assistants to the President" eingesetzt. Der Pressesekretär berät den Präsidenten bei der Ausarbeitung und Festlegung der Informationspolitik; er hält täglich zwei Pressekonferenzen ab. [28]

Dank ihrer Position als Filter im Informationsfluss vom und zum Präsidenten sind die Mitarbeiter des Weissen Hauses die einflussreichsten Beamten der Exekutive. Sie folgen daher dem Präsidenten in und aus dem Amt, obschon er sich heute nicht nur mit politisch orientierten, sondern auch fachlich hochqualifizierten Kräften umgibt. [29]

2.3. Das "Bureau of the Budget"

2.3.1. Aufgaben:

Das Budgetbüro ist die Zentralstelle, an welche alle Voranschläge und Geldanforderungen der Departemente und andern Bundesbehörden zur Begutachtung und Genehmigung gelangen, systematisiert und in einen allseitig abgestimmten Etatsplan zusammengefasst und endlich über den Präsidenten dem Kongress als konsolidiertes Budget zugeleitet werden. [30] Die Verantwortung gegen aussen trägt allein der Präsident.

---

27) Neustadt, Programm 1019
28) Siehe dazu Pierre Salinger/James Hagerty, The Press and Presidential Leadership, Minneapolis 1961, besonders S. 3ff
29) Loewenstein, US 32of
30) A.a.O., 250ff; Zur Rolle des Budgetbüros im PPBS vgl. Böhret, Entscheidungshilfen 228ff

Das Budgetbüro verschafft sich eine Gesamtübersicht über die Regierungsaufgaben und ihre Kosten, und kann deshalb in frühen Planungsstufen der Departementsprogramme seine Empfehlungen abgeben und dem Präsidenten Anträge stellen. Durch die ständige Ausgabenkontrolle ist es über die Tätigkeit der ganzen Verwaltung stets auf dem Laufenden. Darum besteht der Kern seiner Aufgaben in der Koordination der Tätigkeit der gesamten Exekutive und in ihrem Ausrichten auf das Regierungsprogramm - mit dem Ziel, dass dadurch das Geld aufs sparsamste verwendet wird und wenig Ueberschneidungen und Arbeitsverdoppelungen eintreten. Auf Grund seiner allseitigen Orientierung hat sich das Budgetbüro auch mit Fragen der Verwaltungsorganisation und der Arbeitsmethoden zu befassen.

2.3.2. Organisation:

Das Budgetbüro umfasst unter der Leitung des Budget Director ungefähr 250 Referenten und besondere Fachkräfte. Der Budget Director, sein Stellvertreter und ein paar weitere persönliche Assistenten sind zur Zeit die einzigen, die nicht Berufsbeamte sind, also nach der Wahl jeweils neu ernannt werden. Das Büro unterhält eine Fülle von Arbeitskontakten - vor allem auf Referentenebene - mit den andern Bundesbehörden, insbesondere mit der Treasury, dem Bundesreservebanknetz, dem Handels- und dem Arbeitsministerium und allen Stabstellen im Executive Office. [31] Es bildet so die wichtigste Informationsquelle des Präsidenten und des gesamten Executive Office. Der personelle Austausch zwischen Budgetbüro und den Aemtern [32] verhindert, dass sich der Horizont in den Departementen einengt und dass der Stab sich im Allgemeinen und Abstrakten verliert. -

---

31) Morstein-Marx, Regierungsprogramm 449f
32) Loewenstein, US 321f

2.3.3. Die "Legislative Reference"-Abteilung [33]

Die "Legislative Reference Division of the Bureau of the Budget" nimmt wie ein Revisor eine umfassende Ueberprüfung der Gesetzgebungsvorschläge aller Aemter der Bundesverwaltung vor, und zwar in Hinblick sowohl auf ihre Uebereinstimmung mit dem Regierungsprogramm wie auf ihre Abstimmung auf den Bundeshaushalt. Ihr Sichtungsapparat spielt heute die beherrschende Rolle bei der Aufstellung des jährlichen Gesetzgebungs- und Regierungsprogrammes. Zusammen mit ihren Budgetvorschlägen und Beiträgen zum jährlichen Gesetzgebungsprogramm reichen die Aemter auch solche Anregungen ein, die nicht oder noch nicht ins nächste Programm gehören; die Legislative Reference-Abteilung stellt hier dem Präsidenten allenfalls Anträge auf Aufnahme ins Programm der folgenden Jahre. Wegen des grossen Sachverstandes und der umfassenden Information der Abteilung legen ihr sogar die Kongressmitglieder ihre Gesetzesentwürfe zur Begutachtung vor. Bei den andern, unvorhergesehen vom Kongress ausgehenden Gesetzesvorschlägen berät sie zusammen mit den betroffenen Aemtern den Präsidenten über ein allfälliges Veto. [33a]

2.4. Die übrigen Stabstellen im Executive Office

Neben den beiden generellen Stabsstellen des Weissen Hauses und des Budgetbüros finden sich im Executive Office noch Spezialstabsstellen: [34]

- Der Council of Economic Advisors (CEA) hilft dem Präsidenten bei der Abfassung des jährlichen Berichts über Vollbeschäftigung, Produktion und Kaufkraft in den USA (Economic Report) und berät ihn in allen wichtigen Wirtschaftsfragen. Er legt zusammen mit dem Präsidenten und Kongress die Wirtschaftspolitik der Regierung fest.

---

33) Zum folgenden Neustadt, Clearance 641ff, 655f
33a) Lenz B 37ff
34) Zum folgenden Loewenstein, US 322/3; Kallenbach 442f; Lenz N 1ff, WB 1, 24ff

- Der National Security Council (NSC) ist oberste Instanz
  zur Planung der Landesverteidigung und Landessicherheit
  im weitesten Sinn; er stellt den "Uebergeneralstab der
  politischen und militärischen Führung" dar. Die Central
  Intelligence Agency (CIA) ist als oberste Spionage-,
  Spionageabwehr- und Informationsauswertungsstelle dem
  NSC unterstellt.

- Das Office of Defense Mobilisazion (oder Office of Emergency Planning) hat das gesamte Potential militärischer
  und ziviler Produktion für Kriegszeiten zu mobilisieren
  und koordinieren. Es berät den Präsident allgemein in
  Rüstungsfragen und bei der Organisation der Kriegswirtschaft.

- Das Office of Science and Technology (OST) koordiniert
  die einzelstaatlichen Aktivitäten in Wissenschaft und
  Technik.

- Auch das National Office for Education (Bildungspolitik)
  und die National Aeronautic and Space Administration (NASA,
  Weltraumfahrtsbehörde) haben in ihrem Bereich die einzelstaatlichen Bemühungen zu koordinieren und zu Handen des
  Präsidenten detaillierte Pläne zu schaffen.

- Das Presseamt, das dem Pressesekretär im Weissen Haus untersteht, ist für die Entwicklung und Ausführung der Informationspolitik verantwortlich; es hat sich im letzten
  Jahrzehnt gewaltig ausgedehnt.

2.5. Die Mittel- und kurzfristige Planung der Regierung

2.5.1. Im_Allgemeinen_

Die mittelfristige politische Planung hat ihren Schwerpunkt
im White House Office und - im Zusammenhang mit der kurz-
und mittelfristigen Finanzplanung - im Budgetbüro; aber
auch die andern Stäbe des Executive Office sind beauftragt,
für ihren Bereich Pläne auszuarbeiten. Daneben gibt es in
jedem Departement einen obersten Planungsstab beim Vorsteher,

der das jährliche departementale Gesetzgebungsprogramm -
im Zusammenhang mit der Aufstellung der voraussichtlich
notwendigen Ausgaben - entwirft. [35] Allerdings verstärkt
die Duplizierung der Planungen - einerseits in den Departementen, anderseits im Executive Office - die Reibungsverluste, welche die zusätzliche Koordinationsarbeit verursacht. [36]

Ueber die jüngste Entwicklung der politischen Planung
orientiert die deutsche PROJEKTGRUPPE: "Bei Kennedy und
Johnson wurden die Entscheidungen durch Kurzdenkschriften
(memoranda) vorbereitet, die vorwiegend von den Special
Assistants to the President (im Stab des Weissen Hauses)
meist nach Rücksprache mit den beteiligten Stellen verfasst
wurden. Insbesondere für die mittelfristige politische Planung
scheint sich unter Nixon eine gewisse Institutionalisierung
zu vollziehen: der Präsident hat einen Koordinator für Regierungsprogramme ernannt, mit dem ad hoc beauftragte Gremien der zuständigen Verwaltungsspitze ihre Programmvorschläge abzusprechen haben." [37]

Im Juli 1969 hat Präsident Richard NIXON im Weissen
Haus den "National Goal Research Staff" eingerichtet, der
sich mit der Entwicklung von Alternativen für die Staatsziele und deren strategischer Synthese beschäftigt; seine
Ergebnisse kann die oberste Führungsspitze später dazu benützen, um Veränderungen innerhalb der starren Linien durchzuführen oder neue Einheiten einzurichten. [38] Soweit sein
Wirken in die politische Zielplanung hineinragt und darum
wegen der fehlenden Verantwortlichkeit besonderer Skepsis
begegnet, bedarf es noch einer genaueren Untersuchung.

---

35) Neustadt, Programm 1009ff; Lenz C 30ff
36) Jochimsen 950
37) Reform der Struktur 255
38) Böhret, Entscheidungshilfen 230

2.5.2. Das Planning-Programming-Budgeting-System (PPBS)

Unter dem Stichwort PPBS wird seit Anfang der sechziger Jahre, ausgehend vom Verteidigungsministerium, in der amerikanischen Verwaltung ein Verfahren verwendet, bei dem unterschiedliche Methoden der Bedarfs- und Potentialanalyse mit Programmierungs- und Bewertungsverfahren kombiniert und in den auf einen Fünfjahreszeitraum ausgedehnten programmorientierten Budgetierungsprozess eingebaut werden. Am 25. August 1965 wurde das PPBS von Präsident L.B. JOHNSON für nahezu die gesamte Bundesexekutive eingeführt. Auf eine eingehendere Behandlung muss im Rahmen dieser Arbeit verzichtet werden; es sei hiefür auf die reiche Literatur verwiesen. [39]

Die wichtigsten Instrumente des PPBS sind die folgenden [40]: Mittels Planung sollen die Ziele und alternativen Handlungsmöglichkeiten unter Beachtung ihrer Interdependenz über längere Zeiträume verfolgt und auf der Basis systematischer Information fortwährend rationalisiert werden. Mit Hilfe der Programmierung werden Aktivitäten so ausgewählt, dass sie eine - von Nutzen- und Kostenerwägungen bestimmte - effektive Erreichung der anvisierten Ergebnisse ermöglichen und so zur Auswahl optimaler Regierungsprogramme führen. Ueber die Budgetierung wird versucht, die planungsgerecht ausgewählten Programme mit der Finanzierungsmöglichkeit zu konfrontieren. Die von der Exekutive angeregte künftige Gesetzgebung wird in Zusammenhang zum budgetären Regierungsprogramm gesetzt, indem allfällige Vorschläge gleichzeitig mit den endgültigen PPB-Dokumenten dem Budgetbüro einzureichen sind. Wenn das alles in problemgerechter Form durch-

---

[39] Böhret, Entscheidungshilfen 174ff und PPBS 161ff; Frieder Naschold, Probleme der mehrjährigen Finanzplanung des Bundes, in: Politische Planung, S. 177ff. Einen Ueberblick und eine kurze Kritik geben auch Jochimsen 952 und Reform der Struktur 244f. Weiter sei auf Bd.VI der Reihe "Planung" (Baden-Baden 1972) verwiesen.

[40] Böhret, Entscheidungshilfen 179f und PPBS 167f

geführt wird, handelt es sich um ein operationables System. Die zukunftsorientierten Entscheidungsmöglichkeiten werden in systematischer Form dargestellt und Vorschläge sowie Begründung im Hinblick auf die Auswahl bestimmter Programme gegeben. [41]

Die PPB-Programme sind nicht lediglich der finanzielle Niederschlag eines Regierungsprogrammes, dessen Ziele erst aus der Regierungserklärung (State-of-the-Union-Botschaft) entnommen werden müssen, sondern sie stellen vielmehr diese Ziele unmittelbar dar, indem sie die gewünschten Ergebnisse aus den Budgetleistungen und die Nutzniesser der geplanten Staatstätigkeit definieren. Die Ziele selbst werden wesentlicher Inhalt des Budgets. [42]

Ein abschliessendes Urteil über das PPBS zu fällen, ist nicht möglich, da seiner konsequenten Handhabung noch administrative Schwierigkeiten entgegen stehen. Ausserdem sind die Möglichkeiten, eindeutige und über das einzelne Ressort hinausgehende Bewertungsschemata vorzugeben und anzuwenden, noch sehr beschränkt; die Uebertragung des PPBS vom Verteidigungsministerium auf alle übrigen Departemente hatte nicht den gewünschten Erfolg. [43] Beklagt wird ferner die bisher geringe Quantifizierbarkeit weiter Teile der von den Departementen entwickelten Programme, sowie der Mangel an empirischen Daten über entscheidungsrelevante gegenwärtige Zustände und künftige Trends.

Das PPBS verlangt einen zentralen politischen Planungsstab beim Regierungschef, der interdisziplinär zusammengesetzt und speziell dafür geschult sein muss, Probleme zu identifizieren, Ziele zu bestimmen und Programme zu bewerten.

---

41) Praktische Beispiele für die Ausarbeitung zukunftsorientierter Regierungsprogramme als Budgetvorlagen neuen Stils finden sich bei Böhret, PPBS 161ff und Entscheidungshilfen 183ff
42) Böhret, PPBS 160, 167
43) Reform der Struktur 244; Jochimsen 925 (Anmerkung). Zu den Anfangsschwierigkeiten des PPBS siehe ausführlich Böhret, Entscheidungshilfen 227ff und 237ff, und PPBS 166f; sowie Riedweg 203ff.

Dafür ist das Budgetbüro mit seinen Querverbindungen zum Weissen Haus wie geschaffen, doch wird schon kritisiert, dass seine Verarbeitungskapazität zu gering sei.

2.5.3. PPBS und Kongress

Mit Hilfe des effizienzerhöhenden PPB-Instrumentariums kann die Exekutive gegenüber der Kontrollinstanz Kongress an Entscheidungsmacht gewinnen. [44] Die Position der Regierung wird dadurch gestärkt, dass sie ihre Argumentation auf eingehende Studien der hochspezialisierten Verwaltung und externer Experten stützen kann. In der Tat hat die Regierung trotz der noch bestehenden internen Spannungen und trotz der Mitwirkung der Kongressausschüsse bei der vorentscheidenden Abwägung der Programminhalte insgesamt einen Nettozuwachs an Macht erhalten.

Dagegen wehrte sich der Kongress wenig und sein Interesse am PPBS blieb gering. Die Budgetverhandlungen wurden zwar härter, weil gegen den Argumentationsdruck der Exekutive nur noch "politisch" entschieden wurde, d.h. nach sachlich und regional begrenzten Interessen. Aus mangelnder Uebersicht und wegen unklaren Gesamtzielvorstellungen nahm der Kongress ausserdem geringfügige Kürzungen ohne programmorientierte Begründung vor.

Die Verschiebung der "balance of power" ist gegenwärtig geringfügig, weil das PPBS noch nicht voll ausgebaut ist und an administrativen Schwierigkeiten leidet; durch den "systems approach" wird die Gewichtsverlagerung wahrscheinlich zunehmen. Ein Bericht des Joint Committee on the Organization of the Congress forderte darum für das Parlament die Einrichtung von Expertenhilfen zur Kontrolle des PPBS und insbesondere der analytischen Studien. [45]

---

44) Hiezu ausführlich Böhret, Entscheidungshilfen 246ff
45) Böhret, Entscheidungshilfen 259

weiter hat die National Planning Association empfohlen, einen Kongressausschuss zu beauftragen, die in den Programmen der Regierung definierten nationalen Ziele und den Beitrag der entsprechenden Programme zu ihrer Verwirklichung ständig zu überprüfen. Als geeignetes Verfahren zur Nachprüfung ausgewählter Programme erscheint die Stichprobenkontrolle. Diese könnte vor allem an jenen Stellen der vorgelegten Analysen ansetzen, die auf Schätzung und Intuition zurückgehen; hier liesse sich der politische Sachverstand der Abgeordneten aktualisieren. Der Ueberraschungseffekt der sachverständigen Stichprobe könnte dem Kongress einen Grossteil der verlorenen Kontrollfähigkeit zurückgeben. Dazu müssten die Abgeordneten, resp. ihre Berater allerdings auch die Grundzüge des PPBS, dessen Leistungsfähigkeit und Grenzen kennen. Weiter wäre zur Analyse der PPB-Konzepte die Einrichtung von Expertenhilfen erforderlich, deren politisches Gewicht aber ein schwer zu lösendes Problem bleibt. [46]

Durch eine Anpassung der Kontrollfähigkeit des Kongresses [47] an die rationalisierende und die Effizienz erhöhende Steigerung der Entscheidungsmacht der Regierung liesse sich insgesamt eine Verbesserung der Leistung des Regierungssystems erreichen. Bisher kam es im Kongress jedoch zu keiner Initiative, wenigstens einen der genannten Vorschläge zur Verbesserung der Kontrollkapazität zu verwirklichen.

3. Das Regierungsprogramm in den Vereinigten Staaten

3.1. Entwicklung und Ausarbeitung des Regierungsprogrammes

3.1.1. Entwicklungsgeschichte

Grosse amerikanische Präsidenten hatten sich von jeher ein Programm gesetzt, das ihre wichtigsten Anliegen enthielt

---

46) Hiezu Böhret, Entscheidungshilfen 266ff
47) Siehe die verschiedenen Möglichkeiten a.a.O. 263/264

und unter einem bestimmten Motto segelte, z.B.

W. WILSONs "New Freedom"-Programm,

F.D. ROOSEVELTs "New Deal"-Programm der wirtschaftlichen Reformen

und L.B. JOHNSONs "Great Society"-Programm der inneren Reformen.

Doch waren die Programme höchst unvollständig und enthielten nur Absichten und Wünsche. Der Präsident setzte darin die besonderen Akzente seiner Amtszeit, wobei er sich auf sein Wahlprogramm und auf die Antworten der Aemter auf seinen "message-season-letter" hin stützte. Im genannten Brief, der meist im September verschickt wurde, bat der Präsident jeweils um Anregungen für seine State-of-the-Union-Botschaft; häufig legte er einen Fragebogen bei. Die State-of-the-Union-Botschaft hatte ein allgemeines einführendes Thema und war recht persönlich, sogar philosophisch gehalten [48]; definitive Vorschläge wurden auf später verschoben.

Erst nach dem zweiten Weltkrieg wurde durch den Massenandrang neuer öffentlicher Bedürfnisse und Erwartungen Präsident H. TRUMAN gezwungen, ein umfassendes Inventar der dringlichen Aufgaben zu erstellen. [49] Darum übertrug er 1947 der allseitig orientierten "Legislative Reference Division" des Budgetbüros die Aufgabe, in enger Zusammenarbeit mit dem Weissen Haus alle Vorschläge der Aemter zu sichten, aufeinander abstimmen und in ein umfassendes Programm zu verarbeiten, das als einheitliches Ganzes zu den politischen Richtlinien des Präsidenten passte. Die informativen Empfehlungen der Abteilung wurden weiteren Spezialisten des Budgetbüros und des CEA zugestellt und zu einem kommentierten Aktionsplan zusammengesetzt. Nach seinem Wahlsieg von 1948 wollte Truman noch bessere Auskünfte. Die Legislative Reference-Abteilung entwarf deshalb einen Fragebogen, sammelte und sichtete die Antworten der Aemter, regte Arbeits-

---

48) Neustadt, Program 981, 998
49) Zum folgenden Neustadt, Program 1001ff, 1014

gruppen an und amtete als deren Sekretariat. Die state-of-the-Union-Botschaften von 1949 und 1950 enthielten in der Folge ein Regierungsprogramm über einen umfassenderen Bereich, aber noch ohne Prioritäten. Der Ausbruch des Koreakrieges und seine Wirkungen verhinderten den weiteren Ausbau der politischen Planung.

Präsident Dwight EISENHOWER gelang es dann für 1954 zum ersten Mal, ein geplantes Regierungsprogramm aufzustellen [50]: er schuf ein umfassendes und aufeinander abgestimmtes Inventar der gegenwärtigen und zukünftigen Bedürfnisse der Nation, mit seinen persönlichen Beurteilungen, Zielen und Schwergewichten bezüglich jedes Bereiches der Exekutive, charakteristisch durch seine Akzentsetzungen und Weglassungen, bezogen auf die höhern Werte wie auch die Finanzen und präsentiert in sachgemässer Form in einer feierlichen Sitzung.[51] Seine späteren Programme, besonders gegen Ende der Amtszeit hin hat er längst nicht mehr so intensiv ausgearbeitet, doch behielt er das einmal aufgestellte und bewährte Verfahren bei. Auch die nachfolgenden Präsidenten hielten sich - wenn auch mit Modifikationen - an den nachfolgenden Ablauf. [52]

3.1.2. Die Ausarbeitung des Regierungsprogrammes bis 1965 [53]

- In den Departementen und Aussenämtern (agencies) wird stetig geplant; der Stab des Vorstehers entwickelt daraus ein Programm der wünschenswerten Gesetze und Finanzbeschlüsse (approbations) und schickt es beim jährlichen Aufruf zur Einreichung der Budgetbegehren an das Budgetbüro ein.
- Die Gesetzgebungsbegehren werden in der speziellen Legislative Reference-Abteilung gesammelt und gesichtet, die Haushaltsforderungen in der Hauptabteilung des Budgetbüros.
- Die wichtigeren überarbeiteten Gesetzgebungsvorschläge stellen die Aemter später auch dem White House Office zu,

---

50) Siehe Anhang 1
51) Neustadt, Program 980f
52) Kallenbach 347
53) Gemäss dem von Neustadt (Program 984ff) geschilderten Ablauf

als Antwort auf den "message-season-letter" des Präsidenten. Im Stab des Weissen Hauses wird dann das eigentliche Regierungsprogramm entworfen, in ständiger enger Zusammenarbeit mit dem Budgetbüro (das die spezielle Budgetbotschaft verfasst) und dem Wirtschaftsrat (der den speziellen Wirtschaftsbericht abfasst).

- Zu den verschiedenen Arbeitsgruppen werden auch Sachverständige aus Wissenschaft und Wirtschaft zugezogen. Die Leitung und Koordination dieser Gruppen übernimmt der Special Counsel oder ein spezieller Programmbeauftragter (meist ein Special Assistant to the President), häufig assistiert vom Chef der Legislative Reference-Abteilung. [54]
- Unterdessen bekommt der Präsident von allen Seiten Meinungen und Forderungen der verschiedensten Interessengruppen zu hören; mit diesen Informationen von ausserhalb der Administration versehen, setzt er sich mit dem ersten Programmentwurf auseinander. Wichtige Fragen legt er häufig dem Kabinett oder seinem engern "braintrust" zur Begutachtung vor, eventuell auch ad hoc eingesetzten Sachverständigenausschüssen (advisory commissions).
- Danach orientiert er seine Partei und tastet die Durchsetzungschancen ab. Oft berät er sich auch mit den einflussreichsten Kongressmitgliedern der Gegenpartei.
- Jetzt beginnt er die Oeffentlichkeit dafür zu interessieren und deutet die wichtigeren Massnahmen in Radio und Fernsehansprachen sowie in Pressekonferenzen an; damit kann er die Stimmung der Oeffentlichkeit zu seinen Vorschlägen testen und lenken.
- Nachdem der Präsident endgültig beschlossen hat, was er in sein Jahresprogramm aufnehmen will, fertigt sein Stab im Weissen Haus die endgültige Fassung der State-of-the-Union-Botschaft aus und überwacht die Redaktion der andern Botschaften und -berichte, während in den Departementen die zugehörigen Gesetze und Finanzbeschlüsse entworfen werden.

---

54) Kallenbach 346f

- Zur Eröffnung der ordentlichen Kongressession im Januar verkündet der Präsident sein Regierungsprogramm (soweit er es will) in seiner State-of-the-Union-Botschaft, der Budgetbotschaft und dem Wirtschaftsbericht, sowie in den folgenden Spezialbotschaften. Die Botschaften gehen dann ohne Plenumsdiskussion an die betreffenden Kongressausschüsse.

Die Interessengruppen bringen ihre Zukunftswünsche in den Aemtern, über die Lobby beim Kongress (besonders bei der Fraktionsführung und in den Untersuchungsausschüssen) und vor allem beim Präsidenten selbst an. Politischem Druck ist aber nur der Präsident selber, selten die Departementschefs ausgesetzt. [55] Die Interessengruppen beeinflussen und bekämpfen das Programm als Ganzes kaum, sondern üben ihren massiven Druck erst bei der Beratung der entsprechenden konkreten Gesetze im Kongress und in den Kommissionen aus.

3.1.3. Die Ausarbeitung des Regierungsprogrammes seit 1965

Nachdem schon vorher die Verfahren zum verkündeten Regierungsprogramm und zum Budgetbericht in engstem Zusammenhang zu einander gestanden haben, sind sie mit der regierungsweiten Einführung des PPBS vereinigt worden und das Schwergewicht - vor allem des internen - Regierungsprogrammes liegt heute in der Budgetvorlage. Die State-of-the-Union-Botschaft und der Wirtschaftsbericht, die wohl noch immer gemeinsam mit dem Budget erarbeitet werden [56], können die interessierte Oeffentlichkeit zwar mit den grundlegenden Entscheidungen vertraut machen, und die Diskussion über die Bevorzugung und Zurückstellung besonderer Vorhaben anregen. Doch die entscheidende Detailkontrolle der (Teil-)Regierungsprogramme übernimmt der Kongress stellvertretend für den Staatsbürger im Budgetbewilligungsprozess (zur State of the Union-Botschaft nimmt ja der Kongress keine Stellung). Um die Dar-

---

55) Morstein-Marx, Regierungsprogramm 451
56) Es liess sich darüber keine neue Literatur finden.

stellung des Verfahrens zum Regierungsprogramm auf den heutigen Stand zu bringen, sind deshalb noch die Stufen des Budgetierungsprozesses in ihrer Abfolge zu betrachten. Vorweg ist festzuhalten, dass das PPBS in seiner Idealform mit einer umfassenden, regierungsweiten Programmatik noch nicht erreicht ist. [57] Die PPB-Schritte jedes Ministeriums müssen zunächst unter der Leitung des Budgetbüros regierungsintern abgestimmt und schliesslich in den legislativen Budgetprozess eingepasst werden.

Das geschieht etwa nach folgendem Zeitplan (Bsp. 1971) [58]

- November 68 bis Februar 69: Erste Planansätze des Budgetbüros im Auftrag des Präsidenten zu den wichtigsten politischen Aufgaben für das Haushaltsjahr 1971 sowie deren Folgewirkungen (Zielableitung). Ungefähre Einschätzung der Budgetaufteilung.
- Januar 69 bis März 69: Aufforderung des Budgetbüros an die Ministerien, Hauptprogrammpunkte festzustellen und vorläufige Programm-Memoranda sowie erste Spezialstudien auszufertigen. Interne Ueberlegungen im Ministerium über Prioritäten und zu erwartende Zuweisungen an Haushaltsmitteln.
- Februar 69 bis Juli 69: Ein erster Programm- und Finanzplan (Entwurf) gibt geplante Aktivitäten des Ministeriums und deren Kosten (geschätzt) wieder. In Verbindung mit dem Budgetbüro werden Entwürfe für Programm-Memoranda verfasst, spezielle analytische Studien diskutiert etc.
- Juni/Juli 69: Das Budgetbüro sammelt alle Entwürfe der Ministerien und entscheidet - nach Beratung mit dem Präsidenten - über wichtige Programmpunkte und Revisionsvorschläge, wobei vor allem längerfristige und interorganisatorische Implikationen berücksichtigt werden.
- August 69: Das Budgetbüro erlässt Richtlinien und/oder gibt Empfehlungen zu bestimmten Programmvorschlägen und für die finalen Budgetanforderungen der Ministerien auf der Basis der eingereichten Unterlagen.
- August/September 69: Jedes Ministerium fällt endgültige Entscheidungen über seine Budgetvorlage. Programm-Memoranda, Spezialstudien und Programm- und Finanzplan werden revidiert und vervollständigt unter Beachtung der Empfehlungen des Budgetbüros (als Vertreter des Präsidenten!). Kommunikation mit dem Budgetbüro.

---

57) Das ist die zurzeit bedeutendste Abweichung vom idealen PPBS (Böhret, Entscheidungshilfen 269)
58) Ablauf nach Böhret, Entscheidungshilfen 202/03

- September 69: Die endgültigen PPB-Dokumente und allfällige Vorschläge für eine aus den Programmen sich ergebende Gesetzgebung werden von den Ministerien (und Behörden) an das Budgetbüro gegeben.

- Oktober/November 69: Die zusammengefassten Programm- und Finanzierungsvorschläge einschliesslich der Uebersetzungen in die Bewilligungsstruktur des Kongresses, werden dem Präsidenten vorgelegt.

- November/Dezember 69: Der Präsident prüft die Vorlagen und fällt - wohl nach Rücksprache mit den bedeutendsten Parteiführern - endgültige Entscheidungen über das dem Kongress vorzulegende Programmbudget.

- Januar 70: Der Präsident gibt seine Budgetvorlage an den Kongress (Presidential Budget Message)

- Februar 70 bis Juni 70: Hearings über die Budgetvorlage in den Ausschüssen und Unterausschüssen des Kongresses unter Beteiligung der Regierungsvertreter.

- März 70 bis Juli 70: Zustimmungen und Ablehnungen durch die Kongressausschüsse.

- Juli 70 bis Juni 71: Haushaltsjahr 1971

3.2. <u>Das Regierungsprogramm als Arbeitsinstrument der Regierung</u> [59]

Bei der grossen Fülle von Staatsaufgaben und der weitverzweigten Verwaltung ist jeder Präsident gezwungen, seine Führungskapazität auszubauen, so vor allem Tätigkeit der ganzen Exekutive umfassend zu planen, zu koordinieren und zu kontrollieren, sowie seine Führungsequipe zu integrieren. In diesem Bestreben unterstützt ein qualifiziertes Regierungsprogramm den Präsidenten auf wertvolle Weise.

3.2.1. Intensiv ge<u>plant</u> wird in allen Departementen (speziell) und in allen Aemtern des Executive Office (generell). Schon das bisherige Regierungsprogramm bot die Möglichkeit, alle Einzelplanungen in ein die ganze Regierungs- und Verwaltungstätigkeit umfassendes und auf das wesentlichste beschränktes Rahmenprogramm zu verarbeiten, das dem Präsidenten und den Chefbeamten den nötigen Ueberblick über das gab, was derzeit im Gange und für die nähere oder fernere Zukunft vorgesehen war. Für genauere Auskünfte standen die zentrale Datenbank

---

[59] Zum folgenden vgl. auch Neustadt, Program 1013ff

oder die einzelnen Aemter zur Verfügung. Das neu eingeführte PPBS gibt weiter Unterstützung bei konkreten Entscheidungen im Rahmen der politischen Gesamtplanung, die nun besser auf den Finanzbedarf abgestimmt ist. Leider ist seine Idealform mit einer wirklich regierungsweiten Programmatik noch nicht erreicht.

Das offizielle, in den Januarbotschaften verkündete Programm erstreckt sich nur über ein Jahr; es baut aber auf den mittel- und langfristigen Planungen in den Aemtern auf und nennt auch die längerfristigen Fernziele. Für das Einjahresprogramm spricht, dass es umfangmässig mehr enthalten kann als der entsprechende Teil eines Mehrjahresprogramms und dass es meist etwas konkreter gehalten werden kann. Zudem kann es von Jahr zu Jahr auch nach aussen überholt werden; intern wird es ja laufend aufgrund der Erfahrungen und neueren Erkenntnisse [60], sowie tatsächlicher Veränderungen modifiziert. Das weitgehend intern bleibende PPBS ist mittelfristig (auf 5 Jahre) angelegt, während die konkrete Budgetvorlage (zuhanden des Kongresses) und die damit eng zusammenhängende State-of-the-Union-Botschaft (zuhanden besonders des Volkes) alljährlich vorgelegt werden; das dürfte zurzeit wohl die beste Kombination bilden.

3.2.2. Die aus den Einzelplanungen hervorgehenden Vorschläge der Aemter können nicht einfach gesammelt und addiert werden, soll es nicht zu Doppelspurigkeiten oder umgekehrt Lücken in der Planung kommen. Bei der Ausarbeitung und Fortschreibung des qualifizierten Regierungsprogrammes werden solche Koordinationsmängel entdeckt und behoben.

Das PPBS im besonderen soll die Einzelziele und Interessen im Hinblick auf die übergeordneten Ziele, unter denen die Regierung angetreten ist, k_o_o_r_d_i_n_i_e_r_e_n. Dies erreicht es dank der durch die verschiedenen administrativen Bereiche

---

[60] Das PPBS führt in einen Lernprozess hinein, in dem die politische Planung aufgrund von bei der Programmdurchführung gewonnenen Erfahrungen ständig verbessert wird (Rückkoppelung).

verlaufenden Queranalysen und kraft der Abstimmung der Einzelprogramme und Mittelverteilungen durch das zentrale Budgetbüro (in steter Zusammenarbeit mit dem Präsidenten). Die im angestrebten Idealzustand des PPBS angelegte regierungsweite Programmkoordination konnte allerdings wegen administrativer Schwierigkeiten [61] noch nicht erreicht werden. Zur Verbesserung wird die Einrichtung eines speziellen, nur Koordinationsaufgaben wahrnehmenden "PPBS-Büros" unter dem Vorsitz des Vizepräsidenten der USA vorgeschlagen. [62]

3.2.3. Anhand der im Regierungsprogramm grundsätzlich und in den departementalen Finanz- und Programmplänen detailliert niedergelegten Richtlinien können die Präsidialstäbe - vor allem Budgetbüro und White House Office - jederzeit übersichtlich und genau kon_trol_lie_ren, ob diese Ziele bei der Tätigkeit der Verwaltung eingehalten werden.

Dank der jährlichen Inventare im Hinblick auf die nächsten Programme können der Präsident und seine Stäbe in Vergleichen feststellen, wie intensiv und erfolgreich die Projekte durchgeführt worden sind.

Eine strenge und detaillierte politische Kontrolle der Einzelprogramme nehmen aber vor allem die Kongressausschüsse vor. [63]

3.2.4. Ein gemeinsames Beraten der wichtigsten politischen Ziele und Zukunftsprobleme in der Regierung erlaubte es dem Präsidenten, seine engsten Mitarbeiter im "Kabinett" zu in_te_grie_ren, zu einem Team zusammenzuschweissen. Dies wäre umso nötiger, als die amerikanischen Departementsvorsteher und Chefs des Executive Office vor der gemeinsamen Regierungszeit kaum je zusammengearbeitet, ja sich sogar oft nicht

---

61) Sie widerspricht noch den Interessen und gegenwärtigen analytischen Kapazitäten der Departemente. (Böhret, Entscheidungshilfen 269)
62) Böhret, PPBS 160, 166 und Entscheidungshilfen 230
63) Vgl. nachstehend Kap. 3.3.3.

gekannt haben. Bei einer Diskussion des Regierungsprogrammes im "Kabinett" könnte der Präsident seine Mannschaft mit den besonderen Anliegen seiner Amtszeit bekannt machen und sie auf seine politischen Richtlinien prägen. Umgekehrt empfinge er ebenso viele Anregungen und würde in seinem Regierungskurs durch Zustimmung und Kritik versichert. Von den letzten Präsidenten hat nur EISENHOWER die Kollegialität so hoch gehalten. Diese könnte künftig auch im Präsidialsystem wichtiger werden, weil der Präsident schon längst überfordert ist und die wenigsten Entscheide, für die er die Verantwortung trägt, genau kennt. Eine Verlagerung der Diskussion der wichtigsten Regierungsziele in reine Beratergremien, die keiner öffentlichen Verantwortung unterliegen, ist staatsrechtlich unerwünscht. -

Eine Integration anderer Art erbringt das PPBS, indem es den Prozess der Formulierung der Politik mit der Allokation der verfügbaren Haushaltsmittel verbindet. [64]

3.3. Das Regierungsprogramm im Verhältnis zu Kongress und Parteien

Im heiklen Verhältnis zum Kongress festigt das Regierungsprogramm die Stellung des Präsidenten und gibt gleichzeitig einen informativen Ueberblick (in der Botschaft) und konkrete Vorschläge zur Budgetbewilligung und Gesetzgebung.

3.3.1. Der Präsident gibt dem Kongress einen Zeitplan, eine Agenda [65]:

- Er zeigt dem Kongress an, welche Gegenstände er im nächsten Jahr behandelt haben möchte und gibt so jedem Budgetbewilligungs- und Gesetzgebungsausschuss ein präsentes Handbuch als Leitfaden zu dessen Arbeit.
- Er formuliert die Hauptprobleme jeder Session, indem er sie auswählt und erkenntlich macht, mögliche Alternativen

---

64) Böhret, Entscheidungshilfen 179
65) Hiezu Neustadt, Program 1013ff und David B. Truman, The Congressional Party, Wiley 1959, S. 291f

und deren Finanzbedarf konkret aufzeigt und ihre Dringlichkeit beurteilt.

- Er gibt dem Kongress bekannt, welche Vorstösse des Kongresses er mit seinem Prestige und der Hilfe der Verwaltung sofort unterstützen, und welche er durch ein Veto oder zumindest Passivität bekämpfen würde.

Die offizielle Unterstützung, aber auch die Bekämpfung durch den Präsidenten verschafft in jedem Falle dem Gesetzesentwurf eine grössere Publizität. Ebenso aufschlussreich wie die ausdrückliche Feststellung kann natürlich auch ein "beredtes Ausschweigen" über ein Problem sein.

Aus diesen Gründen wünscht der Kongress ein solch umfassendes Regierungsprogramm; er will sich darauf einstellen können.

3.3.2. Die Regierung hat den Nachteil, dass sie in ihrer Politik weniger flexibel wird: Der Kongress wird vielleicht die Regierung der Untreue und Vergesslichkeit gegenüber ihrem Programm bezichtigen, wenn sie es während der Legislaturperiode zu sehr modifiziert; er wird es allenfalls als lose Versprechungen taxieren, wenn einzelne Programmpunkte nicht gebracht werden, und reklamieren, wenn neue unerwartete Vorschläge kommen, weil sie ihm angeblich vorenthalten worden seien, um ihn in einem Ueberraschungscoup zu überfahren.

3.3.3. Die Reaktion des Kongresses auf das Regierungsprogramm bekommt der Präsident allerdings nicht sofort im Capitol zu hören. Eine Programmdebatte ist ja seit Präsident Thomas JEFFERSON (1801) nicht mehr üblich, weil sich keine Gruppe des Kongresses für so allseitig orientiert hält, dass sie sofort eine ebenbürtige Replik bieten könnte; Kongressmitglieder und Lobby setzen sich lieber mit dem späteren konkreten Entwurf auseinander. Der Präsident erhält die Meinungen beider Häuser - abgesehen von der Stellungnahme der Führung der eigenen Partei in den vorgängigen Besprechungen - später privat; zum Teil erfährt er sie in den periodischen

Treffen mit den Parteipräsidenten. Auch in den Massenmedien (Zeitungsartikel, Interviews) äussern sich Kongressmitglieder zum Regierungsprogramm.

Die Stäbe des Executive Office betreiben zwar eine organisierte Meinungsforschung im Kongress, aber sie hören bei ihren Gewährsleuten (liaisoners) gerne ihre eigenen Wünsche heraus; anderseits können sie sich nicht ohne weiteres an beliebige Abgeordnete wenden, ohne die Loyalität ihrer dadurch beleidigten Gewährsleute auf eine harte Probe zu stellen.

3.3.4. Was der Präsident vorgeschlagen hat, ist noch lange nicht durchgebracht, da er - obwohl formell Führer seiner Partei - doch nicht auf die U̱ṉṯe̱ṟs̱ṯüṯẕṵṉg̱ der ganzen Fraktion zählen kann. Um dennoch eine Mehrheit zur Verwirklichung seines Regierungsprogrammes zu finden, muss er sich all seiner ihm zu Gebote stehenden Mittel bedienen. Wenn also ein wichtiges Gesetz abstimmungsreif wird, muss er je nachdem selbst nochmals mit den Parteiführern verhandeln, den Ausschussvorsitzenden persönlich bearbeiten und seine Parteigenossen um Unterstützung bitten. Wenn der Präsident sein Programm in wesentlichen Punkten nicht erreicht, kann er an sich den Kongress dafür verantwortlich machen [66] was aber ein Schwächezeichen ist, weil er offenbar von seinen Beeinflussungsmöglichkeiten schlechten Gebrauch gemacht hat.

3.3.5. Die A̱ṉw̱e̱ṉḏṵṉg̱ ḏe̱s̱ P̱P̱ḆS̱ hat die Entscheidungsfähigkeit der Exekutive wesentlich verbessert und ihre Position gegenüber dem Kongress gestärkt. Der Kongress konnte in jüngster Zeit die Regierungsvorlagen wegen ihrer starken Argumentierung häufig nur noch politisch - in blosser Macht- oder Interessendemonstration - ablehnen. Durch die Verwirklichung ver-

---

66) In seiner State-of-the-Union-Botschaft vom 25. Januar 1971 hat R. Nixon schon zum voraus den Kongress für ein allfälliges Scheitern seines Regierungsprogrammes verantwortlich gemacht.

schiedener Vorschläge (Stichprobenkontrolle, Spezialstäbe
für den Kongress u.a.m.) könnte aber die gestörte "balance
of the power" allenfalls wieder hergestellt werden. [67]

3.3.6. Zur Verbesserung der Verwirklichung des Programmes werden
folgende Reformvorschläge gemacht [68]:

- Die Vorsitzenden der wichtigsten Kongressausschüsse sind
  in einer Art Kongresskabinett zusammenzufassen, das in
  regelmässigen Besprechungen mit dem Präsidenten das Gesetzgebungsprogramm festlegt und verwirklicht. Voraussetzung hiezu ist allerdings, dass der Präsident in beiden Kammern über eine Mehrheit verfügt, sonst würde die
  Parteirivalität bloss ins Kongresskabinett hinein verlegt -
  vielleicht aber dadurch an sachlicher Schärfe gewinnen.
- Aus den Mitgliedern beider Parteien wird ein Ausschuss gebildet, der zusammen mit dem Präsidenten und seinem Kabinett das Gesetzgebungsprogramm plant; das System wäre jedoch nur funktionstüchtig, wenn durch eine bessere Parteidisziplin die Durchführung gesichert ist.

Bis jetzt ist eine Planung der Kongressarbeit an der übertriebenen Selbständigkeit des Kongresses gescheitert.

Ein fundiertes Regierungsprogramm könnte der Regierungspartei eine sachliche Grundlage für ein gehaltvolles Wahlprogramm
liefern, in dem der Parteikonvent nur noch die politischen
Akzente und Prioritäten setzen müsste. Vielleicht ist dies
eine Erklärung dafür, dass die Wahlprogramme in letzter Zeit
konkreter geworden sind und immer häufiger auch verwirklicht
werden. [69]

3.4. Regierungsprogramm und Oeffentlichkeit

3.4.1. Nicht nur dem Kongress, sondern auch der Oeffentlichkeit im

---

67) Hiezu ausführlich Böhret, Entscheidungshilfen 246ff;
    vgl. auch vorne Kap. 2.5.3.
68) Loewenstein, US 392
69) Blair 264

weitesten Sinne ist der Präsident eine G̲e̲s̲a̲m̲t̲s̲c̲h̲a̲u̲ dessen schuldig, was er im folgenden Jahr und später zu unternehmen gedenkt; schliesslich hat ihn das Volk ja gewählt. Nach dem auf ein paar brennende Probleme beschränkten Wahlprogramm ist er seinem Wahlorgan umfassende Information schuldig.

Der Präsident hat selber ein grosses Interesse daran, der Oeffentlichkeit sein Programm bekanntzugeben, weil er die U̲n̲t̲e̲r̲s̲t̲ü̲t̲z̲u̲n̲g̲ der öffentlichen Meinung braucht, um den Kongress gefügiger zu machen; die feierliche Empfehlung des Programmes dient darum auch seiner Werbung. Wenn jedoch die zeremonielle Verkündung zu sehr im Vordergrund steht, wird wohl eine grosse propagandistische Wirkung erreicht, zugleich aber inhaltlich ein Verlust in Kauf genommen. [70] Wenn die Programmbotschaft jedes Jahr mit grossem Aufwand präsentiert wird, flacht das Interesse ab und die dramatische Wirkung des persönlichen Erscheinens und Werbens des Präsidenten verblasst.

Der Präsident erwartet nicht bei allen Vorschlägen eine sofortige Zustimmung seitens der Oeffentlichkeit. Es kann nämlich sein, dass er einen bestimmten Programmpunkt nur deshalb aufnimmt, um darüber eine öffentliche Diskussion in Gang zu bringen oder abzuklären, wie die öffentliche Meinung darauf reagiert. [71]

3.4.2. Jährlich wiederkehrende Programmvorlagen erlauben einen V̲e̲r̲g̲l̲e̲i̲c̲h̲ mit dem inzwischen Erreichten, sodass die Nation als Wahlorgan des Präsidenten die Möglichkeit erhält, dessen Leistungen besser abzuschätzen, ja eine Art grober Kontrolle auszuüben. So gibt der "Congressional Quarterly Almanac" regelmässig Analysen über das Verhalten des Kongresses heraus, z.B. wie weit dieser den präsidentiellen Vorlagen gefolgt ist. [72] Am Ende der Legislaturperiode werden die günstig aufgenommenen den abgelehnten oder stark verwässer-

---

70) Loewenstein, US 370; Neustadt, Program 1017
71) Kallenbach 344
72) Kallenbach 343

ten Vorlagen gegenübergestellt; das Ergebnis - das sog. "box-score" - wird in Prozentzahlen ausgedrückt. Das ermittelte Resultat sagt aber noch gar nichts aus über die Qualität der angenommenen oder durchgefallenen Programmpunkte. Gerade ein fortschrittlicher und wagemutiger Präsident mit einem anspruchsvollen Programm, das viele Interessengruppen herausfordert, kommt beim "box-score" (streng nach der Zahl) schlecht weg, besonders weil Parteien, Presse und die weitere Oeffentlichkeit beim "score-keeping" (Punkte zählen) gewöhnlich die Verluste über den Gewinnen betonen. [73] In vielen Fällen liegt es aber einzig am konservativen und durch vielerlei Interessen gebundenen Kongress, dass der Präsident sein Programm nicht erreichen kann.

---

73) Neustadt, Program 1017

§ 4 Grossbritannien

1. Die Richtlinien der Politik

1.1. Die Bestimmung der Regierungspolitik im Kabinett

1.1.1. Zur Regierung im weitern Sinne gehören die Vorsteher der einzelnen Departemente und Staatssekretariate, sowie Gehilfen im Range von Ministern, Unterstaatssekretären und parlamentarischen Sekretären. Nur ein kleiner Teil davon – heute ungefähr 23 Mitglieder – gehören zur Regierung im engern Sinn, dem Kabinett. [1] Dem Kabinett gehören üblicherweise die Inhaber der einflussreichsten Regierungsposten an. Weitere Mitglieder bestimmt der Premierminister, wenn er ihres persönlichen Rates oder politischen Druckes bedarf. Nicht zum Kabinett gehörende Regierungsmitglieder werden von Fall zu Fall vorgeladen, wenn ihr Fachbereich betroffen ist.

Das Kabinett hat als Hauptaufgabe die Arbeit der verschiedenen Departemente und Ausschüsse zu koordinieren und eine Kohärenz der gesamten Regierungsaktivität zu erreichen.[2] Ausserdem hat es die Regierungspolitik nach den Richtlinien des Premiers im einzelnen auszuarbeiten. Der Aufstellung eines Gesetzgebungsprogramms als Instrument der Koordination und Kontrolle auf höchster Ebene wird dabei grösste Aufmerksamkeit und Mühe geschenkt [3]: Dazu gehört die rationelle Planung der Parlamentsarbeit, also die Aufstellung von Prioritäten der Gesetzgebung und des Sessionsprogrammes des Unterhauses, sowie das effektive Ein- und Durchbringen der konkreten Vorlagen. [4]

---

1) Hiezu Jennings, Cabinet 68f
2) Mackintosh 413f
3) Siehe unten Kap. 3.3. und Anhang B
4) Loewenstein, GB 324 und 415

1.1.2. Eine Versammlung um die 20 Mitglieder mit gewöhnlich schwer beladener Kabinettsagenda und grosser eigener Arbeitsbelastung der Einzelnen ist kaum geeignet, Probleme grundlegend zu erörtern und langfristige Pläne aufzustellen - also ausserstande, die Richtlinien der Regierungspolitik fundiert auszuarbeiten. [5] Die Planungs- und Koordinationshauptarbeit für die Regierungspolitik wird darum heute vor der Kabinettsberatung geleistet [6]: Nachdem die Massnahmen und Gesetze von den Aemtern entworfen worden sind, werden sie von den K_a_b_i_n_e_t_t_s_a_u_s_s_c_h_ü_s_s_e_n_ politisch beurteilt und interdepartemental aufeinander abgestimmt. Praktisch werden bloss noch die verbleibenden Unstimmigkeiten im Vollkabinett als Berufungsinstanz bereinigt.

1.1.3. Für die Regierungsführung gilt die Theorie der k_o_l_l_e_k_t_i_v_e_n V_e_r_a_n_t_w_o_r_t_l_i_c_h_k_e_i_t_ bezüglich aller Beschlüsse, seien sie vom Kabinett gefasst worden oder bloss von einem Assistant Secretary. [7] Die kollektive Verantwortlichkeit, ursprünglich als Mittel der Parteisolidarität gegenüber der Krone gedacht, ist heute eine Seite der Parteidisziplin. Entsprechend der einheitlichen Verantwortung für die Kabinettspolitik hat das einzelne Regierungsmitglied im Parlament stets die Regierungspolitik zu vertreten.

Daneben gibt es eine m_i_n_i_s_t_e_r_i_e_l_l_e_ E_i_n_z_e_l_v_e_r_a_n_t_w_o_r_t_l_i_c_h_k_e_i_t:

- dem Premier gegenüber, der den Minister jederzeit seines Amtes entheben kann;
- dem Unterhaus gegenüber, das ihn im schlimmsten Falle so behandeln könnte, dass er für das Kabinett untragbar wird;
- der Oeffentlichkeit gegenüber, die seine Tätigkeit genau beobachtet.

Die politische Verantwortlichkeit des einzelnen Ministers wird aber durch die übliche Kabinettssolidarität abgeschwächt, denn der Rücktritt eines Ministers "unter Feuer" ist immer

---

5) Zum folgenden Mackintosh 412; Loewenstein, GB 415 und 422
6) Reform der Struktur 250; siehe hiezu unten Kap. 2.1.
7) Dazu Jennings/Ritter 106f; Loewenstein, GB 424ff

auch ein Schlag gegen das Kabinett und die Mehrheitspartei.

1.2. Die besondere Stellung des Premierministers

Der Premier hat in den letzten Jahrzehnten seine Position innerhalb des Kabinetts zunehmend verstärkt. Er gründet seine Macht auf dem Prestige als Führer der siegreichen Partei, auf der Befugnis, die Regierungsmitglieder dem Monarchen zur Ernennung und Abberufung bindend vorzuschlagen, und auf dem Recht zur Auflösung des Parlamentes und Festsetzung von Neuwahlen. [8] Bei der Kabinettsbildung ist er nicht verpflichtet, die Mitglieder seines früheren oder Schattenkabinetts zu berücksichtigen und ihnen das erprobte Departement zu geben. Er kann ferner den Bereich der verschiedenen Aemter neu bestimmen und die Kabinettsorganisation neu gestalten. [9] Die Berufung in die Regierung ist sein wichtigstes Mittel zur Kontrolle seiner Partei- und Regierungskollegen. Eine weitere Quelle seiner Autorität ist sein Ansehen als Repräsentant der ganzen Nation, denn die Wählermassen neigen in steigendem Masse zur Personalisierung des politischen Prozesses, weshalb auch die politische Verantwortung "personalplebiszitär" geworden ist [10]: die Hauptverantwortung für Erfolg oder Misserfolg in den Wahlen oder in der Regierungstätigkeit wird dem Premier bzw. Oppositionsführer zugeschoben. Wegen den Anforderungen seines Amtes kann der Premier kaum mehr einem Departement vorstehen, sondern hat sich ganz seinen Aufgaben als Chef des Kabinetts, der Regierung, der ganzen Exekutive, seiner Partei und ihrer Vertreter im Parlament zu widmen. [11] Als Oppositionsführer bereitet er sich auf seine Aufgaben intensiv und zielstrebig vor.

Infolge der allmählichen Machtkonzentration bestimmt heute der Premier die Kernpolitik allein oder zusammen mit

---

8) Das letztere ist ein gutes Mittel gegenüber Opposition und Dissidenten in den eigenen Reihen; vgl. Mackintosh 449f
9) Mackintosh 440; Jennings, Cabinet 188f
10) Loewenstein, GB 399
11) Dazu Loewenstein, GB 381ff und 412ff; Berkeley 11ff; Jennings, Cabinet 160ff

einer kleinen Führungsgruppe innerhalb des Kabinetts. Da
er seine Pläne dank der strengen Parteidisziplin meistens
durchsetzt, hat er im Ergebnis eine stärkere Stellung als
der amerikanische Präsident erlangt, weshalb die englische
Regierungsweise nun eher als "prime ministerial" denn als
"cabinet government" zu bezeichnen ist. [12] Bis heute ist
indessen der Premier weitgehend auf die loyale Zusammenarbeit mit seinen Ministern angewiesen, um die von ihm in
Angriff genommenen Aufgaben konkret umschreiben und der
Exekutive als Ziel vorgeben zu können. Denn er kann sich
nicht auf einen grossen Verwaltungsapparat (wie z.B. das
Executive Office in den USA) stützen; sein persönlicher
Stab ist zu klein, um Planungsaufgaben in Angriff nehmen
zu können, und das Kabinettsamt ist lediglich für Koordinationsaufgaben eingerichtet. [13]

1.3. Die Rolle der Parteien bei der Richtlinienbestimmung

In England hat sich ein Zweiparteiensystem herausgebildet,
in dem sich die Labour Party und die Konservativen (Tories)
in unterschiedlichen Zeitabständen in der Regierung ablösen.
Da beide Parteien auf die Stimmen des Mittelstandes angewiesen sind, unterscheidet sich ihre Politik in der Praxis
nicht mehr grundlegend, sondern nur noch auf Grenzgebieten. [14] Die Wahlen werden so immer mehr auf die Frage reduziert, ob sich die Regierung schon so stark verbraucht
habe, dass sie durch ein frisches Team abgelöst werden
sollte.

Die Wahlkreisparteien sind in Grafschafts- oder Stadtorganisationen verbunden; der Nerv der Parteiorganisationen
ist jedoch das ständige Hauptquartier in London, das mit
einem Stab gutbezahlter Funktionäre besetzt ist und zentral
geleitet wird. Die regional aufgestellten Kandidaten müssen

---

12) So Mackintosh 529, 611, 626; Berkeley 76; Walkland 26
13) Reform der Struktur 249
14) Jennings/Ritter: z.B. Eisen, Stahl, Transport und Banken

vom Zentralbüro zur Wahl empfohlen werden, damit sie bei den Wählern reelle Chancen haben. [15] Der Brite wählt trotz des Majorzsystems mit Einerwahlkreis in Wirklichkeit nicht den einzelnen Kandidaten oder bloss die Partei, sondern die Regierung, die ihm vor den Wahlen als geschlossene Mannschaft vorgestellt wird. Darum muss sich jeder Abgeordnete strikte an die Parteidisziplin halten; ein von der Partei ausgeschlossener oder vom Zentralorgan nicht empfohlener Kandidat hat praktisch keine Aussichten, wiedergewählt zu werden.

Aus dem Wahlausgang liesse sich ein Sachentscheid der Wähler ableiten, wenn ein Wahlprogramm vorgelegen hat, das für den Ausgang kausal gewesen ist. Gewöhnlich sind aber Sach- und Personalmotivation derart verwischt, dass sich keine eindeutigen Schlüsse ziehen lassen. Immerhin bildet das offizielle Parteiprogramm, das im Wahlmanifest und sonstigen parteioffiziellen Verlautbarungen enthalten ist, eine politische Grundlage für die spätere Regierungstätigkeit. Es wird deshalb auch intensiver und gehaltvoller ausgearbeitet als anderswo. [16]

1.4. Die Bedeutung des Parlaments bei der Richtlinienbestimmung [17]

Die Fraktion der Regierungspartei ist - um die vom Vertrauen des Parlaments abhängige Regierung im Amt zu halten - mit eiserner Parteidisziplin zu deren Unterstützung verpflichtet. Das bedeutet zwar eine Schwächung des Repräsentativprinzips, da der gemeine Abgeordnete zum Parteisoldaten absinkt. [18] Doch werden häufig die Vorlagen der Kritik der sog. Hinterbänkler [19] und manchmal sogar der Opposition an-

---

15) Hiezu Jennings/Ritter 58ff; Loewenstein, GB 161ff; Mackintosh 587ff
16) Loewenstein, GB 163, 168, 174, 182; Mackintosh 412
17) Massgeblich ist für die vorliegende Untersuchung nur das Unterhaus.
18) Loewenstein, GB 164
19) "back benchers", d.h. nicht der Regierung angehörende Abgeordnete

gepasst, da die offenbarte Kritik Zeichen eines Widerstandes auch bei den Wählern sein kann. [20] Die Regierung pflegt gute Verbindungen zum Parlament und besonders zur eigenen Fraktion: Die "Leader" der beiden Häuser sind zumeist Kabinettsmitglieder und die "Whips" (Einpeitscher) sind gewöhnlich im Unterhaus sitzende Regierungsmitglieder. Beide zusammen stellen die üblichen Kanäle dar, durch welche die Anordnungen der Regierung und Parteileitung an die Abgeordneten und umgekehrt deren Wünsche an die Regierung gelangen. [21]

Da die Regierung kaum gefährdet werden kann, handeln die beiden Parteileitungen - besonders über den "speaker" - ständig in gegenseitigem Einvernehmen. So büssen zwar die Debatten an Spontanität und Originalität ein, dafür geht das Gesetzgebungsprogramm der Regierung zumeist speditiv durch. Der Anteil an den Beratungen wird durch die Einpeitscher organisiert und kraft Debattenkontrolle eingehalten. Mit der Beherrschung des gesamten Gesetzgebungsverfahrens kann sich die Regierung hastigen oder unsachlichen Motiven entspringenden Abänderungsanträgen erfolgreich widersetzen. [22]

Eine gewisse Kontrolle der Exekutive liegt in der Kritik an der Regierungspolitik, doch erreichen die Abgeordneten höchstens Zugeständnisse und Abschwächungen in Einzelfragen. Die Durchsetzung der ihr wesentlich scheinenen Punkte erzwingt die Regierung notfalls, indem sie die Vertrauensfrage stellt. Eine stärkere Kontrollfunktion ergibt sich aus der nachträglichen Prüfung des Haushaltsplanes durch das unabhängige Parlamentsorgan des "Comptroller and Auditor General" und durch zwei besondere Ausschüsse des Unterhauses. [23] Das Unterhaus als ganzes ist, obwohl es über Einrichtungen für eine Kontrolle der Finanzen verfügt, nicht in der Lage, eine ständig wirksame Kontrolle auszuüben und hat darum die Treasury damit beauftragt.

---

20) Loewenstein, GB 237f
21) Loewenstein, GB 225f, 552
22) Hiezu Jennings/Ritter 77f; Loewenstein, GB 234, 310, 321
23) Dazu Sir Edward Fellowes, Die Kontrolle der Exekutive durch das britische Unterhaus, Köln und Opladen 1963

Zusammenfassend zeigt sich, dass gerade im klassischen Lande des Parlamentarismus das Parlament weitgehend von der Regierung abhängig und kaum wirksam an der Richtlinienbestimmung beteiligt ist.

1.5. Die Bedeutung der öffentlichen Meinung für die Richtlinien der Politik [24]

1.5.1. Im Allgemeinen

Die öffentliche Meinung spielt im englischen Regierungssystem eine wichtige Rolle, weil letztlich sie den Regierungswechsel bewirkt. Regierung wie Opposition nehmen deshalb bei der Bestimmung ihrer Politik auf grössere Meinungsschwankungen in der Bevölkerung Rücksicht. Die öffentliche Meinung drückt sich sehr aufschlussreich in den häufigen Nachwahlen aus, dann aber auch in den führenden Zeitungen und in persönlichen Kontakten der Abgeordneten, sei es zu ihrem Wahlkreis oder zu ihnen nahestehenden Interessengruppen. Die Abgeordneten sind verpflichtet, ihren "Whips" über die in ihrem Wahlkreis herrschenden Parteiströmungen und allgemeinen Meinungstendenzen zu berichten.

Da die Parlamentsdebatte jeder wesentlichen Richtung der öffentlichen Meinung Ausdruck verleiht, hat auch sie einen gewissen Anteil an der Formulierung der Regierungspolitik. Umgekehrt schaffen die Debatten eine öffentliche Meinung, da bei Themen von allgemeinem Interesse schätzungsweise 30 Millionen Briten lesen und 15 Millionen hören, was zu umstrittenen Fragen hier gesagt wird. Durch die klare Opposition werden die Streitgegenstände deutlich abgegrenzt und die politischen Standpunkte geschieden, sodass die Verfolgung der rhetorisch glänzenden Duelle für die Oeffentlichkeit eine kurzweilige Sache wird.

---

[24] Zum folgenden: Jennings/Ritter 81, 111; Mackintosh 605ff

1.5.2. Die Thronrede (Speech from the Throne) [25]

Die zur Eröffnung der Session in feierlichem Zeremoniell vom Monarchen vorgelesene Thronrede und die sich daran anschliessende Grundsatzdebatte sind besonders geeignet, die Aufmerksamkeit der Oeffentlichkeit auf sich zu lenken und einen ersten Eindruck von Regierung und Opposition zu geben. Die Thronrede enthält in konzentrierter Form das Regierungsprogramm, d.h. das von der Regierung für die kommende Session geplante Programm, insbesondere für die Gesetzgebung. Sie erlangt hohe politische Bedeutung, indem sich sogleich um die vom Speaker als Antwort darauf beantragte Dankadresse an den Monarchen die erste hochpolitische Debatte der Session entspinnt, die meist 4 Sitzungstage und länger dauert und stets mit einem von der Opposition eingebrachten und nach der Mehrheitslage natürlich immer hoffnungslosen Misstrauensvotum gegen die Regierung verbunden ist. Die Kritik richtet sich nicht etwa gegen den Monarchen, sondern gegen die an ihrer Stelle verfassungsrechtlich handelnde und verantwortliche Regierung. Die Debatte über die Thronrede ist eine der seltenen Gelegenheiten, bei denen die "private members" [26] völlig frei reden dürfen. Auch im Oberhaus wird Gelegenheit zur Generaldebatte über die Thronrede gegeben.

1.5.3. Die Informationspolitik

Auf der Regierungsseite ist es der spezielle "Government Information Service", organisatorisch ein Teil der Treasury, der unter der Leitung eines Generaldirektors für einen möglichst regen Informationsaustausch zwischen Regierung und Verwaltung sowie zur Oeffentlichkeit sorgen soll. Die primäre Verantwortung für die Informationspolitik, sowie Art und Umfang der jewiligen konkreten Information liegt jedoch bei den Ministerien. Jedes Departement verfügt über

---

[25] Zum folgenden Morrison 99ff; Jennings/Ritter 78f; Loewenstein, GB 199
[26] Unterhausmitglieder aller Parteien, die nicht der (Schatten-)regierung angehören.

eine "Information-" oder "Public Relation Division", wozu
als spezielle Abteilung häufig eine "Intelligence-" oder
"Briefing Section" kommt, welche die Informationen im und
über das Departement sammelt und sie in kurzer verständlicher Form der Presse und andern Organen der öffentlichen
Meinungsbildung zukommen lässt.

2. Führungsinstrumentarium und politische Planung

2.1. Kabinettsausschüsse und interdepartementale Ausschüsse

Nach 1945 hat man in England mit wechselndem Erfolg versucht, eine einheitliche politische Zielbestimmung und Koordination aller Regierungstätigkeit im Rahmen eines komplizierten, sich über mehrere Ebenen erstreckenden Ausschuss-
wesens herbeizuführen. [27]

Die eigentlichen "Cabinet Committees", denen nur Mitglieder
der Regierung angehören, werden ad hoc oder ständig errichtet, um die Arbeit für das Gesamtkabinett zu sichten, vorzubereiten oder gar stellvertretend zu erledigen. [28] Ständige Ausschüsse bestehen für mehrere Departemente umfassende
Teilbereiche der Politik, wie z.B. Wirtschaftsangelegenhei-
ten oder Soziales. Sie haben alle im wesentlichen die Aufgabe, die Politik und insbesondere die Pläne der einzelnen
Ressorts innerhalb ihres Regierungs-Teilbereiches ständig
zu überprüfen und aufeinander abzustimmen, gewöhnlich ohne
Entwicklung eigener umfassender Planungsinitiativen. Lediglich auf den Gebieten der Verteidigungs-, Wirtschafts- und
Sozialpolitik haben sie auch bei der Zielbestimmung und der
Formulierung neuer Richtlinien eine erhebliche Bedeutung erlangt. [29] Ad-hoc-Ausschüsse werden eingesetzt zur Entlastung
in der Ferienzeit oder zum Zwecke der raschen und effektiven
Behandlung von schwierigen und lebenswichtigen politischen

---

27) Hiezu einlässlich Mackintosh 495ff.
28) Zum folgenden Mackintosh 511ff
29) Reform der Struktur 250

Entwicklungen [30]; im letzteren Falle übernimmt der Ausschuss die völlige Kontrolle der Richtlinien der Politik und wird für eine bestimmte Zeit das alleinige Regierungszentrum. -

Das "Future Legislation Committee" insbesondere bereitet ein genaues Gesetzgebungsprogramm für jede Sitzungsperiode vor, sogar berechnet auf die Sitzungstage. [31] Angesichts der stets überfüllten Agenda des Unterhauses stellt diese Aufgabe die wichtigste gegenüber dem Parlament dar und wird entsprechend ernsthaft erfüllt. -

Seit 1964 ist es üblich geworden, dass jedem Kabinettsausschuss ein paralleler Ausschuss von erfahrenen Beamten beigegeben wird, der sich vorher trifft, um die Akten und Vorschläge zu vergleichen; er bereitet dabei oft für die Minister einen Entwurf des kommenden Entscheides vor. Mit der zunehmenden technischen Spezialisierung der Gesetzgebungsmaterien wird das Gewicht der interdepartementalen Beamtenausschüsse verstärkt, weil sich das Interesse der Gesetzgeber in vielen Materien immer stärker auf Fakten und eine technische unpolitische Schätzung der öffentlichen Probleme richtet; der Beamte wird zum neutralen Experten. [32]

2.2. <u>Das Schatzamt (The Treasury)</u> [33]

Die Treasury besteht aus drei Elementen: erstens aus den Organen, die zum Finanzministerium im kontinentaleuropäischen Sinne gehören, zweitens aus politischen Organen, die mit der Durchsetzung der Regierungspolitik im Parlament betraut sind [34], und drittens aus Organen zur Ueberwachung und Koordination der gesamten Staatsverwaltung. Der Premier-

---

30) Z.B. 1956 während der Suezkrise
31) Siehe dazu eingehend Anhang B
32) Walkland 25
33) Ueber die Treasury: Lord Edward Bridges, The Treasury, Whitehall Series No.12, London 1964; Loewenstein, GB 443ff; Jennings, Cabinet 525f und 132ff
34) "Leader" und Einpeitscher; siehe vorne 1.4.

minister unterhält zu allen drei enge Beziehungen, denn sie dienen ihm als Berater und Sachverstandsquellen, und mit ihrer Hilfe kann er seinen Einfluss im ganzen Regierungsapparat geltend machen.

Einige Gruppen der Treasury sind besonders hervorzuheben:

a) Dem eigentlichen Finanzministerium [35] obliegt die Vorbereitung des jährlichen Budgets, die Ueberwachung der Ausgabengebarung aller Departemente und damit weitgehend ihrer Geschäftsführung überhaupt, sowie die Bereitstellung der für die Exekutive erforderlichen Mittel.

b) Das "Civil Service Department" ist für die Anstellung von Berufsbeamten und deren Aus- und Weiterbildung verantwortlich und übt durch ihre Personalpolitik grossen Einfluss auf die ganze Staatsverwaltung aus. 1968 wurde das Department aus dem Schatzamt ausgegliedert und dem Premierminister direkt unterstellt, der damit eine eigene (kleine) Planungskapazität im Bereich der Verwaltungsorganisation erhielt. [36]

c) In der Gruppe für Wirtschaft wurden 1962 verschiedene Instrumente zur Vorbereitung der finanz- und wirtschaftspolitischen Richtlinien der Regierung und zur Koordination aller ihrer Tätigkeiten auf wirtschaftlichem Gebiet zusammengefasst. Die Gruppe ist ebenso für eine wirtschaftspolitische Ausrichtung der Programmgestaltung verantwortlich; ein gutes Zeugnis hiefür ist die jährliche Veröffentlichung eines wirtschaftlichen Ueberblicks durch die Treasury ("Economic Report"). Die Regierung WILSON hat 1964 die Gruppe in ein eigenes Ministerium für wirtschaftliche Angelegenheiten umgewandelt, doch scheint zumindest eine "Economic Planning Section" bei der Treasury verblieben zu sein. [37] Der vom Ministerium

---

[35] Es ist unter der Leitung des Schatzkanzlers (Chancellor of the Exchequer) faktisch verselbständigt
[36] Reform der Struktur 249; Morstein-Marx, Regierungsprogramm 455
[37] Mackintosh 462 (Ausgabe 1968) erwähnt sie unter der Treasury

im September 1965 vorgelegte "National Plan", der für die kommenden vier Jahre die wirtschaftlichen Ziele umriss, Möglichkeiten ins Auge fasste und Unzulänglichkeiten inventarisierte, war ein für die mittelfristige Planung besonders aufschlussreiches Dokument.[38]

Trotz der erwähnten organisatorischen Ausscheidungen ist die Treasury der Mittel- und Schwerpunkt der englischen Regierung geblieben[39]:

Sie bemüht sich in der ganzen Verwaltung unauffällig um die Zusammenfassung aller Tätigkeiten im Sinne der auf der politischen Ebene bestimmten programmatischen Konzeption. Sie erreicht dies mit Blitzbesuchen, improvisierten Konferenzen, ad hoc zusammengestellten Arbeitsgruppen und der Mitgliedschaft in zwischenbehördlichen Ausschüssen. Der durchgängige Einfluss der Treasury auf den Gang der Verwaltung ist die wichtigste Garantie dafür, dass das Regierungsprogramm auch wirklich durchgeführt wird. Die Treasury ist zudem das wichtigste Bindeglied zwischen Regierung und Parlament, weil sie einerseits auf dem weiten Feld der Ausgabenüberwachung im Auftrag des Unterhauses handelt und anderseits für die Verwaltungsbehörden eine Art Botschaft im Unterhaus bildet.

2.3. Das "Cabinet Office"[40]

Das Kabinettsamt ist organisatorisch ein Teil der Treasury, jedoch dem Premierminister direkt unterstellt und von ihm kontrolliert. Vorsteher des Kabinettsamtes ist der "Permanent Secretary and Secretary of the Cabinet", der infolge seiner Doppelstellung[41] einen grossen Einfluss auf die

---

38) Morstein-Marx, Regierungsprogramm 455f
39) A.a.O., 451ff
40) Dazu Mackintosh 509; Jennings, Cabinet 298ff; Loewenstein, GB 418; Berkely 48f; Reform der Struktur 250
41) Er ist zugleich "Permanent Secretary of the Treasury"

Ernennung der Beamten ausübt; dazu kommen seine intime Kenntnis des Regierungsbetriebes und die Einsicht in alle, auch die geheimsten Staatspapiere, was ihn zu einer Schlüsselfigur der Regierung werden lässt. Da er keiner parlamentarischen Verantwortung unterliegt, könnte er leicht zu einer grauen Eminenz werden. [42]

Das Kabinettsamt hat folgende Aufgaben [43]:

a) Beschaffung und Verteilung aller für die Beratung des Kabinetts benötigten Memoranden und Unterlagen.
b) Aufstellen der Traktandenlisten für Kabinetts- und Ausschussitzungen nach Weisung des Premiers, bzw. Ausschussvorsitzenden.
c) Führen zusammenfassender Protokolle der Kabinetts- und Ausschussitzungen.
d) Festhalten und Weiterleitung der Kabinettsbeschlüsse, Vorbereitung der Berichte der Kabinettsausschüsse ans Plenum.
e) Weiterverfolgung der Beschlüsse und Erreichen, dass die nötigen Aktionen an die Hand genommen werden.
f) Archivierung.

Neben den Sekretariatsdiensten ist das Kabinettsamt an der mehr verwaltungstechnischen Koordinierung von Programm- und Projektplanungen beteiligt, dient aber nicht der Bereinigung von Zielkonflikten oder gar der vorausschauenden Gesamtplanung. [44]

Das Kabinettsamt ist ein wichtiges Verbindungsorgan zwischen Premierminister, Kabinett, Ausschüssen und Ministern ohne Kabinettssitz. Indem es eine reibungslose, speditive und gründlich vorbereitete Abwicklung der Kabinettsgeschäfte ermöglicht, trägt es ganz erheblich zur Verbesserung der Koordinationsfunktion des Kabinetts bei. Es gestattet dem Regierungschef zudem, seinen politischen Führungsanspruch im Kabinett wirksam durchzusetzen.

---

42) Loewenstein, GB 469f.
43) Jennings, Cabinet 227; Mackintosh 509, 537
44) Reform der Struktur 250

2.4. Das "No. 10 -Office", der persönliche Stab des Premierministers [45]

Seit dem zweiten Weltkrieg hat sich der Premier an seinem Amtssitz [46] einen kleinen Stab von Sekretären und Sachbearbeitern zugelegt, die ausschliesslich für ihn und seine Bedürfnisse arbeiten. Die Privatsekretäre sorgen dafür, dass der Premier für die hängigen Geschäfte rechtzeitig und von kompetenter Seite beraten wird und dass seine Ratschläge und Entschlüsse den richtigen Instanzen verständlich abgefasst zugehen; sie regeln also den Informationsfluss vom und zum Regierungschef. Daneben sind sie für die Erledigung der alltäglichen Kanzleigeschäfte verantwortlich. Die Sachbearbeiter dagegen sind persönliche Assistenten oder Berater des Premierministers, die sich mit den Vorschlägen der Departemente auseinandersetzen und bestimmte Empfehlungen dazu abgeben. Harald WILSONs Neuerung war ein persönliches politisches Büro, das sich nur mit seiner Wählerschaft und der politischen Korrespondenz abzugeben hatte. Allgemein verbleiben den Stabstellen des Premiers - vergleichsweise etwa mit dem Executive Office in den USA - bedeutend weniger Aufgaben, weil sich der Regierungschef in allen Belangen stark von den Departementen unterstützen und beraten lässt.

2.5. Die Stäbe in den Departementen [47]

Da die Vorsteher der Departemente und ihre nächsten Untergebenen als Inhaber politischer Aemter oft wechseln, sind sie bei ihrer Arbeit stark auf die Unterstützung und Beratung durch die Berufsbeamten (civil servants) angewiesen. Die oberste Beamtenklasse der "Senior Officials" bilden die engen Berater und Mitarbeiter des Ministers; sie fungieren als sein eigentlicher Führungsstab, beraten ihn in Fragen der Verwaltung und unterstützen ihn insbesondere bei der

---

[45] Zum folgenden: Mackintosh 509f; Berkeley 60ff

[46] Downing Street 10, deshalb diese Bezeichnung des Stabes.

[47] Zum folgenden: Mackintosh 535ff; Loewenstein, GB 437f, 468f, 475ff

Leitung und Durchführung seines Departementsprogrammes. Dank ihres tiefen Sachwissens fördern sie ständig neue Vorschläge und Lösungen zutage und geben der laufenden Gesetzgebung und künftigen Politik durch ihre Impulse Leben und Richtung. Wegen der in der englischen Mentalität verankerten Scheu der Beamtenschaft, selbst politische Aktivität zu entfalten, besteht kaum Gefahr, dass sie die Politik eigenmächtig bestimmen wollten. Es ist deshalb nichts dagegen einzuwenden, dass der Schwerpunkt der verwaltungstechnischen und politischen Planung, sowie die Durchführung der Pläne, bei den einzelnen Departementen liegt. [48] Die politische Spitze hat hingegen die geeignete Atmosphäre in der Verwaltung zu schaffen, Pläne zu ermutigen oder zurückzubinden, und allenfalls bestimmte Akzente zu setzen oder gar einen Richtungswechsel aufzuzwingen. Dazu hat sie die heikle Aufgabe, bei allen Projekten das sachlich Gebotene mit dem politisch Möglichen zu verbinden, und in der Lösung dieses Konflikts zeigt sich ihre Qualität.

2.6. Die Königlichen Kommissionen und Untersuchungsausschüsse [49]

Die "Royal Commissions" und Untersuchungsausschüsse sind seit 100 Jahren ein bedeutendes Instrument der politischen Zielsetzung. Ihre Mitglieder - meist ausgewiesenste Sachverständige und bedeutende Persönlichkeiten - werden von der Regierung ernannt, um zu bestimmten öffentlichen Problemkreisen Untersuchungen anzustellen und Vorschläge auszuarbeiten. Gleichzeitig sollen sie zur Information der Oeffentlichkeit beitragen und diese damit in die Zielbestimmung einbeziehen. Die "Royal Commissions", die bei Abgeordneten und Publikum als neutrale Instanzen höchstes Ansehen geniessen, haben in vielen Fällen zu einer Konsensbildung in der

---

48) Siehe nachfolgend Kap. 2.7.2.
49) Reform der Struktur 251; Loewenstein, GB 315; Hans Huber, die "Königlichen Kommissionen" Grossbritanniens, in: NZZ Nr. 199 vom 23.3.1968, S. 25.

Oeffentlichkeit geführt, wie sie durch amtliche Untersuchungen und Regierungsvorschläge nie hätte erreicht werden können. Ihre Berichte und Empfehlungen, die der einzuschlagenden Politik die Richtung weisen, sind allerdings wenig konkret gehalten, sodass der Regierung ein weiter Spielraum für die Durchführung bleibt.

2.7. Politische Planung in der britischen Verwaltung [50]

2.7.1. Im Allgemeinen

Anlässlich der Ueberprüfung und Neugestaltung der Haushalts- und Finanzplanungsmethoden 1960/61 hat man in Grossbritannien allmählich die Notwendigkeit erkannt, eine Art von politischer Buchhaltung als Grundlage für die Entscheidungen der Regierung zu entwickeln. Das "Plowden Committee" verlangte 1961 die mittel- und langfristige Finanzplanung, 1. um eine stückweise Annahme von Ueberweisungen ohne Beziehung zueinander und zu den verfügbaren Quellen zu verhindern, 2. als Mittel der Koordination der Departementspläne, um möglichst die Departemente zu einem einheitlichen Ganzen zu bringen und die kollektive Verantwortlichkeit wiederherzustellen, 3. um der Regierung ein aussagekräftiges Mittel zur Bestimmung der Prioritäten auf objektiver Grundlage bereitzustellen. [51] Heute ist der Haushaltplan nur noch Teilstück einer sich über 5 Jahre erstreckenden Planung und Ueberprüfung sämtlicher Aufgaben und Ausgaben. Der Fünfjahresplan soll mithelfen, eine fundierte öffentliche Meinung über alle Sektoren der Politik aufzubauen und eine bessere Kontrolle durch das "informierte Publikum" ermöglichen. Zudem können die privaten Unternehmen, wenn sie über die Absichten auf dem öffentlichen Sektor unterrichtet sind, ihre Pläne vermehrt darauf ausrichten. [52] Im September 1965

---

50) Das Folgende nach "Reform der Struktur" 248ff; siehe auch: Political and Economic Planning (Advisory Committees in British Government), London 1960, und Ursula K. Hicks, New methods in financial planning, in: Public Administration, Vol. 39 (1961) S. 300-311
51) Hicks, a.a.O. 301f
52) Hicks, a.a.O. 310

wurde der erste wirtschaftliche "National Plan" (500 Seiten) gemeinsam vom Ministerium für wirtschaftliche Angelegenheiten und von der Treasury herausgegeben.

2.7.2. Die Planung in den Departementen

Die Planungseinrichtungen haben sich in den einzelnen Ressorts unterschiedlich entwickelt. Man stimmt aber darin überein, dass wichtige Planungsaufgaben bei den Fachabteilungen bzw. Referaten verbleiben müssen. Die Bildung reiner Planungseinheiten ohne enge Verbindung zu den Fachabteilungen wird als unrealistisch abgelehnt, weil sich so das tatsächliche Verwaltungsgeschehen der Planung entziehen würde. Die Planungseinrichtungen sollen nach der Praxis nur ergänzende und anregende Hilfsstellen sein, die durch ihre Untersuchungen und prospektiven Analysen die Fachabteilungen unterstützen und z.T. entlasten sollen.

Der Informationskreislauf funktioniert in der ganzen öffentlichen Verwaltung recht gut, sicher zu einem grossen Teil deswegen, weil die öffentliche Verwaltung zentralstaatlich organisiert ist und damit ein unbehinderter Informationsfluss von unten nach oben sichergestellt ist.

2.7.3. Die Planung auf Regierungsebene

Weder der Premierminister noch das Kabinett sind in der Lage, umfassende politische Planung zu betreiben, weil beiden die nötigen Einrichtungen fehlen. Auch die Kabinettsausschüsse leisten vorwiegend Koordinationsarbeit, ohne eigene grosse Planungsinitiativen zu entwickeln. [53] Die verwaltungstechnische und politische Planung, sowie die Durchführung der Pläne liegen deshalb fast ausschliesslich bei den Departementen. Obwohl diese Tatsache zu immer grösserem Unbehagen führt, ist der Wunsch nach zentralen Pla-

---

53) Reform der Struktur 251

nungseinrichtungen noch nicht stark ausgeprägt, denn in der Oeffentlichkeit wie in der Beamtenschaft selbst wird befürchtet, dass durch mittel- und langfristige Planungen der "Apparat" einen grösseren Einfluss gewinnen und entsprechend der Ermessensspielraum der politischen Führung eingeengt werden könnte. Ausserdem sollen zentrale Einrichtungen deshalb nicht vordringlich sein, weil eine grosse Zahl von Parlamentariern für die Arbeit in der Exekutive zur Verfügung steht und man auf die Wirksamkeit der "Royal Commissions" und Untersuchungsausschüsse vertraut. [54]

3. Das Regierungsprogramm in Grossbritannien

3.1. Entwicklung und Ausarbeitung des Gesetzgebungs- und Regierungsprogrammes

3.1.1. Entwicklungsgeschichte [55]

Die Verantwortlichkeit des Kabinetts, zuhanden des Parlamentes ein allgemeines Gesetzgebungsprogramm aufzustellen, datiert aus dem Jahre 1867. [56] Die Vorbereitung der künftigen Gesetzgebung nahm die Regierung bald stark in Anspruch: Sir ILBERT schrieb schon 1901:

"When it has been determined to give a measure a leading place in the Government Programme of Legislation for the session, and to press it seriously forward, its preparation imposes a heavy tax on the time of the draftsmen and of the other officials concerned. The measure will often be referred to a Committee of the Cabinet, who will assist the Minister in charge in considering questions of principle. There will be daily conferences with the Minister or with the permanent head of his Department, or with both. There will be interviews and correspondence with experts in various branches of the subject with which the measure deals". [57]

Nach dem 1. Weltkrieg wurde die Planung der Gesetzgebung langsam Routine, wobei die Hauptarbeit der Auslese

---

[54] Reform der Struktur 252
[55] Zum folgenden: Walkland 55ff, Mackintosh 250f, 517
[56] Statuiert in der "Reform Act"
[57] Sir Courtney Ilbert, Legislative Methods and Forms, Oxford 1901 p. 87f

und Ueberprüfung der Gesetzesmaterien und deren Unterbringung in der Sitzungszeit der nächsten Legislaturperiode allmählich an einen Kabinettsausschuss überging: Bis 1940 war dies die Aufgabe des alten "Home Affairs Committee", danach wurde ein spezielles "Legislation Committee" zur genauen Prüfung der konkreten Gesetzesentwürfe und zur Planung eines zeitlich genau abgestimmten Gesetzgebungsprogramms geschaffen.

Die Labourregierung ATTLEE von 1945 teilte die beiden Aufgaben in zwei Ausschüsse auf, weil sowohl Zusammensetzung wie auch Aufgabenstellung des "Legislation Committee" nicht glücklich gewählt waren. Denn erstens war es schwierig zu entscheiden, welche Gesetze in das Programm der Sitzungsperiode aufzunehmen waren, wenn die beteiligten Minister, die miteinander um die Aufnahme ihrer Projekte konkurrierten, alle im Ausschuss sassen; zweitens erschien es wünschenswert, die Ausarbeitung des Programms von der Prüfung der konkreten Gesetzesentwürfe zu trennen. [58] So wurde es Aufgabe des neu gebildeten "Future Legislation Committee" (Ausschuss für künftige Gesetzgebung), die Programme für die einzelnen Sitzungsperioden aufzustellen, während dem "Legislation Committee" die Prüfung der Entwürfe und der wichtigeren Rechtsverordnungen vorblieb. Das Zusammenwirken beider Ausschüsse wurde gewährleistet, indem beide dem gleichen Vorsitzenden unterstellt wurden. In den Ausschuss für künftige Gesetzgebung wurden keine Ressortminister berufen; ausserdem wurde er möglichst klein gehalten, um rasche Entscheidungen herbeizuführen. So bekam er die Gestalt eines kleinen und unparteiischen Planungsgremiums, welchem neben dem Führer des Unterhauses als Vorsitzenden noch der Führer des Oberhauses und der Haupteinpeitscher angehörten. Dieser Ausschuss hörte sich die Vorstellungen und Argumente der verschiedenen Ressortminister an, stellte Fragen und holte

---

58) Dazu Morrison 295/6

weitere Informationen ein, beriet darüber und entschied vorläufig über die Zusammenstellung des Programms für die nächste Sitzungsperiode; endgültig beschloss das Kabinett darüber, das sich so die oberste Kontrolle vorbehielt.

Die geschilderte Organisation der Gesetzgebungsplanung bewährte sich so, dass sie von den folgenden Regierungen bis heute beibehalten wurde, nur die Scheidung der beiden Gesetzgebungsausschüsse wird nicht mehr so streng durchgeführt. Dazu kommen gewisse Eigenheiten: Das Gesetzgebungsprogramm der Regierung HOME für die Session 1963/4 etwa war ganz auf die kommenden allgemeinen Wahlen ausgerichtet, während die Regierung WILSON von 1964 absichtlich das Risiko auf sich nahm, höchst kontroverse Gesetzgebung einzubringen, um ihre knappe Mehrheit im Unterhaus dank der dadurch sich verschärfenden Fraktionsdisziplin zu verfestigen. [59]

3.1.2. Die Ausarbeitung des Regierungs- und Gesetzgebungsprogramms [60]

Beide Parteien stellen vor den allgemeinen Wahlen ein sorgfältig ausgearbeitetes und gehaltvolles Programm auf, das sie - durch den Wahlauftrag verpflichtet - in der kommenden Amtszeit zu verwirklichen suchen [61]; ein Musterbeispiel war das Labour-Programm von 1945 ("Let us face the Future". An Hand dieses politischen Dokuments und Leitfadens nimmt die neue Regierung ihr Gesetzgebungsprogramm und ihre sonstigen wichtigen Regierungs- und Verwaltungsaufgaben in Angriff. Auf solche Weise stammt bei neuen Regierungen die Mehrheit der Gesetzgebungsprojekte aus dem Parteiprogramm, während später die Vorschläge aus den Departementen überwiegen: 1962 etwa traf die Regierung nur noch eine einzige Massnahme, die schon im 59er-Manifest der Konservativen erwähnt war;

---

59) Walkland 57, 61f
60) Hiezu ausführlich Morrison 292-321; vgl. Anhang B (Gesetzgebungsprogramm der Regierung Atlee)
61) Walkland 23

für die 1963/4 - Session waren 22 Gesetze vorgesehen, von
denen 16 primär aus den Departementen stammten und keines
mehr vom Wahlprogramm her. [62]

Die Planungshauptarbeit leisten die Departemente, vor
allem die Führungsstäbe der Vorsteher, welche eine umfassende Erfahrung und ausgebaute Kontakte zu den organisierten Interessengruppen haben und darum als besonders empfindsam für dringende Reformen gelten. [63] Die Planungskleinarbeit soll auch in Zukunft weniger in eigentlichen Planungsabteilungen, als vielmehr durch speziell ausgebildete Beamte in den Fachabteilungen und Referaten geleistet werden. Die politische Spitze des Departements setzt darin die Akzente gemäss der Leitlinie des Wahlprogramms und der Richtlinien des Premierministers sowie der Kabinettsausschüsse. Ob die Richtlinien eingehalten werden, überwachen neben dem Ressortminister vor allem Schatzamt und Kabinettsamt. Die sich herausschälenden Departementsprogramme müssen in den interdepartementalen Beamten- und Kabinettsausschüssen aufeinander abgestimmt werden.

Die im Departementsprogramm enthaltenen Gesetzgebungsvorschläge müssen dem Ausschuss für künftige Gesetzgebung vorgelegt werden [64], der über ihre Aufnahme ins Programm der nächsten Session des Parlamentes (von einem Jahr) oder wenigstens ins Programm der voraussichtlichen Amtsdauer der Regierung (gegen fünf Jahre), sowie über die Prioritäten befindet [65]; endgültig beschliesst darüber das Kabinett.
Wirtschaftspolitische Anregungen wurden früher der Gruppe für Wirtschaft im Schatzamt zuhanden ihres jährlichen "Economic Report" vorgelegt, heute dem speziellen Wirtschafts-

---

62) The Times v. 19.Sept.1963, "Many Bills Compete for Priority in Next Parliamentary Session"
63) Walkland 23
64) Eine Empfehlung des zuständigen fachlichen Kabinettsausschusses fördert die Aufnahme ins Programm entscheidend (Morrison 302)
65) Das Sessionsprogramm enthält einen genauen und ausgewogenen Zeitplan für die parlamentarische Arbeit des folgenden Jahres; vgl. Morrison 307ff und Anhang A, S. 446 (Praktisch Beispiele)

ministerium, welches die Einzelplanungen auf wirtschaftlichem Gebiet in seinen Vierjahresplan verarbeitet. Grundsatz- und Letztentscheidungen werden unter der Leitung des Premiers wohl im Kabinettsausschuss für Wirtschaftspolitik oder im Kabinett selbst gefällt. [66)]

Die Budgetanforderungen werden beim Finanzministerium im Schatzamt eingereicht, das den Haushaltsplan aufstellt, welcher bloss noch ein Teilstück einer sich über fünf Jahre erstreckenden mittelfristigen Finanzplanung bildet.

Nach der Zustimmung des Kabinettsausschusses für künftige Gesetzgebung resp. Wirtschaftspolitik oder des Schatzamtes, arbeiten die Departemente Entwürfe der vorgesehenen Gesetze oder Massnahmen zur Instruktion der parlamentarischen Räte aus [67)]; dann zirkulieren die Entwürfe zur Vernehmlassung bei den andern interessierten Departementen und den davon betroffenen Kabinettsausschüssen. In diesen Ausschüssen wird der höchste Grad substantieller Kontrolle durch das Kabinett erreicht, indem hier die Departementspolitik mit politischem Druck entscheidend modifiziert werden kann. [68)] Die Treasury kümmert sich um die Uebereinstimmung von Finanz- und Gesetzgebungsplanung.

Der bestinformierte Premierminister baut unter Assistenz seines persönlichen Stabes das Gesetzgebungsprogramm zusammen mit seinen aussen- und wirtschaftspolitischen Absichten und Ueberlegungen zum Regierungsprogramm für ein Jahr aus und verkündet es durch den Mund des Monarchen in der feierlichen und traditionellen "Speech from the Throne" zu Beginn der Legislaturperiode. Das Regierungsprogramm wird anschliessend fünf Tage grundsätzlich diskutiert und so die Front im Parlament klar gezeichnet. Später werden Einzel-

---

66) Die heutige Scheidung der Kompetenzen der einzelnen beteiligten Organe geht aus der benützten Literatur nicht klar hervor.
67) Die Beziehung und Abgrenzung zwischen Gesetzgebungs- und Wirtschaftsprogramm liess sich auf Grund der benützten Literatur nicht ermitteln.
68) Walkland 58

punkte noch in weiteren Grundsatzdiskussionen aus einem
bestimmten Anlass heraus erörtert. Kurz danach wird im
Parlament die Budgetbotschaft durch den Schatzkanzler verkündet und abermals findet eine scharfe Diskussion über
die dahinter stehende Politik statt; längerfristig gibt
der Fünfjahres-Finanzplan über die künftige Finanzpolitik
der Regierung Auskunft. Die Wirtschaftspolitik wird
im jährlichen wirtschaftlichen Ueberblick der Treasury und
ausführlich im "National Plan" für den Zeitraum von vier
Jahren bekanntgegeben.

Die Verwirklichung des Regierungsprogramms in den Departementen wird besonders durch das Schatzamt, aber auch
durch das Kabinettsamt und die Kabinettsausschüsse kontrolliert. Der Ausschuss für künftige Gesetzgebung tagt auch
während der Sitzungsperiode, um über allfällige Aenderungen
des Gesetzgebungsprogrammes zu beraten.

3.2. Das Regierungsprogramm als Arbeitsinstrument der Regierung

3.2.1. Das Programm als Planungsinstrument

Das Schwergewicht der politischen und verwaltungstechnischen
Planung liegt vorwiegend in den Departementen sowie bei der
Treasury. Auf der Regierungsebene dagegen können mangels
geeigneter Stäbe keine umfassenden Planungsinitiativen entwickelt werden, sondern nur   Einzelimpulse aus politischen
Motiven heraus. In dieser Situation hat die politische Spitze
gerade bei der Aufstellung des Regierungsprogramms die heikle
Aufgabe zu lösen, die politischen Absichten und Ziele des
Wahlprogrammes und der Kabinettsbeschlüsse mit den eher verwaltungstechnisch geprägten Departementsprogrammen zu verschmelzen. Zudem hat das Regierungsprogramm auch den Zweck,
die Ergebnisse der Einzelplanungen der Departemente in ein
umfassendes und auf das Wichtigste beschränktes Gesamtprogramm
zu verarbeiten und durch die Prioritätensetzung die Planungstätigkeit in der gewünschten Richtung zu behalten; es ver-

schafft der Regierung den nötigen Ueberblick über die gesamte Planung des Staates.

Das offizielle, in der Thronrede verkündete Programm erstreckt sich lediglich auf die Sessionszeit von einem Jahr, doch es baut auf der erweiterten Gesetzgebungsplanung für die ganze Amtsperiode von gegen fünf Jahren und auf den Finanz- und Wirtschaftsplänen für einen Zeitraum von je vier oder fünf Jahren auf. Die Finanz- und Wirtschaftsplanperioden von rund 5 Jahren sollen regelmässig eingehalten werden, weshalb sie bald nicht mehr den ungleichmässigen Amtszeiten der Regierungen entsprechen dürften; auch in dieser Tatsache zeigt sich das starke Uebergewicht der Planung der Departemente und deren Unabhängigkeit gegenüber Regierungswechseln. Allerdings beruhen alle Programme und Mehrjahrespläne auf rollenden Planungen, sodass sie jederzeit aus politischen (Regierungswechsel) oder technischen (Aenderungen der sachlichen Voraussetzungen) Gründen modifiziert werden können.

3.2.2. Das_Programm_als_Koordinationsinstrument_

Weil es - ausser gewissen Organen der Treasury - keinen Planungsgeneralstab der Regierung gibt, ist eine grosse Koordinationsarbeit anlässlich der Bestimmung des Regierungsprogrammes unerlässlich. Zwar bemühen sich die ständigen fachlichen Kabinettsausschüsse und die Treasury, sowie als Berufungsinstanz auch das Kabinett selbst, stetig und erfolgreich um die Koordinierung aller Tätigkeiten der Exekutive, doch ist dies häufig bloss eine aktuelle Streitschlichtung. Erst die harte interne Auseinandersetzung um die Aufnahme der Departementsprojekte ins Regierungsprogramm birgt eine umfassende und vorausschauende Koordinationsarbeit, indem der Ausschuss für künftige Gesetzgebung und die Treasury die Uebereinstimmung zwischen den Arbeiten der verschiedenen, auf einen Ausschnitt der Politik beschränkten Koordinationsausschüsse [69] sichern und durch ihre klare

---

69) D.h. fachliche Kabinetts- und Beamtenausschüsse

Prioritätensetzung die künftige Arbeit aller Departemente teilweise festlegen und damit die gröbsten Koordinationsmängel zum vornherein ausschalten helfen. [70]

3.2.3. Das Programm als Kontrollinstrument

Anhand der im Regierungsprogramm enthaltenen politischen Richtlinien des Kabinetts und des Premiers, können das Schatzamt und die Kabinettsausschüsse, sowie das Kabinettsamt und schliesslich auch jeder Departementsvorsteher, jederzeit und übersichtlich kontrollieren, ob die Ziele in der Tätigkeit der Verwaltung im einzelnen auch eingehalten werden. Diesbezüglich auffällig ist ja, dass die Mitglieder des "Ausschusses für künftige Gesetzgebung" (der das Gesetzgebungsprogramm festlegt) auch im "Gesetzgebungsausschuss" (der die konkreten Gesetzesvorlagen überprüft) mitarbeiten.

Dank des jährlichen "Inventars" vor der Festlegung des nächsten Jahresprogrammes und Budgets und dank der mittelfristigen Finanz- und Wirtschaftsplanung auf fünf Jahre können Premierminister und Kabinett jederzeit leicht feststellen, ob sie ihr Programm materiell, zeitlich und finanziell einhalten.

3.2.4. Das Programm als Integrationsinstrument

Der Premierminister hat die besondere Aufgabe, das Kabinett zu einem solidarischen, geschlossenen Team zusammenzuschweissen. Daran arbeitet er seit seiner Wahl zum Parteiführer stetig, denn schon das Schattenkabinett soll einmütig und homogen auftreten. [71] Da er seine mitverantwortlichen Kabinetts-

---

70) Leider liess sich aus der zur Verfügung stehenden Literatur nicht herausfinden, wie die Kompetenzabgrenzung zwischen dem Ausschuss für künftige Gesetzgebung und dem für Wirtschaftspolitik sowie der Treasury aussieht.

71) Auch während der Regierungszeit wird das Regierungsprogramm gemeinsam beraten. So hat z.B. Premier E. Heath 15 Monate nach Amtsantritt in einer a.o. ganztägigen Kabinettssitzung mit allen Ressortchefs zusammen die langfristigen Regierungsziele erörtert und eine Bilanz des bisher Erreichten gezogen; vgl. R.B., langfristige Planung der Regierungspolitik in England, in: NZZ Nr. 470 vom 9.10.1971, S. 1

kollegen an den wichtigsten Entscheidungen teilhaben lässt
und Grundsatzfragen intensiv mit ihnen bespricht, kann er
die detaillierte Festlegung des Regierungsprogrammes
dann kleineren Gremien (den Ausschüssen) überlassen.

Für das offizielle Regierungsprogramm, wie für die Regierungspolitik überhaupt, ist allerdings die gesamte Regierung kollektiv verantwortlich [72]; insofern verstärkt das
Programm die Integration der Regierung. Die Regierungsmitglieder wissen insbesondere aus einem gutausgearbeiteten
Regierungsprogramm jederzeit und übersichtlich, welche Politik sie in der laufenden Sitzungsperiode gegenüber Parlament und Oeffentlichkeit zu vertreten haben.

3.3. Das Regierungsprogramm als Mittel zur Zusammenarbeit mit dem Parlament und als Grundlage des Parteiprogramms

3.3.1. Das Gesetzgebungsprogramm als Agenda des Parlamentes

Da die Regierung sich unbedingt auf ihre Mehrheit im Unterhaus verlassen und deshalb ihre Vorschläge im wesentlichen
unverändert durchbringen kann, hat sie die Möglichkeit und
Aufgabe, die ganze Sitzungsperiode sachlich und zeitlich
genau zu planen. Das in Zusammenarbeit mit den Einpeitschern
ausgearbeitete Gesetzgebungsprogramm ist daher, wie sonst
nirgends auf der Welt, eine detaillierte Agenda der Parlamentsarbeit, welche die Fraktionsmitglieder mit eiserner
Parteidisziplin zu befolgen verpflichtet sind.

Das Parlament erfährt nicht nur, was die Regierung im nächsten
Jahr zu tun gedenkt, sondern weiss ziemlich genau, was es
selber in der Session zu bewältigen hat. Gerade weil die Durchsetzung des Programms gesichert ist, wendet die Regierung dafür sehr viel Vorbereitungszeit und -arbeit auf und erleichtert damit umgekehrt dem Parlament seine Arbeit.

---

72) Faktisch trägt der Premierminister aber die Hauptverantwortung; vgl. vorne 1.1. (am Ende)

3.3.2. Die Reaktion des Parlamentes

Wie das Programm von der eigenen Fraktion und der Opposition aufgenommen wird, erfährt die Regierung sogleich - ausser aus den Kommentaren der massgeblichen Politiker in den Massenmedien - aus der breiten, mehrtägigen Generaldebatte im Unterhaus (und entsprechend im Oberhaus). Da in dieser Grundsatzdiskussion alle Parlamentsmitglieder frei und unbeeinflusst von den "Whips" zu Worte kommen, kann die Regierung die Grenzen des Erträglichen aufschlussreich testen und auf Grund einer breiten, starken Opposition gewisse Programmpunkte modifizieren, besondern wenn der Widerstand Ausdruck einer entsprechenden Ablehnung in der Oeffentlichkeit ist und damit die Gefahr besteht, dass sich der Missmut über die angekündigten Massnahmen in den nächsten Wahlen niederschlagen könnte.

3.3.3. Die Flexibilität der Regierung

Mit ihrem detaillierten und zeitlich in die Session eingepassten Programm legt sich die Regierung auf ihre Politik im voraus stark fest, mindestens was die Gesetzgebung betrifft. Es wird der Regierung als grosse Schwäche angelastet, wenn sie ihr intensiv geplantes Programm nicht erreicht und ihr umgekehrt als Schikane angekreidet, wenn sie nicht-angezeigte Gesetze in den knapp bemessenen Rahmen des Sessionsplanes zu drücken versucht. Bedeutend flexibler ist die Regierung im Bereiche der Aussenpolitik, sowie bei zahlreichen Massnahmen der Wirtschafts-, Sozial- und Militärpolitik, wo die Regierung freie Hand haben muss. Allgemein gesehen wird die Regierung stärker bei ihren grundsätzlichen Zielen und Absichten behaftet, als bei den zu deren Verwirklichung gewählten Mitteln und Wegen.

3.3.4. Regierungsprogramm und Wahlprogramm

Das Regierungsprogramm beeinflusst, da es zu sehr von der Verwaltung geprägt ist, das hochpolitische Partei- und Wahl-

programm wohl kaum. Immerhin bildet die Führungsspitze der
Regierung gleichzeitig den Hauptbestandteil des Parteivorstandes und ist somit auch an der Aufstellung des Wahlprogrammes wesentlich beteiligt. Wenn sich die Partei in der
Opposition befindet, beruft sie vorwiegend ehemalige Minister in den Parteiausschuss zur Vorbereitung des Partei-
und Wahlprogrammes. Dank der engen Konnexe, ja Identität,
zwischen Regierungs- und Parteispitze erhalten die Parteiprogramme oft einen hervorragenden, von grosser Regierungserfahrung getragenen Inhalt, und da beide grossen Parteien
sich von Zeit zu Zeit in der Regierung ablösen, können beide
aus der reichen Informationsquelle schöpfen.

3.4. Regierungsprogramm und Oeffentlichkeit

3.4.1. Die Orientierung der Oeffentlichkeit in einem Ueberblick

Da sich das Volk in den allgemeinen Wahlen weniger für bestimmte Abgeordnete als vielmehr für das dahinterstehende
Regierungsteam und das von ihm propagierte Wahlprogramm ausspricht, hat es einen Anspruch darauf, von der Regierung umfassend darüber orientiert zu werden, wie sie ihre Programmversprechen in der kommenden Zeit konkret verwirklichen will.
Eine erste Gesamtschau unternehmen der Premierminister und
seine Kabinettskollegen bei der offiziellen Verkündung des
Programms in der Thronrede des Monarchen zur zeremoniellen
Eröffnung der Session. Doch bleibt die Aufmerksamkeit der
breiten Oeffentlichkeit zu stark am äussern Pomp und festlicher Pracht hängen; zudem ist das Interesse des Bürgers
an der darauf folgenden Grundsatzdebatte in den letzten Jahren nicht mehr so gross gewesen. Immerhin bildet sich auch
heute noch dank der Massenmedien über die wichtigsten Programmpunkte der Regierung eine fundierte öffentliche Meinung.

Das offizielle Regierungsprogramm zeigt die grossen Zusammenhänge auf und lässt dem Bürger dadurch manche Regierungsmassnahmen verständlicher erscheinen. Es bildet aber nur ein

3.4.2. Beeinflussung und Beurteilung der Regierung durch die Oeffentlichkeit bezüglich des Regierungsprogramms

Die britische Regierung resp. Opposition braucht die Gefolgschaft der Mehrheit des Volkes vor allem in den allgemeinen
Wahlen; danach ist die Regierung ziemlich frei und kann dank
der Parteidisziplin ihr Programm im wesentlichen durchsetzen.
Sie braucht nicht ständig - wie der amerikanische Präsident -
zu ihrer Unterstützung die Oeffentlichkeit zu umwerben und
durch Konzessionen an ihre schwankende Gunst sich geneigt
zu machen. Sie kann es sich durchaus leisten, auch die auf
den Widerstand grosser Bevölkerungsschichten und Interessen-
gruppierungen stossenden Projekte ihres Programmes zu verwirklichen.

Die aktive öffentliche Meinung aber nimmt alle Handlungen der Regierung ständig und - besonders auf die Wahlen
hin - streng unter die Lupe und prüft genau, ob und wie gut
sie ihre Programmziele erreicht und welche Erfolge sie sonst
in der Aussen-, Wirtschafts- und Sozialpolitik erzielt hat.
Die fortlaufenden Regierungsprogramme können also einen gewissen Masstab zum Vergleich darstellen. Sie gelten jedoch -
ausser den Gesetzgebungsvorschlägen - nicht als unbedingt
verpflichtend, weil die Regierung ihren freien Aktionsradius
behalten soll.

§ 5 Frankreich
===============

1. Richtlinien der Politik

1.1. <u>Die Kompetenz der Regierung zur Bestimmung der Richtlinien</u>

Bis 1958 wurde das französische Regierungssystem als "gouvernement par l'assemblée" bezeichnet. Das Parlament dominierte die Regierung, die als vollziehender Ausschuss gedacht und in jeder Beziehung von ihm abhängig war. Die V. Republik hat den Wechsel zur "contrôle du gouvernement par l'assemblée" vollzogen und der Regierung kommt nun gegenüber dem Parlament eindeutig die Vorrangstellung zu.

Die neue Verfassung hält in Art. 20 Abs.1 kurz und bestimmt fest: "Le gouvernement détermine et conduit la politique de la Nation". [1] "Déterminer" bedeutet, dass die Regierung als initiative, schöpferische Macht die wesentlichen Zielpunkte des nationalen Lebens planen und festlegen soll. Zwar muss das Regierungsprogramm noch von der Nationalversammlung gebilligt werden, aber diese kann das Programm nur noch annehmen oder ablehnen. "Conduire" beauftragt die Regierung zur Ausführung des von ihr definierten und vom Parlament genehmigten Programmes. Die verfassungsrechtliche Kompetenz zur Bestimmung der Richtlinien der Politik liegt eindeutig bei der Regierung; Art.20 schliesst davon nicht nur den Staatspräsidenten sondern auch das Parlament aus. [2] Für die allgemeine Regierungspolitik, welche im Ministerrat gemeinsam erarbeitet und beschlossen werden sollte, ist die Regierung nach der Verfassung [3] kollektiv verantwortlich. Für die persönlich gezeichneten Akte sind die Minister jedoch - ohne Erwähnung in der Verfassung - auch individuell verantwortlich,

---

[1] Zum folgenden Duverger, Institutions 684ff, La Ve République 64ff; Burdeau 492ff
[2] Burdeau 503
[3] Vgl. Art.20 Abs.3, Art.49 und 50 der Verfassung von 1958

was der relativ grossen Selbständigkeit ihrer Stellung entspricht. [4]

1.2. Die besondere Stellung des Premierministers [5]

1.2.1. Die Stellung des Premierministers, der in der IV. Republik noch "Président du Conseil" geheissen hatte, wurde in der V. Republik weiter ausgebaut. Gemäss Art.21 der Verfassung leitet er die Geschäfte der Regierung und sorgt für den Vollzug der Gesetze. Er hat unter anderem das Recht zur Gegenzeichnung (die er verweigern könnte) und die Befugnis, im Parlament zu allen Fragen der allgemeinen Regierungspolitik das Wort zu ergreifen. Wichtigstes Machtmittel des Premiers gegenüber den Ministern ist, dass der Präsident der Republik sie auf Vorschlag des Premiers ernennen und abberufen muss (Art.8 Abs.2). Es ist weiter der Premier, der nach der Beratung im Ministerrat vor dem Parlament die Verantwortlichkeit der Regierung zur Diskussion stellt (Art.49 Abs.1, 3 und 4).

Das Verhältnis zwischen Premier und Ministern ist nicht restlos geklärt. Umstritten ist, ob der Premier seine Minister nur mit Ueberzeugungskraft leiten [6], oder ob er ihnen verbindliche Weisungen erteilen könne [7]. Dem Premier ist kein eigener Handlungsbereich für Massnahmen zur Lenkung der Regierungspolitik reserviert wie etwa dem deutschen Bundeskanzler. [8] Zudem ist der Premier den Beschlüssen des Ministerrates unterworfen, einem Gremium also, wo er keine besonderen Befugnisse hat. Einziges konstitutionelles Mittel des Premiers, sich gegenüber den Ministern durchzusetzen, bleibt seine Drohung, einen widerspenstigen vom Präsidenten der Republik absetzen zu lassen.

---

4) Burdeau 508
5) Hiezu Burdeau 492ff, 506ff; Duverger, Institutions 705ff; Marcel 453ff; Arné (IV. Republik)
6) G. Vedel, Cours de droit constitutionnel et des institutions politiques, Paris 1959/60, S.945
7) F. Goguel, Les institutions politiques de la France, Paris 1959/60, S.217
8) Gruber 114ff

1.2.2. Die besonderen Aufgaben des Premierministers

Der Premierminister hat zwei Aufgabenkreise: einen politischen und einen mehr administrativen. Er hat zum einen für die Regierungspolitik, für deren Einheitlichkeit und Innehaltung zu sorgen und ist als Führer der Regierungsmehrheit dem Parlament dafür verantwortlich. Zum andern soll er auf die Koordination aller Staatsgeschäfte hinwirken. Deshalb unterstehen dem Premier auch gewisse Dienste von allgemeiner, überministerieller Bedeutung, die aus politischen oder praktischen Gründen keinem Ministerium zugeteilt werden können. [9]

Was im besonderen die Bestimmung der Richtlinien der langfristigen Regierungspolitik angeht, ist der Premierminister praktisch der einzige, welcher dank dem Vorsitz oder der intensiven Mitarbeit in den Sitzungen des Minister- oder Kabinettsrates und der verschiedenen interministeriellen Ausschüsse den nötigen Ueberblick über die gesamte Regierungstätigkeit hat. Der Premier, dem sämtliche Gesetzesvorentwürfe zugestellt werden müssen, analysiert mit Hilfe seiner Führungsinstrumente die Vorschläge der verschiedenen Arbeitsgruppen, gibt die grosse Orientierung, setzt die Prioritäten und gibt nach der Beratung im Kabinett die nötigen Instruktionen zur weiteren Bearbeitung oder Ausführung. Kraft seiner Sonderstellung ist der Premier ausserdem am ehesten in der Lage durchzusetzen, dass die Projekte ins kommende Budget aufgenommen werden. [10]

---

9) Dazu Laubadère 42ff (Nr.37); Colin 15ff; Marcel 457ff (IV.Rep.); speziell zu den "service généraux ou d'intérêt commun" siehe bei Marcel 486ff
10) Gerard Belorgey, Le Gouvernement et l'Administration de la France, Paris 1967, S.107ff; Laubadère 46; zum Führungsinstrumentarium des Premiers vgl. unten Kap. 2.1.

1.3. Stellung und Einfluss des Präsidenten der Republik [11]

1.3.1. Befugnisse des Staatspräsidenten nach der Verfassung

Der Präsident der Republik hat nach der Verfassung eigentlich keine Regierungsmacht, sondern eine Stellung ähnlich einem Schiedsrichter und Wahrer der Verfassung (vgl. Art.5 der Verfassung), doch stehen ihm bedeutende Prärogative zu. Die wichtigsten sind folgende [12]:

- Mit ministerieller Gegenzeichnung unterschreibt und promulgiert er Gesetze und Verordnungen, behandelt und ratifiziert Staatsverträge, ernennt oberste zivile und militärische Beamte und führt den wichtigen Vorsitz im Ministerrat und in den Ausschüssen der Landesverteidigung. Er ist auch oberster Chef der Armee.
- Ohne Gegenzeichnung ernennt er den Premier und auf dessen Vorschlag die Minister, beschliesst über das Referendum von Gesetzesentwürfen, die Auflösung des Parlamentes und den Ausnahmezustand (Vollmachten des Art.16).

Im Verhältnis zum Parlament sind die Drohung mit dessen Auflösung und die Möglichkeit des Referendums ans Volk wichtig. [13] Gegenüber dem Premierminister kann der Staatspräsident seinen Einfluss vor allem bei dessen Nomination geltend machen, dann weiter als Vorsitzender des Ministerrates, der letzte Entscheidungsinstanz der Regierung ist, und als wichtiges Mitglied in bedeutenden interministeriellen Ausschüssen. Abberufen darf er den Premier wohl nur auf dessen Verlangen. [14]

---

11) Zu diesem Hauptproblem der politologischen Literatur zur V. Republik: Burdeau 485ff; Duverger, Institutions 697ff; Vedel 195ff; Avril 247ff; Gicquel 157ff und 204ff; Tay 272ff.
12) Vollständig und ausführlich bei Burdeau 485ff; Gruber 47, 127
13) Duverger, La Ve République 193
14) Dies ist heute fraglich: Präsident Pompidou hat 1972 den Premier Chaban-Delmas eigenmächtig und gegen dessen Willen abberufen, obschon dieser das Vertrauen der grossen Mehrheit des Parlamentes genossen hatte. - Vgl. Paul Dupont, Autoritärer als selbst De Gaulle, in: Genossenschaft (Basel) Nr. 37 vom 7. September 1972, S. 12

1.3.2. Die Macht des Staatspräsidenten in der Verfassungswirklichkeit

In der Staatspraxis hat der 1. Präsident, General DE GAULLE, die Macht, die er nach der Verfassung hatte, kraft seiner aussergewöhnlichen Persönlichkeit so stark ausgeweitet, dass das Regierungssystem sich zum "Régime Présidentiel" hin entwickelte, einer strengen Hierarchie mit dem Präsidenten der Republik an erster und dem Premierminister an zweiter, untergeordneter Stelle. Basis der Machtstellung DE GAULLEs war die überwältigende Volkswahl und die Gewissheit, im Parlament eine treu ergebene Mehrheitspartei ohne eigene Vorstellungen und Ambitionen hinter sich zu haben. Der 2. Präsident, G. POMPIDOU, hat das Erbe seines Vorgängers angetreten, ohne von dessen Charisma, wohl aber von den geschaffenen Institutionen (insbesondere der Volkswahl auf feste 7 Jahre) profitieren zu können. Der Regierungsstil hat sich gewandelt, aber die Macht ist geblieben. [15]

1.3.3. Die Bestimmung der Regierungspolitik

General DE GAULLE hat seit 1959 in unmittelbarer und konsequenter Weise für die Gesamtheit aller Regierungsgeschäfte Leitziele gesetzt und deren Durchführung mit einem eigenen Stab kontrollieren lassen. [16] Nicht die gesamte Regierung (wie es die Verfassung vorsieht), sondern der Staatspräsident unter Beizug des Premierministers bestimmte das Regierungsprogramm. DE GAULLE selbst hat in einer wichtigen Pressekonferenz vom 31.1.64 erklärt: "Les conseils et les entretiens sont là pour permettre au Chef d'Etat de définir à mesure l'orientation de la politique nationale et aux membres du Gouvernement, à commencer par le Premier, de faire connaître leur point de vue, de préciser leur action, de rendre compte de l'execution". [17] Georges POMPIDOU hat als Premier bestätigt, dass keine Entscheidung gefällt würde,

---

15) Burdeau 488ff; Dupont, a.a.O. S.12
16) Tay 272ff; Burdeau 500f; Gicquel 204; Gruber 47
17) L'Année Politique 1964, S.421

ohne vorher ausgiebig beraten zu werden, und zwar zuerst zwischen dem Staatschef und dem Premier, dann mit den betreffenden Ministern und am Schluss (erst) mit der ganzen Regierung. [18]

1.3.4. Die Verantwortung des Staatspräsidenten [19]

Besonders unbefriedigend am System ist, dass die Regierung solidarisch für Entscheide verantwortlich ist, welche eigentlich vom Staatschef gefällt worden sind. Der Präsident jedoch, der die grundlegenden Richtlinien bestimmt, unterliegt keiner klaren Verantwortung. Im Verfassungsrecht kommt nur der eng begrenzte Art.68 in Frage, der in Fällen von Hochverrat für den Präsidenten ein etwas schwerfälliges Verfahren vorsieht.

Dass der Staatspräsident vor dem Volk politisch verantwortlich ist, zeigt sich zumindest bei seiner allfälligen Wiederwahl nach 7 Jahren. Die Gefolgschaft des Volkes kann sich aber auch bei Parlamentswahlen, insbesondere bei Neuwahlen nach Auflösung des Parlamentes durch den Präsidenten, klar ausdrücken. In besonderem Masse manifestiert sich die Verantwortung vor der Nation beim Referendum; wenn hier der Staatschef etwa eine Rücktrittsdrohung damit verbindet, wird die Volksabstimmung zu einer richtigen Vertrauensfrage. [20]

1.3.5. Das Verhältnis von Staatspräsident und Premierminister [21]

Da nach der Verfassung die Regierung, in der Staatswirklichkeit jedoch der Staatspräsident die Richtlinien der Politik bestimmt, besteht die Gefahr einer Vermischung und Verwirrung der Kompetenzen. DE GAULLE strebte deshalb eine Teilung der Regierungsgewalt an, und zwar eine vertikale in bestimmte Bereiche, wobei er sich die ihm wichtige Aussen-, Verteidigungs- und Communautépolitik vorbehielt. DE GAULLE selbst

---

18) Detailliert im Journal Officiel, Débats A.N. du 24.4.1964, S. 951 (Intervention des Premierministers).
19) Hiezu Burdeau 491; Tay 274
20) Tay 275f; De Gaulle ist denn auch im Anschluss an ein negativ ausgegangenes Referendum zurückgetreten.
21) Hiezu Tay 270ff; Vedel 195ff; Duverger, Institutions 724ff.

musste aber zugeben, dass alle Bereiche in vielen Fragen
miteinander eng verbunden seien; in diesen Fällen würde
er zur Verteilung der Zuständigkeit schreiten, wie er sie
selbst für erforderlich halte. [22] Die Regierungsmacht
wird in der V. Republik also nach Gutdünken des Präsidenten
einmal durch ihn selbst und ein ander Mal durch die Regierung unter Leitung des Premiers ausgeübt. Da die Autorität
des Präsidenten zu gross ist und zudem die wichtigsten Regierungsakte der Zustimmung des Präsidenten bedürfen, kann
der Premier nur regieren, wenn er zum Präsidenten im besten
Vertrauensverhältnis steht. Als Vertrauter des Präsidenten
kann der Premier aber auch dessen Autorität auf sich ableiten und dessen Kompetenzen ausnützen: Als Druckmittel gegenüber dem Parlament könnte er dem Präsidenten dessen Auflösung
oder ein Referendum empfehlen; widerspenstige Minister kann
er durch den Präsidenten abberufen lassen.

Die Autorität des Premierministers über die Regierung
betrifft letztlich nur die Vorbereitung und Anwendung der
Entscheide, nicht die Entscheidung selbst. Weil der ständige
Einfluss des Präsidenten aber meist globaler Natur ist,
bleibt dem Premier doch ein grosser Spielraum an eigener
Initiative und Entscheidung.

1.4. Die Bedeutung des Parlamentes bei der Richtlinienbestimmung

1.4.1. Das erforderliche Vertrauen des Parlamentes

Der Premierminister bringt die parlamentarische Verantwortung der Regierung aus Anlass der Erklärung seines Regierungsprogrammes oder einer allgemeinen Regierungserklärung
nach der Beratung im Ministerrat vor der Nationalversammlung
zum Einsatz (Art.49 Abs.1 der Verfassung). Umstritten ist,
ob der Premier nach seiner Nomination (durch den Staatschef)
hiezu verpflichtet ist. Der Wortlaut der Verfassung spricht

---

[22] De Gaulle in der Pressekonferenz vom 31.1.64 in: L'Année
Politique 1964, S. 421

dafür; ein Spielraum politischen Ermessens besteht nur hinsichtlich des Zeitpunkts. Im Einklang mit der Staatsrechtslehre haben denn auch die ersten Premierminister Michel DEBRE und Georges POMPIDOU 1959 und 1962 nach ihrer Nomination das Regierungsprogramm der Nationalversammlung zur Genehmigung unterbreitet. [23]

Nach der Ernennung der dritten Regierung POMPIDOU im Januar 1966 verstrichen bereits vier Monate bis zur Erklärung des Programmes. Unter Staatspräsident POMPIDOU haben 1969 und 1972 schliesslich die neuernannten Premiers J. CHABAN-DELMAS und P. MESSMER von der Nationalversammlung keine Zustimmung mehr eingeholt. Das Parlament musste sich dies gefallen lassen, und heute gilt die Regierung auch verfassungsrechtlich als bestehend, sobald sie vom Staatspräsidenten ernannt ist. [24] Die Nationalversammlung muss einen Misstrauensantrag stellen und mit absolutem Mehr durchbringen, wenn sie mit der ernannten Regierung und deren Programm nicht einverstanden ist.

Die Missbilligung einer allfälligen (freiwilligen) Regierungserklärung im Senat verpflichtet die Regierung nicht zum Rücktritt. [25]

1.4.2. Der Einfluss des Parlamentes auf die Richtlinien der Politik

Das Parlament hat in der V. Republik stark an Bedeutung eingebüsst. Die Regierung ist nur in beschränktem Masse vom Vertrauen des Parlamentes abhängig. Die wichtigsten Richtlinien der Politik werden vom Staatspräsidenten gesetzt, welcher dem Parlament keine Rechenschaft schuldig ist. Weiter kann der Staatschef dank seiner überragenden Autorität das Parlament mit dramatischen Appellen an die Nation unter Druck setzen oder mit der Drohung von dessen Auflösung einschüchtern oder schliesslich mit einem Referendum umgehen.

---

23) Jacques Fauvet, L'article 49, in: Le Monde vom 15.4.66 (Nr.6611) S.1f; Gruber 13.
24) Burdeau 494 und 595; Duverger, Institutions 691
25) Gruber 24; Burdeau 598; vgl. Art.49 Abs.5 und Art.50 der Verfassung

Zudem wird das Parlament von einer dem Staatschef treu ergebenen Partei und deren Verbündeten fast unerschütterlich beherrscht. Darüber hinaus ist die oppositionelle Minderheit unter sich derart gespalten, dass sie sich auf kein gemeinsames Alternativprogramm einigen könnte. Deshalb haben die politischen Parteien und das Parlament bisher nur minimal Einfluss auf die Regierungspolitik nehmen können. [26]

1.4.3. Die Rolle der Union pour la Nouvelle République (UNR) [27]

Die gaullistische UNR wurde zur Unterstützung DE GAULLEs und der neugeschaffenen V. Republik gegründet. Die Parteileitung versuchte gar nicht erst, für die Wahlen ein Programm aufzustellen, denn die Partei wurde durch reinen Opportunismus zusammengehalten und fand ihre Einheit in einem bedingungslosen Einstehen für DE GAULLE und seine Ideen. Die UNR hat bisher im Parlament stets die Mehrheit halten können - anfänglich allein, dann mit den von ihr abgesplitterten Gruppen zusammen. Die streng loyale Mehrheit erlaubte dem Staatschef und der von ihm geschützten Regierung, ihre politischen Richtlinien auch wirklich durchzusetzen.

So abhängig die UNR von DE GAULLE und seinen Ideen war, so distanziert gab sich dagegen der Staatschef von "seiner" Partei, weil sich ihre Unterstützung nicht mit seiner über den Parteien stehenden Schiedsrichterrolle vertrug. Die gewollte Selbständigkeit des Staatspräsidenten einerseits und die mangelnde Profilierung der UNR anderseits verhinderten, dass die Mehrheitspartei irgendeinen Beitrag zur Bestimmung der Regierungspolitik leisten konnte.

1.5. Die Bedeutung der öffentlichen Meinung für die Richtlinien der Politik

Da der Staatschef zum einen vom Volke gewählt und bloss vor ihm verantwortlich ist, zum andern das Volk braucht, um

---

[26] Gruber 128
[27] Abril 285ff; Gibert Ziebura, Die V.Republik, in: Die Wissenschaft von der Politik Bd.12, Köln + Opladen 1960, S. 301ff.

auf das Parlament einen Druck auszuüben, haben die Staatspräsidenten DE GAULLE und POMPIDOU sich stets um eine Beeinflussung der öffentlichen Meinung bemüht. Vorzügliches Mittel waren hiezu die mit Spannung erwarteten, dramatischen Fernsehansprachen des Staatspräsidenten an die Nation. Besonders durchdacht und gut vorbereitet waren auch die Pressekonferenzen, bei denen die anschliessenden Fragen der genau bestimmten Fragesteller schon zum voraus formuliert waren. Das Prozedere erlaubte dem Präsidenten, nur gerade die erwünschten Fragen zu beantworten und bei höchst umstrittenen Problemen Lösungsmöglichkeiten bloss durchschimmern zu lassen, um auf Grund der Pressereaktionen über sein endgültiges Vorgehen Klarheit zu gewinnen. Ein drittes Mittel waren die Botschaften (messages), ein verfassungsrechtliches Prärogativ des Präsidenten der Republik; sie wurden in der V. Republik stark aufgewertet und waren zwar an das Parlament gerichtet, zielten jedoch auf die Orientierung und Beeinflussung der öffentlichen Meinung. [28] Immer aber war die Kontaktnahme des Präsidenten mit dem Volk eine einseitige; besonders DE GAULLE liess sich von den herrschenden Strömungen in der öffentlichen Meinung kaum in der Bestimmung und Durchsetzung seiner Richtlinien beirren. Die Personifizierung der Macht in der Gestalt DE GAULLEs erlaubte umgekehrt eine Polarisation der Meinung zu seinen Gunsten, wie sie kein Programm je hätte realisieren können. [29] Wie in den USA und in Grossbritannien zeigt sich in Frankreich die Tendenz, in Wahlen und Abstimmungen eher für bestimmte Persönlichkeiten als für ein bestimmtes Programm zu votieren. [30]

---

[28] Gicquel 157ff
[29] Burdeau 490
[30] Vgl. vorne § 3 Kap. 1.4. und § 4 Kap. 1.2.

2. Das Führungsinstrumentarium der Exekutive

2.1. Conseil des Ministres und Conseil du Cabinet [31]

2.1.1. Der Ministerrat

Der wöchentlich tagende Ministerrat koordiniert die Arbeit der Ministerien und berät über die allgemeine Regierungspolitik. Nach dem Verfassungstext bildet er das Kabinett eines parlamentarischen Systems, denn seine Mitglieder gehören zur Mehrheit und sind durch die Nationalversammlung absetzbar. Weil er aber vom beinahe allmächtigen Staatschef präsidiert wird, ist er in der V. Republik zu einer Vereinigung von Ministerialdirektoren geworden, welche sich treu an die politischen Richtlinien des Staatschefs zu halten haben.

2.1.2. Der Conseil du Cabinet

Der Kabinettsrat vereinigt die Minister unter Leitung des Premiers; der Staatschef nimmt an den Sitzungen nicht teil. Der Kabinettsrat könnte in Ergänzung des Ministerrats Vorbereitungsarbeit leisten, wenn der fragliche Gegenstand eine überlange Diskussion verlangt oder wenn das Arbeitsprogramm der Regierung für einen längeren Zeitraum im voraus festgelegt wird.[32] Während der Kabinettsrat früher eine bedeutende Rolle spielte, wurden seine Sitzungen in der V. Republik so spärlich, dass er als Institution wohl bald untergeht. Die Vorbereitungsarbeit wird heute von den interministeriellen Räten und Ausschüssen geleistet, während der Entscheid im Ministerrat getroffen wird.[33]

2.2. Politische Berater und Superminister

2.2.1. Die politischen Berater des Premierministers [34]

---

[31] Vgl. hiezu Burdeau 500ff; Gruber 117ff; Duverger, La Ve République 53ff; Marcel 471ff (IV. Republik)
[32] Gruber 119
[33] Burdeau 500; Duverger, La Ve République 55
[34] Uebernommen aus Reform der Struktur 257f; vgl. auch Marcel 471ff (IV. Republik)

In der V. Republik ist die Regierungsstruktur mit zahlreichen Koordinationsmechanismen ausgebaut und die hierarchische Abstufung unter den Ministern verstärkt worden: Zwischen dem Premierminister und dem Kabinett (Ministerrat) hat sich eine weitere Ebene von einflussreichen politischen Persönlichkeiten gebildet, bestehend aus drei Institutionen: den "Ministres d'Etat", den "Ministres Délégués" und den "Secrétaires" oder "Sous-Secrétaires d'Etat". Es handelt sich dabei um Vertrauenspersonen des Premiers, die in politischer und administrativer Abhängigkeit von ihm einzelne Teile seiner Kompetenzen in grundsätzlich eigener Verantwortung wahrnehmen. Die Vermehrung dieser Stellen zur Erfüllung von Spezial- und Koordinationsaufgaben hat die Macht des Premiers zu Lasten der Ressortminister erheblich ausgeweitet.

2.2.2. Die Stellung des Finanz- und Wirtschaftsministers [35]

Ein Rivale erwächst dem Premier in Gestalt des einzigen andern Koordinations- und Superministers, nämlich dem Minister für Wirtschaft und Finanzen. Das ihm unterstellte Ministerium umfasst eine Vielzahl finanzieller und wirtschaftlicher Dienste und die Texte, die ihm zur Gegenzeichnung unterbreitet werden müssen, sind zahllos; ausserdem ist es dank dem umfassenden Finanzkontrollrecht stets über die gesamte Verwaltung auf dem Laufenden. Bei der Reorganisation der Regierung von 1966 wurden ihm zudem wichtige Koordinationsaufgaben anvertraut (v.a. den Vorsitz im Wirtschaftsausschuss) und für eine Anzahl kleinerer Ministerien, die sich mit wirtschaftlichen Fragen befassen, faktisch Lenkungsfunktionen übertragen.

2.3. Interministerielle Zusammenkünfte [36]

Besondere Koordinationsmöglichkeiten hat der Premier dank dem Vorsitz in den interministeriellen Ausschüssen und

---

35) Reform der Struktur 259; Laubadère 46f; Duverger, La Ve République 53; Marcel 461 (IV. Rep.)
36) Hiezu Laubadère 47 (Nr.43); Duverger, Institutions 687; Gruber 119; Reform der Struktur 258; Marcel 473 (IV.Rep.)

Räten, die so zahlreich und mannigfaltig wie in Grossbritannien sind. Es werden allgemein drei Arten von Gremien unterschieden:

- Die aus Ministern und Staatssekretären zusammengesetzten Comités interministeriels permanents sind für bestimmte Aufgaben ständig eingesetzt; Premier und Staatspräsident sind darin selber oder durch wichtige Vertrauensleute vertreten.

- Die zahlreichen aus Ministern und hohen Beamten bestehenden "Conseils restreints" werden je nach Bedürfnis vom Premier ad hoc für Sonderaufgaben eingesetzt.

- In den vielen "comités, commissions et conférences interministériels de caractère administratif" sind hohe Beamte aus den Ministerialkabinetten vereinigt, die sich um die Planung und Koordination der Verwaltungstätigkeit verschiedener Ministerien bekümmern.

Die Sekretariate der verschiedenen interministeriellen Ausschüsse werden vom Generalsekretariat der Regierung geführt.

2.4. Das Secrétariat Général du Gouvernement

2.4.1. Aufgaben [37)]

Das Generalsekretariat ist ein Instrument der gesamten Regierung sowie des Premierministers im speziellen. Man kann bei ihm fünf Aufgabenkreise unterscheiden:

- Das Generalsekretariat hat die Entscheidungen der Gesamtregierung und des Premiers vorzubereiten und führt darum die Sekretariate des Minister- und des Kabinettsrats, sowie der interministeriellen Ausschüsse. Eine besondere Abteilung ist für die laufende Information und Dokumentation des Premiers, sowie anderer Organe eingesetzt und sorgt für die Publikation bestimmter Regierungsmitteilungen.

---

37) Hiezu Laubadère 42 (Nr. 36); Colin 16f; Gruber 99f; Reform der Struktur 258; Marcel 465ff (IV. Rep.)

- Hauptaufgabe des Generalsekretariats dürfte die Koordination der gesamten Regierungstätigkeit sein. Der Generalsekretär klärt ab, ob bei Gesetzes- und Dekretsentwürfen die notwendigen Konsultationen zwischen den interessierten Ministerien durchgeführt worden sind und ordnet allenfalls weitere an. Er lässt die Vorschläge auf ihre formelle Rechtmässigkeit prüfen, legt sie dem Premier vor oder leitet sie allenfalls zur Begutachtung an besondere Gremien weiter.

- Das Generalsekretariat ist die Verbindungsstelle zwischen Parlament und Regierung auf administrativer Ebene. Es verfasst die erläuternden Berichte zu den von der Regierung verabschiedeten Vorlagen und verfolgt die Projekte in allen Stadien der parlamentarischen Beratung. An der Aufstellung der Tagesordnung für das Parlament ist das Generalsekretariat ebenfalls beteiligt. [38] Da es den Premier ständig hierüber orientiert, kann dieser auf die Arbeit des Parlamentes Einfluss nehmen, indem er selber oder ein delegierter Minister an der Präsidentenkonferenz [39] teilnimmt: Weil er dort praktisch der einzige ist, der ein einheitliches Gesetzgebungsprogramm vorschlagen kann, vermag er sich der Aufnahme von minder wichtigen oder bloss Einzelinteressen dienenden Anträgen in die Traktandenliste zu widersetzen. So lässt sich die Arbeit des Parlamentes im Interesse des Regierungsprogrammes steuern und koordinieren.

- Das Generalsekretariat übt Kontrolle über die Durchführung der Regierungsbeschlüsse, was dem Premier erlaubt, seine Aufsichtsfunktion auszuüben.

- Das Generalsekretariat ist schliesslich die Kanzlei der Regierung. Der Generalsekretär führt in den Sitzungen der verschiedenen Regierungsgremien das Protokoll und besorgt den Aktenverkehr sowie die Registratur.

---

38) Hiezu ausführlich Marcel 482ff
39) Bestehend aus den Präsidenten und Vizepräsidenten der Kammern, sowie den Fraktions- und Kommissionspräsidenten.

2.4.2. Organisation [40]

Das Generalsekretariat wird vom "Secrétaire Général" geleitet, dem ein "Directeur" zur Seite steht. Wichtigste Abteilung und Kern des Sekretariats ist der "Service Législatif", der für alle Gesetzesprojekte wichtigstes Vorbereitungs-, Koordinations- und Kontrollorgan ist. Weiter gehören dazu die "Direction de la Documentation" (Oeffentlichkeitsarbeit), die "Direction des Journaux Officiels" (Amtliche Publikationen) sowie die "Direction de la Fonction Publique" und der "Service Administratif et Financier", die beide das Personalwesen betreffen.

2.5. Persönliche Kabinette

2.5.1. Die persönlichen Kabinette der Minister [41]

Jeder Minister verfügt zur Vorbereitung seiner Entscheidungen und zur Kontrolle ihrer Ausführung über ein persönliches Kabinett von ungefähr 10 Beamten und verwaltungsfremden Persönlichkeiten. Jeder Mitarbeiter betreut in der Regel einen besonderen Sektor des Ministeriums: "Er interpretiert die Ansichten des Ministers, prüft die diesem vorgelegten Projekte, überwacht die Durchführung der vom Minister ergangenen Anweisungen, legt ihm die verschiedenen Handlungsalternativen vor und informiert ihn über die politischen und administrativen Auswirkungen der einzelnen Vorhaben."

2.5.2. Das "Cabinet du Premierministre" [42]

Auch dem Premier steht ein Stab von engsten Mitarbeitern zur Seite, und zwar als Studienorgan für wichtige Fragen, als politisch-administrative Verbindungsstelle und als

---

[40] Hiezu Colin 17f; Marcel 465ff (IV. Rep.)
[41] Uebernommen aus Reform der Struktur 259ff; vgl. auch Jean-Louis Seurin, Les cabinets ministériels, in: Revue du Droit Public et de la Science Politique, Bd.72 (1956), 1207ff, insbesondere 1256ff (IV. Rep.)
[42] Hiezu Colin 16; Gruber 98; Reform der Struktur 258; Marcel 464

Führungsinstrument. Ueblicherweise umfasst das Kabinett zwischen 20 und 30 Mitgliedern, die auf bestimmte Geschäfte der Ministerien ausgerichtet sind und dort im Rahmen ihres Tätigkeitsbereiches direkten Zugang zu den Ministern haben.

2.5.3. Die präsidialen Dienste des Staatschefs

Da in der V. Republik die Richtlinien der Politik in oberster Instanz vom Staatspräsidenten gesetzt werden, verfügt auch er über einen grösseren Beratungs- und Kontrollapparat [43]:

- Im Generalsekretariat des Präsidenten der Republik ist - parallel organisiert - eine eigene Kontaktstelle für jedes Ministerium vorhanden, wodurch die Unterrichtung des Präsidenten über alle wichtigen Vorgänge in den Ministerien sichergestellt wird. Der Generalsekretär, wegen seiner Machtstellung oft "geheimer Premier" genannt, liefert dem Staatschef die Dokumentation, besonders auch zur Vorbereitung seiner Reden und Pressekonferenzen.

- Das persönliche Kabinett des Präsidenten, welches 9 Mitglieder umfasst, kümmert sich besonders um Reisen und Audienzen des Staatsoberhauptes.

- Weitere Dienste sind das besondere Generalsekretariat für die Communauté und die afrikanischen Angelegenheiten, sowie das "maison militaire".

Es wird in der politologischen Literatur darüber geklagt, dass die machtvolle und personell oft geheime "Superexekutive" ausser dem Staatspräsidenten niemanden verantwortlich ist; es gebe darin einige "graue Eminenzen". Ob gewisse Persönlichkeiten sowohl beim Premier wie beim Staatschef die Rolle eines "Adjoint Politique" spielen und damit eine Verbindung zwischen diesen beiden Organen herstellen, lässt sich leider nicht erfahren.

---

43) Hiezu ausführlich Gicquel 167ff; Avril 247ff; NZZ vom 29.12.67, Nr. 5573 (Morgenausgabe), S.1; Seurin, a.a.O. 1209 (IV. Rep.)

3. Das Regierungsprogramm in der IV. Republik

3.1. Die Ausarbeitung des Regierungsprogramms durch den Premier [44]

Die Investitur wurde in der Verfassung der IV. Republik neu geregelt: Danach hatte der vom Staatspräsidenten nominierte Premier vor der Nationalversammlung sein Regierungsprogramm zu verkünden und in der anschliessenden Debatte zu verteidigen, worauf er durch die Versammlung in sein Amt eingesetzt wurde. [45]

Früher war die Regierungserklärung ein Akt des gesamten Kabinetts gewesen und die Regierung war kollektiv investiert worden. Nach 1946 konnte der investierte Premier - wenn er die Billigung der Parlamentsmehrheit fand - offiziell eine Regierungspolitik akzeptieren lassen, die im Prinzip er allein definiert hatte.

Schon die Constituante verlangte jedoch, dass der designierte Premier seine zukünftigen Mitarbeiter vereine, um mit ihnen sein Programm durchzugehen und um ihre Zustimmung zu ersuchen. [46] Die Staatswirklichkeit der IV. Republik zwang den Premier dazu, denn das Vielparteiensystem ohne klare Mehrheitsverhältnisse rief stets nach Koalitionsregierungen. Die Koalitionspartner beteiligten sich aber nur an der Regierung, falls bestimmte Punkte ihres Partei- oder Wahlprogrammes vorrangig behandelt und verwirklicht wurden. Kaum designiert konsultierte deshalb der Premier jeweils die in Frage kommenden Parlamentsfraktionen einzeln über ein mögliches gemeinsames Programm und über ihre eventuelle Beteiligung an der Regierung. Oft genug waren die stark divergierenden Wünsche der verschiedenen Fraktionen nur mehr auf ein minimales Regierungsprogramm zu vereinen - und entsprechend kurz wurde die Lebensdauer dieser Regierungen.

---

44) Hiezu Arné 116ff, 195
45) Erst 1954 wurde die Investitur zum klaren Vertrauensvotum ausgestaltet (Arné 202).
46) Journal Officiel, A.N. Constituante, Débats du 4.9.46, S. 3564

Es gab dennoch in der IV. Republik auch starke Regierungschefs wie etwa Pierre MENDES-FRANCE oder Guy MOLLET, die ein eigenständiges Programm ihrer Regierungspolitik entwarfen und es auch weitgehend durchzusetzen vermochten. Sie offerierten bei der Regierungsbildung die begehrten Portefeuilles den künftigen Ministern nur gegen die verpflichtende Zusage, ihre klar formulierten Richtlinien einzuhalten und ohne Verzögerung durchzuführen. Kraft ihrer Autorität im Parlament und bei den Parteien konnten sie auf widerspenstige Minister einen Druck ausüben ohne die Regierungskoalition zu gefährden.

Ungeachtet seiner jeweiligen Freiheit bei der Regierungsbildung und seiner Autorität innerhalb der Regierung, ist es in der IV. Republik immer der Premier gewesen, der die Regierungserklärung vorbereitet und endgültig formuliert hat - und zwar allein oder unter Mitwirkung seines persönlichen Kabinetts, aber ohne Beteiligung seiner Ministerkollegen, die doch mit der Ausführung seines Programmes beauftragt werden sollten. [47] Gewöhnlich zog sich der Premier von der Hauptstadt aufs Land zurück, um in aller Stille seine Erklärung zu formulieren. Die Mitglieder der künftigen Regierung hatte er zuvor über die grossen Linien seines Programmes orientiert und um ihre Zustimmung dazu gebeten; doch war dies jeweilen mehr eine Gelegenheit, sie von seinen Ideen zu überzeugen als sie an der inhaltlichen Gestaltung zu beteiligen.

3.2. Der Inhalt der Regierungserklärung [48]

Im Aufbau der Regierungserklärung lassen sich gewöhnlich vier Teile unterscheiden:

- Die Rede begann mit einer kurzen Dankadresse an den Vorgänger im Amt und an das Parlament.
- Es folgte eine Darlegung des Regierungsprogrammes, d.h. eine Zusammenfassung der sich für die nächste Zukunft

---

47) Arné 117
48) Dazu Arné 217ff

stellenden Hauptprobleme der Nation und der zu ihrer
Lösung vorgeschlagenen Mittel. In den meisten Fällen
war das Programm oberflächlich und ungenau gehalten —
ein Schwächezeichen dafür, dass der Premier die offene
Verantwortung scheute oder nur auf eine minimale Basis
der Uebereinstimmung in der Koalitionsregierung zählen
konnte.

- Darauf folgten einige Ausführungen über die Arbeitsmethoden der Regierung und über ihr Verhältnis zum Parlament.

- Zum Schluss machte der Premier noch Andeutungen über die
Zusammensetzung der Regierung und die Verteilung der Departemente.

Umfang und Qualität der einzelnen Regierungserklärungen waren sehr verschieden: es gab sehr kurze und sehr ausführliche, energische und schwächliche, brillante und langweilige. Der Premier wurde oft nach diesem ersten Eindruck als Regierungschef beurteilt und eingeschätzt. Waren die Ausführungen umfassend und detailliert, so konnte der Premier später vom Parlament dabei behaftet werden. Auch durch klare Antworten in der anschliessenden Debatte legte sich der Premier in bestimmten Punkten fest. Mit den ausgewogenen Regierungsprogrammen der Nachkriegszeit in den USA oder Grossbritannien lassen sich jedoch auch die besten der französischen Regierungserklärungen niemals vergleichen. Es fehlte den französischen Koalitionsregierungen in der IV. Republik zu sehr an sicherer parlamentarischer Unterstützung und genügend langer Lebensdauer, als dass sich derartige Anstrengungen gelohnt hätten.

3.3. <u>Die Funktionen des Regierungsprogrammes</u>

3.3.1. <u>Das Programm als Instrument der Regierung und des Premiers</u> [49]

Wenn der Premier bei der Regierungsbildung seine Minister ausdrücklich auf sein Programm verpflichten konnte,

---

49) Dazu Arné 118f

galt die Regierungserklärung als "ministerielle Charta", d.h. als ein die Minister bindender Vertrag. Der Premier konnte und sollte sie in einem zerstrittenen Kabinett nachdrücklich anrufen. [50] An Sanktionen gab es aber nur die ohnehin mögliche Entlassung des dissidenten Ministers, die in Koalitionsregierungen stets ein zweischneidiges Schwert ist. Zudem war die Zustimmung, welche der Premier bei der Besprechung seiner Erklärung von den Ministern erhielt, häufig vage. Die Minister fühlten sich eher ihrer Partei oder Interessengruppe verpflichtet, der sie ja den Regierungsposten verdankten und der sie für ihre Tätigkeit in der Regierung verantwortlich waren. [51] Mit zunehmender Dauer der Regierungszeit verlor die Charta weiter an Bedeutung, denn es tauchten immer häufiger Streitfragen auf, die in der kurzfristig angelegten Erklärung nicht enthalten waren. Die neuen grundlegenden Entscheidungen wurden dann gesamthaft vom Kabinett wenigstens "im Geiste" der Regierungserklärung getroffen. Ausserdem hatte die Regierungserklärung nur die grossen Linien der Regierungspolitik gezogen; wichtige Modalitäten blieben dem Entscheid des Kabinetts überlassen. Die Vorbereitung dieser Entscheide lag beim Premier und dem ihm unterstellten Generalsekretariat; so hatte es der Premier doch in der Hand, mit seiner Führungsqualität das ihm vorschwebende Programm zu realisieren.

Ein Regierungsprogramm, das als Instrument der Gesamtplanung, Koordination und Kontrolle hätte eine Hilfe für die Regierungstätigkeit sein können, gab es in der IV. Republik nicht. Aus diesem Grund konnten die Regierungserklärungen auch nicht als bedeutende Mittel der Information des Volkes über die gesamte beabsichtigte Tätigkeit der Regierung angesehen werden.

---

50) L'Anné Politique, Erklärung der Regierung Laniel vom 12.4.1954
51) Arné 215 und 346ff

3.3.2. Das Regierungsprogramm im Verhältnis von Regierung und Parlament [52]

Um ihr vom Parlament gebilligtes Regierungsprogramm verwirklichen zu können, braucht die Regierung die Unterstützung der Parlamentsmehrheit. Die Regierungen haben deshalb seit 1948 von den sie unterstützenden Fraktionen einen Vertrag verlangt, um wenigstens für ihre wichtigsten Vorhaben eine loyale, programmgebundene Mehrheit hinter sich zu wissen. Ein solches Koalitionsprogramm, eine Art Gesellschaftsvertrag unter den Regierungsparteien [53], sollte die Genehmigung der Regierungserklärung darstellen; die Investitur begründe nicht nur die Verantwortung der Regierung, sondern auch ein reziprokes Engagement der Regierungsparteien. Premier Edgar FAURE führte diesbezüglich am 23.2.1955 in seiner Regierungserklärung aus: "Le programme, j'en fixerai avec précision les directives générales, pour que le contrat qui unira le Gouvernement à l'Assemblée soit parfaitement clair...". Premier Guy MOLLET bekräftigte am 1.2.1956 in seiner Investiturerklärung gegenüber dem Parlament: "Si vous donnez la vie à ce Gouvernement, votre vote le liera puisqu'il prend l'engagement de réaliser son programme; quiconque aussi votera pour lui sera engagé sur ce programme. Nous conclurons un contrat dont vous connaissez maintenant les termes". Andere Premierminister gaben sich damit zufrieden, dass durch die Investitur ein "Vertrauensklima geschaffen" und das "Gewissen der Mehrheit engagiert" werde. -

- Die Schwierigkeiten eines Koalitionsvertrages liegen zum ersten in der Natur der Vertragsparteien: auf der einen Seite eine oft in sich gespaltene Regierung und auf der andern Seite die Gesamtheit der regierungstreuen Abgeordneten, welche eine unentschlossene und meist unleitbare Gruppe darstellen.

---

52) Dazu Arné 209ff
53) Dazu René Capitant in: Revue Internationale d'Histoire Politique et Constitutionnelle, 1954, S. 153 - 169

- Zum zweiten ist ein solcher Regierungspakt ein komplexes Gebilde: Gegenseitige Verpflichtungen bestehen einmal unter den Regierungsparteien, dann auch zwischen den einzelnen Fraktionen und ihren eigenen Ministern, welche als ihre Delegierten in der Regierung angesehen werden, und schliesslich zwischen der Gesamtheit der Regierungsparteien und der Gesamtheit der Regierung.

- Zum dritten sind die Bindungen von Regierung und Parlament nicht ebenbürtig: Während die Regierung an ihr Programm mindestens politisch gebunden ist - sie könnte wegen Abweichungen mit einem Misstrauensantrag zu Fall gebracht werden -, sind die unterstützenden Parlamentsfraktionen nur "moralisch" an ihre Billigung der Investiturerklärung gebunden; der Premier hat gegenüber abtrünnigen Regierungsparteien keine Sanktionen ausser der schwachen Möglichkeit, die Vertrauensfrage zu stellen.

- Zum vierten bedeutet das blosse Unterstützen in der Investiturabstimmung noch nicht viel, denn es kann recht Unterschiedliches bedeuten: Es gibt einmal die Unterstützung der Regierung mit Beteiligung an ihr, was die (relativ) stärkste Bindung einer Fraktion zur Folge hat; es folgt die Beteiligung an der Regierung ohne Unterstützung der ganzen Fraktion, wo nur einzelne Minister und ihre Hausmacht an der Verantwortung teilhaben; schliesslich gibt es den Fall der wohlwollenden Unterstützung der Regierung ohne Beteiligung an ihr (mit und ohne Vertrag), wo meistens keine Verantwortung übernommen wird. Im letzteren Fall kann die Unterstützung mehr dem Programm als dem Premier gelten und umgekehrt. Es gibt endlich Fälle, wo bloss in Resignation oder als Dank, Rache (gegenüber andern Fraktionen) und Kompensation für die Regierungserklärung gestimmt wird; die Abstimmung wird häufig zum Gegenstand von Handel und Manövern. Zu einer Unterstützung der Regierung verpflichtete sich letztlich nur, wer sich an ihr beteiligte; doch das Fehlen einer Parteidisziplin im französischen Parlamentarismus verhinderte oft genug die Durchsetzung des Engagements. An die Erklärung gebunden blieb nur der Premierminister selbst, dessen allfällige Abweichungen vom Regierungsprogramm im Parlament jeweils scharf gerügt wurden.

Dem Premier blieb also meistens die undankbare und aufreibende Aufgabe, für die Regierungsvorlagen noch die nötige Mehrheit zu ihrer Unterstützung aufzutreiben.

4. Das Regierungsprogramm in der V. Republik

Auch nach der Verfassung der V. Republik bringt der Premier die Verantwortung der Regierung gegenüber dem Parlament bei der Erklärung seines Programmes oder einer allgemein-politischen Erklärung zum Einsatz. Erforderlich ist dies zur Inventur aber nicht mehr [54], weshalb die Regierungserklärung viel an Bedeutung verloren hat. Ein anderer Grund für ihr Verblassen liegt darin, dass sie neben den viel bedeutsameren Reden des Staatspräsidenten [55] nur noch das schon Bekannte und Zweitrangige bringen können.

Entsprechend der Teilung der obersten Regierungsgewalt in zwei Spitzen (mit getrennten Stäben) müsste es intern zwei Regierungsprogramme geben: das des Staatspräsidenten in den "questions nobles" und das des Premierministers in den "questions secondaires". Wahrscheinlicher ist aber, dass der Premier als der engste Vertraute des Staatschefs mit diesem zusammen ausführlich sein Regierungsprogramm bespricht und nach den Wünschen des Staatschefs modifiziert. Genaueres lässt sich hierüber nichts erfahren. Sicher scheint dagegen, dass in Frankreich neben den oberflächlichen und unvollständigen Regierungserklärungen keine qualifizierten, auf einer Aufgaben- und Ausgabenplanung basierenden Regierungsprogramme entwickelt worden sind. Dabei wäre ein leistungsfähiges Füh-

---

54) Vgl. vorne Kap. 1.4.1.
55) Vor allem in Botschaften ans Parlament, in Pressekonferenzen und Fernsehansprachen an die Nation; vgl. vorne Kap.1.5.

rungsinstrumentarium durchaus vorhanden [56]:

- für die Vorbereitungsarbeit spezialisierte Stäbe (Kabinette) in den Ministerien und ausgewiesene interministerielle Ausschüsse;
- für die Koordination und Gesamtplanung ein umfassend orientiertes Generalsekretariat der Regierung, sowie qualifizierte persönliche Kabinette beim Premierminister und beim Staatspräsidenten;
- für die Fragen der politischen Durchsetzbarkeit des Programmes ein erfahrener Ministerrat, ein allseitig orientierter Premier mit politischen Beratern, sowie ein mächtiger Staatschef.

Der Grund, weshalb kein Verfahren zur Ausarbeitung eines qualifizierten Regierungsprogrammes entwickelt worden ist, liegt wohl darin, dass ein solches Programm im Regierungssystem der V. Republik keine bedeutenden Aufgaben wahrzunehmen hat: Gegenüber dem Parlament hat es mangels Investiturpflicht und wegen der treuen Unterstützung durch die gaullistische (Mehrheits-)partei die Bedeutung verloren, die es in der IV. Republik noch hatte; die Oeffentlichkeit wird durch die Reden des Staatschefs ursprünglicher und dramatischer orientiert. Als internes Arbeitsinstrument käme es wenig zur Geltung, weil die Regierungspolitik im Ministerrat selten gemeinsam und kollegial erarbeitet wird, sondern vielmehr vom Staatspräsidenten unter Assistenz des Premierministers diktiert wird. Eine mittel- und langfristige Planung wird zudem für den wichtigsten Bereich, den der Wirtschaft, gesondert betrieben. [57]

---

[56] Vgl. oben Kap. 2.
[57] Zum sog. "Plan" und seiner Ausarbeitung vgl. Laubadère 495ff, bes. 519ff.

§ 6 Belgien und Italien
==========================

1. Bestimmung der Richtlinien der Politik in Belgien

1.1. Aufgabe und Organisation der Regierung

An sich besitzen die Ministerien Autonomie und der einzelne Minister ist für die von ihm gezeichneten Akte individuell verantwortlich. Doch müssen gewohnheitsrechtlich dem gesamten Kabinett (auch Ministerrat genannt) alle Projekte vorgelegt werden, die entweder mehrere Ministerien oder die allgemeine Regierungspolitik betreffen, denn die Regierung ist für ihre Politik vor dem Parlament kollektiv und solidarisch verantwortlich. Deshalb - und auch wegen der Interdependenz der meisten politischen Probleme - werden heute alle bedeutsamen Erlasse und Projekte dem Kollegium im Ministerrat unterbreitet und dort entschieden. [1] Die Entscheidungen werden im Ministerrat, der gewöhnlich vom Premierminister geleitet wird, einstimmig getroffen; einem Minister, der sich mit dem Entscheid nicht abfinden kann, bleibt nur die Demission übrig.

Zwar stellt der Premier sein Kabinett frei zusammen, doch ist er dabei an bestimmte Regeln gebunden: so muss er die Ministerien proportional zu den an der Regierung beteiligten Parteien und deren wichtigsten Flügeln verteilen, muss Rücksicht auf eine angemessene Vertretung aller Landesregionen und sozialen Klassen nehmen und hat seit 1971 sogar von Verfassung wegen die Regierung genau hälftig aus Flamen und Wallonen zusammenzusetzen - ein Niederschlag des ständig schwelenden Sprachenstreits. Diese Rücksichten haben dazu geführt, dass die Gesamtregierung zu viele Minister umfasst

---

1) Zum Kabinett: von Impe 216; Urbain 99; auch Joseph H. Vlaeminck, Le droit constitutionnel Belge, 5.A., Brüssel 1966, S. 109ff

und die Arbeit im Kabinett schwerfällig geworden ist.
Seit 1958 bildete sich darum innerhalb der Regierung
eine innere Gruppe, ein Kleinkabinett, heraus, welches
das eigentliche Führungsgremium darstellt und insbesondere die Gesamtpolitik der Regierung umreisst.

1.2. <u>Das innere Kabinett und die Regierungsausschüsse</u> [2]

1.2.1. <u>Das innere Kabinett</u>

Weil das Vollkabinett allmählich zu gross geworden war
und die vielbeschäftigten Departementschefs immer weniger Zeit zur Vorbereitung langer Ministerratssitzungen
aufbringen konnten, wurde seit 1958 eine Reform der Regierung angestrebt. Premier EYSKENS versuchte es 1958
und 1960 mit Koordinationsministern, welche - ohne Ressorts -
sich ganz den Geschäften der gesamten Regierung widmen
konnten; ausserdem ernannte er vier Unterstaatssekretäre
zur Entlastung der am stärksten belasteten Departementschefs. Premier LEFEVRE behielt die Koordinationsminister
bei und ersetzte die Unterstaatssekretäre durch "Joint
Ministers", welche als kollegiale Departementschefs fungierten; mit den Koordinatoren zusammen bildete der Premier ein inneres Kabinett. Unter Premier HARMEL waren 1965
er und fünf Koordinatoren (meist ehemalige Departementschefs) für die Konzeption und Koordination der allgemeinen Regierungspolitik verantwortlich. Premier VANDEN
BOEUGNANTS kehrte dann wieder zum alten System zurück und
blieb neben dem Vizepremier, der auch Finanzminister war,
der einzige Koordinationsminister; Budget und Finanzpolitik wurden aber in einem inneren Kabinett von sechs erfahrenen Senior-Ministern vorbereitet.

---

[2] Dazu Urbain 103ff; van Impe 217; de Croo 89; die Entwicklung innerhalb der Regierung seit 1958 zeigt ausführlich: Bernhard Waleffe, Some Constitutional Aspects of Recent Cabinet Development in Great Britain and in Belgium (Prime Minister's Position and Cabinet Committees), Brüssel 1968, S. 99ff

Die ideale Regierungsstruktur wurde in Belgien bisher noch nicht gefunden, doch hat sich die Bildung einer inneren Gruppe für Gesamtpolitik, etwa "Cabinet de la Politique Générale" oder "Comité de Coordination" genannt, bewährt und bereits als Usus eingebürgert. Dadurch, dass der Premier, sein Stellvertreter und die Koordinationsminister eine "Superregierung" bilden, werden allerdings die übrigen (Ressort-)minister zu blossen politischen Beamten. 3)

1.2.2. Die Regierungsausschüsse

Neben dem inneren Kabinett für die Gesamtpolitik haben sich noch andere ständige Regierungsausschüsse gebildet, denen jeweils Minister und Staatssekretäre angehören. Eine grosse Bedeutung für die Ausarbeitung und Festlegung der politischen Richtlinien hat insbesondere der Budgetausschuss, welcher die Budgetbegehren der verschiedenen Departemente prüft und die Ausführung des genehmigten Budgets überwacht; ausserdem ist dieser Ausschuss mit der Ausarbeitung von mittelfristigen Finanzplänen befasst. Andere wichtige interministerielle Komitees sind die Ministerausschüsse für soziale und wirtschaftliche Koordination, für Wissenschaftspolitik und für Verteidigung. Für Sonderprobleme von minder wichtiger Natur oder kürzerer Dauer werden ad hoc-Ausschüsse eingesetzt.

Der Premier hat die Kompetenz, die verschiedenen Ausschüsse einzuberufen, zu präsidieren und deren Traktandenliste für die Sitzungen zu bestimmen. 4)

1.3. Die Vormachtstellung des Premierministers

1.3.1. Die Stellung des Premiers im politischen System

Die wesentlichen Prärogative des Premiers, welche nur

---

3) Waleffe, a.a.O. 113 und 163; van Impe 233; Ganshof van der Meersch 18f
4) Stets ist auch der Finanzminister dabei

zum kleinsten Teil verfassungsrechtlich niedergelegt sind, bilden die folgenden: [5]

- Der Premier konstituiert das Kabinett, d.h. er bezeichnet die Minister und weist ihnen ihren Aufgabenbereich zu, und errichtet Kabinettsausschüsse. Er führt den Vorsitz in den Sitzungen des Kabinetts und dessen Ausschüssen.

- Er arbeitet die Regierungserklärung aus, welche üblicherweise das Koalitionsprogramm der Regierungsparteien und das Aktionsprogramm der Regierung enthält, und verliest sie in feierlicher Sitzung vor den Kammern des Parlamentes. [6] Ausserdem interveniert er im Parlament bei Debatten, welche die allgemeine Regierungspolitik betreffen.

- Er hat alle ministeriellen Tätigkeiten zu koordinieren und die Regierung zu einem Ganzen zu integrieren. Bei Konflikten zwischen mehreren Ministern fällt er den Schiedsspruch.

- Der Premier vermittelt zwischen den Parteien, welche die Regierungskoalition bilden.

- Er ist schliesslich Verbindungsmann zwischen dem Staatsoberhaupt und den Ministern.

Seine politische Macht richtet sich nach den Verhältnissen der Regierungsbildung [7]: In Kabinetten von drei oder vier Parteien ist sein Prestige wegen der übergeordneten Vermittlerrolle gross, doch sind seine Handlungsmöglichkeiten durch die Schwierigkeiten begrenzt, eine einheitliche Linie in die verschiedenen Ansichten zu bringen. In homogenen Kabinetten einer einzigen Partei ist die Einheit der Regierung leichter zu finden, aber der Premier steht dann in strenger Abhängigkeit zu seiner Partei, insbesondere zu den Partei-

---

5) Hiezu Ganshof van der Meersch 15f
6) Vgl. nachfolgend Kap. 2.
7) Hiezu van Impe 229, 249 und Urbain 82

und Fraktionspräsidenten. In der Zweiparteienregierung kann der Premier ein Maximum an Autorität erreichen, weil er zwischen beiden Parteien steht und sowohl die Konflikte zwischen den Ministern wie auch der beiden Regierungsparteien zu schlichten hat, was ihm grosse Möglichkeiten für politische Manöver gibt; gegenüber seiner eigenen Partei ist hier der Premier relativ frei.

1.3.2. Die Bestimmung der Regierungspolitik

Das in der Regierungserklärung bekannt gegebene Programm des Kabinetts ist weitgehend das Werk des Premierministers. Er setzt je nach der Art des Kabinetts das Wahlprogramm seiner Partei oder das Koalitionsprogramm der Regierungsparteien in ein grundsätzliches Aktionsprogramm der Regierung um, bespricht dieses dann mit seinen künftigen Ministern und den Parteiführern der Koalition und sucht ihre Zustimmung zu erreichen. In der Regierungserklärung legt er das Programm dem Parlament vor und verteidigt es in der nachfolgenden wichtigen Debatte. Er ist dem Parlament dafür verantwortlich, dass die Regierungspolitik, wie sie in der Regierungserklärung formuliert worden ist, von ihm und von den Ministern eingehalten wird. [8]

Der Premier spielt bei der Ausarbeitung des Regierungsprogrammes und der Bestellung der Regierung die wichtigste Rolle, weil er vor dem Parlament eine Verantwortung allgemeinerer Art als jene der Minister trägt, ja als der "représentant par excellence" der Regierungspolitik erscheint. [9] Auch sonst wird vom Parlament der Premier als ermächtigter Wortführer des Kabinetts angesehen, namentlich wenn in der Debatte die allgemeine Politik der Regierung oder die Existenz des Kabinetts zur Diskussion steht. Bei allen wichtigen

---

[8] Urbain 79ff; Ganshof van der Meersch 15
[9] Vgl. F. Spaak, La Nomination et la Révocation des Ministres. Le rôle du Premierministre, in: Revue de l'Université de Bruxelles, octobre recueil 1949, S. 74

Parlamentsdebatten erklärt der Premier den Standpunkt
der Regierung und stellt allenfalls auch die Vertrauensfrage. Gemeinsam mit den Präsidenten der Kammern regelt
er zudem die Tagesordnungen des Parlaments, welche er so
auf die Bedürfnisse der Regierung ausrichten kann. [10]

Der Premier ist auch ausserhalb der Verfassungsinstitutionen der Angelpunkt des Regierungssystems: Verbände und Organisationen aller Art wenden sich an ihn; er führt den
Vorsitz im wichtigen Dreierrat, bestehend aus Arbeitgeber-,
Arbeitnehmer- und Regierungsseite, und er ist schliesslich
auch Kontaktstelle zum Staatsoberhaupt. [11]

Auf Grund seiner Machtstellung ist es heute gewöhnlich der
Premier, der unter seiner persönlichen Verantwortung die
Richtlinien der Regierungspolitik bestimmt. Eine Mitsprache
dabei hat allenfalls der Vizepremier - als Institution seit
1947 zur Regel geworden - , weil er in den üblichen Zweierkoalitionsregierungen meist der Kopf des Koalitionspartners
ist und stets ein gewichtiges Ressort wie Finanzen, Wirtschaft oder Aussenpolitik innehat. Konkurrenz kann den beiden Superministern nur von Seiten starker Fraktions- oder
Parteipräsidenten erwachsen.

1.3.3. Das Führungsinstrumentarium des Premierministers [12]

Die beherrschende Stellung des Premiers und die Fülle
seiner Aufgaben rufen nach einem leistungsfähigen Beratungs-
und Kontrollapparat. In den "Services du Premierministre"
steht ihm ein solcher Stab in grösserem Umfange zur Verfügung. Die gesamte Stabstelle lässt sich in fünf Hauptgruppen untergliedern:

- Das persönliche Kabinett des Premiers befasst sich mit
  dem Studium allgemeinpolitischer Probleme, vor allem mit
  Fragen der Gesetzgebung, und bereitet die Dossiers für
  den Ministerrat vor. Der Chef dieses Kabinetts besorgt

---

10) Urbain 83; van Impe 202
11) Urbain 87
12) Vgl. hiezu einlässlich Urbain 152ff

persönlich das Sekretariat des Ministerrats. Einige
der Mitglieder bleiben ständig im Kabinett, weil die
Gesetzgebungsarbeiten trotz der vielen Regierungswechsel kontinuierlich vorangetrieben werden müssen; andere,
die sich mit den mehr persönlichen Anliegen des Premiers
befassen, ändern mit jedem Wechsel.

- Die "Services généraux" betreffen das Personalwesen,
  die Buchführung und die Beamtenschaft im allgemeinen.

- Der allgemeine Verwaltungsdienst besorgt die Sekretariate
  der verschiedenen Kommissionen und studiert Fragen der
  Organisation, der Personalstatuten und der Verwaltungsreform. Ihm obliegt auch die Ausgabenkontrolle.

- Eine weitere Gruppe kümmert sich um die Rekrutierung
  und die Weiterbildung im Staatsdienst und ein besonderer
  Ausschuss ist für wirtschaftliche Studien und Koordination verantwortlich.

- Im Oberkontrollkomitee arbeiten die Beamten in vier
  Funktionen: Als "Verwaltungspolizei mit allgemeinen
  Kompetenzen" üben sie Kontrolle über alle Arbeiten in
  den Ressorts; in Streitsachen intervenieren sie beratend; als Studienorgan prüfen und studieren sie Geschäfte
  jeglicher Natur, die ihnen vom Premier, einem Minister
  oder einem Angehörigen der Spezialdienste anvertraut worden sind; denselben Kreis beraten sie auch in allen aktuellen Tagesfragen.

1.4. <u>Die Bedeutung des Staatsoberhauptes</u> [13]

Der Monarch hat kraft seines Gegenzeichnungsrechtes
Anspruch darauf, bei allen wichtigen Akten konsultiert zu
werden, die Regierung zu stimulieren und ihr Ratschläge
zu erteilen. Grundsätzlich könnte er dabei immer Bedingungen stellen, doch riskiert er dann die Krone in die poli-

---

[13] Hiezu van Impe 127ff; Urbain 69, 81

tischen Kontroversen zu verwickeln. Deshalb zieht es der heutige Monarch BAUDOUIN vor, sich mit dem Premier diskret und zurückhaltend zu besprechen, um nicht mitverantwortlich zu werden. Im Prinzip unterhält sich der Monarch mit dem Premier über alles, was die allgemeine Richtung und Leitung der Politik betrifft und mit jedem Minister über die speziellen Geschäfte seines Departementes. Weil das Staatsoberhaupt unabhängig und umfassend orientiert sein will, unterhält es zur Ergänzung des parteigebundenen Berichts des Premiers noch ein eigenes Kabinett, das aber nur mit Zustimmung des kompetenten Ministers direkt mit den Amtsstellen Kontakt aufnehmen darf. Durch das lange, kontinuierliche Verbleiben im Amte und durch die ständige, umfassende Information seitens der Regierung erwirbt der Monarch eine fundierte Erfahrung in der Politik seines Landes und ist deshalb durchaus in der Lage, dem Premier kluge Ratschläge mitzugeben. Die übrigen Kompetenzen des Monarchen sind eher formeller Natur, so die Ernennung und Abberufung der Minister (auf verbindlichen Vorschlag des Premiers) und das Oberkommando über die Armee.

1.5. Die Bedeutung des Parlamentes und der Parteien

1.5.1. Die Bedeutung des Parlamentes [14]

Die in der Verfassung vorgesehene Suprematie des Parlamentes hat sich seit dem 2. Weltkrieg auch in Belgien in eine Vormachtstellung der Exekutive verwandelt. Die Führungsrolle gebührt der Regierung, während sich das Parlament immer mehr auf die blosse Kontrolle der Regierungsgeschäfte beschränkt. Dabei wird die Tagespolitik durch die parlamentarischen Auskunftsrechte unter die Lupe genommen, während die allgemeine Regierungspolitik vor allem bei zwei Gele-

---

[14] Hiezu ausführlich: Le Contrôle Parlementaire de l'Action Gouvernementale, Institut Belge de Science Politique, Colloque du 17.3.1956, Brüssel 1957; van Impe 105ff, 243ff; de Croo 112ff

genheiten kontrolliert wird: In den Abstimmungen zum Budget und besonders anlässlich der Regierungserklärung oder einer grossen politischen Debatte. Die Budgetdebatten haben dabei den Nachteil, dass in ihnen nur bestimmte Sonderinteressen verfochten werden und objektive Kritik eher in den Kommissionen als im Plenum angebracht wird; zudem bleibt die Diskussion meist auf den finanziellen Aspekt beschränkt.

Es bleibt als Beitrag und als Kontrolle der allgemeinen Regierungspolitik fast nur die grosse parlamentarische Debatte nach der Regierungserklärung des Premiers. Die anschliessende (positive) Abstimmung hat eine grosse politische Bedeutung, weil sie als Vertrauensvotum der Mehrheit einer offiziellen Investitur der Regierung auf der Grundlage des erklärten Programmes gleichkommt. Die Vertrauensabstimmung vermindert die Kontrollfunktion des Parlamentes nicht, weil es später im Lichte gerade dieser Absichtserklärung die von der Regierung erbrachten Leistungen überprüfen wird. Im Parlament selbst wird allerdings die Kritik von den Oppositionsparteien getragen. Die Regierungsparteien müssen die Regierung - um sie am Leben zu erhalten - im Parlament stützen und in der öffentlichen Meinung schonen; umso stärker üben sie ihr Kontrollrecht an den Fraktionsversammlungen aus, zu denen sie ihre eigenen Regierungsmitglieder einladen und an der Diskussion teilnehmen lassen. Die Parteien sind intern mit ihren Vertretern in der Regierung streng, denn für deren Tätigkeit werden sie in der öffentlichen Meinung behaftet. Nach aussen beschränkt sich ihre parlamentarische Arbeit hingegen auf eine globale Zustimmung zur Regierungspolitik und auf die Ratifikation der ihnen vorgelegten Entwürfe; sie bringen nur noch einige Bemerkungen an und geben allenfalls Empfehlungen an die Regierung.

Die Regierungserklärungen sind zumeist sehr allgemein und unvollständig und erfolgen nur unregelmässig, nämlich (unbedingt) nach einem Regierungswechsel oder wenn es die

Regierung für gut befindet. Zum Problem der "Contrôle de
la politique générale" wurden deshalb 1956 an einem bedeutenden Kolloquium bestimmte Reformvorschläge gemacht [15]:
Die Regierung habe alljährlich anlässlich der Budgetdebatte
einen für Parlament und Oeffentlichkeit klaren Rechenschaftsbericht über ihre Tätigkeit im vergangenen Jahr abzuliefern
und gleichzeitig ein ausführliches Programm für das kommende Jahr vorzulegen. Während die obligate Regierungserklärung
zu viele vage Vermutungen und Hoffnungen enthalte, erlaubten
die regelmässige Bilanz und anschliessende Grundsatzdebatte,
kontinuierliche jährliche Richtpunkte zu setzen. An der Erklärung von Rechenschaftsbericht und Programm sollte auch
der Monarch teilnehmen und mit dem dadurch geweckten öffentlichen Interesse ein höheres Niveau und eine grössere Feierlichkeit garantieren. Ausserdem wurde eine parlamentarische
Kommission zur Ueberwachung der allgemeinen Regierungspolitik gefordert, welche die Probleme unabhängig vom Parteistandpunkt beurteilen sollte. - Bis jetzt scheint es bei
Vorschlägen geblieben zu sein.

1.5.2. Die Rolle der Parteien und Fraktionen [16]

In Belgien gibt es derzeit drei ebenbürtige Parteien [17]
deren Parteiprogramme sich im Laufe der Zeit als Folge der
ständigen Auseinandersetzung und der Beteiligung an gemeinsamen Regierungen einander angeglichen haben. Zwei dieser
Parteien bilden - da jede für sich allein zu klein ist -
gewöhnlich eine Koalitionsregierung, während die übrigen
Parteien [18] einen radikalen Umsturz der Verfassung anstreben und darum nicht koalitionsfähig sind. Da die Regierung
vom Vertrauen des Parlamentes abhängig ist, braucht sie die
unbedingte Unterstützung der Koalitionsparteien. Dank einer

---

15) Vgl. Le Contrôle a.a.O. 13ff, besonders das Referat von Senator Charles Moureaux.
16) Hiezu van Impe 47ff, 105ff, 202 und 222; de Croo 89f
17) Christlich-Soziale, Liberale und Sozialisten
18) Kommunisten, Flamen- und Wallonenvereinigung

strengen Parteidisziplin wird die Regierung nur selten in die Minderheit versetzt [19], und die Auflösung des Parlamentes war nie die Folge eines Konfliktes zwischen Regierung und Parlament, sondern stets die Konsequenz einer Unstimmigkeit im Kabinett oder zwischen den Regierungsparteien. Die strenge Parteidisziplin lässt sich erreichen, weil in Belgien - wie in Grossbritannien - der Wähler für die Partei und nicht einen bestimmten Kandidaten stimmt. Es werden nur selten Unabhängige gewählt, weshalb ein Ausschluss aus der Partei für einen ungetreuen Abgeordneten wohl das Ende seiner politischen Laufbahn bedeuten würde.

Grundlage der Zusammenarbeit der Regierungsparteien ist das unter Leitung des künftigen Premiers und Vizepremiers ausgehandelte Koalitionsprogramm, das meist einen mässigen Kompromiss der beiden entsprechenden Wahlprogramme darstellt. Auf diesen politischen Vertrag werden sowohl die Regierung wie die Abgeordneten der Regierungsparteien verpflichtet. Ausserdem wird meist ein Koalitionsausschuss ("Commission de Contract") gebildet, der die auftauchenden politischen Konflikte zwischen den Regierungsparteien schlichtet; er bildet häufig eine Art Superregierung, welche die Bedeutung des inneren Kabinetts bei der Bestimmung der Gesamtpolitik stark herabsetzen kann. Der Koalitionsausschuss setzt sich gemischt aus Regierungsvertretern und Parlamentariern zusammen; die letzteren sind gewöhnlich Partei- unf Fraktionsführer oder Einpeitscher. Tonangebend dürften jedoch der Premierminister und Vizepremier sein.

2. Ausarbeitung und Bedeutung des Regierungsprogrammes in Belgien

2.1. Die Ausarbeitung des Regierungsprogrammes

Die Entstehung des in der Regierungserklärung enthaltenen Programmes wird in der Literatur nicht zusammenhängend be-

---

[19] Fast so selten wie in Grossbritannien, also ganz im Gegensatz zu Italien und der IV. Republik in Frankreich

schrieben. Doch lässt sich der Gang der Programmarbeit
aus den einzelnen Hinweisen zusammensetzen. [20]

- Vorerst ist wichtig, welcher Art die zu bildende Regierung ist: Handelt es sich um ein homogenes Kabinett, so ist die Aufgabe des Premiers relativ leicht, denn er kann sich weitgehend vom eigenen Parteiprogramm inspirieren lassen. Dieses ist allerdings nach den Erfordernissen der Wahlpropaganda abgefasst und muss deshalb noch unter einigen Anstrengungen in ein Aktionsprogramm der Regierung umgesetzt werden. Wenn es dagegen um die Bildung einer Koalitionsregierung geht, muss der Premier zuerst abklären, mit welchen Parteien und unter welchen Bedingungen eine Koalition gebildet werden kann. Danach hat er die verschiedenen Konzepte der beteiligten Parteien (meist zwei) auf einen Nenner zu bringen, was in langen, arbeitsreichen Verhandlungen geschieht. Die Verhandlungen werden zudem durch Fragen der Besetzung der Ministerposten oft derart kompliziert und langwierig, dass die übermässige Dauer der Kabinettskrise nicht mehr mit dem öffentlichen Interesse vereinbar ist. [21] Das resultierende Koalitionsprogramm enthält die allgemeinen Bedingungen der Zusammenarbeit der Regierungsparteien und wird etwa als offizielles Dokument der Oeffentlichkeit übergeben.

- Auf der Grundlage des Koalitionsprogrammes baut der Premier sodann mit den Ministern zusammen - in den letzten Jahren wohl allein mit dem inneren Kabinett - das Aktionsprogramm der Regierung auf und verpflichtet seine Kollegen durch "Zustimmung" zu dessen Einhaltung. Das Regierungsprogramm braucht weder umfassend noch in sich geschlossen zu sein, denn die stützende Parlamentsmehrheit, deren Po-

---

[20] Vgl. hiezu Urbain 70, 190; Ganshof van der Meersch 15, 22; van Impe 198, 242
[21] Bericht der "Commission Soenens" in: Moniteur du 6.8.1949, S. 7193

litik der Premier mit seiner Regierung verwirklichen
soll, stellt ihm die Konkretisierung des Programmes anheim.
Vor der Veröffentlichung des überarbeiteten Programms
in der Regierungserklärung wird es manchmal im
voraus im Schosse der Koalitionsparteien veröffentlicht
und ausgiebig durchdiskutiert. Häufig berufen die Koalitionsparteien
vor der Investitur der Regierung noch einen
Kongress ein, um den Koalitionsschluss und das vereinbarte
Regierungsprogramm auch durch die militanten Abgeordneten
äusserer Parteiflügel billigen zu lassen.

- Schliesslich verkündet der Premierminister sein Programm
in der feierlichen Regierungserklärung, die nach der vorherigen
Absicherung natürlich in der Diskussion befürwortet
und von einer klaren Mehrheit gebilligt wird. Das Vertrauensvotum,
das durch die Motion seitens der Fraktionspräsidenten
der Koalitionsparteien beantragt wird, bedeutet
eine wirkliche - wenn auch bloss gewohnheitsrechtliche -
Investitur der Regierung.

Mit zunehmender Dauer der Regierungszeit tauchen immer
mehr Fragen auf, die in der unvollständigen Regierungserklärung
nicht behandelt worden sind. Hier hat der Premier
eine Lösung zu suchen, welche sich mit den Grundsätzen des
in der Regierungserklärung enthaltenen Koalitionsprogrammes
einigermassen verträgt; häufig nimmt ihm indessen ein Koalitionsausschuss
die Entscheidung ab. Als Hüter des Regierungsprogrammes
wacht der Premier über dessen strikte Anwendung;
so lädt er die Minister etwa ein, die im Programm
vorgesehenen Massnahmen möglichst bald zu realisieren oder
warnt sie davor, anders als nach den vorgesehenen Punkten
der Erklärung vorzugehen.

Wie gering die Basis des Programmes ist und wie schwer
dazu eine Ergänzung zu finden ist, welche die Fortsetzung
der Regierungskoalition über einen längeren Zeitraum hinaus
erlaubt, zeigt offenkundig die relativ kurze Dauer der

belgischen Regierungen: in den letzten zehn Jahren gab
es sieben Regierungswechsel. Unter diesen Umständen ist
es begreiflich, dass die Premierminister auf die Erarbeitung eines mindestens mittelfristigen, umfassenden und
mit Hilfe der Stäbe ausgefeilten Regierungsprogrammes verzichten. Ausserdem lassen sich für ein minimales Programm
mit wenigen Zukunftsentscheidungen eher koalitionswillige
Parteien finden.

2.2. Die Bedeutung des Regierungsprogrammes [22]

2.2.1. Die Regierungserklärung als politischer Vertrag

Die Regierungserklärung des Premiers anlässlich seiner Investitur stellt einen politischen Vertrag dar mit zweierlei Bindungen:

- Zum einen bindet die darin enthaltene Koalitionsvereinbarung die an der Regierung beteiligten Fraktionen. Die Uebereinkunft präzisiert, welches Programm sie gemeinsam unterstützen wollen. Die Regierungsfraktionen werden auch durch den Druck der öffentlichen Meinung verpflichtet, die Regierung in der Verwirklichung des von ihnen offiziell gebilligten Programmes zu unterstützen.
- Zum andern bindet die Regierungserklärung die Exekutive und die Abgeordneten, welche ihr in der Investitur das Vertrauen aussprechen. Das Kabinett wird als Abordnung der Parlamentsmehrheit angesehen, die ausdrücklich beauftragt ist, deren Willen vorzubereiten und auszuführen. Dabei geniesst das Kabinett eine weite Interpretationsmarge, weil der vorgestellte Wille der Mehrheit oft vage und unvollständig ist. Die Abgeordneten der Regierungsfraktionen sind ihrerseits mit strenger Disziplin verpflichtet, die dem Programm entsprechenden Vorlagen zu akzeptieren.

---

22) Hiezu de Croo 110ff; van Impe 198f und 242

Das Vertrauen, welches die Parlamentsmehrheit bei der Investitur ausdrückt, vermindert ihr Kontrollrecht nicht, denn sie wird später gerade im Lichte der Regierungserklärung die von der Regierung vorgelegten Projekte - und ihre Leistung überhaupt - prüfen. Die Regierung ihrerseits bietet die Grosszahl ihrer Vorlagen als die blosse Uebertragung und Konkretisierung einzelner Punkte ihres Programmes an, welche schon generell in der Investiturabstimmung genehmigt worden seien. Beiderseits werden also die Regierungsvorlagen mit der Investiturerklärung verglichen. Besonders streng wurde Premierminister LEFEVRE bei seiner Regierungserklärung vom 2.5.1961 behaftet, die immerhin für vier Jahre gelten sollte: Jedes Gesetzesprojekt wurde mit dem Sinn, ja sogar dem genauen Wortlaut der Erklärung verglichen. Minister und Parlamentarier lasen Auszüge daraus auf der Tribüne vor, um die in Diskussion stehenden Gesetze je nach Standort zu verteidigen oder anzugreifen. Mehrmals rügten Abgeordnete, die Regierung habe ein bestimmtes Versprechen nicht oder zu spät gehalten, oder sie habe umgekehrt etwas vorgelegt, was im erklärten Programm nicht enthalten gewesen sei. Allmählich wurden die Abweichungen von den Punkten der Regierungserklärung so zahlreich, dass die Vermutung auftauchte, die Regierungserklärung sei mit einer Art geheimer Gegenvereinbarung versehen, welche die Realisierung bestimmter - wohl in der Koalitionsvereinbarung, aber nicht in der Regierungserklärung enthaltener - umstrittener Projekte vorsehe. [23]

2.2.2. Andere Funktionen der Regierungserklärung

Die Regierungserklärung teilt dem Parlament und der Oeffentlichkeit das ungefähre Arbeitsprogramm der Regierung und meistens auch den wesentlichen Inhalt der Koali-

---

[23] Annales parlementaires, Chambre, ordentliche Session vom 21.5.1963, S. 26

tionsvereinbarung mit. Sie gibt einen gewissen informativen Ueberblick über die Hauptprobleme und - wünsche der künftigen Regierung. Man weiss, dass die Regierung ihr Programm als Verpflichtung auffasst und alles daran setzen wird, es auch getreulich zu verwirklichen, doch ist ungewiss, ob die Regierung angesichts ihrer gewöhnlich kurzen Dauer auch wirklich dazu kommen wird. Das Programm ist denn auch nur kurzfristig konzipiert und verliert sich bezüglich der ferneren Zukunft im Allgemeinen und Unverbindlichen.

Wegen dieses kurzfristigen und unvollständigen Charakters ist das Regierungsprogramm auch kaum ein qualifiziertes Arbeitsinstrument der Regierung. Immerhin wird es als Grundlage für das Gesetzgebungsprogramm des Parlamentes eine gewisse Bedeutung haben; die Tagesordnungen der beiden Kammern werden ja durch die Regierung vorbereitet. Ausserdem hat der Premier die Pflicht, mit Hilfe seines Stabes über die Einhaltung der Regierungserklärung durch die Ministerien zu wachen; das fixierte Programm wird so zu einem groben Masstab und Kontrollmittel der Tätigkeit der Ministerien. Im übrigen wird aber die Gesamtpolitik der Regierung mehr von Fall zu Fall im gesamten oder inneren Kabinett bestimmt, wobei der Premierminister dank seiner Machtstellung und mit Hilfe seines grossen Beratungsstabes die Führung inne hat. Konkurrenz darin kann ihm nur in einem mächtigen Koalitionsausschuss mit starken Partei- und Fraktionspräsidenten entstehen.

3. Richtlinien der Politik und Regierungsprogramm in Italien

Weil das parlamentarische Regierungssystem Italiens dem belgischen stark gleicht, rechtfertigt sich eine kurze Darstellung desselben im Anschluss danach.

3.1. Die Richtlinien der Regierungspolitik

3.1.1. Die Aufgabe der Regierung [24]

Auch in der italienischen Republik ist heute die Regierung die anregende und antreibende Staatsgewalt. Die Regierung bestimmt ihre eigene Tätigkeit auf der Grundlage eines Programms, das zu Beginn ihrer Amtszeit vom Ministerpräsidenten zusammen mit den Führern der Regierungsparteien festgelegt wird. Dieses Programm unterbreitet sie dem Parlament, wenn sie sich gemäss Art. 94 der Verfassung innert 10 Tagen seit ihrer Bildung den beiden Kammern getrennt präsentiert, um ihr Vertrauen zu erhalten. Es ist dann unter der Leitung des Ministerpräsidenten der Ministerrat, welcher das bei der Investitur vorgelegte Programm interpretiert und konkretisiert.

Der Ministerrat berät sowohl über die politische wie auch die administrative Arbeit der Regierung und bestimmt endgültig über die allgemeine Regierungspolitik, welche er zu einem einheitlichen Ganzen koordinieren und integrieren sollte. Er setzt sich aus der Gesamtheit der Minister zusammen, die vom Ministerpräsidenten bezeichnet werden. Die Minister müssen das Vertrauen ihres Präsidenten haben, werden aber in Wirklichkeit von ihren eigenen Parteien ernannt, denen sie individuell verantwortlich sind. Auf Grund des Prinzips der Solidarität sind die Minister dagegen dem Parlament nur indirekt verantwortlich; die Hauptverantwortung trägt der Ministerpräsident.

3.1.2. Die Kompetenz des Ministerpräsidenten zur Richtlinienbestimmung [25]

Art. 95 der Verfassung ordnet an: "Der Ministerpräsident bestimmt die allgemeinen Richtlinien der Regierungspolitik und übernimmt dafür die Verantwortung. Er sorgt für die einheitliche Führung von Politik und Verwaltung, indem

---

[24] Vgl. zum Folgenden Luigi Preti, Il governo nella costituzione italiana, Mailand 1954, 10ff, 158ff
[25] Preti, a.a.O. 20ff, 33f

er die Amtstätigkeit der Minister fördert und koordiniert." Der Ministerpräsident hat demnach einen der Richtlinienkompetenz des deutschen Bundeskanzlers vergleichbaren Vorrang gegenüber den andern Ministern und auf dieser Grundlage eine Reihe von Vollmachten zu Anregungen, aber auch zur Kontrolle der Arbeiten jedes Ministeriums. Gewohnheitsrechtlich kann er die Richtlinienkompetenz aber erst nach der Diskussion im Ministerrat ausüben; der Präsident beruft dessen Sitzungen ein und leitet sie auch, doch ist ungewiss, ob er mit seiner Meinung im Rat durchdringt oder einer ablehnenden Mehrheit unterliegt. - In der Praxis leitet der Ministerpräsident die allgemeine Regierungspolitik im Rahmen von Koalitionskabinetten, sodass sie weitgehend durch das Regierungsprogramm, resp. durch dessen Auslegung im Ministerrat bestimmt wird.

Als besondere Hilfe bei der Leitung der allgemeinen Politik steht dem Präsidenten manchmal ein Kabinettsrat zur Seite, der sich aus den wichtigeren Ministern und den Führern der Regierungsparteien zusammensetzt. Dank seines grösseren Beratungs- und Kontrollstabes und dank der grösseren Autorität - infolge seiner allgemeinen Verantwortung für die ganze Regierung - kann sich der Ministerpräsident zuweilen doch eine solche Vormachtstellung aufbauen, dass er die Richtlinien der Regierungspolitik auch wirklich (mit-)bestimmen kann. Da er in einer Reihe von interministeriellen Ausschüssen den Vorsitz führt, ergeben sich für den Präsidenten noch besondere Koordinierungsmöglichkeiten.

3.1.3. Die Rolle der politischen Parteien bei der Richtlinienbestimmung [26]

Das italienische Vielparteiensystem bringt es mit sich, dass normalerweise nur Koalitionsregierungen das

---

26) Vgl. Preti, a.a.O. 167; Reform der Struktur 262ff

Vertrauen der Parlamentsmehrheit finden können. Der Bildung einer Regierung gehen daher stets langwierige Verhandlungen der möglichen Koalitionsparteien voraus, wobei ausser den extremsten [27] alle Parteien für eine Beteiligung an der Regierung in Frage kommen. Infolge der starken ideologischen Unterschiede und schlechten Parteidisziplin ist den italienischen Koalitionsregierungen meistens eine kurze Amtsdauer beschieden. Deshalb wurden innerhalb der Regierung bisher kaum Institutionen der politischen Planung entwickelt, und an die Ausarbeitung längerfristiger, qualifizierter Regierungsprogramme war nicht zu denken. Die bisherigen rudimentären Programme wurden in ihrer Substanz vielmehr von den Parteibüros aus ihren Partei- und Wahlprogrammen heraus geschaffen. Bei der Untersuchung des Regierungssystems fällt überhaupt auf, dass die Sekretariate der politischen Parteien einen überragenden Einfluss auf den Ministerpräsidenten und die Regierungspolitik ausüben und aus den Parteibüros oft wichtige Planungsentscheidungen kommen.

3.2. Die Führungsinstrumente der Regierung [28]

3.2.1. Dem A̲m̲t̲ d̲e̲s̲ M̲i̲n̲i̲s̲t̲e̲r̲p̲r̲ä̲s̲i̲d̲e̲n̲t̲e̲n̲ gehören insgesamt 475 Beamte an, wobei sich der eigentliche Führungsstab aus ungefähr 100 Beamten zusammensetzt, die von den einzelnen Ministerien dorthin abgeordnet werden. Mitenthalten sind darin auch die Kabinette der Vizeministerpräsidenten und der Minister ohne Portefeuille. Zudem werden im Amt des Ministerpräsidenten wie in Frankreich einige Dienststellen zusammengefasst, welche entweder koordinierende Funktionen haben oder den Geschäftsbereich mehrerer Ressorts berühren. Im engeren Führungsstab des Präsidenten gibt es keine Einrichtungen für eine Planung auf der Ebene einer ressort-

---

27) Kommunisten; Neofaschisten und Monarchisten (jetzt beide in der MSI zusammengefasst)
28) Uebernommen aus Reform der Struktur 262ff

übergreifenden Gesamtpolitik. Auch in den Ministerien wird ausser der Wirtschaftsplanung kaum politische Planung betrieben. Ebensowenig gibt es ausserhalb der Verwaltung Beratungseinrichtungen für den Ministerpräsidenten.

Das "Ufficio Studi e Legislazione", das dem Ministerpräsidenten zur Verfügung steht, dient zur Vorbereitung und Koordination aller Gesetzesentwürfe, sowie zur Auslegung der vom Amt des Ministerpräsidenten selbst ausgearbeiteten Gesetze und Verordnungen, und befasst sich mit den allgemeinen Richtlinien der Regierungspolitik. Ausserdem koordiniert es die Tätigkeit der Gesetzgebungsbüros aller Ministerien und nimmt formlos Einfluss auf den fachlichen Inhalt der Entwürfe.

Neben dem Ministerpräsidenten besitzt auch jeder Minister ein persönliches Kabinett, dem in der Regel ein besonders qualifizierter Beamter vorsteht. Es umfasst vor allem Privatsekretäre, welche das grösste Vertrauen des Ministers geniessen.

3.2.2. Das Ministerium für das Budget und die Programmation koordiniert die Tätigkeit der verschiedenen staatlichen Stellen auf dem Gebiet der Wirtschaftsplanung. Bei ihm ist auch eine interministerielle beratende Kommission eingesetzt, die sich mit den Problemen befasst, welche in den verschiedenen Zweigen der Verwaltung im Zusammenhang mit der Programmation auftauchen. Neben der Wirtschaftsplanung obliegen dem Budget- und Programmationsministerium die Koordination der Budgetvorschläge aller Ressorts und ihre Abstimmung mit den Einnahmeschätzungen des Finanzministeriums. Gebilligt wird das Budget vom Ministerrat, der ebenso die hierzu nötigen politischen Entscheidungen zu treffen hat. Die eigentlichen Entscheidungen auf dem Gebiet der Wirtschaftsplanung fasst aber das "CIPE" (interministerielles Kommitee für die wirtschaftliche Programmation), das unter dem Vorsitz des Ministerpräsidenten tagt. Dieser Kabinetts-

ausschuss, der vom Gesetzgeber als wichtiges Planungs-
und Koordinationsorgan konzipiert ist, erlässt vorbehält-
lich der Kompetenzen des Ministerrats die Richtlinien der
Wirtschaftspolitik. Das CIPE fasst die mittelfristigen
Planungsbeschlüsse, deren Ausführung und Ueberwachung
dann Sache des Ministeriums für das Budget und die Programmation ist.

3.3. Ausarbeitung und Bedeutung des Regierungsprogrammes in Italien [29)]

3.3.1. Wenn der Präsident der Republik in längeren Konsultationen mit allen regierungsfähigen Parteien die Koali-
tionsmöglichkeiten ausgelotet hat, beauftragt er mit der
Regierungsbildung jenen führenden Politiker, welcher am
ehesten Chancen hat, die Programme der möglichen Koalitionsparteien auf einen (wenigstens minimalen) gemeinsamen Nenner zu bringen. Der designierte Ministerpräsident
entwirft dann ein Grundsatzprogramm, das - je nach der
Stärke der Parteien - entweder besonders von _einer_ politischen Richtung geprägt ist, oder aber ein buntes Spiegel-
bild der verschiedenen Regierungsparteien ist. Das Grundsatzprogramm muss von den Exekutivausschüssen der Koalitionspartner gebilligt werden, bevor der Ministerpräsident
auf Grund der Koalitionsvereinbarung seine Konsultationen
aufnehmen kann, um die Mitglieder der Regierung zu bezeichnen und ihnen ihre Ressorts zuzuweisen. Innert 10 Tagen
seit Bildung der Regierung muss der Ministerpräsident die
Mitglieder der Regierung und ihr gemeinsames Programm in
der Regierungserklärung den beiden Kammern des Parlamentes
vorstellen und in beiden die Zustimmung der Mehrheit finden. Weil der Ministerpräsident die allgemeine Politik der
Regierung leitet und dafür verantwortlich ist, kann nur er
das Programm in der feierlichen Sitzung präsentieren.

---

29) Vgl. hiezu Preti, a.a.O. 10, 158, 163ff

Das erklärte Regierungsprogramm kann umfassend und aufeinander abgestimmt sein; meistens ist es jedoch unvollständig und die unterschiedlichen politischen Richtungen der Koalition sind deutlich spürbar. Entscheidend ist daher erst die Auslegung, welche der Ministerrat dem Regierungsprogramm gibt; dabei machen die führenden Minister als Vertreter der mächtigen Parteiführer und -sekretariate ihren politischen Einfluss geltend.

3.3.2. Das Regierungsprogramm ist ohne jede juristische Bedeutung und insbesondere nicht verpflichtend, sodass es laufend modifiziert werden kann. Es gibt nur die allgemeine politische Richtung der Regierung wieder und stellt eine gewisse Plattform der künftigen Regierungstätigkeit dar. Parlament und Volk können im politischen Bereich beurteilen, wie gut und wie zielstrebig die Regierung ihr Programm ausführt, haben aber kein Recht zu kontrollieren, ob sich das von der Regierung angekündigte und das sukzessiv verwirklichte Programm wirklich entsprechen; die Regierung ist an ihre Investiturversprechen rechtlich nicht gebunden.

Eine gewisse Bedeutung erlangen die Regierungserklärungen und die entsprechenden Antworten der Oppositionsparteien dann, wenn bei dieser feierlichen Angelegenheit von der Parlamentstribüne aus vor allem an die Adresse der Nation gesprochen wird. Auf der rein parlamentarischen Ebene hingegen hat die Darstellung des Programms mehr formalen als substanziellen Wert: Die Regierungsmehrheit ist in der Regel auf der Grundlage einer Koalitionsvereinbarung bereits konstituiert und wird deshalb von der Erklärung in ihrer Stimmabgabe nicht mehr beeinflusst. Die Erklärung könnte höchstens noch das Verhalten von Abgeordneten ausserhalb der Koalition berühren, welche über ihre Haltung zur Regierung noch nicht entschieden haben; dieser Fall wird angesichts der umfangreichen Konsultationen des Ministerpräsidenten selten zutreffen. Eine Bedeutung kann endlich die Regierungserklärung in jenen ganz seltenen Fällen erhalten, wo sich die Regierung dem Parlament ohne im voraus gebildete Mehrheit präsentiert.

§ 7 Deutschland (BRD)

1. Richtlinien der Politik

1.1. Die Richtlinienkompetenz des Bundeskanzlers

1.1.1. Die Richtlinienkompetenz gemäss Art.65 des Grundgesetzes [1]

Art.65 GG lautet:

> "Der Bundeskanzler bestimmt die Richtlinien der Politik und trägt dafür die Verantwortung. Innerhalb dieser Richtlinien leitet jeder Bundesminister seinen Geschäftsbereich selbständig und unter eigener Verantwortung. Ueber Meinungsverschiedenheiten zwischen den Bundesministern entscheidet die Bundesregierung. Der Bundeskanzler leitet ihre Geschäfte nach einer von der Bundesregierung beschlossenen und vom Bundespräsidenten genehmigten Geschäftsordnung."

Die politischen Führungsaufgaben der Bundesregierung sind somit auf Bundeskanzler, Kabinett und Bundesminister verteilt. Art.65 GG gibt zwischen diesen drei einen verhältnismässig weiten Spielraum für mögliche Machtkonstellationen, dessen Ausfüllung von vielen persönlichen und politischen Faktoren abhängig ist. [2]

Neben dem Recht des Bundeskanzlers, die Minister dem Bundespräsidenten zur Wahl oder Abberufung vorzuschlagen (Art.64 Abs.1 GG), ist es vor allem die Richtlinienkompetenz, welche die Stellung des Kanzlers so stark über die der Minister hinaushebt. Zweckmässigerweise wird der Kanzler jedoch die Richtlinien mit den übrigen Regierungsmitgliedern besprechen und um deren - rechtlich nicht erforderliche - Zustimmung ersuchen. Der Kanzler kann weiter die Richtlinien der Politik nur unter dem Vorbehalt bestimmen, dass nicht schon vorher die eigene Partei oder die Koalitionspartner darüber für ihn politisch bindend beschlossen haben. [3] Neben den Parteien nehmen auch die grossen Verbände

---

[1] Zu Art.65 GG vgl. die Kommentare Mangoldt/Klein und Maunz/Dürig, sowie Eschenburg 732ff und Ellwein, BRD 273ff; zum Begriff der Richtlinien siehe vorne § 1 Kap. 1
[2] Maunz/Dürig Art.65,1; Hennis 13
[3] Vgl. nachfolgend Kap. 1.4.

Einfluss auf die Gestaltung der Richtlinien: Der Kanzler empfängt die wichtigen Verbandssprecher zu unmittelbarem Vortrag bei sich und regelt mit ihnen die Geschäfte oft bis ins Detail. [4]

Bei der Bestimmung und Durchsetzung der Richtlinien steht dem Kanzler als wichtigstes Hilfsmittel das Bundeskanzleramt zur Verfügung. Daneben unterstützt ihn das Presse- und Informationsamt der Bundesregierung in der Oeffentlichkeitsarbeit.

1.1.2. Hilfsbefugnisse und Ergänzungen der Richtlinienkompetenz [5]

Das Verfassungsrecht gibt dem gewählten Bundeskanzler eine Reihe von Zuständigkeiten, welche die Richtlinienkompetenz unterstützen:

- Die Bundesminister werden auf Vorschlag des Bundeskanzlers vom Bundespräsidenten ernannt und entlassen (Art.64 Abs.1 GG). Sie bedürfen nicht des besonderen Vertrauens des Bundestages und können von diesem nicht abberufen werden.

- Das Vorschlagsrecht wird ergänzt durch die Organisationsgewalt des § 9 GOBReg, wonach der Kanzler die Geschäftsbereiche der Bundesminister in den Grundsätzen festlegt. Darin ist auch das Recht enthalten, bestimmte Sachgebiete aus bisher zuständigen Ministerien auszugliedern und anderen zuzuweisen, womit er ein bedeutendes Disziplinarmittel und politisches Steuerungsmittel gegenüber den Ministern besitzt. [6]

---

[4] Christian Starck, Einflussrechte auf die Richtlinienkompetenz des Regierungschefs, Diss. Würzburg 1962, S.31; siehe auch Ellwein 97ff und 110ff, sowie einlässlich Wilhelm Hennis, Verfassungsordnung und Verbandseinfluss, in: Politik als praktische Wissenschaft, München 1968, S.188ff
[5] Hiezu Hennis 13ff; Junker 76ff und dort angeführte Literatur
[6] Eschenburg 740

- Art.65 Satz 4 GG gibt dem Bundeskanzler das Recht der Geschäftsleitung der Regierung, inbegriffen den Vorsitz in den Sitzungen (§ 22 GOBReg). Ferner hat er ausdrücklich "das Recht und die Pflicht, auf die Durchführung der Richtlinien zu achten" (§ 1 Abs.2 GOBReg) und auf die Einheitlichkeit der Politik hinzuwirken (§ 2 GOBReg).

- Ausserdem hat der Bundeskanzler gemäss § 3 GOBReg Anspruch auf Information "über Massnahmen und Vorhaben, die für die Bestimmung der Richtlinien der Politik und die Leitung der Geschäfte der Bundesregierung von Bedeutung sind".

Daneben sind andere Verfassungsbestimmungen so ausgestaltet, dass sie die Richtlinienkompetenz wenigstens ergänzen:

- Anders als nach der Weimarer Verfassung wird der Bundeskanzler nur noch durch den Bundestag, und zwar mehrheitlich bestellt (Art.63 GG).

- Nach dem Prinzip von Art.65 GG ist auch die Verantwortung gegenüber dem Bundestag verteilt: Der Bundeskanzler verantwortet die Richtlinienentscheidungen, die Bundesminister die Leitung ihres Geschäftsbereichs.

- Die Entscheidung, ob, wann und in welcher Form der Kanzler die Vertrauensfrage stellen will, liegt ganz in seinem Ermessen. Im Votum zur Vertrauensfrage könnte die Haltung des Parlamentes zur Gesamtrichtung der Regierungsaktion zum Ausdruck kommen, doch ist die Vertrauensfrage selten geblieben.

Die Entscheidung über einen freiwilligen Rücktritt der Regierung liegt ebenfalls beim Bundeskanzler.

- Das Erfordernis des konstruktiven Misstrauensvotums bringt mit sich, dass der Bundeskanzler mit allen Befugnissen solange im Amt bleibt, bis sein Nachfolger gewählt ist, und dass einer destruktiven Mehrheit die Wirkung versagt ist.

1.2. Die Bedeutung der Richtlinienkompetenz innerhalb der Regierung

1.2.1. Die Richtlinienkompetenz im Verhältnis zu den Bundesministern [7]

Die Minister sind dem Kanzler untergeordnet, was sich aus seinem Ernennungs- und Entlassungsrecht ergibt und sich auf seine Richtlinienbestimmung bezieht. Die Bundesminister sind ihrerseits die Spitzen des Verwaltungsaufbaus in ihrem Geschäftsbereich und haben zugleich als Mitglieder des Kabinetts teil an der politischen Regierungsfunktion.

Die Minister können die Richtlinien nicht in einem Katalog nachschlagen, sondern müssen sie der Regierungserklärung, der Haltung des Kanzlers im Kabinett, aus Schreiben und Gesprächen oder aus dem obligatorischen Kontakt mit dem Bundeskanzleramt entnehmen. Fehlt eine Richtlinienentscheidung, so kann der Minister zunächst selbst beschliessen oder die Entscheidung des Kanzlers einholen. Dieser wird kaum ohne das Urteil des betreffenden Ministers eine Richtlinienentscheidung fällen. Nach aussen sind die Minister zur Solidarität mit den Richtlinienentscheiden verpflichtet: sie dürfen sie nicht öffentlich angreifen oder ignorieren und erst recht nicht aktiv bekämpfen.[8] Im Innern dagegen (im Kabinett und gegenüber dem Kanzler direkt) können sie die Richtlinien zur Diskussion stellen. Der Minister soll sogar von Verfassung wegen die Erfordernisse des eigenen Ressorts vor der Richtlinienbestimmung nachdrücklich geltend machen.[9]

Die Grenze der Richtlinienkompetenz ist der Geschäftsbereich, also jener abgegrenzte Teil der Bundesverwaltung, der durch Haushaltsplan und Geschäftsverteilung dem Bundesminister zur selbständigen Leitung zugewiesen ist. Der Bundeskanzler kann für die Leitung eines Ressorts Richtlinien

---

[7] Hiezu Junker 105ff; Eschenburg 733ff; Ellwein BRD, 267ff
[8] Den Ministern ist ja auch nicht gestattet, bei der Vertretung von Vorlagen gegen die Auffassung der Regierung zu wirken (§ 28 Abs.2 S.2 GOBReg)
[9] Mangoldt/Klein Art.65, IV 2 b

an den Minister richten und muss auf deren Durchführung achten, aber er kann nicht unter Ausschaltung des Ministers selber im Ressort tätig werden. Kanzler und Minister haben im übrigen gegenseitig Anspruch auf Information in Richtlinienangelegenheiten.

1.2.2. Die Richtlinienkompetenz im Verhältnis zur Regierung als Kollegialorgan [10]

Kollegiale Beratung und Beschlussfassung ist als erstes in den im Grundgesetz aufgeführten Fällen nötig, so z.B. vor dem Einbringen von Gesetzesvorlagen (Art.67 Abs.1 GG) oder dem Erlass von Rechtsverordnungen (Art.80 des GG) und Allgemeinen Verwaltungsvorschriften (Art.84-88 GG) [11]. Weitere Beschlusszuständigkeiten sind in einfachen Gesetzen enthalten.

Nach § 15 GOBReg sind der Regierung "alle Angelegenheiten von allgemeiner innen- und aussenpolitischer, wirtschaftlicher, sozialer, finanzieller oder kultureller Bedeutung, ..." zur Beratung und Beschlussfassung zu unterbreiten. Dadurch wird der Katalog der Kollegialzuständigkeiten erheblich erweitert, und es werden gerade die wichtigsten, staatsleitenden Entscheidungen bei ihrer Konkretisierung der Bundesregierung zugewiesen. Die Gegenstände der Kollegialzuständigkeit decken sich insoweit mit denen der Richtlinienkompetenz und könnten diese einschränken. Wie verhalten sich nun die Richtlinienkompetenz des Kanzlers und die Beschlusszuständigkeit der Regierung? Der Kanzler kann zwar im Kabinett nicht Einstimmigkeit oder Mehrheit für seine Ansicht verlangen, auch nicht indem er sie förmlich zur Richtlinie erklärt. Dennoch wird sich das Kabinett durch ein Nachgeben der Minister oder auch des Kanzlers meistens einigen. Zeigt es sich schon bei der Beratung, dass der Kanzler kaum eine

---

10) Hiezu Junker 117ff; Eschenburg 727ff; Mangoldt/Klein Art.65, V
11) Weiter wären die Art. 37, 81 und 113 GG zu nennen

Mehrheit finden wird, so wird die Abstimmung wohl unterbleiben (worauf der Kanzler allein entscheiden könnte). Entsteht aber ein Konflikt in einer wesentlichen Sache, so wird der Kanzler eine Regierungsumbildung versuchen müssen. Umstritten ist, ob der Kanzler einen ergangenen Kabinettsbeschluss nochmals bei sich überprüfen und - falls er ihn nicht in Einklang mit seinen Richtlinien finde - umstossen könne. Die herrschende Lehre bejaht die Zulässigkeit solcher "einsamer Entschlüsse" des Kanzlers und verstärkt damit die Vorrangstellung bis zur "Kanzlerdemokratie". [12]

1.3. <u>Die Richtlinienkompetenz im Verhältnis zum Bundespräsidenten</u> [13]

Zur Richtlinienbestimmung hat der Staatspräsident im Grunde gar kein Verhältnis. Weder steht er unter den Richtlinien, noch bedarf der Bundeskanzler zu ihrer Bestimmung seines Einverständnisses. Das Kanzlervorschlagsrecht ist nur eine Starthilfe zur Willensbildung des Bundestages. Das gesamte Verhalten des Präsidenten wird von der Bundesregierung parlamentarisch verantwortet. Bei gegenzeichnungsfähigen Akten ist die Uebereinstimmung mit den Richtlinien des Kanzlers gewährleistet. Aber auch die übrige amtliche Tätigkeit kann angesichts der beschränkten Stellung des Präsidentenamtes den Richtlinien kaum widersprechen.

1.4. <u>Die Richtlinienkompetenz im Verhältnis zum Bundestag</u> [14]

Bundeskanzler und Bundestag sind durch viel Verbindendes aufeinander bezogen, was JUNKER nach zwei Gesichtspunkten zusammenfasst: dem Zwang zur Uebereinstimmung und dem Zwang zur Zusammenwirkung.

---

[12] Mangoldt/Klein Art.65, II 2b; Eschenburg 735; Ellwein, BRD 277; abweichend Junker 118f
[13] Hiezu Junker 121ff; Ellwein, BRD 281ff; Eschenburg 632ff
[14] Vgl. Junker 87ff; Glum 363ff; Eschenburg 677ff und 562ff; Ellwein, BRD 218ff

1.4.1. Der Uebereinstimmungszwang

Der Bundestag muss die Richtlinien des Kanzlers durch Zustimmung oder mindestens Duldung billigen; eine Richtlinienbestimmung gegen den Willen des Bundestages gibt es nicht. Die Uebereinstimmung der beiden Organe wird durch drei Techniken gewährleistet: durch parlamentarische Kanzlerwahl und Vertrauen, durch parlamentarische Verantwortung und durch parlamentarische Kontrolle:

- Die Regelung der Kanzlerbestellung, des Misstrauensvotums und der Vertrauensfrage wurde schon vorne in ihren Auswirkungen auf die Richtlinienkompetenz beleuchtet. [15] Sie können den Uebereinstimmungszwang bis zur Vorformung der Richtlinien durch die Fraktion oder einen Koalitionsausschuss verstärken, aber umgekehrt auch die Kompetenz des Kanzlers begünstigen und das Parlament zur Mitarbeit erziehen.

- Die parlamentarische Verantwortung soll dem Parlament die Kenntnis- und Stellungnahme aller Akte der Regierung ermöglichen. Verantwortung bedeutet hier, dem Parlament für einen bestimmten Bereich zur Auskunft und Antwort verpflichtet sein und dafür mit seiner Person einstehen. Von besonderem Interesse ist hierin die Regierungserklärung des Kanzlers, die er am Anfang oder im Laufe der Legislaturperiode vor dem Bundestag abgibt: Sie ist die massgebliche, und darum sorgfältig ausgearbeitete Formulierung der Richtlinien der Politik, auf die der Bundeskanzler seine Regierung vor dem Bundestag festlegt.

- Das parlamentarische Kontrollrecht ist die älteste Technik zur Herstellung der Uebereinstimmung von Parlament und Regierung. Die Kontrolle ist grundsätzlich umfassend, aber in ihren Formen beschränkt. [16]

---

15) Vgl. vorne Kap. 1.1. und Junker 76, 80ff
16) **Die verschiedenen Möglichkeiten sind bei Junker (S.87ff) gut dargestellt.**

1.4.2. Der Zusammenwirkungszwang

Ein Zwang zum Zusammenwirken von Regierung und Parlament besteht, weil die Gesetzgebung der politischen Führung und die politische Führung der Gesetzgebung bedarf. Beide Organe sind unauflösbar aufeinander angewiesen. Das Zusammenwirken ist in den drei wichtigsten Bereichen unterschiedlich:

- Die allgemeine Gesetzgebung ist mit der Richtlinienbestimmung eng verbunden, denn der grösste Teil der Richtlinien wird durch Gesetze verwirklicht. Umgekehrt bedarf der Gesetzgeber der Mitwirkung der Regierung, da er für die massgebliche Vorbereitungsarbeit zu wenig gut organisiert und sachverständig ist. Die Richtlinienbestimmung umfasst hier das Ob, Wann und die Reihenfolge der Einbringung, sowie die Entwicklung der Grundgedanken der Vorlage.

- Ein gesteigerter Zusammenwirkungszwang besteht im Haushaltswesen. Der Haushaltplan ist ein formalisiertes und detailliertes, aber nur kurzfristiges und auf finanzielle Aspekte beschränktes "Regierungsprogramm", das dem Bundestag zur gesetzförmigen Annahme vorgelegt wird. Die Annahme bestätigt die Politik der Regierung und kräftigt ihre Position; eine Ablehnung zwingt sie praktisch zum Rücktritt.[17]

- Ein besonderer Zusammenwirkungszwang besteht auch im Bereich der Auswärtigen Gewalt. Obschon hier die Bundesregierung grundsätzlich allein zuständig ist, besteht im Erfordernis der Vertragsgesetze nach Art.59 Abs.2 GG für das Parlament doch ein Sondervorbehalt, der eine entsprechende Einschränkung der Richtlinienkompetenz bewirkt.

Zusammenfassend ist festzuhalten, dass zwar der Kanzler (und nicht der Bundestag) die Richtlinien bestimmt,

---

[17] Max v.Heckel im Handbuch des dt. Staatsrechts, Bd.2 (1932) Tübingen, S. 392 und 400. Die Nichtgenehmigung des Haushalts führte letztlich auch zum Rücktritt der Regierung Brandt (1972)

aber dass er dabei die Billigung, Durchführung und Mitwirkung des Bundestags als des Instrumentes und Mitträgers der Richtlinien nie entbehren kann.

1.5. <u>Die Richtlinienkompetenz im Verhältnis zum Bundesrat</u> [18]

Der Bundesrat ist an der Richtlinienkompetenz nicht beteiligt. Es fehlt die Mitwirkung bei der Bestellung und Abberufung der Regierung, sowie jede echte Verantwortung der Regierung vor dem Bundesrat. Der Bundesrat wirkt aber an der Gesetzgebung und Verwaltung des Bundes mit. [19] Er kann zudem über eine Richtlinienangelegenheit jederzeit beraten und beschliessen, auch wenn deren Verwirklichung erst in einem späteren Stadium die Mitwirkung des Bundesrats brauchte; so kann er bestimmte Richtlinien des Kanzlers im Keime beeinflussen oder ganz ersticken. [20]

1.6. <u>Der Einfluss der Parteien auf die Richtlinienkompetenz</u> [21]

Nicht in der Verfassung geregelt, aber von nicht zu unterschätzender Bedeutung ist der Einfluss der politischen Parteien auf die Richtlinien des Kanzlers. Sie bilden die unentbehrliche parlamentarische Basis der Richtlinienbestimmung und der Kanzler ist eng mit ihnen verbunden.

1.6.1. <u>Die parlamentarische Basis der Richtlinienbestimmung</u>

Das Parlament wählt den Kanzler, verwirklicht seine Richtlinien durch die Gesetzgebung und hält ihn durch sein Vertrauen im Amt. Der Kanzler bedarf deshalb zu seiner Amtsführung der Uebereinstimmung mit mindestens der einfachen Mehrheit des Parlamentes. Die Mehrheit kann zureichend,

---

[18] Hiezu Junker 103ff; Eschenburg 618ff; Ellwein, BRD 248ff
[19] Vgl. die Art.76, 77 und 59 Abs.2 GG, sowie den vollständigen Katalog der Zustimmungsmaterien bei Mangoldt/Klein Art.50, V 2
[20] Junker 104/05
[21] Hiezu Schüle 94ff; Weber 140ff; Eschenburg 678ff; Junker 60ff; Maunz/Dürig Art.65 Anm. 11ff

übermässig oder total sein [22] und sich aus einer Mehrheitspartei oder einer Koalition zusammensetzen. In den verschiedenen Konstellationen kann der Kanzler Vorsitzender, Fraktionsführer, Abgeordneter oder einfaches Mitglied einer beliebigen Regierungspartei sein; er kann auch keiner Partei angehören. Ist er in einer ergänzenden Mehrheit Koalitionsführer, wie Konrad ADENAUER von 1953 bis 1961, so hat der Kanzler die parteimässig stärkste Stellung inne.

Die Freiheit des Bundeskanzlers in der Bestimmung der Richtlinien ist je nach seiner Parteistellung und der Mehrheitszusammensetzung im Parlament sehr verschieden. Die beste parlamentarische Basis ist die einer Mehrheitspartei, denn der Kanzler wird hier in seiner Richtlinienbestimmung durch keine Koalitionsverträge und laufende Rücksichtnahme auf andere Parteien eingeschränkt. Allerdings ist es möglich, dass er in seiner eigenen Fraktion Widersprüche zu überwinden hat oder gar von ihr beherrscht wird. Jede Koalition bringt dagegen solche Einschränkungen auf jeden Fall mit sich. Die Richtlinien werden zu Kompromissen oder aber der Bundeskanzler kann sie auf einigen Gebieten zwar selbst bestimmen, aber auf Kosten von Zugeständnissen auf den anderen. Je angefochtener der Kanzler ist, desto grössere Zugeständnisse an die Koalitionspartner sind nötig. Im Normalfall bedeutet jede Koalition eine teilweise Fremdbestimmung der Richtlinien.

1.6.2. Richtlinienkompetenz_und_Parteizugehörigkeit_

Der Kanzler braucht zur Richtlinienbestimmung eine Hausmacht als Kern der parlamentarischen Unterstützung und als natürlichen Mitträger und Werber seiner Politik. Allerdings muss er über die innerparteilichen Disziplinie-

---

[22] Die zureichende entspricht meist der sog. "Kleinen Koalition", die übermässige der "Grossen Koalition", während die totale Mehrheit aus einer Allparteienregierung hervorgeht. Zu den verschiedenen Arten der Koalition vgl. Sternberger 110

rungsmittel verfügen, um seine Richtlinien gegenüber Parlamentsmehrheit und Regierungskollegen durchzusetzen: das bedeutet vor allem Mitwirkung bei der Willensbildung der Partei, Mitverfügung über die Kandidaturen und Parteikarrieren, Aemterpatronage. [23] Anderseits kann die eigene Partei zur Hauptkonkurrentin werden. Sie kann die Richtlinienentscheide vor- und mitformen und den Ermessensspielraum des Kanzlers einschränken. Die Rücksichtnahme des Kanzlers auf seine eigene Partei - aus Solidarität wie im eigenen Interesse - ist staatsrechtlich erlaubt, solange die Partei nicht selber die Befugnisse des Kanzlers in Anspruch nimmt, denn dadurch würde die rechtsstaatliche Kontrolle der Regierung durch die Parlamentsmehrheit ausgeschaltet und die komplementären Verpflichtungen von Regierung und Parlament umgangen.

Das Parteiprogramm hingegen kann als positiver Impuls zur Richtlinienbestimmung anerkannt werden. [24] Wird die Regierung auf ein Parteiprogramm verpflichtet, wenn sie damit im Wahlkampf werbend vors Volk getreten ist? Die Frage ist zu verneinen, weil eine solche Selbstbindung der Regierung ein zusätzliches plebiszitäres Element in der Staatsordnung wäre; das Volk würde dadurch auf einem von der Verfassung nicht vorgesehenen Gebiet zum Organ der Staatswillensbildung.

Im Zweiparteiensystem, das sich immer deutlicher abzeichnet, wird die Parlamentswahl auch zur Kanzlerwahl, indem die Parteien ihren Kandidaten für den Fall des Wahlsieges klar als künftigen Kanzler herausstreichen. In Deutschland zeigt sich die Tendenz, dass der Wähler seine Stimme weniger einem bestimmten Programm als einer bestimmten Persönlichkeit gibt, die er zum Kanzler haben möchte.

---

23) Die Fremdbestimmung der Richtlinien ist am geringsten, wenn der Kanzler Vorsitzender seiner Partei ist (Junker 66; Schöne 159).
24) Zu den Parteiprogrammen Ellwein, BRD 144ff; Flohr 40ff, 58ff

2. Führungsinstrumentarium und politische Planung

2.1. Kabinettsausschüsse und andere interministerielle Ausschüsse [25]

Die Zahl von gewöhnlich 20 Kabinettsmitgliedern erschwert dringlich zu treffende Sachentscheidungen und die Beratung spezieller Sachfragen, weil bei dieser Grösse die notwendige Diskussion und damit die gemeinsame fortlaufende Willensbildung beeinträchtigt wird. Da die Zahl der Ressorts bisher nicht reduziert werden konnte [26], versuchte man es mit der Errichtung von Kabinetts- und andern interministeriellen Ausschüssen. Die Verantwortlichkeit der Minister für ihr Ressort und die Befugnisse des Kabinetts als Kollegium, in dem alle Minister mitwirken dürfen, beschränken die Zuständigkeit der Ausschüsse auf die blosse Beratung und Vorbereitung politischer Entscheide.

Kabinettsausschüsse als Dauereinrichtung überfordern jene Minister, deren Zuständigkeiten vielfach mit denen anderer Ministerien verknüpft sind; solche Minister müssen dann in den Sitzungen von Chefbeamten vertreten werden, wodurch die Ausschüsse ihren Charakter als politische Gremien verlieren. Sollen die Kabinettsausschüsse nicht nur Koordinations-, sondern auch Leitungsgremien sein, so muss der geschäftsführende Vorsitzende - meist der Bundeskanzler - imstande sein, den Kollegen ein Konzept schon vor der Ausarbeitung von Detailvorschlägen vorzulegen. Um die Richtlinien des Kanzlers durchzusetzen, braucht es weiter eine strenge Richtungs- und Leistungskontrolle aller Ausschüsse durch das Bundeskanzleramt, das auch die Geschäftsführung besorgt.

---

[25] Hiezu Prior, bes. S. 98ff; vgl. auch Hennis 21ff; Schöne 168ff; Reform der Struktur 14f; Eschenburg 728.
[26] Vgl. die von der Projektgruppe vorgeschlagenen Kabinettsmodelle zu 12 oder 13 Ressorts in: Reform der Struktur 72ff

Die <u>interministeriellen Ausschüsse</u> sind Sache der Ressorts. Es werden acht Typen unterschieden: Zur Beratung dienen die Informations-, Ermittlungs-, Planungs- und Lenkungsausschüsse; Verwaltungsaufgaben haben die Ausschüsse zur Genehmigung von Anträgen, zur Verwaltung von Fonds, zur Aufstellung von Verwaltungsvorschriften und zur Vorbereitung eines Gesetzesentwurfs.[27] Die Planungsausschüsse im besonderen haben neben viel Koordinationsarbeit die Hauptaufgabe der empirischen Analyse und rationalen Entwicklung von Programmen und Modellen.

Die Grundstruktur der Bundesregierung, die einer organischen Gliederung feindlich ist, hindert einen zielstrebigen Aufbau der Ausschüsse; die Grenze der Ressortzuständigkeit ist bald erreicht. Weil das Grundgesetz ferner keine Unterscheidung in Bundesminister mit und ohne Kabinettsrang zulässt, kam bei den Bestrebungen um eine Reform der Regierungsstruktur auch nie die Errichtung eines Kernkabinetts in Frage.[28]

2.2. Das Bundeskanzleramt (BKA) [29]

Als wichtigstes Hilfsmittel zur Bestimmung und Durchsetzung seiner Richtlinien der Politik steht dem Bundeskanzler ein besonderer "Generalstab" zur Verfügung, das Bundeskanzleramt.

2.2.1. Die Aufgaben des Bundeskanzleramts

a) Das BKA hat vor allem Entscheide des Kanzlers vorzubereiten. Für die Ausarbeitung der Richtlinien ist das BKA unentbehrlich und seine Experten haben wichtige Einwirkungsmöglichkeiten.[30] Die Richtlinien der Politik werden zwar nicht im BKA bestimmt, aber in ihrer

---

27) Hiezu ausführlich Prior 109ff
28) Reform der Struktur 14
29) Hiezu detailliert Behrendt, bes. 41ff und 87ff, sowie Schöne 192ff und bes. 221ff; vgl. auch Bachmann 168ff; Böckenförde 234ff
30) Hennis 20/21

Entstehung, in ihrem Inhalt und ihrer Formulierung stark beeinflusst. Es bereitet ferner die Haltung des Kanzlers gegenüber Interessenverbänden, politischen Organisationen und dem Parlament vor.

In beschränkterem Umfang werden im BKA auch die Entscheidungen des Kabinetts vorbereitet. Die Geschäftsführung der Kabinettsausschüsse befindet sich ebenfalls beim BKA. [31]

b) Das BKA wirkt in erster Linie koordinierend zwischen den Bundesministerien. Es leitet die den Kabinettsbeschlüssen vorausgehenden Verhandlungen und die Zusammenarbeit unter den beteiligten Ministerien. [32] Die zuständigen Experten des BKA schalten sich schon in frühen Vorbereitungstadien einer Vorlage ein und bringen die Gesichtspunkte der andern Ressorts und der Gesamtpolitik ins Spiel. Das BKA hilft so, Doppelspurigkeit zu vermeiden und Lücken in der Vorbereitung aufzuzeigen.

In zweiter Linie hat das BKA auch Koordinationsfunktion als Verbindungsstelle des Kanzlers zu allen Bundes- und Landesbehörden, zur Verwaltung sowie zu den parlamentarischen und ausserparlamentarischen Organisationen und Gruppierungen auszuüben. [33]

c) Der Kanzler kann die Einhaltung seiner Richtlinien in den Ministerien nur kontrollieren, wenn ihn das BKA über alles unterrichtet, was in den Ressorts vor sich geht. Das BKA informiert sich deshalb dauernd über Vorgänge, Methoden, Absichten und Entscheide in den verschiedenen Ressorts, interpretiert die gesammelten Informationen und überprüft sie auf ihre Uebereinstimmung mit den Richtlinien der Politik.

d) Das BKA erledigt endlich alle Kanzleigeschäfte.

---

31) Bachmann 170; Behrendt 50
32) Eschenburg 746; Böckenförde 241
33) Eschenburg 746

2.2.2. Organisation und Stellung des BKA [34]

Die Organisation des BKA wird immer noch auf die Bedürfnisse und Wünsche des amtierenden Kanzlers abgestimmt, weil es vor allem sein persönliches Führungsinstrument ist. Chef des Bundeskanzleramtes ist seit 1969 ein Minister; unter ihm leiten drei Ministerialdirektoren und ein Ministerialdirigent je eine Abteilung. Die Abteilung III insbesondere enthält den in Ausbau begriffenen grossen Planungsstab, sowie eine Unterabteilung für Verteidigungsfragen im weitesten Sinne.

Der Minister im BKA ist zugleich Chef dieses Amtes und Sekretär der Bundesregierung. Konflikte entstehen aus dieser Doppelstellung keine, weil auch innerhalb der Regierung der Kanzler die Richtlinien bestimmt. Da dieser Minister als einziger dauernd Zugang zum Kanzler hat und die ihm zu seiner Meinungsbildung erforderlichen Kontakte und Informationen vermittelt, ist er der engste Mitarbeiter des Kanzlers und kann zu seinem vertrauten politischen Berater werden. [35]

2.2.3. Der Aufbau eines Planungsstabes im besonderen [36]

Durch die Ende 1968 eingesetzte Projektgruppe für die Regierungs- und Verwaltungsreform wurde im August 1969 ein weiterer Ausbau der im BKA vorhandenen Planungskapazität verlangt. Die wichtigsten Postulate waren: [37]

- Die Anmeldungen der Ressorts zur mittelfristigen Finanzplanung sollten auch dem BKA zur Verfügung stehen.

- Das BKA muss darüber hinaus zusätzliche Informationen aus dem wissenschaftlichen, gesellschaftlichen und politischen Bereich unmittelbar aufnehmen, weil für eine

---

[34] Vgl. die genaue Zusammenstellung bei Schöne 194 und Behrendt 46f
[35] Mangoldt/Klein 1208; zur Stellung des Chefs des BKA: Schöne 206ff
[36] Behrendt 41f, 87f; Schöne 221ff; Morstein-Marx, Regierungsprogramm 259f
[37] Einlässlich Reform der Struktur 199ff; vgl. auch Schöne 222ff

Festsetzung der Prioritäten zwischen den Ministerien die sektoralen Informationen nicht ausreichen.

- Die Planung im BKA sollte von einem engen Vertrauten des Kanzlers geleitet werden, der ihn - soweit möglich - direkt am Planungsprozess beteiligt.

- Die vorhandenen Einrichtungen sollten um eine Analyse- und Prognoseeinheit erweitert werden, welche die Planungstätigkeit der Ressorts koordiniert, aber auch wissenschaftliche und kommerzielle Organisationen in den Planungsprozess einschaltet.

- Die eigentlichen Planungsarbeiten sollten von sachbezogen zusammengesetzten Gruppen aus Mitarbeitern des BKA und der Ressorts durchgeführt werden. Eine der ersten Aufgaben wäre es, die verschiedenen Erklärungen der Regierung [38] zur politischen Gesamtkonzeption zu verdeutlichen und Vorschläge für eine Vereinheitlichung vorzubereiten. Da abschliessende Empfehlungen zur Schaffung organisatorischer Einrichtungen für die politische Zielplanung noch nicht möglich sind, kann nach der Projektgruppe nur praktische Erprobung weiterführen. Der Ausbau der Planungseinrichtungen befindet sich deshalb noch in der Experimentierphase. [39]

Das BKA sollte indessen nicht zu einem Ueberministerium werden, das die Ministerien mit eigenen Plänen lenkt, während die Minister zu Handlangern der Richtlinienkompetenz des Kanzlers degradiert werden; dieser hat nach der Verfassung die Regierungsgewalt mit seinen Ministerkollegen zu teilen. [40]

---

[38] V.a. die eigentliche Regierungserklärung und die Erklärung zur Lage der Nation, welche die meisten Richtlinien enthalten.
[39] Vgl. unten Abschnitt 3.1.6.
[40] Art.65 GG; vgl. Schöne 226

2.3. **Das Presse- und Informationsamt der Bundesregierung** (BPA) [41]

Das BPA hat den Bundespräsidenten, den Kanzler und die Regierung laufend zu unterrichten, indem es den gesamten Nachrichtensektor im In- und Ausland erfasst und die öffentliche Meinung ständig erforscht.

Es hat weiter die Politik der Bundesregierung gegenüber der Presse und den sonstigen Nachrichtenträgern und Organen der öffentlichen Meinungsbildung zu vertreten. Da die Oeffentlichkeitsarbeit [42] auch einen werbenden Charakter hat, wird das BPA zu einem Instrument, mit dem die Regierung die öffentliche Meinung steuern kann. [43] Schliesslich hat das BPA die Nachrichtenpolitik der Bundesregierung zu koordinieren und damit dem Kanzler die Kontrolle zu ermöglichen, dass keine seinen Richtlinien zuwiderlaufenden Aeusserungen an die Oeffentlichkeit gelangen.

An der Spitze des BPA steht der Bundespressechef, ein Staatssekretär, der an den Sitzungen der Bundesregierung teilnimmt und zu den Vertrauensleuten des Kanzlers gehört. [44] Das BPA, in fünf Abteilungen gegliedert, untersteht unmittelbar dem Bundeskanzler.

2.4. **Die Stäbe der Minister, insbesondere zur Planung**

Zu ihrer politischen Beratung bedürfen die Minister eines eigenen "Ministerbüros" oder "Sekretariates", welches sie in ihrer politischen Tätigkeit, bei der Herstellung und Unterhaltung von Beziehungen zur Oeffentlichkeit, zu Parteien und Interessenverbänden unterstützt. [45] Aufgaben und Organisation dieser Einrichtungen sind kaum festgelegt, sondern stehen weitgehend im Belieben des Ministers.

---

41) Hiezu Walter Leisner, Oeffentlichkeitsarbeit der Regierung im Rechtsstaat, dargestellt am Beispiel des Presse- und Informationsamt der Bundesregierung, Berlin 1966, S. 13ff
42) Leisner, a.a.O. 23ff
43) Mangoldt/Klein 1209; Eschenburg 747ff; Ellwein, BRD 279
44) Eschenburg 750
45) Hiezu Böckenförde 213

Alle bedeutenden Ministerien, sowie das BKA und das BPA, haben zudem noch besondere "Planungsstäbe", "Grundsatzabteilungen" oder Einrichtungen mit ähnlicher Bezeichnung eingerichtet und sie dem Minister oder Staatssekretär unmittelbar unterstellt. [46] Die Projektgruppe hat dagegen ein Organisationsmodell der Ressortplanung vorgeschlagen, das die Planung in den Ressorts dezentralisiert [47]:

Informationsträger und Initianten der Zielplanung für die ministeriellen Regierungsprogramme sind vornehmlich die Referate und Arbeitsgruppen. Deren Planungsinitiativen werden zum ersten Mal in den Abteilungen zusammengefasst. Die Planungseinheit der Abteilung speist auch die relevanten Daten in die Planungsdatenspeicher ein und übernimmt neben der mittel- und langfristigen Planung die jährliche Haushaltplanung für die Abteilung. Das Planungsbüro des Ministers erstellt auf Grund der Anregungen der Abteilungen sodann die Entscheidungsalternativen und sucht bei Konflikten zwischen den Abteilungsprogrammen eine Bereinigung. Es nimmt ausserdem zusätzliche Informationen aus nicht-amtlichen Bereichen auf, die es mit den zuständigen Abteilungen in den Planungsprozess integriert, und unterhält den Kontakt zur zentralen Planungseinheit beim BKA. [48] Die vom Planungsbüro erarbeiteten Entscheidungsalternativen werden in der Planungsdiskussion dem Minister, dem Staatssekretär und den Abteilungsleitern erläutert, um Entscheidungen herbeizuführen und um gleichzeitig zur vollständigen Information aller Ebenen des Ressorts beizutragen.

---

46) Reform der Struktur 191/92
47) Im folgenden übernommen aus Reform der Struktur 214ff
48) Oder bei der Regierung; vgl. die Alternativen in Kap. 3.2.-3.4.

2.5. Die politische Planung auf der Regierungsebene [50]

2.5.1. Geschichtliche Entwicklung zum organisiert geplanten Regierungsprogramm

Die Regierung muss sich in ihren Plänen und ihrem Handeln einerseits an den jeweiligen Staatsbedürfnissen und anderseits an den parteipolitischen Richtungszielen orientieren; erst beide Komponenten zusammen ergeben ein Regierungsprogramm. [51] In Deutschland gab es schon früh solche Regierungspläne, allerdings keine bis ins Detail ausgearbeiteten Projekte, sondern vielmehr blosse Skizzen, die unter Berücksichtigung der sich wandelnden Situation ständig abgeändert wurden. [52] So ist etwa bekannt, dass BISMARCK ab 1862 nach einem bestimmten Plan vorgegangen ist, der schliesslich zur Reichsgründung führte. Reichskanzler STRESEMANN hat 1923 einen Plan der dringendsten Regierungsaufgaben aufgestellt und sogar verkündet.

Erst in den sechziger Jahren wurde das Regierungsprogramm von der parteipolitischen wie von der staatlichen Komponente her umfassender und detaillierter. 1961 hat Willy BRANDT als Führer der Oppositionspartei im Hinblick auf die Wahlen ein durchformuliertes "Regierungsprogramm" verkündet. [53] Im sog. Bonner Koalitionsabkommen von 1961 wurde neben den personellen Fragen (Besetzung der Ministerien) auch ein umfangreiches Sachprogramm vereinbart. [54]

Nach Vorstössen von Finanzminister F.J. STRAUSS im Jahre 1965 und 1966 [55] traf der neugewählte Bundeskanzler K.G. KIESINGER in seiner Regierungserklärung vom 13.12.1966

---

[50] Zur politischen Planung in den Bundesländern vergleiche: Reform der Struktur 269ff; einlässlich Hans-Wolfgang Rombach, Erwägungen vom Standpunkt der Regierungspraxis, in: Die Staatskanzlei 267ff; sowie Frido Wagener, in: Regierungsprogramme 22ff
[51] Eschenburg 667
[52] Eschenburg 669/70; zur Entwicklung der öffentlichen Planung vgl. F. Wagener, in: Regierungsprogramme 15f
[53] Ellwein, BRD 168
[54] Schüle: 96/97 und Anhang
[55] Schöne 222; Reform der Struktur 194; Bachmann 179

eine grundsätzliche Entscheidung für eine politische Gesamtplanung. Die Bundesregierung beschloss dann am 25.9.1968, beim Bundesminister des Innern eine den Weisungen eines Kabinettsausschusses unmittelbar unterstellte Projektgruppe zu bilden, welche Reformvorschläge erarbeiten sollte. [56]
Eine Aenderung des Grundgesetzes sollte in dieser "begrenzten Kabinettsreform 1969" nicht in Betracht gezogen werden. Die eingesetzte Projektgruppe legte ihren Bericht am 31. August 1969 der Regierung vor. In seinem dritten Teil stellt der Bericht die Grenzen der Leistungsfähigkeit von Bundesregierung und -verwaltung für eine konzeptionelle Politik fest und gibt alternative Empfehlungen zum weiteren Ausbau der Planungseinrichtungen ab. Unter Bundeskanzler W. BRANDT wurden diese Vorschläge gewertet und der Ausbau energisch an die Hand genommen.

Die administrative, an den Staatsbedürfnissen orientierte Komponente des Regierungsprogramms dürfte in Zukunft nach einem Ausbau der politischen Planungseinrichtungen stärker überwiegen, umsomehr als einerseits immer mehr Sachfragen politisch neutral sind und anderseits die Wähler Partei- und Wahlprogramme kaum zur Kenntnis nehmen. [57] Beim Aufeinanderprallen harter Interessengegensätze darf aber der Einfluss von Parteizielen nicht unterschätzt werden, besonders wenn diese in einer Koalitionsvereinbarung festgehalten und von einem Koalitionsausschuss kontrolliert werden.

2.5.2. Ansätze und Ausbau der politischen Planung auf Regierungsebene [58]

Das am weitesten entwickelte Planungsinstrument auf Regierungsebene bildet die mittelfristige Finanzplanung. [59] Sie

---

56) Im einzelnen siehe Reform der Struktur 1ff und Lompe 297ff; über die Probleme in und um die Projektgruppe vgl. einlässlich Schatz 8ff. Kritik an der Projektgruppe auch bei Ellwein, Planen 214 (Anm. 10)
57) Ellwein, BRD 146; Flohr 58/59
58) Vgl. hiezu Reform der Struktur 199ff; Schöne 222ff; Lompe 58ff; F. Wagener, in: Regierungsprogramme 17ff
59) Vgl. hiezu Reform der Struktur 191ff

reicht indessen für die planerische Vorbereitung einer politischen Gesamtkonzeption nicht aus und gegen ihren Ausbau zum alleinigen Instrument politischer Planung sprechen besonders politische Bedenken. [60] Der Vorschlag, die mittelfristige Finanzplanung als "informationsintensive Querschnittsaufgabe" ins BKA zu verlegen, wurde von der Projektgruppe besonders wegen organisatorischer Schwierigkeiten abgelehnt. [61] Demnach wurde vorgeschlagen, an der bestehenden Organisation der Finanzplanung nichts zu ändern und die politische Planung auf der Ebene des Bundeskanzlers, bzw. des Kabinetts weiterzuentwickeln. Die einzige befriedigende Lösung war hier, die Planungskapazität des BKA weiter auszubauen, was in der Zwischenzeit auch an die Hand genommen wurde. [62]

Der vorgeschlagene Ausbau des BKA reicht zwar aus, um Methoden und Techniken für eine umfassende Zielplanung zu testen, Formen für eine rationale Organisation des Entscheidungsprozesses zu erproben und Personal für die politische Planung auszubilden, genügt aber nicht den Anforderungen einer umfassenden politischen Zielplanung, wenn die Organisation der Planung nicht weiter differenziert und institutionell verfestigt wird.

Die Projektgruppe für Regierungs- und Verwaltungsreform hat dafür drei alternative Modelle entwickelt und empfohlen, welche sich alle an das in Art.65 GG postulierte Gleichgewicht von Kanzler-, Kabinetts- und Ressortprinzip halten. [63] Auf diese drei Modelle ist nachfolgend einzutreten.

---

60) Vgl. dazu eingehend Reform der Struktur 196/97 und zusammenfassend vorne § 2 Kap. 1.4.2.
61) Vgl. im einzelnen Reform der Struktur 198/99
62) Vgl. hinten 3.1.6.
63) Zum Verhältnis von Art.65 GG und politischer Planung siehe bei Roman Herzog, in: Regierungsprogramme 46ff

3. Das Regierungsprogramm in der Bundesrepublik

3.1. Regierungsprogramm und Planungsorganisation nach den Vorschlägen der Projektgruppe für die Regierungs- und Verwaltungsreform [64]

3.1.1. G_em_ei_ns_am_ke_it_en_ d_er_ v_or_ge_sc_hl_ag_en_en_ M_od_el_le_

Die von der Projektgruppe entwickelten Modelle stellen Grundtypen für Institutionen und Verfahren der politischen Planung dar. Ihre Elemente sind daher vielfach kombinierbar. Je nach Typ und Kombination variiert der für ihre Einführung erforderliche personelle, finanzielle, organisatorische und zeitliche Aufwand.

Alle Modelle sehen eine zentrale, ständige Arbeitsgemeinschaft vor, die aus Beauftragten der Ressorts sachbezogen zusammenzusetzen ist und mit den Institutionen der mittelfristigen Finanzplanung eng zusammenarbeiten muss. Die Arbeitsgemeinschaft wird von einem Beauftragten des Bundeskanzlers geleitet, der kraft seiner Stellung in engem Kontakt zum Kanzler und den andern Kabinettsmitgliedern stehen soll. In allen Modellen sollte ferner der Planungsorganisation ein Planungsdatenspeicher angeschlossen werden, der für Planungsentscheidungen einen Gesamtüberblick über die politischen Ziele, die laufenden Programme und die verfügbaren Kapazitäten gibt und damit zur Aufhellung der zur Wahl stehenden Alternativen und ihrer Konsequenzen beiträgt. Bundeskanzler, Kabinett und Ressort hätten unmittelbaren Zugang zu ihm und wüssten deutlicher als bisher über ihren Entscheidungsspielraum und das Beziehungsnetz Bescheid.

Stets liegt die Entscheidung über die politischen Ziele auf der Ebene des Kanzlers und des Kabinetts, die Entscheide über die Programmplanung bei den einzelnen Bundesministerien. Zwischen den Trägern der politischen Entscheidung und den leitenden Mitgliedern der Planungsgremien sollte ein enges

---

[64] Gekürzt übernommen aus Reform der Struktur 206ff

Vertrauensverhältnis bestehen, weshalb Beamte und Angestellte in der Regel nur auf Zeit in zentrale Planungsgremien entsandt werden sollen. Neben besonders qualifizierten Beamten aus den Ressorts sollten auch erfahrene Mitarbeiter aus Wirtschaft und Wissenschaft gewonnen werden.

3.1.2. Ausbau_unter_Betonung des Kollegialprinzipes_(vgl. Modell 1)

- Die Planungsinitiative kann - aufgrund von Impulsen aus der Umwelt - sowohl von den Ressorts wie auch vom Kanzler oder Kabinett ausgehen. Die Initiativen der Ressorts werden überwiegen, weil diese über die leistungsfähigeren Einrichtungen zur Informationsaufnahme und -aufbereitung verfügen. Die Initiativen des Kanzlers dürften auch aus Punkten des Partei- oder Wahlprogrammes, eventuell auch aus einer Koalitionsvereinbarung hervorgehen. (1)

- Der Kanzler und die Minister geben ihre Planungsdirektiven an ihre Beauftragten in der zentralen Arbeitsgemeinschaft. (2) In ihr werden die Vorstellungen des Kanzlers und der Minister zusammengestellt und zur Vorbereitung von Beschlüssen zur politischen Gesamtkonzeption aufbereitet. In ständigem Gedankenaustausch mit dem Kanzler und den Ministern, sowie durch Heranziehung weiteren Materials werden die Planungsdirektiven und Zielvorstellungen untermauert und Alternativen ausgearbeitet. Die Arbeitsgemeinschaft hat in ständiger Wechselbeziehung zur mittelfristigen Finanzplanung darauf zu achten, ob und wie die Empfehlungen finanziell verwirklicht werden können.

- Die Arbeitsgemeinschaft legt sodann ihre alternativen Entscheidungsempfehlungen dem Kabinett zur Beschlussfassung vor. (3)
Das Kabinett stellt für das Regierungsprogramm und seine Fortschreibung die Ziele und Prioritäten fest und gibt

---

Die in Klammern gesetzten Zahlen beziehen sich auf das Modell

MODELL 1

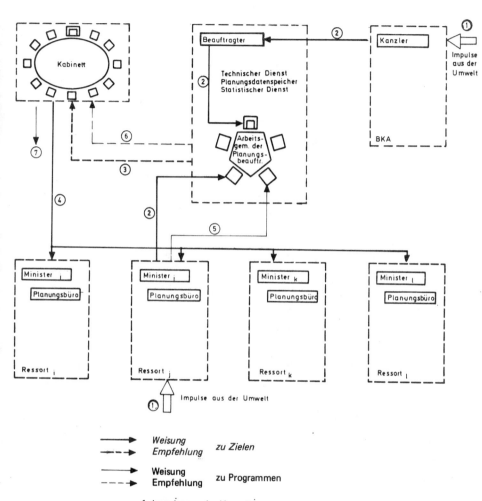

```
───────▶   Weisung
- - - -▶   Empfehlung    zu Zielen

───────▶   Weisung
- - - -▶   Empfehlung    zu Programmen
```

1 Impulse aus der Umwelt
2 *Planungsdirektiven*
3 *Empfehlungen der Planungsbeauftragten*
4 *Vorgabe der politischen Ziele an die Ressorts nach Aufstellung bzw. Fortschreibung des Regierungsprogramms*
5 Vorlage von Programmentwürfen
6 Empfehlungen der Planungsbeauftragten zu den Programmentwürfen
7 Freigabe der Programme zur Durchführung

sie den Ressorts für ihre Programmplanungen vor. (4)

- Die Ressorts entwickeln im Rahmen dieser Ziele ihre Programmvorschläge und leiten sie der Arbeitsgemeinschaft zu. (5)

  Diese überprüft die Programmziele auf ihre Uebereinstimmung mit der politischen Zielkonzeption des Regierungsprogramms, versucht sie optimal zu verflechten und legt sie dem Kabinett vor. (6)

  Wenn das Kabinett letzte Meinungsverschiedenheiten bereinigt hat, ist der Weg für die Durchführung der Programme frei, sei es zu einer Gesetzgebungsinitiative oder zur unmittelbaren Durchführung. (7) Die Programme sind damit auch Grundlage der mittelfristigen Finanzplanung.

- Der Bundeskanzler kann auf zweierlei Arten Einfluss auf den Planungsprozess nehmen: Einmal über den ihm unterstellten Beauftragten, der in der Arbeitsgemeinschaft den Vorsitz führt, und dann selbst im Kabinett kraft seiner Richtlinienkompetenz. Die Ressortminister haben durch ihr Weisungsrecht gegenüber ihren Planungsbeauftragten direkten Einfluss auf das Planungsverfahren. Da der überwiegende Teil der Planungsarbeit (bes. die Informationsgewinnung) in den Ressorts geleistet wird, werden Ressortgesichtspunkte ein starkes Uebergewicht haben. Dies wird den Kanzler und das Kabinett mit einem erheblichen Koordinationsaufwand belasten, anderseits erreicht die Planung nach diesem Modell die grösste Fachbezogenheit.

3.1.3. Ausbau_unter_Betonung_des_Kanzlerprinzips (vgl. Modell 2)

- Der überwiegende Teil der Planungsarbeit wird in diesem Modell unter der dienstlichen und fachlichen Aufsicht des Bundeskanzlers geleistet. Hierbei beraten ihn die Ressorts, welche ihre Empfehlungen zur politischen Zielplanung dem Kanzler zuleiten. (2) Dem Kanzler steht un-

ter der Leitung seines Beauftragten eine speziell für
die politische Planung eingerichtete und stärker als
im ersten Modell ausgebaute Dienststelle zur Verfügung,
die in ständigem Gedankenaustausch mit ihm versucht,
die Zielvorstellungen zu konkretisieren und durch Heranziehung weiteren Materials zu untermauern, sowie die
Alternativen ausarbeitet.

- Die so erarbeiteten Zielvorstellungen werden im Kabinett beraten. (3) Der Kanzler stellt sodann für das Regierungsprogramm die politischen Ziele fest und gibt sie den Ressorts für ihre Programmplanung vor. (4)

- Die Ressorts entwickeln im Rahmen dieser Ziele ihre Programmvorschläge und leiten sie der Arbeitsgemeinschaft zu (5), welche die Programme schwerpunktmässig koordiniert und integriert, sie auf ihre Uebereinstimmung mit der politischen Zielkonzeption des Regierungsprogramms überprüft und das Gesamtprogramm dem Kabinett vorlegt. (6)

- Das Kabinett bereinigt letzte Differenzen und gibt den Weg zur Durchführung der Programme frei. (7)

Da in diesem Modell der Kanzler als Träger der Entscheidung mit dem Apparat, der seine Entscheide vorbereitet, eng verbunden ist, kann er seine Richtlinienkompetenz gegenüber den Ressorts besser wahrnehmen. Da hier auch eher als beim ersten Modell Planungskapazität für die Wechselfälle der politischen Entwicklung ständig bereitgehalten werden kann, wird die Reaktionsfähigkeit des ganzen Systems verstärkt.

Im Einzelnen sollte die genannte Dienststelle beim Kanzler aus Gruppen für Zielplanung und Programmplanung bestehen, wobei die letztere über die Planungsbeauftragten eng mit den Ressorts verbunden sein wird. Ein Zentrum für Prognosen wird Aufgaben der langfristigen Vorausschau erfüllen und die Stelle für Informationsbeschaffung sollte als Clearing-Stelle für die Kabinettsmitglieder aufgefasst werden.

MODELL 2

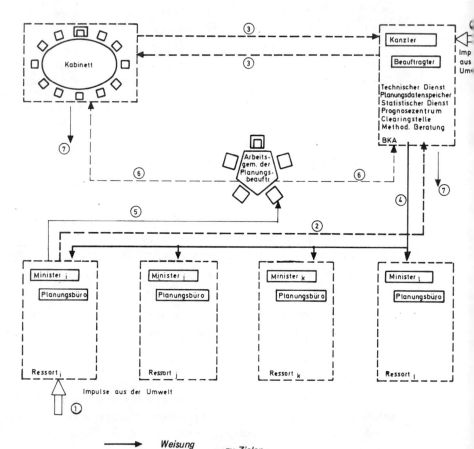

→ Weisung
--→ Empfehlung zu Zielen

▶ Weisung
--▶ Empfehlung zu Programmen

1 Impulse aus der Umwelt

2 *Politische Zielempfehlung*
3 *Beratung der politischen Zielvorstellungen im Kabinett*
4 *Vorgabe der politischen Ziele an die Ressorts nach Aufstellung bzw. Fortschreibung des Regierungsprogramms*
5 Vorlage von Programmentwürfen
6 Empfehlungen der Planungsbeauftragten zu den Programmentwürfen
7 Freigabe der Programme zur Durchführung

3.1.4. Ausbau unter einer Verbindung von Kollegial- und Kanzlerprinzip (vgl. Modell 3)

- Die Planungsinitiativen kommen in diesem Modell vom Kanzler, vom Kabinett und von den Ressorts, mit einem gewissen Uebergewicht des Kanzlers.

- Der Kanzler und über ihn auch das Kabinett und die einzelnen Minister geben ihre Planungsdirektiven an ihre Beauftragten in der zentralen Arbeitsgemeinschaft. (2). Die Arbeitsgemeinschaft versucht, mit Hilfe einer zentralen Dienststelle die Zielvorstellungen in ständigem Kontakt mit dem Kanzler, dem Kabinett und den Ministern zu konkretisieren und durch Einarbeitung weiteren Materials zu untermauern, sowie Alternativen auszuarbeiten. Sie legt ihre alternativen Entscheidungsempfehlungen dem Kanzler und dem Kabinett vor. (3)

- Der Bundeskanzler und das Kabinett bestimmen für das Regierungsprogramm und seine Fortschreibung die Ziele und Prioritäten und geben sie den Ressorts für ihre Programmplanungen vor. (4)

- Die Ressorts leiten wiederum die im Rahmen dieser Ziele entwickelten Programme zur Arbeitsgemeinschaft. (5) Diese überprüft nun die Programmziele auf ihre Uebereinstimmung mit der politischen Zielkonzeption des Regierungsprogrammes, versucht sie optimal zu verflechten und legt sie dem Kanzler und dem Kabinett vor. (6)

- Nach der Bereinigung letzter Meinungsverschiedenheiten im Kabinett ist der Weg frei zur Durchführung der Programme. (7)

Im Gegensatz zum 2. Modell arbeitet die Dienststelle für politische Planung über die Arbeitsgemeinschaft der Planungsbeauftragten dem Kanzler und dem Kabinett gleichermassen zu. Ueber den Kanzler kann auch das Kabinett dem Planungsbeauftragten Planungsdirektiven geben. Der Koordinationsaufwand wird hier grösser als beim zweiten Modell sein.

MODELL 3

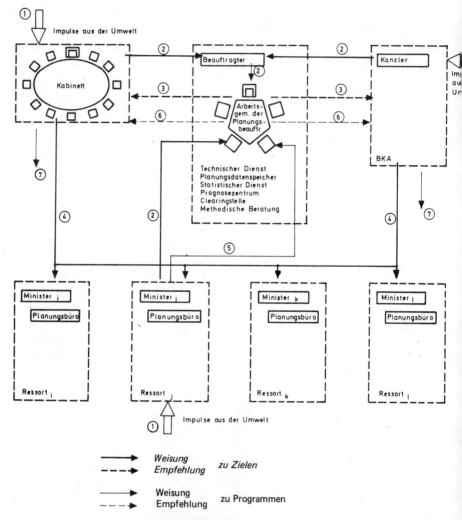

→ Weisung
---> Empfehlung zu Zielen

→ Weisung
---> Empfehlung zu Programmen

1 Impulse aus der Umwelt

2 Planungsdirektiven
3 Empfehlungen der Planungsbeauftragten
4 Vorgabe der politischen Ziele an die Ressorts nach Aufstellung bzw. Fortschreibung des Regierungsprogramms

5 Vorlage von Programmentwürfen
6 Empfehlungen der Planungsbeauftragten zu den Programmentwürfen
7 Freigabe der Programme zur Durchführung

3.1.5. Verfassungsrechtliche Bemerkungen [65]

Eine Einflussnahme auf die Planung ist für Kanzler, Kabinett und Bundesminister nur im Rahmen der Kompetenzen des Art.65 GG möglich. Entsprechend auf die Planungskompetenz übertragen heisst das, dass der Kanzler nur die Grundsätze und Grundzüge sowie politisch wichtige Einzelheiten der Planung bestimmen kann. Wo die Festlegung der Grundsätze in die Detailplanung übergeht, ist die Grenze der Ressortzuständigkeit erreicht. Der Ressortminister aber legt seine Pläne im Rahmen der Richtlinien des Kanzlers fest. Unvereinbare Pläne der Minister koordiniert das Kabinett. [66]

Planungseinrichtungen können zu Machtverschiebungen zwischen Bundeskanzler, Kabinett und Ministern führen. Sie wären jedoch nur dann verfassungsrechtlich oder -politisch angreifbar, wenn sie das grundsätzliche Gleichgewicht der Komponenten des Art.65 GG nachhaltig stören würden. Bei allen drei vorgeschlagenen Modellen ist dies aber nicht der Fall; insbesondere lässt sich das zentrale Planungsgremium verfassungsrechtlich sowohl beim Kanzler wie beim Kabinett oder bei beiden gleichermassen ansiedeln.

Die Planungskompetenz des Kanzlers ergibt sich unbestritten aus der Richtlinienkompetenz, aus dem materiellen Kabinettsbildungsrecht und aus § 9 GOBReg (Organisationsgewalt).

Im Hinblick auf die mehrheitlich geforderte rechtzeitige Beteiligung des Parlamentes an den Planungsüberlegungen der Regierung müssten Parlament und Regierung gemeinsam neue Formen der politischen und technischen Zusammenarbeit entwickeln. Deshalb sollten die Reformüberlegungen des Bundestages wenn möglich mit denen der Regierung verbunden werden.

---

[65] Leicht gekürzt aus Reform der Struktur 217/18
[66] Zum Verhältnis von Art.65 GG zu den Planungskompetenzen siehe R. Herzog, in: Regierungsprogramme 46ff

3.1.6. Erste Schritte des Ausbaus

Nach den Wahlen von 1969 ging die neue Regierung BRANDT sofort und zielstrebig daran, das vorgeschlagene politische Planungssystem auf- und auszubauen. Als erstes musste eine Informationsgrundlage geschaffen werden, die für ein Aufgabenplanungs- und Frühkoordinationssystem unerlässlich ist. [67] In jedem Bundesministerium wurde deshalb ein Planungsbeauftragter ernannt, der die Integration der Planungsbemühungen innerhalb des Ressorts und zwischen den Ressorts zur Aufgabe hat. Die Planungsbeauftragten bilden - zusammen mit solchen des Kanzleramtes - eine ständige Konferenz, die jeweils vierzehntägig im BKA zusammentritt, um die gemeinsamen Fragen der verfahrensmässigen Koordination der Vorhaben der Bundesregierung unter Berücksichtigung inhaltlicher, finanzieller und zeitlicher Prioritäten zu überlegen. Weiter wurde ein auf "elektronische Datenverarbeitung gestütztes Verfassungssystem für Vorhaben der Ressorts" eingerichtet. [68] Die Informationsgrundlage steht allen Beteiligten zur Verfügung, welche somit prüfen können, welche interessanten Projekte in andern Ressorts anlaufen, um von daher die Prozesse der nötigen Koordination in die Wege zu leiten.

1970 wurde in einem zweiten Schritt [69] damit begonnen, erstens die Programme zur Realisierung von Reformabsichten, zweitens die geplanten Massnahmen zu ihrer Verwirklichung während der Legislaturperiode und drittens die über die Legislaturperiode hinaus vorzubereitenden Projekte einzuholen. Leider wurden die Vorhaben noch zu wenig durch das BKA materiell gesteuert. [70]

Der Aufbau des Planungssystems wurde besonders gefördert durch die reformerische Zielsetzung im Programm der neuen Regierung, durch die Praxisnähe der Vorschläge im Bericht

---

67) Jochimsen 952/53
68) Schatz 13; Ronge/Schmieg, Einleitung 7
69) Jochimsen 953
70) Schatz 13; weitereKritik bei Ronge/Schmieg, Einleitung 22/23 und in der dort zitierten Literatur

der Projektgruppe und durch die Aufwertung des fähigen Chefs des Kanzleramtes zum Minister. Hindernd waren dagegen die Schwierigkeiten der Ressorts bei der Benennung von Planungsbeauftragten und bei der Umdisposition der knappen personellen und finanziellen Mittel für ihre Unterstützung, sowie die Konkurrenzsituation zwischen den neugeschaffenen Planungsbeauftragten und den Abteilungsleitern in den Ressorts. [71]

Ueber den weiteren Ausbau und Erfolg konnte noch nichts erfahren werden.

3.2. **Das Regierungsprogramm als internes Arbeitsinstrument der Regierung**

Das Regierungsprogramm und seine Ausarbeitung nach einem der drei vorgeschlagenen Modelle ist in verschiedenen Funktionen ein vorzügliches Arbeitsinstrument der Regierung.

3.2.1. Das Regierungsprogramm und das ihm zugrundeliegende Planungssystem sind in erster Linie ein hervorragendes Instrument der <u>mittel- und langfristigen Planung</u>. Alle drei Verfahren ermöglichen es, auf längere Zeit Alternativen für Entscheidungen über politische Ziele auf grösstmöglicher Wissensgrundlage systematisch und rational vorzubereiten. Damit gewinnen vor allem Bundeskanzler und Kabinett einen sehr viel grösseren Spielraum für ihre Entscheidungen zurück. Kanzler und Kabinett werden zudem nur mit solchen Informationen belastet werden, die für die Aufstellung von Grundsätzen und politischen Richtlinien erforderlich ist. Damit bleibt eine generelle Einwirkung auf den ganzen Staatsapparat und die Gesamtpolitik möglich, was auch der Regelung des Grundgesetzes entspricht.

Beschränkten sich die früheren Regierungsprogramme, und vor allem die Regierungserklärungen, auf die Bekannt-

---

[71] Schatz 14

gabe eigener Zukunftsvorstellungen, so können sie heute vom Setzen von unverbindlichen Orientierungspunkten für andere bis hin zu einem verbindlichen Plan in Form einer Rechtsnorm gehen, letzteres etwa wenn Kanzler und Kabinett konkrete Weisungen an die Ressorts zur Durchführung der Programme geben.

3.2.2. Ferner erfüllt das Regierungsprogramm auch wichtigste <u>Koordinations- und Integrationsaufgaben</u>. Die intensive und ständige Zusammenarbeit der Planungsbeauftragten aller Ressorts in einer Arbeitsgemeinschaft und die ständige Wechselbeziehung zur mittelfristigen Finanzplanung erlauben es, die einzelnen Ressortprogramme unter inhaltlichen, finanziellen und zeitlichen Aspekten tatsächlich aufeinander abzustimmen und zu einem Gesamtprogramm zu verarbeiten. Die gleiche Koordinations- und Integrationsarbeit wie die Arbeitsgemeinschaft leisten in den Ressorts die Planungsbüros ihres Bereiches. [72]

Das Gesamtprogramm, wie es verwirklicht werden soll, gäbe weiter eine ständig auf dem neuesten Stand gehaltene <u>Uebersicht</u> über die jeweiligen Regierungsziele, die darauf ausgerichteten Programme und ihre momentane Verwirklichung, sowie einen Ueberblick über die gegenseitigen Beziehungen und Auswirkungen der Ziele und Programme. Da die zentrale Dienststelle für politische Planung allen Beteiligten zugänglich ist, können diese sich sehr früh über die Projekte der anderen Ressorts orientieren und die nötigen Koordinationsprozesse in die Wege leiten. Damit sind erste Ansätze für ein sog. Frühkoordinationssystem [73] gegeben.

Die gemeinsame Beratung und Beschlussfassung vorerst über die politischen Zielempfehlungen und dann über die Programmentwürfe im Kabinett könnte die Regierung wieder zu einem Kollegium hin integrieren, zumindest bei einem

---

[72] Vgl. vorne 2.4.2.
[73] Dazu einlässlich Jochimsen 953ff

Ausbau unter Betonung des Kollegialprinzipes (Modell 1).

3.2.3. Das Regierungsprogramm und sein Fortschreibungsverfahren sind auch ein vielfältiges **Kontrollinstrument**:

- Die Arbeitsgemeinschaft der Planungsbeauftragten vergleicht stets die einzelnen Programmentwürfe der Ressorts mit der politischen Gesamtkonzeption der Regierung (Richtungskontrolle).

- Die Planungsbeauftragten und das BKA kontrollieren die Durchführung der Programme in den Ressorts (Durchführungskontrolle) und vergleichen die vorgegebenen Ziele mit dem tatsächlich erreichten Ergebnis (Erfolgskontrolle).

- Bei der Ueberprüfung stellt sich auch heraus, ob die dem Programm zugrundeliegenden Annahmen über bestimmte Gegebenheiten oder Entscheidungskriterien nach dem gesicherten Ergebnis der Wirklichkeit entsprechen (Realitätskontrolle).

Zur Verbesserung dieser Kontrollarten braucht es klarere Zieldefinitionen als bisher, damit ein späterer Vergleich mit dem Erreichten überhaupt möglich ist.

Da es praktisch kaum möglich ist, Situationen und reale Durchführung von Entscheiden genau vorauszusehen, sind Korrekturentscheide nötig. Deshalb wird die Entscheidung für oder gegen ein bestimmtes Ziel ein permanenter Prozess sein. Auch die Erarbeitung der Zielsetzung selbst besteht ja nicht nur in einer einmaligen Programmierung, sondern in einem ständigen Verarbeiten der wechselnden Ereignisse und staatlichen Bedürfnisse. [74]

3.3. **Das Regierungsprogramm im Verhältnis zu Parlament und Oeffentlichkeit**

3.3.1. Das Regierungsprogramm stellte früher zumeist nur eine

---

[74] Guilleaume, Regierungslehre 460; Ellwein, Politik 37

"unverbindliche Aufzählung politischer Wünsche und Pläne dar, die nicht veröffentlicht werden" [75], ausser etwa zu Wahlkampfzwecken. [76] Nach dem gegenwärtigen Ausbau der politischen Planung kann dagegen das Regierungsprogramm als verbale Fixierung einer (umfassend geplanten) konzeptionellen Politik gelten, die mindestens auf die voraussichtliche Dauer einer Legislaturperiode von vier Jahren über die Pläne der Regierung konkret Auskunft geben kann. Das dem Bundestag und damit auch der Oeffentlichkeit offiziell verkündete Regierungsprogramm wird <u>Regierungserklärung</u> genannt. [77] Verfassungsrechtlich ist die Regierungserklärung eine "Erklärung des Bundeskanzlers vor dem Bundestag über die Grundlagen des Art. 65 GG", aber auch "eine Stellungnahme im Namen der Bundesregierung über Tatsachen und Fragen". [78] Die Regierungserklärung kann und soll zum einen nicht das gesamte detaillierte Regierungsprogramm enthalten, und wird zum andern auch nicht in allen Fragen Richtliniencharakter haben, denn die Regierung will sich vielleicht noch nicht auf bestimmte Punkte festlegen lassen. [79]

3.3.2. Obschon die bisherigen Regierungserklärungen meistens weit und allgemein gehalten waren, mussten ihre Punkte doch ungefähr eingehalten werden, wenn sich die Regierung gegenüber Opposition und Oeffentlichkeit nicht dem Vorwurf der Unglaubwürdigkeit aussetzen wollte. [80] Diese rein <u>politische Bindung</u> war jedoch recht schwach, weil

---

75) Mangoldt/Klein, Art.65, III 2d, Absatz 1; in gleichem Sinne F. Wagener und L. Heigl, in: Regierungsprogramme 13f bzw. 85f
76) Z.B. das 1961 von der SPD vor der Wahl aufgestellte und veröffentlichte "Regierungsprogramm"
77) Mangoldt/Klein Art.65, III 2c
78) Beschluss des Geschäftsordnungsausschusses (vom 7.3.1955) des 2. Bundestages, zitiert bei Glum 364
79) Glum 364; Weber 145; bei delikaten aussenpolitischen Schritten ist z.B. eine vorherige Veröffentlichung nicht opportun.
80) Eschenburg 723; Weber 144

die Formulierung in der Erklärung weite Auslegungsmöglichkeiten bot und allfällige Abweichungen leicht mit "Aenderungen im Fluss der allgemeinen Entwicklung" zu begründen waren. Eine konkrete und detaillierte, auf intensiver politischer Planung fussende Regierungserklärung könnte die politische Bindung wohl verstärken.

Auf jeden Fall können aufgrund des künftigen Planungssystems in der Regierungserklärung Parlament und Oeffentlichkeit umfassender und genauer über die Ziele und Arbeitsprogramme der Regierung *informiert* werden. [81] Zur weiteren Orientierung könnte die Erklärung zusammen mit einigen wichtigen Materialien herausgegeben werden, wie schon einmal anlässlich des Berichtes zur Lage der Nation von 1971 bezüglich der Aussen- und Deutschlandpolitik; Bericht und Materialien stiessen damals in der Oeffentlichkeit auf grosses Interesse und fanden eine sehr positive Aufnahme. [82]

3.3.3. Hauptaufgabe des Parlamentes ist heute die **Kontrolle der Regierung**. [83] Die Richtungskontrolle im besonderen muss "inhaltlich die Grundzüge der Politik, die Richt- und Leitlinien oder Grundkonzeptionen und -vorstellungen betreffen", dagegen nicht einzelne Verfehlungen der Regierung, ausser wenn dadurch die erklärte Richtung der Politik selbst entscheidend verändert, in Frage gestellt oder unterlaufen wird. Die grossen Debatten des Bundestages über die Regierungserklärungen erfüllen dieses Kriterium genau. Die Abgeordneten benutzen die Debatten rege zu

---

81) Wichtige Informationsmittel sind auch die "Lageberichte"; vgl. Lompe 275ff
82) Vgl. den "Bericht zur Lage der Nation", abgegeben vor dem Bundestag am 28.1.1971, und die Zusammenfassung der Materialien, herausgegeben vom Bundesministerium für innerdeutsche Beziehungen. Beachte auch die Einführung und das Vorwort zu den Materialien (Entstehungsgeschichte S. 31ff)
83) Hiezu Ellwein, Parlament 156ff; Eschenburg 608f

Fragen nach den Vorstellungen, Zielen und konkreten
Plänen der Regierung. [84]

Selbstverständlich interveniert die Opposition bedeutend
häufiger als die Regierungsparteien. Gewinnt die Opposition bei klaren Mehrheitsverhältnissen auch keinen faktischen Einfluss auf die Regierungspolitik, so trägt sie
doch zur Klärung der Standpunkte und zur Meinungsbildung
des interessierten Wählerpublikums bei. [85]

3.3.4. Die Gesetzgebungsprogramme, wie sie jeweils in der Regierungserklärung des Kanzlers verkündet werden, sind
früher nicht nur unter der Mitarbeit einer Spitzengruppe
der Mehrheitsfraktion formuliert, sondern auch unter stetiger bestimmender Mitwirkung der Mehrheitsfraktion ausgeführt worden. Heute wird das Gesetzgebungsprogramm auch
in der Bundesrepublik zur Hauptsache von der Regierung
formuliert und vorgelegt. [86]

Um die aktive Mitarbeit des Parlamentes in der Gesetzgebung zu erhalten, wird heute überwiegend gefordert,
den Bundestag an den Planungsüberlegungen der Regierung
rechtzeitig zu beteiligen; [87] die Formen einer politischen
und technischen Zusammenarbeit müssen aber erst noch entwickelt werden. [88]

3.3.5. Besondere Schwierigkeiten ergeben sich bei einem **Regierungswechsel**, wo es der neuernannten Regierung nach dem Amtsantritt noch an der nötigen Uebersicht über die dringenden
Staatsbedürfnisse und am nötigen Einblick in die politische
Entwicklung mangeln kann. Gerade in diesem Falle erlaubt

---

84) Vgl. Ellwein, Parlament 200. Zur Kontrolle könnte auch
der neuerdings von der Regierung erstattete Tätigkeitsbericht dienen, der auf das Regierungsprogramm Bezug
nimmt; vgl. C.K., **T**ätigkeitsbericht der Bonner Regierung, in: NZZ Nr. 584 vom 16.12.1973, S.2.
85) Ellwein, Parlament 226.
86) **Wie in Grossbritannien und Frankreich;** Ellwein, Parlament 33
87) **Reform der Struktur** 218
88) **Ein Vorschlag bei** Guilleaume, Regierungslehre 467

ein fundiertes politisches Planungssystem Kanzler und Kabinett, innert kurzer Zeit ein umfassendes, an den Staatsbedürfnissen orientiertes und auf die Finanzplanung abgestimmtes Regierungsprogramm aufzustellen.

Ein Regierungswechsel dürfte im übrigen den Inhalt der politischen Planungstätigkeit nicht sofort und grundlegend ändern, denn der überwiegende Teil der Staatstätigkeit ist bei kurz- und mittelfristiger Betrachtung durch tatsächliche oder angenommene Sachzwänge mehr oder weniger festgelegt. [89] Zudem bleiben sich die wenigen obersten (aber sehr abstrakten) Grundwerte wie Menschenwürde, Freiheit, Gerechtigkeit und Wohlfahrt gleich. Ueber die Modalitäten der konkreteren politischen Ziele, über eigentliche Zielkonflikte und Prioritäten unter den verschiedenen Zielen können allerdings starke Wertungs- und Meinungsunterschiede bestehen, und hier sind politische Entscheidungen nach dem Wählerauftrag erforderlich. [90] Im vorgeschlagenen Planungssystem wird also die neugewählte Regierung den Ressorts und der zentralen Dienststelle für politische Planung sofort neue, ihrer parteipolitischen Linie oder der Koalitionsvereinbarung entsprechende Planungsdirektiven und darauf konkrete Programmziele und -prioritäten vorgeben. [91]

3.4. Regierungsprogramm und Koalitionsvereinbarung [92]

3.4.1. Begriff und Charakter der Koalitionsvereinbarung

Bei notwendigen Koalitionen gehen in der Regel die

---

89) Reform der Struktur 237; Ellwein, Politik 53
90) Reform der Struktur 234; vgl. auch U. Becker, in: Regierungsprogramme 156
91) Mittelfristige Planung bedeutet zwar eine weitgehende Bindung des eigenen Nachfolgers, doch können auch neue Regierungen nur selten aus dem Bedingungsgeflecht ausbrechen, das sie bei Amtsantritt vorfinden (Ellwein, Politik 39, 53, 84).
92) Hiezu Schüle 94ff; Weber 144ff; Maunz/Dürig Art.65 11 bis 13

im Regierungsprogramm niedergelegten politischen Richtlinien im wesentlichen aus den Verhandlungen der Koalitionspartner hervor. Das Resultat dieser Verhandlungen wird meistens in einer Koalitionsvereinbarung festgehalten, welche den Bundeskanzler in seiner Richtlinienkompetenz stark beeinträchtigen kann. [93] Die rechtliche Natur der Koalitionsvereinbarung ist umstritten: Die früher herrschende Lehre vermutete einen "verfassungsrechtlichen Vertrag", welcher die Parteien rechtlich binde, wobei aber mangels politischer Harmonie sofort gekündet werden könne. [94] SCHUELE bestreitet dies [95], weil keine Rechtswirkungen bezweckt werden, sondern der ganze Inhalt des Vereinbarten unter dem politischen Vorbehalt steht. Fest steht jedenfalls, dass eine rechtliche Bindung höchstens für die politischen Parteien in Frage käme, nicht aber für Staatsorgane und Regierungsmitglieder, auf die sie sich beziehen; ferner ist klar, dass die Vereinbarungen nur politisch - und nicht gerichtlich - durchsetzbar sind. [96] Die Koalitionsvereinbarungen ähneln so eher den verabredeten Praktiken der sog. "Frühstückskartelle". [97]

3.4.2. Der Inhalt der Koalitionsvereinbarung [98]

Zum Inhalt einer Koalitionsvereinbarung gehört als erstes das Personelle der künftigen Regierung, d.h. das Verhältnis der Aemterverteilung unter den Koalitionspartnern und die individuelle Besetzung der Posten. Als zweites enthält sie meistens organisatorische Bestimmungen, etwa über das Prozedere der Zusammenarbeit und allfällige Koalitionsausschüsse. Als drittes ist darin gewöhnlich ein Regierungsprogramm in dem Sinne enthalten, dass der künf-

---

93) Weber 138; Schüle 95; Maunz/Dürig Art.65, 11
94) Vgl. Maunz/Dürig Art.65, 12 b + c
95) Schüle 54, 63, 65; Weber 144; Leclaire 169
96) Maunz/Dürig Art.65, 11 und 12 e + f; Mangoldt/Klein Art.65, III A c ; Weber 146
97) Hiezu Schüle 75ff
98) Hiezu Schüle 3

tigen Regierung aufgetragen wird, was sie in Angriff
nehmen oder unterlassen soll. In der Bundesrepublik
Deutschland enthalten die Vereinbarungen geradezu per-
fektionistisch anmutende Auslassungen über das Sachprogramm, welche die Richtlinienkompetenz über das erlaubte
Mass hin einschränken oder praktisch zunichte machen. [99]

Im Gegensatz dazu werden etwa in Oesterreich die
Arbeitsprogramme erst durch die nachfolgende gemeinsame
Regierungserklärung aufgestellt oder bleiben wie 1953 ausdrücklich der späteren Festlegung durch die Regierung vorbehalten. [100] Allerdings wurden in diesem Fall die wichtigsten Positionen gewöhnlich im Koalitionsausschuss ab-
gesteckt, dessen Gewicht davon abhing, ob die bedeutenden
Parteiführer auch in der Regierung sassen. [101]

3.4.3. Die Zulässigkeit von Koalitionsvereinbarungen

Koalitionsvereinbarungen sind grundsätzlich zulässig,
weil sie aus Art.21 GG (Mitwirkung der politischen Parteien
bei der politischen Willensbildung) zu rechtfertigen sind.[102]
Ihre Grenzen ergeben sich aus dem Verfassungsrecht, ergänzenden Gesetzen des Staatsrechts und der Rechtsordnung
ganz allgemein. [103] Verfassungsrechtliche Bedenken erweckt angesichts des Prinzips der "Verfassungstransparenz"
die deutsche Geheimhaltungspraxis, denn Vertrauen zwischen
Regierenden und Regierten, Verantwortung und Kontrollmög-
lichkeiten sind - wie SCHUELE sagt [104] - unabdingbare We-
sensmerkmale des Demokratischen.

---

99) Schüle 96f
100) Leclaire 19ff, 31; Schüle 82, 97; H. Pfeifer im Jahrbuch für Oeffentliches Recht, n.F. Bd.11, S. 455
101) Bezeichnenderweise tagte der Ausschuss jeweils am Montag,
also vor dem Ministerrat (dienstags) und dem Nationalrat
(donnerstags); Leclaire 46
102) Maunz/Dürig Art.65, 12 a
103) Schüle 90; ähnlich Maunz/Dürig Art.65, 12 g
104) Schüle 49ff. Dass sich die Parteien nicht in die Karten
gucken lassen wollen, verstärkt das bestehende Misstrauen
gegenüber den Parteien. - In Oesterreich und der Schweiz
werden hingegen die Vereinbarungen teilweise bekannt gegeben; vgl. zu den veröffentlichten "Legislaturzielen"
§ 8 Kap. 7.3.

Ausserdem kann die Koalitionsvereinbarung den Kanzler in seiner Richtlinienkompetenz gemäss Art.65 GG stark beschränken. Das Verfassungsrecht verlangt allerdings nur, dass die Erklärung der Richtlinien vom Kanzler ausgehen muss; die Umstände und Beweggründe (z.B. Koalitionstreue), die ihn dazu veranlasst haben, sind verfassungsrechtlich irrelevant, weil sie zu vielfältig und darüber bloss Hypothesen möglich sind; eine absolute Grenze liegt erst in der strafrechtlichen Nötigung. [105] Bedeutende Autoren [106] nehmen darüber hinaus eine (schwer zu entscheidende) Verfassungswidrigkeit an, wenn der Grad und die Schärfe der Festlegung in der Vereinbarung derart sind, dass der Bundeskanzler keinen Spielraum mehr behält. [107] Wie die Verfassungswidrigkeit geltend gemacht werden kann, bleibt unklar. Der Kanzler kann rechtlich zwar stets anders entscheiden, als die Vereinbarung vorsieht, doch hat er dann die politischen Sanktionen (z.B. Austritt des Koalitionspartners) zu tragen.

Die Frage verliert etwas an Schärfe, weil der Koalitionsvertrag die politischen Richtlinien doch nur in grossen Zügen umreissen kann, denn es lässt sich weder über einen Zeitraum von vier Jahren noch über die gesamte Breite der politischen Anliegen etwas Endgültiges sagen. [108] Wenn der Kanzler auch in vielen sog. Grundsatzrichtlinien durch den Koalitionsvertrag gebunden sein kann, so hat er doch wenigstens die Möglichkeit, während der Amtsdauer jederzeit neue, konkretere (sog. tagespolitische) Richtlinien zu geben. Dieses Recht könnte nur ein Koalitionsausschuss beschneiden.

---

105) Weber 149f
106) Schüle 96/97; Friauf, Zur Problematik des verfassungsrechtlichen Vertrages, im Archiv für Oeffentliches Recht Bd.88 (1963), S. 301
107) Fragwürdig sei z.B. Punkt B I Ziff.3 d des Bonner Koalitionsabkommens von 1961, wo für eine bestimmte grosse Etatposition des Haushaltsjahres 1962 ein bezifferter Betrag vorgesehen wurde (Schüle 98).
108) Weber 145; Schüle 54; Mangoldt/Klein Art.65, III 2 c

Teil C: REGIERUNGSPROGRAMM UND RICHTLINIEN DER POLITIK
IN DER SCHWEIZ

****

§ 8 Entstehung und Entwicklung des schweizerischen Regierungsprogrammes

1. Vorgeschichte

1.1. Das Fehlen eines Regierungsprogrammes bis 1968

Bis 1968 wollte der schweizerische Bundesrat erklärtermassen ohne Regierungsprogramm auskommen. Nach FRIESENHAHN [1] ist das Fehlen eines Regierungsprogrammes typisch für Allparteienregierungen wie die schweizerische [2], weil es in einem Mehrparteienstaat mit recht unterschiedlichen Parteigruppierungen nicht zweckmässig sei, eine Regierungskoalition mit festem Programm zu bilden, die sich gegen eine ebenso fest formierte Opposition abhebt; es sei besser, den Vollzug der Parlamentsentscheidungen einem Regierungskollegium zu übertragen, an dem alle Parteien quotenmässig beteiligt sind. Der Nachteil dieses Regierungssystemes war, dass es Neuerungen nur schwer zugänglich war und dass man nicht wagte, klare Prioritäten festzustellen oder gar vorausschauend zu planen. Kurt EICHENBERGER stellte fest [3]: "Von Ausnahmen abgesehen, wird gleichsam von Woche zu Woche noch Opportunität und Empirie regiert." Das lag aber nicht daran, dass der Bundesrat nicht aktiv regieren wollte, sondern dass er eine Bindung scheute. Er lehnte es ab, nach aussen mit einem Programm aufzutreten, um sich seine Handlungsfreiheit gegenüber Parlament und Volk nicht

---

1) Friesenhahn 69 (dort Ziffer 19 + 23) und 48f
2) Hiezu nachfolgend § 9 Kap. 1.3.
3) Eichenberger, Verantwortlichkeit 125; in dieser Abhandlung (S. 127) empfahl der Autor denn auch "positivierte gouvernementale Planungen und Regierungsrichtlinien" als Instrumente einer zielsicheren Staatsführung auf lange Sicht.

selbst zu beschneiden. Regierung und Parlament fürchteten zudem wohl beide, dass sie mit einem Regierungsprogramm von der Gegenseite gelenkt werden könnten. Weiter wünschte man keine Einwirkungen der Fraktionen und Parteien auf die Regierungstätigkeit; das Regierungskollegium sollte unter sich bleiben. Schliesslich mag auch mitgespielt haben, dass Planungsideen Regierung und Verwaltung noch fremd waren.

Während der sechziger Jahre tauchte dann die Erkenntnis auf, dass die zunehmende Fülle der öffentlichen Aufgaben und die Beschränktheit der verfügbaren Mittel auch im staatlichen Bereich ein methodisches, planmässiges Vorgehen erfordert. Um die Aufgaben sachlich und zeitlich richtig bewältigen zu können, war vermehrt eine prospektive Arbeitsweise und ein vorausschauendes Planen vonnöten. [4] Der unmittelbare Anlass zur Schaffung eines Programmes war allerdings politischer Natur.

1.2. Der Wunsch nach allgemeinen Regierungsrichtlinien und der Widerstand des Bundesrates

Schon 1925 hatte Nationalrat DE RABOURS gerügt, dass der jährliche Geschäftsbericht sehr bürokratisch gehalten sei und entgegen Ziffer 16 von Art.102 BV keine grundsätzlichen Gedanken ausdrücke. [5] Er wünschte sich in Zukunft im Geschäftsbericht ein kurzes Vorwort, das die Meinung der Departementschefs und des Bundesrates als Kollegium zur Lage der Eidgenossenschaft enthalten solle. Bundesrat Giuseppe MOTTA erwiderte darauf, die Verwirklichung dieser an sich guten Idee würde in der Verwaltung eine kleine Revolution bewirken. [6] Eine Regierungserklärung würde ausserdem dem schweizerischen Regierungssystem widersprechen,

---

4) James Fazy hatte übrigens schon um 1858 ein bundesrätliches Regierungsprogramm gefordert! (Gruner, Parteien 39)
5) Zum folgenden StenBull 1925 NR,S. 450ff
6) A.a.O. 451, 453

in dem keine schönen Parlamentsreden, sondern nüchterne Tatsachen erwünscht seien. Im übrigen drücke der Bundesrat seine leitenden Ideen und Grundsätze in jeder Session aus.

Einlässlicher ging der Bundesrat auf die Richtlinienidee in seinem Geschäftsbericht für 1937 ein. [7] Die mit der Prüfung des Geschäftsberichtes für 1936 beauftragte Kommission und der Ständerat hatten nämlich folgendem einstimmig zugestimmt:

"Der Bundesrat wird eingeladen, zu prüfen und Bericht zu erstatten, ob es nicht angezeigt wäre, in dem jährlichen Geschäftsbericht jeweilen eine Einleitung aufzunehmen, worin über die Regierungstätigkeit des Bundesrates als solche, sowie über die allgemeinen Richtlinien seiner Politik Auskunft gegeben wird."

Ueber die Ausführung des Postulats soll sich aber der Ständerat nicht einig gewesen sein. Der Bundesrat glaubte, auf das Postulat in allen Interpretationen nicht eintreten zu können: Die schweizerische Regierung verlange nach ihren Handlungen und nicht nach ihren Absichten beurteilt zu werden. Häufige Schwankungen, insbesondere in der Wirtschaft, machten es schwierig, alljährlich ein Programm auch nur in grossen Linien zu entwerfen. Die Stellung der Regierung gegenüber dem Parlament würde geschwächt, indem jährlich gewissermassen die Vertrauensfrage gestellt werde; die konstitutionelle Regierungsstabilität werde dadurch verringert. Ein blosser "allgemeiner politischer Ueberblick" werde - da er schon in Sonderberichten und in Interpellationsbeantwortungen gegeben werde - keinen neuen Stoff bieten und nur zu Doppelspurigkeiten führen.

1953 äusserte der Präsident der nationalrätlichen Geschäftsprüfungskommission erneut den Wunsch, der Berichterstattung der Departemente solle eine knappe einleitende Rechenschaftsablage über die allgemeine politische Haltung

---

7) Vgl. Geschäftsbericht für 1937 (Nr.3683), S. 3ff

des Bundesrats und die Regierungstätigkeit i.S.v. Art.102 Ziff.16 BV vorangestellt werden. [8] 1963 wiederum bedauerte Ständerat GAUTHIER, dass der nach Departementen gegliederte Geschäftsbericht nichts über die Geschäftsführung "considérée dans ses grandes lignes et dans son ensemble" enthalte. [9] Beidemale wehrte sich der Bundesrat mit den gleichen Gründen wie schon 1937 und hielt beruhigend fest, dass sich die eidgenössischen Räte seiner ablehnenden Stellungnahme weder 1937 noch 1953 widersetzt hätten. Der Geschäftsbericht solle ein Rechenschaftsbericht über die Tätigkeit von Bundesrat und Verwaltung und keine Regierungserklärung sein; Fragen von allgemeiner Tragweite würden aber künftig in einem besonderen Kapitel dargestellt. Von 1964 bis 1967 wurde dem Geschäftsbericht deshalb jeweils ein rund zwölfseitiger "Allgemeiner Ueberblick" vorangestellt, der in einer prägnanten Gesamtschau die bedeutsamsten Fragen und Entwicklungen der schweizerischen Innen- und Aussenpolitik hätte darlegen sollen. Der Ueberblick befriedigte aber nicht, weil er zu allgemein gehalten war und kaum Akzente setzte. 1968 wurde im Hinblick auf den kommenden Richtlinienbericht 1968/71 im "Allgemeinen Ueberblick" auf eine Vorausschau verzichtet und seither wurde der Ueberblick ganz weggelassen. [10]

Dass die genannten parlamentarischen Begehren um Richtlinien der Politik beim Bundesrat kein Gehör fanden, lag wohl daran, dass sie zu wenig genau durchdacht und formuliert waren. Erst die Motion Schürmann bildete einen konkreten Vorschlag, dessen Annahme allerdings auch durch die dannzumaligen politischen Verhältnisse begünstigt wurde.

1.3. <u>Die politischen Begehren nach einem Regierungsprogramm</u>

Die "Richtlinien für die Regierungspolitik" können letztlich einerseits auf die sogenannte "Zauberformel", ander-

---

8) Vgl. den Geschäftsbericht für 1953 (Nr.6627), S. 3ff
9) Vgl. den Geschäftsbericht für 1963 (Nr.8975), S. 4ff
10) Geschäftsbericht für 1968, S. 5/6

seits auf die Mirage-Affäre zurückgeführt werden. Mit der 1959 begründeten "Zauberformel" für die Zusammensetzung des Bundesrates [11] war die Allparteienregierung schweizerischer Prägung Wirklichkeit geworden; diese hat zwar die bis anhin weltanschaulich geprägte Opposition integriert, doch gleichzeitig die Neigung der Regierungsparteien verstärkt, von Fall zu Fall Opposition zu treiben. [12] Mit der Mirage-Affäre von 1964 [13] kam die Erkenntnis hinzu, dass es bisher an Kontrolle und Ueberblick, ja an der Gesamtschau gefehlt hatte. Den Anstrengungen zur Stärkung des Parlamentes folgten Vorstösse zur Schaffung eines Präsidialdepartementes [14] und zum Ausbau der Bundeskanzlei [15] - alles im Bestreben, die vorausschauende Regierungspolitik des Bundesrates zu fördern. Der seit 1964 dem Geschäftsbericht vorangestellte "Allgemeine Ueberblick" vermochte nicht zu befriedigen, weil er in blosse Gemeinplätze auslief. [16]

Mit der Vertrauenskrise in der Mirage-Affäre hatte sich eine Ernüchterung verbreitet; in der Verantwortung des Gesamtbundesrates erschien jene der Regierungsparteien mit eingeschlossen. So erfolgte eine erste Reaktion schon am Parteitag der Freisinnig-Demokratischen Partei (FDP) von 1966 in Gerlafingen. Die Freisinnigen, die sich mit

---

11) D.h. die proportionale Verteilung der Bundesratssitze auf die vier grossen Parteien FDP, SP, CVP und SVP (früher BGB); zur Allparteienregierung vgl. unten § 9 Kap. 1. Eine modifizierte Form einer Allparteienregierung - unter Beteiligung <u>eines</u> Sozialdemokraten - hatte schon von 1943 bis 1953 bestanden.
12) Vgl. hiezu Steiner 82ff
13) Als Folge eines bundesrätlichen Zusatzkreditbegehrens von 576 Mio Franken für die Beschaffung von Kampfflugzeugen des Typs "Mirage III S" entwickelte sich eine Vertrauenskrise zwischen Bundesversammlung und Bundesrat sowie der ihm unterstellten Militärverwaltung. Vgl. hiezu den Bericht der parlamentarischen Untersuchungskommission, in: BBl 1964 II 274ff, und die einlässliche Darstellung von Willi Geiger, Der Mirage-Konflikt, in: JbPW 1965, S.90ff.
14) Vgl. Eichenberger, Präsidialdepartement, 131ff
15) Expertenbericht I 162ff, 218f
16) NZZ v. 24.4.66 (Regierung ohne Programm?); NR W.Vontobel in BN Nr.402 v. 22.9.67; selbst der BR anerkannte diese Kritik, vgl. Geschäftsbericht für 1966 (Nr.9692) S.3.

der Zauberformel noch nicht abgefunden hatten und zudem das "helvetische Malaise" [17] mit staatspolitischen Reformen beseitigen wollten, forderten in These 7 ihrer Vorschläge zur Parlaments- und Bundesratsreform [18]:

"Die Fraktionen der sogenannten Bundesratsparteien sollen im Hinblick auf die gegenwärtige Zusammensetzung des Bundesrats ersucht werden, sich auf ein politisches Minimalprogramm zu einigen."

Nationalrat Alfred SCHALLER (BS) führte in der Begründung dazu aus, es gehe nicht um die Ausarbeitung eines eigentlichen Regierungsprogrammes, sondern einer Art Nichtangriffspakt der Regierungsparteien bezüglich der grossen politischen Fragen. Die Christlichdemokratische Volkspartei (CVP) erweiterte diese Forderung an ihrem Parteitag vom Oktober 1966 in Locarno dahin, der Bundesrat solle konkrete, zeitlich begrenzte Ziele zu einem Schwerpunkteprogramm der Regierungspolitik formulieren und dadurch die Möglichkeit eines Vertrauensvotums schaffen. [19] Nationalrat Enrico FRANZONI (TI) sah in seiner Begründung gar die Möglichkeit vor, einzelne Bundesräte mit qualifiziertem Mehr abzurufen. Gleichentags beharrte Nationalrat Pierre GRABER (VD) am Parteitag der Sozialdemokratischen Partei der Schweiz (SPS) in Lausanne auf deren Recht, jederzeit Regierungsanträge zu bekämpfen, wenn sie von einseitigen Interessen getragen seien und legitime Anliegen vernachlässigen. [20]

1.4. Das Fallieren des Finanz-Sofortprogramms als auslösender Faktor

Das Problem war gestellt, doch zur Verwirklichung der Ideen geschah vorerst nichts. Erst das "Sofortprogramm

---

[17] Vgl. Max Imboden, Helvetisches Malaise, Zürich 1964
[18] Diese Thesen hatten die Zustimmung des Zentralvorstandes gefunden; vgl. Richard Reich, Der Standort des Freisinns, in: NZZ Nr. 2269 v. 23. Mai 1966.
[19] Vgl. den Tagungsbericht in der NZZ Nr.4541 und 4552 v. 24.10.66 (Aussenpolitik und Staatsreform in konservativer Sicht).
[20] Vgl. NZZ Nr.4541 v. 24.10.66, Der Parteitag der SPS in Lausanne.

zur Beschaffung zusätzlicher Bundeseinnahmen"[21] wirkte als auslösender Faktor. Als seit Dezember 1966 feststand, dass die Sozialdemokraten dem Sofortprogramm nicht zustimmen würden und als sich in der Folge auch das freisinnige Nein abzeichnete, war die Frage der Handlungsfähigkeit einer Regierungspartei deutlich gestellt und die Autoritätskrise des Bundesrates offenkundig. Um Finanzminister Roger BONVIN zu decken und um künftigen Regierungskrisen vorzubeugen[22], verlangte der konservative Nationalrat Leo SCHUERMANN (SO) mit einer am 1. März 1967 eingereichten Motion ein bundesrätliches Regierungsprogramm. Gleichzeitig fragte Kurt MUELLER in der NZZ nach den Grenzen, die der Entscheidungsfreiheit einer Bundesratspartei gesetzt seien.[23] Er kam zum Schluss, ein Recht auf Opposition könne eine Regierungspartei nur bei solchen Vorlagen beanspruchen, die nicht einen integrierenden Teil des Regierungsprogrammes bildeten. Demgegenüber beharrte der sozialdemokratische Parteipräsident Fritz GRUETTER (BE) am ausserordentlichen Parteitag vom 21.5.1967 auf einer Art moralischen Pflicht zur konstruktiven Opposition für seine Partei. Denn sie habe gegen Morsches und Untaugliches aufzutreten und der Unentschiedenheit des mehrheitlich bürgerlichen Bundesrates mit einer Politik systematischer Planung entgegenzutreten.[24]

2. Die Diskussion über die Motion Schürmann

2.1. <u>Wortlaut und erste Interpretation der Motion</u>

Die am 1. März 1967 eingereichte Motion Schürmann,

---

[21] Es ging bei dieser Vorlage um die Anpassung der Finanzordnung des Bundes an den gesteigerten Finanzbedarf; vgl. Botschaft und Entwurf eines BB vom 7.11.1966, in: BBl 1966 II 645ff. Die Umstände des Sofortprogramms schildert eingehend Peter Gilg, Parteien und eidg. Finanzpolitik, in: JbPW 1969, S. 41ff.
[22] Siehe dazu A.P. Suisse 1967, S. 12/13
[23] NZZ Nr.1047 v. 10.3.1967, Krise der Regierungsautorität
[24] Konstruktive Opposition - Wille zum Aufbau. Zum Aktionsprogramm der SPS, Referat von F. Grütter zum a.o. Parteitag der SPS vom 21. Mai 1967 in Zürich, Bern 1968

welche eine Revision der Art.45ff des Geschäftsverkehrsgesetzes anstrebte, verlangte folgendes (Vgl. Geschäft Nr. 9660/9914):

" a) Zu Beginn der neuen Legislaturperiode legt der Bundesrat den beiden Kammern Richtlinien für die zu befolgende Politik und eine Dringlichkeitsordnung für die zu lösenden Aufgaben vor. In beiden Kammern findet eine Diskussion hierüber statt.

b) Zu Ende einer Legislaturperiode erstattet der Bundesrat Bericht über die hauptsächlichen Ergebnisse der Arbeiten der eidgenössischen Behörden. Auch hierüber wird eine Diskussion in beiden Kammern durchgeführt."

Eine Interpretation seines Vorstosses gab Leo SCHUERMANN am 12. März 1967 an der Generalversammlung der Schweizerischen Vereinigung für Politische Wissenschaften, die dem Thema "Reform des Bundesrates" gewidmet war. In seinem Referat vermisste er ein Regierungsprogramm als Korrektiv für die fehlende Geschlossenheit der Regierung. [25] Unter einem Regierungsprogramm verstand er dabei kein politisches Credo, sondern ein Arbeitspapier, das eine Lagebeurteilung enthält und Aktionen skizziert. Indem es zu Beginn einer Legislaturperiode eine Dringlichkeitsordnung und Schwergewichte setze, könne es eine stärkere Geschlossenheit der bundesrätlichen Politik bewirken. In der anschliessenden Diskussion kristallisierte sich die Ueberzeugung heraus, dass ein für Bundesrat und Parteien verbindliches Regierungsprogramm angesichts der breiten Basis der Regierung und der schwer überschaubaren Frage der Regierungsbindung wenig Chancen habe. [26]. Alt Bundesrat Max PETITPIERRE sah das bundesrätliche Programm nur als "Inventar der konkreten Probleme". [27]

---

25) Schürmann, Allparteienregierung 84ff, besonders 91ff, 94 (These 4)
26) Vgl. den Tagungsbericht in der NZZ, Nr.1079 v. 13.3.1967, S. 5
27) Das Inventar sollte auch nicht als Bericht publiziert werden, sondern bloss mündlich vom Bundespräsidenten grundsätzlich und von den einzelnen Bundesräten speziell besprochen und dem Parlament eröffnet werden; vgl. dazu das Referat: Petitpierre 15/16.

2.2. Die Diskussion der Motion in den Räten

In Presse und Parlament entspannten sich lebhafte Diskussionen über die aus einer Dringlichkeitsordnung für Parlament und Bundesrat sich ergebenden Verpflichtungen, sowie über den sonstigen Sinn und die Konsequenzen der Motion Schürmann. Ein weiteres Debakel wie das Fallieren des Finanz-Sofortprogramms sei - so wurde ausgeführt - nur zu verhindern, wenn die Entscheidungsfreiheit der Regierungsparteien beschränkt werde. Dass der Motionär ein solches Ziel im Auge hatte, ging deutlich aus seiner Begründung hervor. Im Gegensatz zum unverbindlichen Wortlaut der Motion liess er in seiner Argumentation vor dem Nationalrat durchblicken, dass er letzten Endes hoffe, die Regierungsparteien auf eine Art bindendes Koalitionsprogramm zu verpflichten. Er denke zwar auf parlamentarischer Ebene vor allem an "Diskussion und abschliessende Kenntnisnahme", doch folgte der gewichtige Nachsatz: "dass daraus eine moralisch-politische Bindung resultiert, ist ebenso erwünscht wie selbstverständlich."[28] Der Fraktionschef der CVP, Kurt FURGLER, bekräftigte: eine Fraktion, die eine als lebensnotwendig bezeichnete Finanzordnung ablehne, hätte aus einer solchen Situation die Konsequenzen zu ziehen und ihre Vertreter aus dem Bundesrat zurückzuziehen. Der Sozialdemokratische Nationalrat Max WEBER beantragte darauf Ablehnung der Motion mit der Bemerkung, es werde sich keine Partei und Fraktion durch irgendwelche Richtlinien binden lassen, sondern jeweilen unabhängig von ihrer Regierungsverantwortung Stellung beziehen. Der eigentliche Gehalt des Begehrens, die Festlegung von Richtlinien der Regierungspolitik, war von keiner Seite bestritten. Bedenken erweckte hingegen die imperative Form der Motion, weil der Vorstoss dafür allzu unbestimmt gehalten und in der Form nicht ganz befriedigend erschien. Die Ueberweisung

---

[28] Vgl. den Verhandlungsbericht in der NZZ, Nr.4050 v. 28.9.1967, S.3 und den Rückblick in der NZZ, Nr.5368 v. 12.10.1967

der Motion wurde deshalb in dieser imperativen Form bekämpft, obwohl Bundespräsident Roger BONVIN nach der Klärung der "Grundidee" sie zur Prüfung entgegenzunehmen und womöglich schon 1968 zu verwirklichen bereit war. Nach einer verworrenen Geschäftsordnungsdebatte wurde schliesslich die Motion mit 58 zu 41 Stimmen überwiesen. -

Im Ständerat rügten die Sprecher sowohl der Kommissionsmehrheit wie der -minderheit, dass der Inhalt der Motion nicht mit der mündlichen Begründung im Nationalrat übereinstimme: Die angestrebte Revision des Geschäftsverkehrsgesetzes werde nebensächlich und die Richtlinienerklärung des Bundesrates zum Hauptpunkt. [29] Im übrigen wurde die Grundidee der Richtlinien als positiv anerkannt; eine Ausgestaltung als minimales Koalitionsprogramm wäre dagegen im schweizerischen Regierungssystem ein Fremdkörper. Die Motion wurde vom Ständerat stillschweigend an den Bundesrat überwiesen.

2.3. <u>Die in das Regierungsprogramm gesetzten Erwartungen</u>

Wenn das Regierungsprogramm mehr würde als eine Dringlichkeitsordnung, die niemand zu einem bestimmten politischen Verhalten verpflichte, dann müsste es als Sprengstoff wirken; Rudolf HEIMANN sprach sogar von einer Zeitbombe, die dem Bundesrat ins Gepäck gelegt worden sei. [30] Unter den zahlreichen Sprechern in den beiden Räten hatten viele die grundsätzliche Unvereinbarkeit eines verbindlichen Regierungsprogrammes mit unserem System betont. [31]

Wie unterschiedlich die Auffassungen über die künftigen "Richtlinien" waren, zeigt eine aufschlussreiche

---

29) Vgl. den Verhandlungsbericht in: StenBull SR 1967, S. 373ff; NZZ Nr.5390 (13.12.67) und BN Nr.531 v. 14.12.1967
30) Weltwoche Nr.1709 v. 6.10.1967; vgl. auch Gruner, Opposition 33
31) Zur Diskussion über ein Regierungsprogramm, in: NZZ vom 9.11.1967, sowie Nationalrat Theo Gut, Ein "Regierungsprogramm" im Bunde?, in: NZZ Nr.4229 vom 9.10.1967

Artikelserie der Basler Nachrichten über die "Möglichkeiten und Grenzen eines Regierungsprogrammes" vom September/Oktober 1967. In dieser Reihe kamen Mitglieder aller Fraktionen der eidgenössischen Räte, ausser der Partei der Arbeit, zu Wort. Nationalrat Paul EISENRING (CVP, ZH) erwartete vor allem ein Arbeitsprogramm, das die Kollegialität des Bundesrat verstärke und das Parlament informiere. [32] Die Regierung solle sich – wenn das Kollegialsystem ursprünglicher Prägung unmöglich geworden sei – wenigstens über einige wesentliche Punkte ihrer Tätigkeit kollektiv verständigen und sich daran halten. Die Nationalräte William VONTOBEL (LdU, ZH) und Raymond DEONNA (Liberal, GE) wandten ein, dass ein konkretes Programm infolge der heterogenen Regierungszusammensetzung nicht innert tauglicher Frist erschaffen werden könne. [33] Nationalrat Paul BUERGI (FDP, SG) versprach sich von der Willenserklärung des Bundesrates einen Nutzen, indem die Pflichtenhefte der Departemente in einem grösseren Zusammenhang gesehen werden. [34] Zur Sicherung der politischen Durchschlagskraft des Programmes sei aber eine Absprache der Regierungsparteien in der Form eines Minimalprogrammes unerlässlich. Der sozialdemokratische Parteipräsident Fritz GRUETTER erwartete eine Gesamtübersicht über die Probleme mit einem Dringlichkeitsgrad der Lösungen und dem erforderlichen Finanzbedarf; als Einigung der Regierungsparteien käme nur ein Minimalprogramm in Frage. [35] Nationalrat Ernst SCHMIED-MAERKI von der demokratisch-evangelischen Fraktion wünschte vom Bundesrat zuhanden des Parlamentes ein Programm mit konkreten,

---

32) BN Nr.398 v. 20.9.67, Nicht nur 7 Bundesräte, sondern eine Regierung
33) BN Nr.402 v. 22.9.67, Statt Regierungsprogramm langfristige Sachplanung; sowie BN Nr.413 v. 29.9.67, Kein Heilmittel gegen grundlegenden Irrtum
34) BN Nr.407 v. 26.9.67, Willenserklärung oder verbindliches Programm?
35) BN Nr.416 v. 2.10.1967, Einigung im Grundsätzlichen genügt nicht

verschiedenfristigen Zielsetzungen, das vom Parlament mit 2/3-Mehrheit abgeändert werden könnte. [36] Ständerat Rudolf MEIER (SVP, ZH) schliesslich meinte, die bundesrätlichen Richtlinien wären auf ein Programm des Möglichen zu beschränken und der ganze Fragenkomplex innerhalb der Totalrevision der Bundesverfassung zu durchleuchten. [37]

Auch an der Generalversammlung der Schweizerischen Vereinigung für Politische Wissenschaften vom 9. März 1968 in Luzern, wo Wissenschafter und Politiker über das Regierungsprogramm diskutierten, gingen die Ansichten weit auseinander. [38] Das Podiumsgespräch, basierend auf bestimmten Thesen Prof. Erich GRUNERS zur Oppositionsmöglichkeit in der Schweiz, mündete in der Feststellung, dass die praktischen Formen der Opposition sich im Referendum und in der Oppositionsstruktur der schweizerischen Parteien erschöpften. Ueber die Frage, ob ein Regierungsprogramm systemkonform sei, waren sich die Teilnehmer nicht einig; jedenfalls sei es in der Form eines Koalitionsvertrages nicht denkbar. Das Regierungsprogramm solle vielmehr eine Arbeitsgrundlage für die Exekutive sein.

Ebenfalls als Arbeitsinstrument sah der Expertenbericht "Hongler" vom November 1967 das Regierungsprogramm. [39] Durch eine Intensivierung der Kollegialarbeit des Bundesrats könnten auch verschiedenfristige Aufgaben- und Zeitpläne für die Tätigkeit oberster Bundesorgane aufgestellt werden, womit das Postulat nach einem Regierungsprogramm erfüllt werde. Das Gesamtprogramm müsste in der Planung auf Regierungsebene Grundlage und Ziel haben.

---

36) BN Nr.424 v. 6.10.1967, Eine bessere Grundlage, aber kein Wundermittel
37) BN Nr.438 v. 16.10.1967, Regierungsprogramm und Totalrevision der Bundesverfassung
38) Vgl. den Bericht in der NZZ, Nr.159 v. 12.3.1968 (S.11), Probleme des schweizerischen Parteiensystems
39) Expertenbericht I 64, 174

3. Die Richtlinien für die Regierungspolitik 1968 - 1971

3.1. Vorbereitung des Berichtes des Bundesrates

Selbst im Bundesrat war lange nicht klar, welche Gestalt das Regierungsprogramm haben sollte. Er entschloss sich zunächst, der Motion Schürmann Folge zu leisten, ohne das Geschäftsverkehrsgesetz zu ändern, um so die Forderung nach politischen Richtlinien bereits für die Legislaturperiode 1968/71 zu erfüllen.

- Er gab im Februar 1968 dem neugewählten Bundeskanzler Karl HUBER den Auftrag, anhand von ihm festgelegter Grundsätze die Richtlinien der Regierungspolitik vorzubereiten, wozu dem Kanzler bloss zwei Monate zur Verfügung standen. [40] Die Bundeskanzlei erarbeitete den Berichtsentwurf - ohne auf frühere Muster zurückgreifen zu können - aufgrund der Vorschläge aus den Departementen, die sie selbst mit Hilfe eines Fragebogens angeregt und bereichert hatte. Dank einer "Trockenübung", die der Bundeskanzler noch als Generalsekretär des Eidgenössischen Volkswirtschaftsdepartementes in den Jahren 1966/67 im Kreise einer ad-hoc-Gruppe durchgeführt hatte und die vornehmlich der Erarbeitung einer ganzheitlichen Wirtschaftspolitik gegolten hatte, verfügte er über ein gewisses Basismaterial und eine Gesprächsgruppe.

- Am 20. und 21. März 1968 trat der Bundesrat ganztägig zusammen, um die "Richtlinien für die Regierungspolitik" zu beraten. [41] Er nahm vor- und nachher nicht offiziell Fühlung mit den Fraktionen und Parteien; bevor er jedoch über die Richtlinien endgültig entschied, erörterte er doch bedeutende Fragen einer neuen Finanzordnung mit den Fraktionspräsidenten. [42]

---

40) Vgl. hiezu den Geschäftsbericht für 1968 S.5; Huber 4; Schürmann, Auswirkungen 4
41) Vgl. die Berichte in der NZZ, Nr.181 (S.9) und Nr.183 (S.17) v. 21.3.1968
42) Vgl. den Bericht der NZZ, Nr.203 v. 31.3.1968 (S.17), Neue Finanzordnung mit oder ohne Uebergangslösung?

- Der kurz darauf veröffentlichte "Allgemeine Ueberblick" des Geschäftsberichtes für 1967 war mehr ein allgemeiner Rückblick, als eine vorausschauende Willenskundgebung, denn das letztere hatte nun das Richtlinienprogramm wahrzunehmen. [43)]

- Ende April 1968 diskutierte eine Delegation des Bundesrats mit den Partei- und Fraktionspräsidenten, sowie einer Delegation der Bundesratsparteien nochmals zwei der wichtigsten und umstrittensten Fragen. [44)]

- Die abschliessende Berichtsredaktion übernahm wiederum die Bundeskanzlei. Am 15. Mai 1968 beschloss der Bundesrat über seine Richtlinien endgültig.

3.2. Der Bericht über die Richtlinien für die Regierungspolitik 1968/71

Am 20. Mai 1968 legte der Bundesrat erstmals in seiner Geschichte ein Programm, die Richtlinien für die Regierungspolitik der laufenden Legislaturperiode 1968-1971, vor. [45)] Er betonte in der Einleitung, es handle sich nicht um ein Regierungsprogramm im klassischen parlamentarischen Sinne, das er mit dem Parlament oder einzelnen Parteien vereinbart habe. Das schliesse aber Gespräche unter einzelnen Parteien über gewisse Grundsatzfragen und Realisierungen der Bundespolitik nicht aus, doch lägen diese auf einer anderen Ebene. Unmissverständlich verwies der Bundesrat auch auf die Verfassung, die ihn als "leitende Behörde der Eidgenossenschaft" (BV 95) bezeichne und ihm die Kompetenz zur Bestimmung der Regierungspolitik gebe (BV 85 und 102). In den Schlussbetrachtungen versuchte der Bundesrat eine Gesamtgewichtung der Aktivitäten im Sinne der Bildung von Schwerpunkten vorzunehmen.

---

43) Vgl. Geschäftsbericht für 1967 v. 3.4.1968, S.3 und NZZ Nr.222 v. 9.4.1968.
44) Hiezu Kurt Müller, Regierungsprogramm und Regierungsparteien, in der NZZ, Nr.258 v. 28.4.1968 (S.17)
45) Siehe Bericht I (BBl 1968 I 1204), S. 1ff

An der Pressekonferenz vom 20. Mai 1968 erläuterte Bundespräsident Willy SPUEHLER das Dokument und hob dabei mit besonderem Nachdruck dessen Charakter als einseitigen Regierungsakt des Bundesrates hervor, dem keine Absprache der sogenannten Bundesratsparteien zugrundeliegen. [46] In der Presse wurde die kollegiale Arbeit des Bundesrates mehrheitlich anerkannt und als wertvoller Ansatzpunkt zu einer strafferen Führungskonzeption begrüsst. [47] Kurt MUELLER vermisste in den Richtlinien lediglich eine nähere Konkretisierung der politischen Route auf einzelnen Gebieten und wünschte eine engere Verbindung der Prioritätsordnung mit der mittelfristigen Finanzplanung. [48] Nationalrat Peter DUERRENMATT (BS) vertrat den Standpunkt, es könne in der Referendumsdemokratie gar kein echtes Regierungsprogramm geben, weil ihre Unberechenbarkeit allen politischen Planungsversuchen eine feste Grenze setze. [49] Die oppositionelle Presse kritisierte -neben viel Anerkennung - besonders die vagen Formulierungen, wenig bindenden Zusagen und grösseren Lücken im Bericht. [50]

3.3. Die Debatte über die Richtlinien in den eidgenössischen Räten

Den Auftakt zu den Debatten bildete in beiden Räten das Grundsatzreferat von Bundespräsident Willy SPUEHLER zur "Lage der Nation". Der Bundespräsident umschrieb darin nochmals Ziel und Zweck der Richtlinien und ihre Bedeutung als Standortbestimmung der Nation und Wegweiser in

---

46) NZZ Nr.309 (21.5.1968) S.13, Die Richtlinien der Regierungspolitik
47) NZZ a.a.O.; Bund Nr.118 v. 21.5.1968; weitere Zitate in: A.P. Suisse 1968, S.9
48) NZZ Nr.313 v. 23.5.1968 S.21, Nützliche Bestandesaufnahme
49) BN Nr.215 v. 25./26.5.1968 S.5, Die Richtlinien und die Politik
50) Vgl. NZ Nr.231 v. 21.5.1968 und Nr.237 v. 26.5.1968, Man dürfte mehr erwarten (Lücken im Regierungsprogramm)

die Zukunft. [51] Die erste Regierungserklärung in der Geschichte der modernen Eidgenossenschaft fand eine gute Kritik. Gelobt wurden insbesondere die gegenüber den gedruckten Richtlinien viel stärkere Akzentuierung und schärferen Konturen. [52].

Die Aussprache des Nationalrates über die Richtlinien eröffneten am 18. Juni die Sprecher der Fraktionen, welche zur neuen Institution im allgemeinen sprachen. Dabei verliefen die Fronten ähnlich wie bei der Diskussion über die Motion Schürmann. [53] Für die Freisinnigen stellte Alfred WEBER (UR) fest, mit der Publikation eines Programmes übernehme der Bundesrat eine politische Verantwortung und gebe dem Parlament gleichzeitig einen Arbeits- und Zeitplan. Um die Richtlinien durchzusetzen, müssten sich die im Bundesrat vertretenen Fraktionen gegenseitig auf ein Minimalprogramm verpflichten. Für die Sozialdemokraten erwiderte Pierre GRABER (VD), die Richtlinien lägen weitab von einem Regierungsvertrag der Bundesratsparteien. Bei ihrer Mitarbeit in einem Allparteien-Bundesrat müsse und wolle sich die Sozialdemokratie eine unabhängige Stellungnahme vorbehalten. Namens der CVP lobte Kurt FURGLER (SG) die Richtlinien als Ansatz zu einer weitblickenderen, verantwortungsfreudigeren kollegialen Regierungspolitik. Die Entgegennahme der Richtlinien schaffe zwar strengrechtlich keine Mitverantwortung der Fraktionen, aber doch eine "moralische Bindung". Hans TSCHANZ (BE) erklärte, die SVP fühle sich zwar durch die Richtlinien engagiert, behalte sich aber ihre eigenen Aspekte vor. Unter den kleineren, nicht im Bundesrat vertretenen Fraktionen begrüssten die Liberalen und die Demokraten-Evangelischen die Neuerung, während sie von der Partei der Arbeit und vom Landesring

---

51) Abdruck der Rede in StenBull NR 1968 S. 235ff und in der NZZ Nr.367 v. 18.6.1968 S.3
52) NZZ a.a.O. und NZ Nr.275 v. 18.6.1968, Schärfere Konturen (H.S.)
53) Die Debatte ist wiedergegeben im StenBull NR 1968, S.242ff

der Unabhängigen scharf abgelehnt wurde. Der Landesring beantragte Rückweisung der Richtlinien, damit dem Parlament ein Bericht mit bestimmten Anträgen zur Annahme oder Verwerfung vorgelegt werde. Blosse Absichtserklärungen und die passive Kenntnisnahme genügten nicht; das Parlament müsse als oberste Gewalt im Bunde bestimmen, wo die dringendsten Aufgaben lägen. Die Haltung war verständlich, weil der Landesring die grösste der nicht im Bundesrat vertretenen Fraktionen stellt.

Den Fraktionssprechern folgten weitere 41 Redner, die in eigenem Namen sprachen und sich vor allem zu einzelnen Elementen der Richtlinien äusserten. Zum Institut der Richtlinien an sich und zur Debatte hierüber nahmen nur noch wenige Stellung: Walter ALLGOEWER (LdU, BS) vermisste im Bericht Fernziele und verlangte Richtlinien des Parlamentes, um mit dem Bundesrat in Dialog treten zu können. Demgegenüber hielt Leo SCHUERMANN (CVP, SO) fest, eine Genehmigung der Richtlinien, wie sie der Landesring vorschlage, wäre ein Element der parlamentarischen Regierungsform; der Bundesrat müsste in diesem Falle auch aufgrund des genehmigten Programmes gewählt werden. Als letzter Sprecher kritisierte Max WEBER (SP, BE) die unergiebigen Verhandlungen, weil die detaillierten Einwendungen der Parlamentarier bei den einzelnen konkreten Vorlagen erneut vorgebracht werden müssten. Nach zweieinhalbtägiger Debatte nahm Bundespräsident SPUEHLER zu den vorgetragenen Meinungen Stellung und ermunterte die Regierungsparteien zu einer Verständigung, welche durch die Richtlinien vielleicht erleichtert würde. [54] Nach dem bundesrätlichen Schlusswort lehnte der Nationalrat mit 133 gegen 19 Stimmen (des Landesrings und der Kommunisten) den Rückweisungsantrag ab. Vom Berichte wurde entsprechend dem Wunsche der Regierung einfach Kenntnis genommen.

---

54) Vgl. die Berichte in: StenBull NR 1968, S.308ff; NZZ Nr.375 vom 21.6.1968 (S.17); BN Nr.255 v. 21.6.1968 (S.2)

Die folgende Debatte im Ständerat brachte zum Institut der Richtlinien keine wesentlichen neuen Gedanken mehr. [55] Hier verlangte vor allem Paul TORCHE (CVP,FR), dass sich die Regierungsparteien - wie der Bundesrat unter sich - auf ein minimales Programm einigten. Die Ablehnung jedes Engagements wäre "une attitude désinvolte à l'égard des autres et contraire à la continuité nécessaire de la gestion des affaires du pays". Auch der Ständerat nahm vom Bericht des Bundesrates in zustimmendem Sinne Kenntnis.

3.4. Die Reaktionen auf die Parlamentsdebatten über die Richtlinien

Die Richtlinien des Bundesrates und die zugehörigen Debatten stiessen in der Oeffentlichkeit und besonders in der Presse auf grosses Interesse. In den Kritiken konnte dabei der Bundesrat bedeutend mehr Punkte buchen als das Parlament. [56] Besonders gerügt wurde die Tatsache, dass im Nationalrat 49 Redner das bundesrätliche Programm in tausend Einzelheiten zerlegten, wodurch die Uebersicht völlig verloren gegangen sei. Die Kritik fiel sowohl auf das Regierungslager wie auf die Opposition. Die vier Bundesratsparteien hätten es versäumt, ihr Vorgehen zu koordinieren und hätten sich gar untereinander bekämpft. Die Opposition dagegen - besonders der Landesring - habe keine konstruktive Kritik geboten und den Vorschlägen des Bundesrats keine Alternativen gegenübergestellt.

Am meisten Beachtung fand in der Presse die Frage eines verbindlichen Minimalprogrammes. Der freisinnige Nationalrat Ernst BIERI (ZH) gab sich in der NZZ mit einer einseitigen Regierungserklärung des Bundesrates zufrieden

---

55) Siehe die Wiedergabe der Debatte in: StenBull SR 1968, S. 162ff
56) Vgl. Henri Stranner, Rückblende, in: NZ Nr.283 v. 23.6. 1968; Arnold Fisch, Regenbogen, in: BN Nr.251 v. 19.6. 1968; NZZ Nr.275 v. 21.6.1968 (S.17); weitere Zitate in: A.P. Suisse 1968, S.10

und lehnte ein verbindliches Minimalprogramm ab. Die Regierungsparteien genössen allerdings "politisch-moralisch nicht völlige Narrenfreiheit", sondern müssten sich "zwischen den Extremen der sklavischen Unterwürfigkeit unter die Regierung und der totalen Ungebundenheit, ja Rücksichtslosigkeit bewegen". [57] Die Problematik eines Minimalprogrammes umfasste auch die Frage nach den Möglichkeiten einer Opposition im schweizerischen Bundesstaat. Hiezu nahm Prof. Erich GRUNER in einem Artikel in der NZZ ausführlich Stellung [58]; kurz darauf erörterte er die Möglichkeiten eines verbindlichen Regierungsprogrammes. [59] Er lehnte in seinem Exposé das Minimalprogramm in seiner üblicherweise geforderten Gestalt wegen der Barrieren der direkten Demokratie ab. Er entwarf als Alternative ein eigenes Modell eines verbindlichen Regierungsprogrammes, worauf im folgenden kurz einzugehen ist. Seine beiden Aufsätze verarbeitete er in eine spezielle Schrift zur Opposition in der Schweiz. [60]

4. Die Diskussion um Gruners Reformvorschläge

4.1. **Erich Gruners Modell eines verbindlichen Regierungsprogrammes** [61]

GRUNERs Reformvorschlag geht von der Voraussetzung aus, dass alle Parteien auf die Nationalratswahlen hin ein profiliertes Wahlprogramm ausarbeiten, das auch von ihren kantonalen Sektionen gebilligt wird. Die bisherigen Oppositionsparteien hätten sich an der Konkurrenz für ein

---

57) Sinn und Grenzen einer Regierungserklärung in unserem Lande, in: NZZ Nr.394 vom 30.6.1968, S.21
58) Regierungsverantwortung und Opposition im schweizerischen Staat, NZZ Nr.360 vom 14.6.1968, S.21
59) Regierungsprogramm und grundsätzliche Opposition als Forderungen in der Gegenwart, NZZ Nr.366 v. 18.6.1968, S.9
60) Erich Gruner, Regierung und Opposition im schweizerischen Bundesstaat, Oktober 1968 (Bern 1969)
61) Hiezu Gruner, Opposition 56ff und Parteien 256f; NZZ, a.a.O.

neues Regierungsprogramm mit entsprechenden Alternativen ebenfalls zu beteiligen, da die Zusammensetzung der Regierung nicht von vornherein feststände. Damit könnte der Wähler durch Bevorzugung einer bestimmten Partei indirekt einem künftigen Regierungsprogramm sein Placet geben. [62] Vor der Bundesratswahl, die wie bisher etwa sechs Wochen nach den eidgenössischen Wahlen stattfinden müsste, hätten die Parteien ihre Wahlprogramme im Hinblick auf das künftige Regierungsprogramm zu bereinigen und spätestens drei Wochen vor der Bundesratswahl bekannt zu geben. Nach einer allgemeinen Aussprache über die Programme hätten die Parteien ihre Kandidaten zu präsentieren, wobei die Möglichkeit bestände, dass sich verschiedene Parteien auf ein gemeinsames Programm einigen. Mit dem Wahlakt würde die Bundesversammlung gleichzeitig dem von den gewählten Bundesräten gebilligten Regierungsprogramm zustimmen. Man brauchte für die Wahl des Bundesrats nicht wie bisher auf Proporzansprüche abzustellen, sondern könnte sich vermehrt auf die in den Wahlresultaten ausgedrückte Entscheidung des Bürgers zugunsten eines bestimmten Programmes stützen. So liesse sich der Bundesrat in personeller und parteipolitischer Hinsicht profilierter zusammensetzen.

Am Schluss einer Legislaturperiode hätte der Bundesrat über das von ihm befolgte Regierungsprogramm einen Rechenschaftsbericht abzulegen, der verbunden werden müsste mit einem Tätigkeitsbericht der Bundesratsparteien, aus dem hervorginge, inwiefern diese das bundesrätliche Regierungsprogramm unterstützt oder bekämpft hätten. Die Parteien müssten auf die Neuwahlen hin erklären, ob sie die bisherige Regierungspolitik weiterhin zu unterstützen gedenken oder nicht. Im bejahenden Falle hätten sie ein entsprechendes Fortsetzungsprogramm auszuarbeiten, im verneinen-

---

[62] Vorschläge in dieser Richtung macht auch Flohr S.45f

den Falle Alternativen der Regierungspolitik aufzuzeigen.
Gruners Reformmodell würde eine Modifikation des Zweikammersystems und den Schritt zum Berufsparlament bedingen.

4.2. Die Kritik an Gruners Reformmodell

Zu den Thesen Erich GRUNERs nahmen in einer Artikelsammlung der NZZ Vertreter der vier im Bundesrat vertretenen Parteien, sowie ein Exponent des Landesrings der Unabhängigen Stellung. [63] Dabei wurden die folgerichtigen Vorschläge als wertvoller Diskussionsbeitrag anerkannt, doch gleichzeitig dagegen gewichtige Einwände erhoben.

- Nationalrat Erwin AKERET (SVP, ZH) wandte ein, die Parteien seien nicht in der Lage, ein konkretes Programm innert nützlicher Frist zu entwerfen und mit anderen zusammen auf einen gemeinsamen Nenner zu bringen. Zudem fehle eine wirksame Sanktion zu seiner Durchsetzung, nämlich die Vertrauensfrage. [64] Weiter zweifle er daran, dass mit einem Regierungsprogramm Wahlen "gemacht" werden können, da der Wähler seine Stimme nicht nach rein politischen, sondern auch nach persönlichen und regionalen Gesichtspunkten abgebe. Eine klarere Polarisation von Regierung und Opposition liesse sich nur durch den Verzicht einer oder mehrerer grosser Landesparteien auf die Regierungsbeteiligung erreichen.

- Alt Bundesrat Willy SPUEHLER (SPS, ZH) gab zu bedenken, dass bei der Eigenart des schweizerischen Systems – aussichtslose Mehrheitsstellung, geteilte Regierungsverantwortung, latente Opposition des Volkes – die Stellung der Parteien gegenüber der Regierung nur eine relativ distanzierte sein könne. [65] Da eine Abmachung der Parteien bei der nächsten Volksabstimmung in die Brüche

---

63) Regierungsprogramm für Bundesrat und Koalitionsparteien?, in: NZZ Nr.508 vom 1.11.1970, S.37
64) Wenig Spielraum für Reformen, NZZ a.a.O.
65) Das Volk als Opposition, NZZ a.a.O.

gehen könne, seien die Parteien selber unsichere Vertragspartner. Eine generelle Rahmenverständigung über die gesetzgeberischen Ziele einer Legislaturperiode sei jedoch denkbar und erwünscht. Schliesslich sei ein "Tätigkeitsbericht der Bundesratsparteien" überflüssig und systemwidrig, da die Parteien dem Volk und nicht dem Parlament verantwortlich seien.

- Nationalrat Rudolf SUTER (LdU,ZH) wies auf die Gefahr hin, dass die Kritik der Oppositionsparteien blosses Mittel zum Zweck werden könnte, im Bundesrat Einsitz zu nehmen. [66] Weiter würden die in den Wahlen geschwächten Regierungsparteien dadurch eher zusammengeschweisst; denn die Interessen an der gemeinsamen Machtausübung seien bei den schon lange Beteiligten stärker als alle Programme. Endlich werde, nachdem man das Programm schlauerweise möglichst unverfänglich gestaltet habe, nach vier Jahren als Rechenschaft höchstens ein "Entschuldigungsbericht" zusammengestellt.

- Ständerat Kurt BAECHTOLD (FDP, SH) bezweifelte die dem Regierungsprogramm zugedachte Bedeutung als Kristallisationskern, denn es bestehe bei uns ein berechtigtes Misstrauen gegenüber den meist deklamatorischen Wahlversprechungen und -programmen. [67] Zudem würden die unumgänglichen Koalitionskompromisse das Regierungsprogramm stark verwässern und im Rechenschaftsbericht würde man die Schuld an den Misserfolgen und Halbheiten dem Koalitionspartner zuschieben wollen.

4.3. Zu ähnlichen Reformvorschlägen wie Erich Gruner kam zur selben Zeit eine Arbeitsgruppe der Universität Zürich, die sich mit Vorschlägen zur Totalrevision der Bundesver-

---

66) Regierungsprogramm Ja - Regierungsbeteiligung Nein, NZZ a.a.O.
67) Skepsis gegenüber dem Regierungsprogramm, NZZ a.a.O.

fassung beschäftigte. [68] Sie vertrat die Auffassung, das Parlament müsse sich auf ein Regierungsprogramm einigen und es verabschieden. Gelänge das nicht, so müsse das Parlament sich auflösen und Neuwahlen folgten. Nach Verabschiedung eines Regierungsprogrammes würde der Bundesrat gewählt, der an dieses Programm gebunden sei. Unterstütze das Parlament den Bundesrat in seiner Regierungstätigkeit nicht, so könne er zurücktreten und im Parlament müsse sich eine neue Mehrheit für ein neues Regierungsprogramm finden. Gelänge das nicht, so folgten wiederum Neuwahlen. Damit könne ein institutioneller Zwang zur Zusammenarbeit von Parlament und Regierung geschaffen werden, wobei das Parlament die politische Führungsrolle innehabe.

Der geschilderte Reformvorschlag, der einige Verfassungs- und Systemänderungen bedingen würde, fand m.W. in der Oeffentlichkeit keinen Widerhall. [69]

5. Die Institutionalisierung der Richtlinien für die Regierungspolitik

5.1. Die Teilrevision des Geschäftsverkehrsgesetzes

Da die Richtlinien für die Regierungspolitik bereits befriedigend funktionierten, nahm der Bundesrat 1969 die mit der Motion Schürmann beantragte Revision des Geschäftsverkehrsgesetzes in Angriff. In seiner Botschaft an die eidg. Räte vom 12.11.1969 bemerkte er, eine formelle Beschlussfassung (Genehmigung oder Ablehnung) durch die Räte wäre mit der Rechtsnatur der Richtlinien unvereinbar. Er werde den in der Richtliniendebatte geäusserten Vorschlägen aber angemessen Rechnung tragen, sofern ihnen

---

[68] Aufgeführt bei Schumann 292/93
[69] Die Arbeitsgruppe Wahlen lehnt ihn ab; vgl. Schlussbericht 530f.

sachliche Ueberzeugungskraft zukommen. [70] Der Rechenschaftsbericht über den Vollzug der Richtlinien solle zum Vergleich und als Masstab der geleisteten Regierungstätigkeit dienen. Die Botschaft fand allgemeine Zustimmung. [71]

In das GVG sollten gemäss Vorschlag des Bundesrates folgende Artikel neu aufgenommen werden [72]:

Art. 45 bis

1 Nach Beginn einer neuen Legislaturperiode unterbreitet der Bundesrat der Bundesversammlung einen Bericht über die Richtlinien der Regierungspolitik. Diese Richtlinien haben insbesondere Auskunft zu geben über die Ziele, von denen sich der Bundesrat bei der Erfüllung seines verfassungsrechtlichen Auftrages in der neuen Legislaturperiode leiten lassen will; gleichzeitig ist eine Dringlichkeitsordnung für die zu lösenden Aufgaben vorzulegen.

2 Der Bericht über die Richtlinien der Regierungspolitik ist von den beiden Räten getrennt, jedoch in der gleichen Session zu beraten. Eine Vorberatung durch Kommissionen findet nicht statt. Vor der Verhandlung des Berichtes in den beiden Räten tritt die Vereinigte Bundesversammlung zur Entgegennahme einer Erklärung des Bundesrates zusammen.

Art. 45 ter

1 Der Bundesrat erstattet auf die letzte Sommersession vor Ablauf einer Legislaturperiode über den Vollzug der Richtlinien Bericht.

2 Der Bericht ist von den beiden Räten getrennt, jedoch in der gleichen Session zu beraten. Eine Vorberatung durch Kommissionen findet nicht statt.

Mit dieser Fassung war die Ständekammer grundsätzlich einverstanden, bloss die "Regierungserklärung" des Bundesrats vor der Vereinigten Bundesversammlung wurde einstimmig abgelehnt. [73] Der Prioritätsrat erhob dagegen vor allem

---

70) BBl 1969 II 1318ff (Nr. 10 398), besonders S. 1323
71) Die Richtlinien der Regierungspolitik, NZZ Nr. 714 v. 7.12.1969, S. 34
72) BG über die Ergänzung des GVG vom 24.6.1970 (BBl 1970 II 6f)
73) StenBull SR 1970, S. 1ff (Geschäft Nr. 10'398); Zu den Einwänden siehe hinten § 9 Kap. 3

verfassungsrechtliche Einwände. Der Nationalrat konnte die Bedenken mehrheitlich nicht teilen;[74] mit 81 gegen 54 Stimmen gab die Volkskammer der unveränderten Fassung den Vorzug. Daraufhin gab der Ständerat nach und in der Schlussabstimmung wurde die vorgeschlagene Revision des GVG von beiden Räten einstimmig angenommen.[75]

Auf Kritik stiess in der Folge die relativ späte Vorlegung des Richtlinienberichtes, was sich in einem Postulat von Nationalrat Georges-André CHEVALLAZ (VD) vom 6.10.1971 niederschlug.[76] Das Postulat, das 18 Mitunterzeichner fand, hatte folgenden Wortlaut:

"Der Bundesrat wird aufgefordert, den Bericht über die Richtlinien seiner Politik während der Legislaturperiode so frühzeitig vorzulegen, dass er von den eidgenössischen Räten in der Märzsession, die den Wahlen folgt, behandelt werden kann. Es wäre in der Tat wenig zweckmässig, wenn das Programm, das die Hauptaufgaben und die Prioritäten der Regierungstätigkeit enthält, erst mehr als sechs Monate nach Beginn der Legislaturperiode vom Parlament erörtert würde."

Am 17.12.1971 zog G.-A. Chevallaz sein Postulat allerdings wieder zurück, wohl in der Erkenntnis, dass dem erst im Dezember gewählten resp. erneuerten Bundesrat nicht zugemutet werden könne, schon im Februar sein Programm vorzulegen. Auf Richtlinien hingegen, die schon vorher - also ohne seine Zielbestimmung und Mitarbeit - vorbereitet worden wären, würde sich der Bundesrat wohl auch nicht verpflichten wollen.

5.2. <u>Die Verankerung im revidierten Organisationsgesetz der Bundesverwaltung</u>

Der Bericht der "Expertenkommission Huber" vom September 1971 (über die Totalrevision des BVerwOG) gelangte

---

[74] StenBull NR 1970, S. 319ff
[75] StenBull 1970, SR S.207 und NR S.473
[76] Eingabe 101 (Geschäft Nr. 11052), Richtlinien der Regierungspolitik, in der "Uebersicht über die Verhandlungen der Bundesversammlung", Wintersession 1971 S.26

zur selben Zeit zur Auffassung, dass die Richtlinien der Regierungspolitik eine gesetzliche Verankerung auch auf der Seite der Exekutive finden sollten. [77] Im Entwurf für ein neues BG über die Organisation und die Geschäftsführung des Bundesrates und der Bundesverwaltung wird deshalb in Art. 3 (über die Regierungstätigkeit) Absatz 1 lit d festgelegt:

> "Er (der Bundesrat) stellt periodisch Richtlinien der Regierungspolitik auf und sorgt nach Massgabe seiner Zuständigkeit für ihre Verwirklichung."

Weiter statuiert der Entwurf in Art. 36 lit b die Mitwirkung des Bundeskanzlers bei der Vorbereitung und beim Vollzug der Richtlinien:

> "Er (der Bundeskanzler) bereitet zuhanden des Bundesrats die Richtlinien der Regierungspolitik sowie den Bericht des Bundesrates an die Bundesversammlung über den Vollzug der Richtlinien der Regierungspolitik einer Legislaturperiode (Rechenschaftsbericht) vor. Er überwacht die Einhaltung der Richtlinien."

Exekutive und öffentliche Meinung haben sich zu diesem Punkte der Revision bisher noch nicht geäussert.

6. Der Rechenschaftsbericht des Bundesrates für die Legislaturperiode 1967 - 1971

6.1. Der "Bericht über den Vollzug der Richtlinien für die Regierungspolitik" vom 28. April 1971

Der sogenannte Rechenschaftsbericht sollte nach Angaben des Bundesrates einen knappen Querschnitt über seine Tätigkeit in der Legislaturperiode 1967 - 71 geben und damit dem Informationsbedürfnis und dem Wunsch nach besserer Ueberblickbarkeit und Durchsichtigkeit der Regierungstätigkeit entsprechen. [78] Das zu Beginn der Amtsperiode fest-

---

[77] Expertenbericht II S. 12 (Entwurf in der Beilage hinten S. 989)
[78] Rechenschaftsbericht, S.3 und 41ff; vgl. auch Vizekanzler Walter Buser, Substanz für Parlamentarier, in: Genossenschaft (Basel), Nr. 40 vom 30.9.1971

gelegte Regierungsprogramm solle beim Rückblick als Vergleich und Masstab dienen. Dementsprechend war der Rechenschaftsbericht in die gleichen 7 Abschnitte gegliedert und besonders auf die Zusammenfassungen bezogen, die am Ende der verschiedenen Abschnitte der Richtlinien von 1968 zu finden waren. Um den Berichtstext zu entlasten, wurden die damals in Aussicht gestellten Botschaften und Berichte - soweit sie in der Zwischenzeit erschienen waren - in einem Anhang übersichtlich aufgeführt. Der Bundesrat sprach sich im Bericht auch über Verschiebungen und Verzögerungen gegenüber dem Programm aus und verhehlte nicht, dass gewisse Probleme wie die Gesamtverkehrskonzeption oder die Raumplanung nicht gelöst werden konnten, wofür er eine Begründung gab. [79]

In der Presse wurde der Rechenschaftsbericht als gute und genaue Uebersicht über die Regierungstätigkeit qualifiziert. Er trage aber - so wendet Richard REICH ein - trotz der sachlichen Ueberschaubarkeit ausgeprägt departementalen Charakter; eine profilierte programmatische Linie fehle. [80] Solange sich der Bundesrat politisch so heterogen zusammensetze, sei das Regierungsprogramm nur im unverbindlich-rhetorischen Stil von Wahlplattformen praktisch denkbar.

6.2. <u>Die Debatte über den Rechenschaftsbericht in den eidgenössischen Räten</u>

Der eintägigen Debatte im Nationalrat ging eine Erklärung des Bundespräsidenten Rudolf GNAEGI voraus [81], welcher den Kritikern des Berichts entgegen hielt, dass der Bundesrat nicht als Richter in eigener Sache auftreten wolle und sich darum absichtlich auf die Darstellung der nüchternen Tatsachen beschränkt habe. Es obliege grund-

---

79) Rechenschaftsbericht, S. 25f, 42
80) NZZ Nr.224 vom 16.5.1971, S. 33, "Politik ohne Programm?"
81) Zu Erklärung und Debatte vgl. NZZ, Nr.452 v. 29.9.1971, S.21

sätzlich der Bundesversammlung als Aufsichtsbehörde, die Regierungspolitik als Ganzes zu würdigen und eine kritische Bilanz der vergangenen Amtszeit zu ziehen. Die Sprecher der Fraktionen lobten den Rechenschaftsbericht mehrheitlich als objektiven, informativen Ueberblick, bemängelten aber die allzu grosse Nüchternheit und fehlende Akzentuierung. Gegen den letzten Vorwurf wandte der liberale Gaston CLOTTU (NE) ein, Akzente seien in den Richtlinien und nicht im Rechenschaftsbericht zu setzen. Edmund WYSS (SPS, BS) verlangte besonders, dass die Richtlinien für das Parlament verpflichtender werden, damit es sich nicht wie bei der Konjunkturpolitik über Ziele hinwegsetze, die es sich selber gesteckt habe. Im übrigen wurden einzelne Punkte der Regierungspolitik gerügt, etwa das Fehlen eines Notenbankinstrumentariums und einer Gesamtverkehrskonzeption. Im Ständerat, der vom Rechenschaftsbericht ebenso wohlwollend wie der Nationalrat Kenntnis nahm, bemerkte Hans HUERLIMANN (CVP, ZG) die Richtlinien und ihr Rechenschaftsbericht liessen gerade im Lichte der Erneuerungswahlen eine Bilanz und Perspektiven in die Zukunft geeigneterweise zu. [82] Dem freisinnigen Kurt BAECHTOLD (SH) fiel auf, wie milde die Opposition kritisiert habe; entweder werde in der Schweiz gut regiert oder es mangle der Opposition an Kräften, welche wirkliche Mängel aufdeckten. Durch den stark pragmatischen und nüchternen Bericht des Bundesrates werde der Dialog mit dem Volke nicht gefördert.

In seinem Kommentar zu den Verhandlungen des Nationalrates fasste Hans ZWICKY zusammen, das Urteil sei recht positiv ausgefallen. Der Bundesrat sei dort weniger erfolgreich gewesen, wo die Schwierigkeiten übermächtig waren (wie beim Wohnungsproblem) oder wo ihm das Parlament die Gefolgschaft verweigert habe (wie beim konjunktur-

---

82) Verhandlungsbericht in der NZZ, Nr.466 v. 7.10.1971, S.19

politischen Instrumentarium). [83] Oskar RECK hielt fest, der Redestrom der Parlamentsdebatte sei an der schweizerischen Oeffentlichkeit nahezu unbeachtet vorbeigeflossen. Wenn der Bundesrat seinen Bericht aus der Reizlosigkeit erlösen wolle, müsse er das Wagnis einer rigorosen Begrenzung eingehen und sich insbesondere "auf Ereignisse und Erscheinungen, die unsere Lage, unsere Bedürfnisse, unsere Gefährdung kennzeichnen" beschränken. Genau dort, wo es im Bericht bei Andeutungen geblieben sei - vor so peinlichen Fragen wie der erfolgreichen Erpressung des Rechtsstaats durch Terroristengruppen - , sei die Verdeutlichung zu fordern, eine Profilierung um der Sache und der sachlichen Auseinandersetzung willen. [84]

7. Das Minimalprogramm der Bundesratsparteien

7.1. Die Forderungen des Aktionsprogrammes der CVP [85]

Die Forderung nach einem Minimalprogramm der Regierungsparteien war während der Legislaturperiode 1968 - 71 in der politischen Diskussion nie verstummt, und auch das Modell Erich Gruners lebte in der Diskussion weiter. Doch erst im Hinblick auf die Nationalrats-Wahlen vom Oktober 1971 traten diese Gedanken erneut in den Brennpunkt des öffentlichen Interesses. Es war die CVP, die sich auf die Wahlen hin als Ausdruck ihrer "Politik der dynamischen Mitte" ein Aktionsprogramm geben wollte, das nicht nur allgemeine Zielsetzungen für die Legislaturperiode 1971 - 75, sondern auch konkretere Richtlinien für eine sachgerechte mittel- und längerfristige Politik enthalten sollte. Die "Gesellschaftspolitische Kommission der CVP" formu-

---

83) NZZ Nr.452 v. 29.9.1971 (S.21), Weder Idylle noch Schwarzmalerei
84) BN v. 2.10.1971 (Wochenendausgabe) S.1, Der Bundesrat und sein Rechenschaftsbericht
85) Zum folgenden siehe Aktionsprogramm 71 der CVP, herausgegeben vom Generalsekretariat der CVP, Bern 1971; sowie Richard Reich, Parteitag der Bestätigung, in: NZZ Nr.225 v. 17.5.1971

lierte einen Vorentwurf, der anfangs Februar 1971 ohne
Filtrierung der schweizerischen Oeffentlichkeit zur kritischen Prüfung übergeben wurde. Nach einem breiten Vernehmlassungsverfahren wurden die eingegangenen Stellungnahmen durch den Leitenden Ausschuss und das Zentralkomitee verarbeitet und der Vorentwurf politisch gewertet.
An der Delegiertenversammlung vom 14./15. Mai 1971 in
Luzern wurde der bereinigte Entwurf in Arbeitsgruppen
diskutiert und in seinem Grundriss akzeptiert.

Für das Regierungsprogramm sind besonders folgende zwei
Punkte des Aktionsprogramms interessant [86]:

-- Punkt 31 verlangt eine handlungsfähige Regierung, die
auf der Grundlage eines Regierungsprogrammes eine klare
Regierungspolitik betreiben kann. Das Urteil der Wähler
solle die Zusammensetzung der Regierung und die Richtung ihrer Politik vermehrt beeinflussen. Da zur Bildung einer starken Regierung nicht der Proporz, sondern die ausreichende parlamentarische Abstützung der
Regierungspolitik wegleitend sein müsse, sei die Regierungsbildung von den Parteien und Fraktionen bewusster in Beziehung zu den Legislaturzielen zu setzen.

-- Punkt 32 sieht entsprechende Aenderungen der Verfassungspraxis vor:

"Nach den Parlamentswahlen und vor der Neubestellung
des Bundesrats sind unter den Parteien und Fraktionen
Verhandlungen zu führen mit dem Ziel, gemeinsame Grundlagen für die Bildung einer tragfähigen Regierung und
für eine klare Regierungspolitik in der neuen Legislaturperiode zu erarbeiten.

Verhandlungsgrundlage bilden die von den Parteien vertretenen Wahlprogramme; damit wird dem durch das Wahlergebnis bekundeten Wählerwillen für die Zielsetzungen
in der neuen Legislaturperiode Rechnung getragen.

Der Bundesrat ist jeweils unter Bezug auf die in den
Verhandlungen festgelegten Legislaturziele zu wählen.

Der Bundesrat hat gestützt auf die in den Verhandlungen erarbeiteten allgemeinen Grundlagen das konkrete
Regierungsprogramm zu entwickeln.

---

86) Aktionsprogramm (a.a.O.) S. 14/15

Die Parteien geben der Oeffentlichkeit die Zusammensetzung der mit der Führung der Gespräche beauftragten Delegation bekannt und orientieren die Oeffentlichkeit über den Verlauf und die Ergebnisse der Verhandlungen."

7.2. Die Verhandlungen der Bundesratsparteien

Die CVP versuchte ihre Vorschläge in die Tat umzusetzen: Im Juli 1971 schrieb sie den anderen Bundesratsparteien einen Brief, welchen sie in einem offiziellen Pressecommuniqué auch publik machte. [87] Darin forderte die CVP ihre Koalitionspartner auf, sich bis Ende August zu überlegen, ob nach den Wahlen vom Oktober 1971 die bestehende Regierungskoalition mit den gleichen Bundesräten wie bisher automatisch bestätigt werden soll oder ob man nicht andere Koalitionen mit neuen Männern ins Auge fassen könnte. Jedenfalls solle diesmal das bundesrätliche Regierungsprogramm durch ein entsprechendes Aktionsprogramm der in der Regierung vertretenen Parteien abgestützt werden. Der ungewöhnliche Brief löste entgegen der Erwartungen der Absender keine öffentliche Grundsatzdiskussion aus. Die Leitung der SPS zeigte sich den Vorschlägen gegenüber sehr skeptisch [88]: Wegen der Volksrechte sei es in der Schweiz nicht möglich, beliebig wechselnde Regierungskoalitionen zu bilden; es habe daher keinen Sinn, sich durch ein Koalitionsprogramm von vornherein die Hände zu binden. Der "Freisinnige Pressedienst" fragte die CVP sogar an, ob sie selber bereit sei, aus der Regierung auszutreten oder ob sie etwa einen Demissionsdruck auf ihre eigenen Bundesräte ausüben wolle. Die beiden Reaktionen zeigten, dass die Vorschläge der CVP bei den andern Parteien auf wenig Gegenliebe stiessen.

Allmählich sahen aber die andern Bundesratsparteien ein, dass wenigstens das bundesrätliche Programm durch

---

[87] Zu diesem Schreiben siehe Henri Stranner, Geheimnisvolle CVP-post, in: NZ Nr.371 v. 16.8.1971, S.3
[88] Vgl. den Bericht in der NZ a.a.O., Lieber doch die "Zauberformel"...

ein entsprechendes Legislaturprogramm ihrer Parlamentsfraktionen abgestützt werden sollte. Ende September 1971 nahmen die vier bisherigen Bundesratsparteien zum ersten Mal Fühlung und kamen überein, sich nach dem Wahlkampf zu eigentlichen Koalitionsgesprächen zu treffen. [89] Es nahmen daran jeweils die Parteispitzen teil: Die Partei- und Fraktionspräsidenten, sowie die Parteisekretäre. In den Koalitionsgesprächen vom November 1971 zeigte sich bald, dass keine der Regierungsparteien in die Opposition gehen wollte und dass die neuen Regierungsziele kaum aufgrund des (neuen) Wählerwillens bestimmt werden konnten, denn der Ausgang der Nationalratswahlen hatte die bisherige Regierungskoalition bestätigt. Die Verhandlungen beschränkten sich deshalb auf die Ausarbeitung eines gemeinsamen - wenn auch vagen - Legislaturprogrammes. [90] Die Hoffnung der CVP, das Legislaturprogramm bis zu den Erneuerungswahlen des Bundesrats (8.12.1971) durchzubringen und so gewissermassen die Gewählten darauf zu verpflichten, scheiterte am passiven Widerstand oder an der Trägheit ihrer Koalitionspartner. [91] Die CVP selbst war aus parteitaktischen Gründen zur Zauberformel zurückgekehrt, indem sie möglichst rasch nach den Wahlen und damit ohne Rücksicht auf den Fahrplan der Koalitionsgespräche ihren Kandidaten für die Nachfolge von Bundesrat von Moos bezeichnet hatte. [92]

Erst Ende Dezember 1971 konnte ein erster Entwurf zu einem Legislaturprogramm bekanntgegeben werden, gegen den von verschiedenen Seiten noch Einwände erhoben wurden, etwa gegen die Erwähnung der Mehrwertsteuer. [93] Am 19.1.1972

---

89) NZ vom 29.9.1971, Die "Vier" nahmen Fühlung
90) In der Form eines gewissen Prioritätenkataloges, anstatt einer Koalitionsvereinbarung
91) Henri Stranner, in der NZ Nr.561 vom 4./5. Dezember 1971
92) Hans Zwicky, Hypotheken aus dem Wahlkampf: in: NZZ Nr.566 vom 4.12.1971 S.1; ders. auch in NZZ Nr.578 v. 11.12.1971
93) NZ Nr.593 v. 23.12.71 und NZZ Nr.601 v. 25.12.71, S.25

endlich haben sich die vier Regierungsparteien in einer
letzten Verhandlungsrunde auf das endgültige Legislaturprogramm für 1971/75 geeinigt. [94] Das nach wenigen Aen-
derungsanträgen bereinigte Programm wurde bis zum Monats-
ende auch von den Parteivorständen ratifiziert.

7.3. Die "Vereinbarung der Regierungsparteien und -fraktionen über die Legislaturziele 1971 - 1975"

Wie es in der Einleitung heisst, haben die Parteien
und Fraktionen der FDP, CVP, SP und SVP die Absicht, eine
rasche und wirkungsvolle Lösung dringender Landesprobleme
zu gewährleisten. Sie wollen deshalb in den aufgeführten
Fragen unter Wahrung der verfassungsrechtlichen Freiheit
des einzelnen Parlamentariers zusammenarbeiten und den
Bundesrat in der Erfüllung seiner Aufgaben unterstützen. [95]
Die Verwirklichung der vereinbarten Ziele, sowie Fragen
der bundesrätlichen Richtlinien sollen Gegenstand regel-
mässiger Kontakte der leitenden Organe der beteiligten
Parteien mit dem Bundesrat bilden. Die Beteiligten werden
aber auch in anderen wichtigen Landesfragen periodisch miteinander in Verbindung treten und hierüber eine Einigung
zu erzielen suchen. Mit Bezug auf Fragen, die in der Vereinbarung nicht behandelt sind oder worüber im Verlauf
der Legislaturperiode 1971/75 keine Einigung erzielt wird,
behalten sich die Beteiligten jedoch volle Handlungsfreiheit vor. Sie sind insbesondere auch frei, weitergehende
Ziele zu verfolgen, sofern sie dieser oder einer späteren
Vereinbarung nicht widersprechen. In der Vereinbarung fehlen wichtige sozialpolitische Fragen wie z.B. AHV und Kran-
kenversicherung, weil sich hier die Sozialdemokraten offenbar für ihre Initiativen volle Handlungsfreiheit vorbehalten möchten. [96] Die umstrittene Mitbestimmung bleibt eben-

---

[94] NZZ Nr.33 v. 20.1.1972, S.17
[95] Vgl. die publizierte Vereinbarung, I Ingress und II
[96] Hiezu Henri Stranner, Minimal-Absprache, in: NZ Nr.36 v. 21.1.1972

falls ausgeklammert, und die Frage der Landesverteidigung ist sehr kurz und vage abgehandelt. Zumindest in einigen wichtigen aktuellen Fragen - so im Wohnungsbau/ Mieterschutz, Umweltschutz, Bildungswesen und bei der Teuerungsbekämpfung, Raumordnung sowie beim EWG-Arrangement - scheinen die Koalitionspartner jedoch gewillt, loyal zusammenzuarbeiten.

Die Tragfähigkeit des Mini-Koalitionsprogramms zu beurteilen, ist schwierig, weil es keinen verbindlichen Vertrag nach ausländischen Vorbildern darstellt. [97] Ausserdem bilden die Legislaturziele eine reine Sammlung politischer Ziele, ohne über die Mittel und Wege ihrer Verwirklichung etwas zu sagen; eine Feinprogrammierung war innert nützlicher Frist nicht mehr zu bewerkstelligen. Es kommt also noch darauf an, mit welcher Einstellung die Regierungspartner ans Werk gehen werden: Bei allzu grossen "inneren Reserven" werden die Legislaturziele zu blosser Makulatur; wenn hingegen ein entschlossener Wille zur Verwirklichung besteht, könnten die prinzipiellen Verhandlungen in einem konstruktiven Ringen um die Feinplanung und Ausführung ihre organische Fortsetzung finden. [98]

8. Die Richtlinien der Regierungspolitik 1971 - 1975

8.1. Der Bericht über die Richtlinien der Regierungspolitik in der Legislaturperiode 1971 - 1975 vom 13. März 1972

Die Vorbereitung des Richtlinienberichtes 1971/75

---

[97] Zum folgenden H. Stranner, a.a.O. und Richard Reich, Was sind die "Legislaturziele" wert?, in:NZZ Nr.602 v. 27.12.1971,S.13

[98] Die Meinungen darüber sind vorläufig noch geteilt: Nach Enrico Franzoni (CVP) sollen erste Erfolge eingetreten sein (A.P. Suisse 1972, S.20). Die SVP hingegen, die am 4. Juli 1973 eine Zwischenbilanz der Legislaturziele verlangte, will von einer Verbesserung der Zusammenarbeit nichts verspürt haben (vgl. hiezu ausführlich R. Bächtold/U. Zenger, Eine Suppe zum Auslöffeln, in: Weltwoche Nr.32 vom 8. August 1973, S.5).

wurde im Oktober 1970 eingeleitet. [99] Doch die endgültige Formulierung wurde auf die Zeit nach den Nationalrats-Wahlen von 1971 verschoben, um das Wahlergebnis mitberücksichtigen zu können. Am 13. März, also zwei Monate früher als beim ersten Richtlinienbericht (15. Mai 1968), traf der Bundesrat den endgültigen Entscheid. Am 28. März wurden die neuen Richtlinien für 1971/75 publiziert. Der Bericht umfasste diesmal 67 Seiten (vorher 45 Seiten) und befasste sich neben grundsätzlichen Ueberlegungen noch mit einer Fülle von Einzelproblemen. [100] Sein Aufbau war folgender: Nach einer kurzen Einleitung über die rechtliche und politische Tragweite, sowie das Thema der Richtlinien zeichnete der Bundesrat im "Ausgangspunkt für den Aufgabenkatalog" ein Bild des schweizerischen Staates, der Gesellschaft und Wirtschaft. Dabei hob er die wachsende Gestaltungsaufgabe des Staates hervor und wies auf drei besondere Ungleichgewichtslagen im staatlichen und gesellschaftlichen Bereich hin: das wachsende Ungleichgewicht zwischen Individual- und Kollektivgütern, krasse Unterschiede in der regionalen Verteilung unseres Wirtschaftswachstums und die Disharmonie zwischen materieller und geistiger Entwicklung (die sog. "Kulturlücke"). Für seine Uebersicht über die längerfristigen Entwicklungstendenzen stützte sich der Bundesrat im wesentlichen auf die - soweit bereits erschienenen - Studien einer Arbeitsgruppe um Prof. Francesco KNESCHAUREK, die sog. "Entwicklungsperspektiven der schweizerischen Volkswirtschaft bis zum Jahr 2000". Es folgte das eigentliche Richtlinienprogramm als Hauptteil des Berichtes. Das Programm war in die vier Kapitel "Die Schweiz in der Staatenwelt", "Entwicklung von Gesellschaft und Wirtschaft", "Institutionelle und instrumentale Probleme" und "Finanzielle Aspekte" unter-

---

99) Ueber die Ausarbeitung der Richtlinien 72/75 vgl. unten § 10
100) Siehe Bericht II (BBl 1972 I 1025ff)

teilt; auch in der weiteren Untergliederung wurde auf eine departementale Einreihung verzichtet. In den Schlussbemerkungen strich der Bundesrat einige Sachbereiche heraus, deren Behandlung besonders dringlich ist und die eine besondere politische Leistung erfordern wie z.B. Umweltschutz und Verkehrsplanung. In drei Anhängen endlich waren Verzeichnisse der wichtigsten Vorlagen (Botschaften, Berichte) und vorgesehenen Verfassungsänderungen, sowie eine Uebersicht über die am 22. März 1972 noch hängigen Volksbegehren zu finden.

In der Pressekonferenz in Bern hoben Bundespräsident CELIO und Bundeskanzler HUBER nochmals hervor, die Richtlinien bildeten einen "einseitigen, planenden Regierungsakt mit beschränkter Durchsetzungskraft", der für das Parlament nicht verbindlich sei.[101] Die "Legislaturziele 1971/75" könnten für den Bundesrat kein imperatives Mandat bedeuten; das auf elf Punkte beschränkte Aktionsprogramm umschreibe zwar grundsätzlich dieselben Absichten wie die Richtlinien, doch würden die Legislaturziele in Detailfragen teilweise andere Wege und Mittel nennen. Die eidgenössischen Räte hätten bei der Behandlung der einzelnen Vorlagen Gelegenheit, die in diesen Fällen einzuschlagende Marschroute verbindlich festzulegen.

In der Presse wurden die neuen Richtlinien als "deutlich verbesserte zweite Auflage" allgemein begrüsst und die Arbeit von Bundesrat und Bundeskanzlei anerkennend gewürdigt.[102] Gelobt wurde vor allem die bessere Gesamtschau, die nicht mehr den Stempel der Departemente trage. Vermisst wurde nach wie vor eine klare Prioritätensetzung nach zeitlichen und finanziellen Gesichtspunkten. Von oppositioneller Seite wurde auch die Frage aufgeworfen, ob die Regierungsparteien - nachdem sie ihr Legislaturprogramm in

---

101) Zur Pressekonferenz vgl. NZZ, Nr.147 vom 29.3.1972
102) A.P. Suisse (mit Zitaten) 1972, S.19

Unkenntnis der bundesrätlichen Richtlinien erarbeitet hatten - nun auf dieses in den abweichenden Punkten nochmals zu sprechen kämen. [103]

8.2. <u>Die Parlamentsdebatten über die Richtlinien für 1971 - 1975</u>

Zur Debatte über das Regierungsprogramm 1971/75 wurde das Parlament eigens zu einer Sondersession aufgeboten. Als Auftakt wiederholte der Bundespräsident in einer Erklärung vor der Vereinigten Bundesversammlung, was schon im Richtlinienbericht stand oder was er in der Pressekonferenz verdeutlicht hatte. Den die Schwerpunkte vermissenden Kritikern hielt er entgegen, dass es praktisch unmöglich sei, Prioritäten festzulegen, weil vieles gleichzeitig angepackt werden müsse. [104] Nach der Regierungserklärung trennten sich die beiden Räte zur gesonderten Beratung der Richtlinien. Den Anfang der Debatte im Nationalrat bildeten die Stellungnahmen der Fraktionssprecher. Die Vertreter der vier Bundesratsparteien äusserten sich zum bundesrätlichen Programm im allgemeinen positiv, forderten aber den Bundesrat auf, das von ihnen ausgehandelte Legislaturprogramm vermehrt zu berücksichtigen. Enrico FRANZONI (CVP, TI) bezeichnete die finanziellen Aspekte und die Prioritäten als die schwächsten Punkte des Berichtes. Der Sozialdemokrat Anton MUHEIM (LU) zeigte sich erstaunt darüber, dass der Bundesrat auf die "Legislaturziele" überhaupt keinen Bezug nahm.

Der Landesring dagegen sah schon in der Einigung über bestimmte Legislaturziele eine Gefahr und klagte über eine Schwächung des Parlamentes durch die bundesrätlichen Richtlinien, obwohl er diese gleichzeitig als farblosen Katalog

---

103) Maurice Allard, Le programme gouvernemental 71-75, in: Construire (Zürich), Nr.14 vom 5.4.1972, S.1
104) Zur Erklärung und allgemeinen Aussprache siehe die Berichte in der NZZ, Nr.193 (S.21f) und NZ, Nr.190 (S.3), beide vom 26.4.1972

abtat. Die Liberaldemokratische Fraktion und die Partei der Arbeit nahmen das Regierungsprogramm wohlwollend entgegen; der liberale Georges THEVOZ (VD) wandte sich jedoch entschieden gegen eine beabsichtigte Institutionalisierung der Zusammenarbeit zwischen dem Bundesrat und "seinen" Parteien. Die schärfste Opposition erwuchs den Richtlinien diesmal seitens der zwei rechtsnationalen Parteien, welche beide eine Rückweisung des Berichtes an den Bundesrat beantragten: die einen mit der Forderung, den Bericht zur rechtlich verpflichtenden Zustimmung oder Verwerfung vorzulegen, die andern mit dem Auftrag, die ökologischen Erkenntnisse zu berücksichtigen.

Für die folgende Allgemeine Aussprache und die abschnittweise Behandlung des Berichtes hatten sich inzwischen insgesamt 72 Redner eingeschrieben, weshalb der Antrag durchdrang, die Redezeit eines jeden auf 10 Minuten zu beschränken. Am Ende der Allgemeinen Aussprache wandte sich Bundespräsident CELIO vor allem gegen die beiden Rückweisungsanträge. [105] Daneben betonte er, die Vereinbarung der Bundesratsparteien sei für die Regierung unmassgeblich und der Bundesrat wende sich mit seinen Richtlinien an das Parlament als Ganzes. Darauf wurden die Rückweisungsanträge mit 124 zu 8 Stimmen abgelehnt; der Landesring enthielt sich der Stimme. Nach drei weiteren halbtägigen Sitzungen kam die erschöpfende Debatte des Nationalrates zum Abschluss. In seinem Schlusswort ermahnte der Bundespräsident das Parlament, durch eine Zusammenarbeit der Fraktionspräsidenten mit dem Ratsvorsitzenden künftig der Richtliniendebatte eine andere Gestalt zu geben, um sie nicht in einen strapaziösen Redemarathon ausarten zu lassen. [106]

Im Ständerat fand der Richtlinienbericht als Instrument der Planung und Führung einhellige Zustimmung. [107]

---

[105] Berichte über den 2. Sitzungstag in der NZZ, Nr.194 (S.17) und NZ, Nr.191 (S.5), beide vom 26.4.1972
[106] NZZ Nr.198 vom 28.4.1972, S. 25 und 27
[107] Vgl. den Bericht in der NZZ, Nr.197 v. 28.4.1972, S.27

Einige Parlamentarier mahnten aber, die Finanzplanung nicht hinter der programmatischen Zielsetzung her hinken zu lassen. Ueber die bekannte Frage, ob die Richtlinien auf die "Legislaturziele" der Bundesratsparteien abzustimmen seien, war sich der Rat nicht einig; einige Votanten unterstützten den Bundesrat in der Auffassung, dass die Parteien ihre Ziele selber, im Parlament, durchzusetzen hätten. Matthias EGGENBERGER (SPS, SG) wünschte noch eine grössere Verbreitung des Berichtes im Volk, um es mit den Widersprüchen der schweizerischen Politik vermehrt zu konfrontieren. Vom Bericht wurde mit 29 : 0 Stimmen Kenntnis genommen.

8.3. Die Kommentare zu den Richtliniendebatten

Die Parlamentarier waren mehrheitlich mit dem Institut der Richtlinien und dem vom Bundesrat gelieferten Bericht zufrieden, hingegen nicht mit der betreffenden Debatte im Nationalrat. Dies kam sowohl im Rat selbst [108], wie auch in einer rückblickenden Diskussion am Schweizer Radio [109] deutlich zum Ausdruck: Nationalrat Felix AUER (FDP, BL) beispielsweise vertrat die Ansicht, die Durchführung der Debatte wäre um einiges besser gewesen, wenn sich die Fraktionen zuvor einige Tage in Klausur begeben und auf wenige, aber grundsätzliche Voten geeinigt hätten, anstatt 80 Redner ihre individuellen Interessen vertreten zu lassen. Scharf ins Gericht mit dem Richtlinienbericht ging Nationalrat Walter ALLGOEWER (LdU, BS), der rundweg behauptete, dieser sei kein kollegiales Werk der sieben Bundesräte, sondern eines der Verwaltung und der Regierungs-

---

[108] Nationalrat Walter Baumann (SVP, AG) reichte bereits am 27.4.1972 eine kleine Anfrage betreffend die Beratung des Regierungsprogrammes ein (Nr.134 der Frühjahrssession)
[109] Radio der deutschen und rätoromanischen Schweiz, 29. April 1972, 14 Uhr, Wochenrückblick

parteien.[110] Damit werde der Geist der Verfassung verletzt, weil mit den Abmachungen zwischen 3/4 der National- und Ständeräte die Entscheidungsfreiheit des Parlamentes stark eingeengt werde.

Im übrigen fanden in der Presse die Richtlinien als Instrument der Planung und Führung auf Regierungsebene eine überwiegende Zustimmung, während die diesbezügliche Debatte des Nationalrates scharfe Kritik erntete. In der NZZ bedauerte Hans ZWICKY, dass die Debatte im Fahrwasser einer Aussprache zum Geschäftsbericht dahingetrieben sei, anstatt zum Führungsgespräch zwischen Bundesrat und Parlament zu werden; die Kapazitäten des Parlaments lägen offensichtlich eher in der Stellungnahme zu Sachfragen als im Erarbeiten und Erörtern einer Gesamtschau.[111] Eine ähnliche Kritik brachte Henri STRANNER in der NZ an:[112] Der Nationalrat habe, anstatt die Konturen des Regierungsprogrammes zu verdeutlichen und seine eigenen Prioritäten aufzuzeigen, die Richtlinien in 80 Voten so zerredet, dass der Bundesrat daraus keine klaren Schlüsse werde ziehen können. An den Fraktionen läge es, die Debatte zu straffen. Der Ständerat hatte den Richtlinienbericht, für den der Nationalrat 3 Tage gebraucht hatte, in 5 Stunden bewältigt und dennoch wurde darin von 15 Votanten sachlich fast so viel gesagt wie in der Volkskammer. Die Debatte sei - so die NZZ - im Ständerat als "zweckgerichtetes Führungsgespräch" ein Erfolg geworden, weil sich die Redner mit Grundsätzen, Dringlichkeitsordnungen und wesentlichen politischen Verfahrensfragen befassten und dazu etwas zu sagen hatten.[113] In der Oeffentlichkeit stiessen die Richtliniendebatten allgemein auf weniger Interesse als vor vier Jahren.

---

110) Umstrittenes Regierungsprogramm, in: Doppelstab (Basel), Nr.36 vom 5. Mai 1972, S.1
111) Uebung auf Gegenseitigkeit, NZZ Nr.199 v. 29.4.1972, S.1 Katalog von Details, NZZ Nr.194 v. 26.4.1972, S.17; Zu viel oder zu wenig Führung, NZZ Nr.193 v. 26.4.1972, S.2
112) Steckenpferdreiter, NZ Nr.191 v. 26.4.1972, S.5; Celio nahm es nicht so ernst, NZ Nr.197 v. 30.4.1972, S.3
113) NZZ Nr.199 v. 29.4.1972, S.1 und Nr.197 v. 28.4.1972, S.2

§ 9 Die Richtlinien der Politik im schweizerischen Staatsrecht

1. Eigenheiten und Gefahren des schweizerischen Regierungssystems

1.1. Allgemeines

Zum besseren Verständnis der Bedeutung der Richtlinien der Regierungspolitik im schweizerischen Staatsrecht sollen einige Bemerkungen zu den Eigenheiten des schweizerischen Regierungssystems, vor allem zur Ausgestaltung der eigentlichen Regierungsorgane, vorangestellt werden.

- Das auffallendste Merkmal des schweizerischen Regierungssystems ist das ausgedehnte Mitspracherecht des Volkes bei staatlichen Entscheidungen. [1] Der Legislative kommt deshalb nicht die selbe Bedeutung zu wie in den parlamentarischen Demokratien. Ihr Verhältnis zum Volk, von dessen Zustimmung sie in vielen Sachfragen abhängig ist, weist besondere Merkmale auf. Die Exekutive kann ebenfalls nur mit Rücksicht auf die Volksrechte handeln.

- Auch das Verhältnis zwischen Parlament und Regierung weist Besonderheiten auf. [2] Weder kann das Parlament die von ihm auf feste Zeit gewählte Regierung abberufen, noch kann umgekehrt diese das Parlament auflösen. Beide Behörden sind aber nicht unabhängig von einander, sondern korrelativ auf einander bezogen; denn beide sind weithin mit den gleichen Gegenständen befasst, nur in verschiedener Zuständigkeit. Da die lenkende Gestaltung

---

[1] Verfassungs-, Gesetzes- und Staatsvertragsreferendum. Vgl. dazu Akeret 47ff; Vulpius 54ff; Schürmann, in: Steiner 60ff; Walter Schiesser, Das Mitspracherecht des Bürgers, in: Die politische Willensbildung im Bunde, NZZ-Schriften zur Zeit, Nr. 1, Zürich 1968, S. 66ff.
[2] Hiezu Hermann Böschenstein, Die Machtfülle der Exekutive, in: Die politische Willensbildung im Bunde, a.a.O., S.46ff; Schürmann, in: Steiner 64f; Gerhard Schmid, Das Verhältnis von Parlament und Regierung im Zusammenspiel der staatlichen Machtverteilung, Diss. Basel 1971, S. 192ff.

des Staatsganzen immer mehr auf die Regierung als der aktivere der beiden Partner übergegangen ist, nimmt heute diese - entgegen der ursprünglichen Konzeption der Verfassung (Art. 71 BV) - die führende Position ein. [3]

- Die Unabhängigkeit der Regierung wird verstärkt mit ihrer durch eine lange Staatspraxis gesicherten Wiederwahl und mit ihrer Konstituierung als Allparteienregierung, welche keine dauernde, fest organisierte Opposition entstehen lässt. [4]

Das schweizerische Milizparlament muss sich weitgehend auf die Kontrolle von Regierung und Verwaltung beschränken, denn für eine aktive, schöpferische Mitarbeit fehlen ihm die Zeit sowie die Sachkunde, die der Regierung durch die Verwaltung vermittelt wird.

1.2. Die Trias der Organisationssysteme für die Regierungsorgane

Aehnlich wie in der Bundesrepublik Deutschland gelten für die schweizerische Regierung drei verschiedene Organisationsprinzipien, die sich gegenseitig durchdringen, verwischen und teilweise widersprechen. [5]

- Grundlegendes Organisationsprinzip ist das Kollegialsystem, das die Vorstellung beinhaltet, dass eine Vielheit von Personen, die in rechtlicher und sachlicher Gleichordnung nebeneinander stehen, zur gemeinschaftlichen Geschäftserledigung befugt ist. [6] In seiner spezifisch schweizerischen Ausgestaltung besitzt der Vorsitzende des grössenmässig fest bestimmten Kollegiums keine Vorrechte; er ist lediglich verfahrenstechnischer Verhand-

---

[3] Schumann 172ff
[4] Anders wäre es nur, wenn die Regierungsparteien den Bundesrat auf ein verbindliches Koalitionsprogramm verpflichten könnten.
[5] Eichenberger, Verantwortlichkeit 117
[6] Vgl. hiezu Expertenbericht I 29ff und II 17f, 89ff; Akeret 82ff; Vollenweider 110ff; Aubert 571ff.

lungsleiter und hat zudem gewisse Repräsentationsaufgaben zu erfüllen. [7]

- Das Kollegialsystem wird modifiziert und ergänzt durch das _Departementalsystem_: jedes Mitglied des Kollegiums ist Vorsteher eines Departementes, also zugleich für einen Teil der Verwaltung verantwortlicher Minister und "Co-chef" der Regierung, in welcher Funktion es die Richtlinien der departementalen Verwaltungstätigkeit mitbestimmt. [8] Die Departemente sind einerseits an der Präparation und Ausführung von Kollegialentscheiden beteiligt, anderseits aber kraft ausgedehnter Delegation auch Träger von eigenständigen Entscheidungen.

- Als drittes Element kommt das _Abteilungs- oder Direktorialsystem_ dazu: auf einer zweiten Stufe wiederholt sich eine ähnliche Dependenz wie zwischen Kollegium und Departementsspitze, indem die Abteilungen und Sektionen der Departemente sowohl zu Mitgestaltern der Departementsakte bei der Vorbereitung als auch zu eigenständigen Entscheidungsträgern werden. [9]

Obwohl die noch in Art.103 BV anklingende Vorstellung, dass alle Entscheide über die Geschäfte vom Kollegium ausgehen, nicht mehr der Wirklichkeit entspricht [10], obschon das Schwergewicht der staatlichen Tätigkeit heute auf der Departementsebene liegt und die Tendenz der Staatspraxis auf eine Verstärkung des Direktorialsystems geht [11], ist

---

7) Eichenberger, Organisatorische Probleme 68f; zu den verschiedenen Bedeutungsnuancen des Begriffes Kollegialsystem vgl. Vollenweider 110ff und Expertenbericht II 87f.
8) Dominicé 41; Vollenweider 112f; Aubert 564ff; zum Departementalsystem: Ulrich Fünfschilling, Die rechtliche Gestaltung des Departementalsystems als Organisationsform der schweizerischen Exekutivbehörden unter besonderer Berücksichtigung der Bundesbehörden, Diss. Basel 1969.
9) Eichenberger, Organisatorische Probleme 82
10) Dazu eingehend Vollenweider 59ff, 65ff
11) Eichenberger, a.a.O. 82; Dominicé 50ff

das dem Gehalt und der Legitimierungskraft nach bestimmende Element in der Trias der Systeme noch immer das Kollegialsystem. Die gegenwärtige Reform von Regierung und Verwaltung zielt auf eine Verstärkung des Kollegialprinzipes, denn die Alternativen hiezu lägen entweder in einem Ueberwuchern des Regierungssystems durch das Departementalsystem, wodurch v.a. die staatsleitende Regierungsfunktion verloren ginge, oder aber in der Einführung eines Präsidialsystems, was bisher als wesentlicher Systemwechsel abgelehnt worden ist. [12]

1.3. Die Allparteienregierung

Ausserhalb des Staatsrechts, doch von eminenter Bedeutung für die Staatspraxis ist die Art der politischen Zusammensetzung der Regierung. Angesichts der Vorherrschaft der Exekutive im modernen Staat würde es die demokratische Komponente hervorheben, wenn die bedeutenden Gruppierungen des Landes nicht nur im Parlament, sondern auch in der Regierung vertreten wären. Eine solche Verteilung der Macht kann am besten erreicht werden, wenn die wichtigsten Parteien entweder hintereinander oder miteinander die Regierung bilden. Im ersten Fall lösen sich die Parteien regelmässig an der Macht ab, wie es sich z.B. im englischen Zweiparteiensystem langsam eingespielt hat. Im zweiten Fall üben die wichtigsten Parteien die Führungsmacht in Form einer Allparteienregierung gemeinsam aus. Gemäss VULPIUS, der dieses Phänomen als erster einlässlich beschrieben hat, gilt als _Allparteienregierung_im_weiteren_ _Sinne_ "die Regierungskoalition aller politisch relevanten Parteien einer Volksvertretung". [13] Eine mündliche oder gar schriftliche Koalitionsvereinbarung ist nicht vorausgesetzt.

---

12) Expertenbericht II 18; der Entwurf statuiert die erwünschte Priorität in Art.27: "Die Geschäfte des Kollegiums haben den Vorrang vor allen andern Verpflichtungen eines Mitglieds des Bundesrats." Auch laut Richtlinienbericht II S.51 ist das Kollegialprinzip die dominante Maxime der Reform.
13) Vulpius 4

In der Schweiz hat sich die Allparteienregierung stetig und konsequent herausgebildet. [14] Schon 1848 gab es de facto eine Proporzregierung des Freisinns mit einem liberal-manchesterlichen und einem radikal-interventionistischen Flügel. 1872 und 1875 kamen zwei Vertreter der demokratischen Linken dazu, 1891 der erste Konservative (heute CVP), 1929 der erste Vertreter der BGB (heute SVP) und 1943 der erste Sozialdemokrat. Seit 1959 gilt für die Regierungszusammensetzung die sog. "Zauberformel", wonach ungefähr ihrer Stärke im Parlament entsprechend die vier grossen Parteien (FDP, CVP, SP und SVP) im Bundesrat mit zwei Mitgliedern, bzw. die SVP mit einem, vertreten sind. Diese Entwicklung wurde durch die Volksrechte begünstigt, indem jede zahlenmässig starke Oppositionspartei mit der Ergreifung des Referendums, oder der Drohung damit, nach einer gewissen Zeit ihre Aufnahme in die Regierung erzwingen kann. Die schweizerische Mechanik der Regierungsbeteiligung besteht darin, dass die zahlenmässig stärker werdende Opposition gleichzeitig in der Auseinandersetzung milder wird; d.h. sie passt sich in einem gewissen Sinne an und wird so regierungsfähig. Die Mehrheit integriert sie dann - oft im Kampf gegen neue Gegner -, sodass die Schweiz keine eigentlichen Regierungswechsel, sondern nur die Basiserweiterung kennt.

Um die erwünschte, starke Opposition im Parlament zu erreichen, wurde in den letzten Jahren oft verlangt, es solle sich eine der Bundesratsparteien in die prinzipielle Opposition begeben. Das wurde jedoch bisher von allen vier Parteien kategorisch abgelehnt [15], letztmals anlässlich der Bundesratswahlen vom Dezember 1973. Es bleibt also vorläufig nur die Lösung übrig, das fehlende

---

14) Zur Allparteienregierung in der Schweiz: Vulpius 31ff; Schumann 220ff; Schürmann, Allparteienregierung 84ff; Gruner, Opposition 15ff und Parteien 32ff; Steiner 78ff; Petitpierre 13ff.
15) Schürmann, Allparteienregierung 91

Widerspiel der Parteien durch ein solches zwischen_Regierung_und_Parlament_ zu ersetzen. [16] Die vom Zwang zur Regierungstreue befreiten Fraktionen könnten durchaus ein selbstbewussteres Parlament bilden und eine relativ unabhängige Haltung gegenüber ihrer eigenen Regierung einnehmen. Sie hätten die Freiheit, die politische Verantwortlichkeit des Bundesrates wirklich geltend zu machen. [17]

2. Die Richtlinienkompetenz des schweizerischen Bundesrates

2.1. Kurze geschichtliche Entwicklung

Gemäss Art.71 BV wird unter Vorbehalt der Rechte des Volkes und der Kantone die oberste Gewalt des Bundes durch die Bundesversammlung ausgeübt. Hierauf - und auch auf Art.84 BV - gestützt haben in beiden Richtliniendebatten sich als Opposition verstehende Parteien [18] die Behauptung aufgestellt, der Bundesrat sei gar nicht kompetent, Richtlinien der Politik aufzustellen, sondern dies sei eine Aufgabe des Parlamentes. Ihre Haltung war begreiflich, weil sie nicht in der Regierung vertreten und damit an der Ausarbeitung der Richtlinien überhaupt nicht beteiligt waren. Im übrigen stützten sie sich in ihrer Argumentation auch auf die ältere Bundesstaatslehre.

In der Tat hat das 19. Jahrhundert über die Stellung des Bundesrates im Kreis der obersten Gewalten anders gedacht als die spätere und heutige Zeit. Nach Simon KAISER [19] hatte der Gesetzgeber "jedenfalls eine omnipotente Macht gegenüber der vollziehenden Gewalt, der Regierung, soweit sich diese nicht selbst auf konstitutionelle Rechte, die ihr zustehen oder über die sie wachen muss, stützen kann."

---

16) Bäumlin 227
17) Eichenberger, Verantwortlichkeit 117/118
18) 1968 der Landesring der Unabhängigen, 1972 die Republikaner; beidemale wurde dementsprechend ein Rückweisungsantrag gestellt
19) Schweiz. Staatsrecht, 2. Buch, St. Gallen 1859, S. 161

Fritz FLEINER [20] sprach davon, dass der Grundsatz, wonach die Bundesversammlung die oberste Gewalt des Bundes sei, mit solcher Kraft in die Praxis eingegangen sei, dass die Bundesverfassung von 1874 ihn unangetastet gelassen habe. Man dachte eben zu Beginn der bundesstaatlichen Entwicklung sehr stark in den Kategorien der repräsentativen Demokratie. Es gab geradezu ein Prinzip des Vorranges der Volksvertretung. [21] Der historische Verfassungsgesetzgeber ging davon aus, dass die Legislative primär das politische Geschehen bestimme. [22]

Die neuere Lehre vertritt eine andere Auffassung, denn schon die Vollmachtenaera des ersten Weltkrieges und dann das Krisen- und Vollmachtenrecht der 30er und 40er-Jahre haben die Stellung des Bundesrates gestärkt und diejenige des Parlamentes geschwächt. Zacharia GIACOMETTI [23] relativierte im Einverständnis mit der herrschenden Lehre [24] die Bedeutung der genannten Art. 71 und 84 BV und stellte fest, dass die ursprünglich bei der Bundesversammlung liegende politische Führung an den Bundesrat übergegangen sei. Er wies die staatliche Oberleitung sowohl der Bundesversammlung wie dem Bundesrate zu. [25] Eine massgebliche Klärung über die oberste Gewalt im Bunde brachte dann die frühe Arbeit von Kurt EICHENBERGER. [26] Das jüngste allgemeine Werk des Bundesstaatsrechts von François AUBERT [27] weist nun offensichtlich auf ein pluralistisches Verständnis der drei Gewalten hin:

"Aujourd'hui la préférence est donnée à l'interprétation libérale. Elle cherche à combattre la tyrannie de l'Assemblée en fortifiant les deux autres pouvoirs."

Indem der Bundesrat Richtlinien der Politik aufstellen darf und muss, verliert das Parlament keineswegs an

---

20) Schweiz. Bundesstaatsrecht, Tübingen 1923, S.163
21) Fleiner/Giacometti 473
22) A.a.O. 472
23) Fleiner/Giacometti 474ff
24) Z.B. Burckhardt 639; W. Oswald, Die Gewaltentrennung im schweiz. Staatsrecht, in: ZSR 1943, S.436a, 438a, u.a.m.
25) A.a.O. 522, bzw. 584 oben
26) Die oberste Gewalt im Bunde, Berner Diss., Zürich 1949
27) Aubert 456

Boden und es wird schon gar nicht Befehlsempfänger des
Bundesrates. Dieser wird zwar dadurch in seiner Funktion
einer obersten leitenden Behörde gestärkt, aber zugleich
wird das Parlament als Partner, Anreger, Beobachter und
als Kontrollinstanz pointierter ins Spiel gebracht. Es
würde dagegen unserem Regierungssystem widersprechen,
wenn das Parlament versuchen wollte, selber ein fundiertes Regierungsprogramm aufzustellen und es dem Bundesrate
aufzudrängen. [28] Die Bundesversammlung hätte hiezu keine
Kompetenz - der Bundesrat ist als Folge der Gewaltenteilung parlamentsunabhängig - und wäre in ihrer Ausgestaltung
als Milizparlament dazu gar nicht in der Lage. Ausserdem
könnte sie sich in ihrer heterogenen Zusammensetzung kaum
innert nützlicher Frist auf ein konkretes Programm einigen.
Auch im Ausland werden alle qualifizierten Regierungsprogramme von der Regierung aufgestellt. [29] Es wäre eine
Fehlentwicklung, wenn das Parlament selber Regierung sein
wollte. [30]

2.2. Die Kompetenz des Bundesrates zur Bestimmung der Richtlinien

2.2.1. Laut Art.95 BV ist der Bundesrat die oberste vollziehende
und leitende Behörde der Eidgenossenschaft. Dass die Vollziehungstätigkeit des Bundesrats vom historischen Verfassungsgesetzgeber als wichtiger angesehen wurde, zeigt sich
schon daran, dass sie in der Formulierung des Verfassungsartikels vorangeht und im Verzeichnis der einzelnen Kompetenzen des Art.102 BV einen bedeutend grösseren Raum einnimmt: während die eigentliche Leitungstätigkeit nur gerade
in Ziff. 1 erscheint, wird die Vollziehungstätigkeit in den
Ziff. 5, 12 und 14 ausgeführt und ist zudem noch in den
Aufsichts- und Kontrollpflichten der Ziff. 2, 13 und 15
enthalten.

---

28) Schürmann, Richtlinien 410; Schlussbericht 542
29) Vgl. US § 3 Kap. 3.1.; GB § 4 Kap. 3.1.; D § 7 Kap. 3.1.
30) Karl Holzamer, Die Stellung der Regierung in der modernen Demokratie, in: Strukturwandel der modernen Demokratie, Darmstadt 1967, S.328

Das Verzeichnis der Kompetenzen in Art.102 BV bildet keine erschöpfende, sondern lediglich eine die Hauptsachen hervorhebende Aufzählung der bundesrätlichen Aufgaben. Denn als oberste leitende und vollziehende Behörde besitzt der Bundesrat alle Verwaltungs- und Regierungskompetenzen, die nicht ausdrücklich der Bundesversammlung zugewiesen sind. [31] Wie wir früher gesehen haben [32], stellt nun gerade das Bestimmen der politischen Richtlinien die umfassendste Regierungsfunktion dar; die Richtlinienbestimmung ist Regierungstätigkeit par excellence. Da die Bundesverfassung dem Parlament keine diesbezügliche Kompetenz einräumt, ist hiezu der Bundesrat als Kollegium zuständig. Weder die einzelnen Regierungshandlungen noch hierüber aufgestellte Pläne bedürfen zu ihrer rechtlichen Verbindlichkeit der Genehmigung durch das Parlament. [33]

2.2.2. Dass der Bundesrat der Bundesversammlung ein Gesetzes- und Massnahmenprogramm vorschlagen darf, geht auch aus Art.102 Ziff.4 BV hervor. [34] Wenn er ihr konkrete Gesetze und Beschlüsse vorschlagen soll, darf ihm auch nicht verwehrt sein, die Vorschläge in allgemeiner und zusammenfassender Art auf vier Jahre zum voraus anzukündigen. Ob der Bundesrat hingegen schon vor der Revision des GVG vom 24.6.1970 verpflichtet gewesen wäre, Richtlinien der Politik aufzustellen und sie dem Parlament bekannt zu geben, ist lange umstritten gewesen. Abs.1 von Ziff.16 des Art.102 BV lautet nämlich:

"(Der Bundesrat) erstattet der Bundesversammlung jeweilen bei ihrer ordentlichen Sitzung Rechenschaft über seine Verrichtungen sowie Bericht über den Zustand der Eidgenossenschaft im Innern sowohl als nach aussen, und wird ihrer Aufmerksamkeit diejenigen Massregeln empfehlen, welche er zur Beförderung gemeinsamer Wohlfahrt für dienlich erachtet."

---

31) Fleiner/Giacometti 471ff, 584
32) Vgl. vorne § 1 Kap. 2
33) Derart dezidiert Bericht I, S.2 unten
34) Gl.M. Leo Schürmann in: StenBull 1968, NR 277

Entgegen der an sich klaren Vorschrift hat der Bundesrat
bis 1964 der Bundesversammlung weder einen "Bericht über
den Zustand der Eidgenossenschaft" erstattet, noch künftige Massregeln zur Wohlfahrtsförderung empfohlen. [35]
Das Parlament verlangte seit 1924 mehrmals einen solchen
Bericht, vergass aber seine Forderung jeweils wieder. [36]
Ab 1964 stellte der Bundesrat seinem Geschäftsbericht immerhin einen "Allgemeinen Ueberblick" als kurze Standortbestimmung und Ausblick in die Zukunft voran, der aber
nicht befriedigte und nach dem ersten Richtlinienbericht
von 1968 als überflüssig wieder fallen gelassen wurde.

2.2.3. Im Grunde ist noch_heute_die_Forderung_von_Abs.1_der_Ziff.16_
des_Art.102 BV_unerfüllt. Die Richtlinien der Regierungspolitik und ihr Rechenschaftsbericht erscheinen ja nur alle
vier Jahre. Sie dürften aber die jährliche Präsentation
eines Berichtes zur Lage der Nation und eines Massnahmenprogrammes vollauf ersetzen, indem sie eine fundiertere
mittelfristige Schau der Probleme und Zukunftsabsichten
des Bundesrates vermitteln. Das Bedürfnis nach einer jährlichen Regierungserklärung, wie sie im Ausland üblich ist [37],
scheint bei uns gering zu sein: Ueber die kurzfristige
Planung des Bundesrates, welche sich auf zwei bis drei
Sessionen erstreckt, wird das Parlament über den Bundeskanzler informiert und über gewichtige Landesprobleme der
nahen Zukunft wird die öffentliche Meinung durch Bundesrat
und Bundeskanzler laufend orientiert, manchmal auch in
grundsätzlicher Art in offiziellen Ansprachen etwa zum
Neujahr und zum ersten August (jeweils durch den Bundespräsidenten). Im übrigen sind in der Schweiz solche offiziellen Ansprachen in der politischen Auswirkung gering.

---

35) Zum folgenden ausführlich vorne § 8 Kap. 1.2.
36) Obwohl es dem Bundesrat über die Gestaltung des Geschäftsberichtes klare Weisungen geben könnte (Burckhardt, Komm.
   Art.102, S.740)
37) So in den USA (§ 3 Kap. 1.2.1.), in GB (§ 4 Kap. 1.5.2.)
   und in der BRD (§ 7 Kap. 3.3.1.)

2.2.4. Der Bundesrat sieht die verfassungsmässige Grundlage für die Richtlinien der Regierungspolitik -insbesondere für den Anspruch des Parlamentes darauf - nicht in Ziff.16 von Art.102 BV, sondern vielmehr in Ziff.11 von Art.85 BV [38], wonach die Bundesversammlung die Oberaufsicht über die eidg. Verwaltung und Rechtspflege ausübt. Er verweist jedoch sogleich auf Art.102 Ziff.16 BV, indem er ausführt, dass als Grundlage für die Ausübung des parlamentarischen Kontrollrechtes insbesondere der Geschäftsbericht diene. Die periodische Darlegung von Richtlinien der Regierungspolitik und die entsprechende Rechenschaftsablage sei für die eidg. Räte dagegen ein nützliches Mittel zur ergänzenden und zusammenfassenden Orientierung über die Leitung und Verwaltung der eidg. Angelegenheiten im Sinne einer mehrjährigen Uebersicht. Die verfassungsmässige Grundlage der Richtlinien, die doch in erster Linie ein Arbeitsinstrument der Regierung darstellen [39], sollte m.E. nicht in einer Kompetenznorm des Parlamentes erblickt werden, sondern in einer Befugnis des Bundesrates - sei es in Art.95 oder Art.102 Ziffern 1 und 16 Abs.1 BV.

2.3. Einflüsse auf die Richtlinienkompetenz des Bundesrates

Der Bundesrat bestimmt zwar die Richtlinien der Politik allein, doch nicht allmächtig; im modernen, gewaltenteilenden Staat sind "checks and balances" auch gegen die Regierungsmacht eingebaut. Volk, Stände und die Bundesversammlung können mit Initiativen, Motionen und Postulaten die vom Bundesrat konzipierte Regierungspolitik im Einzelfall beeinflussen. Zudem braucht der Bundesrat zur Verwirklichung der Mehrzahl seiner Richtlinien die Zustimmung der eidgenössischen Räte. Die Räte haben besonders in ihrer Budget- und Gesetzgebungshoheit ein wirksames Mittel in der Hand, um auf den Kurs der Regierung Einfluss zu nehmen,

---

[38] Hiezu Botschaft 1324
[39] Vgl. hinten § 11 Kap. 1

ihn mitzubestimmen und zu korrigieren. Auch die fortwährende Kontrolle seitens des Parlamentes in Interpellationen und schriftlichen Anfragen sowie die nachträgliche Kontrolle bei der Behandlung der Geschäfts- und Rechenschaftsberichte mögen die künftigen Richtlinien des Bundesrates beeinflussen, wenn auch in viel geringerem Masse; die Oberaufsicht des Parlamentes ist zu milde und zu wenig tiefgehend. 40)

Um im Parlament für die einzelnen Vorlagen und Massnahmen des Programmes eine Mehrheit zu erhalten, braucht der Bundesrat Parteien, die ihn darin unterstützen. 41) Die in der Regierung vertretenen vier Parteien bilden eine sehr grosse, an sich nicht zu gefährdende Mehrheit in beiden Räten. Doch kann sich der Bundesrat nicht unbedingt auf ihre Unterstützung verlassen, weil sich die Regierungsparteien eine Opposition von Fall zu Fall vorbehalten. Der Bundesrat musste sich bisher seine Mehrheiten - wie der amerikanische Präsident - im Parlament von Vorlage zu Vorlage zusammensuchen, was ihm nicht jedesmal glückte. Wiederholt erscholl deshalb der Ruf nach einem für die Regierungsparteien verbindlichen Regierungsprogramm, also nach einer Koalitionsvereinbarung. Diese lässt sich indessen im schweizerischen Regierungssystem kaum realisieren. 42) Um wenigstens in einigen bestimmten Bereichen der Politik die Verwirklichung des bundesrätlichen Programmes zu gewährleisten, haben im Januar 1972 die vier Bundesratsparteien erstmals eine "Vereinbarung über die Legislaturziele" für die Periode 1971/75 geschlossen. Der Bundesrat hat bei der Ausarbeitung und im Bericht selbst keinen Bezug auf die Legislaturziele genommen, doch scheint klar, dass er sich

---

40) Zur politischen Kontrolle durch die Bundesversammlung vgl. Bäumlin 257ff, 291ff.
41) Zu den Parteien vgl. Erich Gruner, Die Parteien in der Schweiz, Bern 1969; sowie Schumann 76ff und Steiner 78ff; siehe auch die Beiträge im Jahrbuch für politische Wissenschaft 1969, S. 7ff.
42) Vgl. vorne § 8 Kap. 2 und 4 und hinten § 11 Kap. 3.2.

bei der Konkretisierung der Richtlinien auch auf dieses Papier stützen wird. [43] Denn er kann darauf ernstlich hoffen - wenn nicht bauen -, dass ihn die Regierungsparteien in den darin aufgeführten Bereichen zusammenarbeitend unterstützen wollen.

Eine besondere Eigenheit der schweizerischen Referendumsdemokratie liegt darin, dass neben und über der Exekutive und Legislative die _letzte Entscheidungsbefugnis bei Volk und Ständen liegt_. Ohne die Zustimmung der verfassungsmässigen Kompetenzträger kann die vom Bundesrat geplante Regierungspolitik auf weite Strecken nicht durchgeführt werden. [44] Wichtig ist ausserdem das Gesetzesreferendum, in dem sich v.a. die Opposition der kantonalen Parteien und der Verbände zum Wort meldet. [45] Unter anderem gerade zum Zwecke, bei den Vorlagen die Wahrscheinlichkeit eines Referendums herabzusetzen, werden deshalb stets die grössten und fallweise die interessierten Verbände sowie die Kantone im vorparlamentarischen Gesetzgebungsverfahren und auch bei anderen Gelegenheiten zu einer Vernehmlassung eingeladen. Die hierbei ausgeübte _Einflussnahme der Verbände auf_ die konkrete Gestaltung der Gesetze und Massnahmen kann nicht hoch genug veranschlagt werden. [46] Darauf näher einzutreten, würde aber den Rahmen dieser Arbeit sprengen; ausserdem schalten sich die Verbände nicht bei der Bestimmung der Richtlinien der Regierungspolitik ein, sondern erst bei deren Konkretisierung in Gesetzesvorlagen und Massnahmen. Der Einfluss der Verbände erschwert in der Schweiz eine langfristige kohärente politische Planung enorm. [47]

---

43) Das soll er bis anhin recht konsequent getan haben (Nationalrat Hanspeter Fischer, in: Weltwoche Nr.32 v. 8.8.1973, "Eine Suppe zum Auslöffeln").
44) Bericht II 5
45) Vgl. Gruner, Opposition 15ff, 34ff und Parteien 32ff
46) Zum Einfluss der Verbände vgl. Steiner 121ff, 129ff und Schumann 132ff, sowie die Beiträge im Jahrbuch für politische Wissenschaft 1969, S.99ff.
47) Gerhard Lehmbruch, Proporzdemokratie, Tübingen 67, S.51

Neben der Verwaltung und dem Parlament, den Parteien und Verbänden haben auch die M̲a̲s̲s̲e̲n̲m̲e̲d̲i̲e̲n̲ und die darin verkörperte öffentliche Meinung einen gewissen Einfluss auf die Initiativen der Regierung. Alle diese Beiträge sind aber schwer abzumessen und ein direkter Kausalzusammenhang ist schon gar nicht zu beweisen. [48]

2.4. Charakter und Verbindlichkeit der Richtlinien der Politik

2.4.1. Unter den Richtlinien der Regierungspolitik versteht der Bundesrat "jene grundsätzlichen (also nicht detaillierten) Absichten und Vorsätze, von denen wir uns in der Erfüllung unseres verfassungsrechtlichen Auftrages (Art.95 und 102 BV) in der laufenden Legislaturperiode ... leiten zu lassen gedenken." [49]

In dieser Umschreibung erfasst der Bundesrat an sich alle Richtlinien, auch bloss mündlich gegebene, wie dies dem allgemeinen, v.a. dem deutschen Richtlinienbegriff entspricht. [50] Schon die Beschränkung auf die laufende Legislaturperiode und erst recht die weiteren Ausführungen in den Richtlinienberichten und in der Botschaft zur Revision des GVG vom 24.6.1970 lassen erkennen, dass der Bundesrat unter den Richtlinien der Regierungspolitik lediglich diejenigen in seinem Bericht an die Bundesversammlung schriftlich niedergelegten versteht. In der Folge bezeichnete auch das Parlament und die öffentliche Meinung in der Schweiz mit Richtlinien der Politik nur die im Bericht förmlich bestimmten Programmpunkte. Die Richtlinien der Regierungspolitik sind in diesem Sinne bereits ein feststehender Begriff für das schweizerische, bundesrätliche Regierungsprogramm geworden.

Unter den Regierungsakten bilden auch in der Schweiz die Richtlinien der Politik eine besondere Kategorie. Sie gehören nach Klaus HUG zu den strategischen Regierungserlas-

---

48) Hug 132
49) Bericht I 1
50) Zum allgemeinen Begriff der Richtlinien vgl. § 1 Kap. 1

sen, d.h. solchen "die entscheidenden Einfluss auf den Verlauf der Staatsentwicklung ausüben, die der eigentlichen Staatsleitung dienen und das Entscheidungspotential des Staates entfalten." [51] Als Instrumente der Staatslenkung stellen sie die wichtigsten Regierungsentscheidungen dar. Der Bundesrat kommt zum Schluss, dass die Richtlinien der Politik einen "einseitigen, planenden Regierungsakt mit beschränkter Durchsetzbarkeit" darstellen. [52]

Der Bundesrat wehrt sich gegen die Gleichsetzung seiner Richtlinien mit einem Regierungsprogramm des parlamentarischen Systems vor allem aus zwei Gründen: wegen der Verbindlichkeit eines solchen Programmes und wegen dessen Bestimmung durch das Parlament. Beides ist nur bedingt richtig: Zum einen ist die Verbindlichkeit der Koalitionsprogramme keinesfalls rechtlicher, sondern vielmehr politischer Natur, und zwar in einer besonderen Ausgestaltung. [53] Zum andern werden die Koalitionsvereinbarungen nicht vom Parlament, sondern von den Parteiführern ausgehandelt, d.h. meistens von gegenwärtigen oder früheren Regierungsmitgliedern; zudem müssen sie von der Regierung erst noch in ein konkretes Programm für die Verwaltung umgesetzt werden. Das Bemühen des Bundesrates um eine klare begriffliche Scheidung ist verständlich, weil das Programm der Regierung und die Vereinbarung der Regierungsparteien vor dem ersten Richtlinienbericht stark miteinander vermengt worden sind - besonders in der Diskussion über die Motion Schürmann. Mit Erscheinen des ersten Berichtes von 1968 und der Botschaft über die Revision des GVG von 1969 wurde der Unterschied geklärt. Seither werden in der Oeffentlichkeit die Richtlinien gemeinhin mit dem Regierungsprogramm (des Bundesrates) gleichgesetzt und auch so be-

---

51) Hug 306ff, besonders 308
52) Bericht I 2, Bericht II 5, Botschaft 1320
53) Vgl. ausführlich Schüle 75ff; Weber 144; Sternberger 105/07

zeichnet, während die zuerst potentielle und dann teilweise verwirklichte Koalitionsvereinbarung "Minimalprogramm" oder "Legislaturziele" genannt wird.

2.4.2. Bei der Würdigung der Richtlinien der Regierungspolitik ist nicht zu vergessen, dass die Eidgenossenschaft kein zentral gelenkter Einheitsstaat ist. So können die autonomen Wirkungskreise der Kantone nicht Gegenstand der Richtlinien des Bundesrates sein. [54] Fragen von gemeinsamem Interesse, wie die Finanzpolitik und -planung sollen aber nicht verkannt werden. Die Richtlinien der Regierungspolitik können und sollen gerade die Koordination und allenfalls auch die Aenderung der Kompetenzen zwischen Bund und Kantonen zum Gegenstand haben. [55]

2.4.3. Im allgemeinen Teil wurde ausgeführt [56], das Regierungsprogramm enthalte gegen aussen (Parlament und Volk) vor allem informative sowie induzierende Planungselemente, verwaltungsintern dagegen oft imperative. Diese Feststellung trifft im wesentlichen auch auf das schweizerische Regierungsprogramm zu. -

Den Richtlinien der Regierungspolitik kommt - gegen aussen - erklärtermassen keine rechtliche Verbindlichkeit zu. [57] Denn für die Schweiz kommen, wie auch bei der Finanzplanung expliziert wird, bloss indikative (informative) Regierungspläne in Betracht. [58] Ihre Bedeutung und Bindung ist - als programmatische Erklärungen-politischer Natur; sie sind ein "Ausdruck des politischen Willens". Der Bundesrat will sich für die Verwirklichung der darin niedergelegten

---

54) Bericht I 3
55) Zur noch weitgehend ungelösten Problematik der Regierungsplanung in Bundesstaaten siehe Peter Kistner, die Bundesstaatsproblematik der Regierungsprogramme und -pläne, in: Regierungsprogramme 63ff
56) Vgl. vorne § 2 Kap. 3.1.4.
57) Bericht I 1
58) Botschaft zum Entwurf eines BG über den eidg. Finanzhaushalt vom 21.2.1968, in: BBl 1968 I 479 und 501; Schlussbericht 542

Absichten einsetzen und sich nach vier Jahren zur Rechenschaftsablage stellen. [59] Ausserdem verpflichtet er sich ausdrücklich, ein allfällig nötig werdendes Abweichen von den statuierten Richtlinien in der entsprechenden Botschaft oder im Geschäftsbericht näher zu begründen. Die selbst auferlegte Pflicht zur - meist nachträglichen - Begründung sollte m.E. zu einem umfassenderen Informationszwang ausgeweitet werden: von geheimzuhaltenden Fällen abgesehen sollte der Bundesrat jedesmal, wenn während der vier Jahre ein wichtiges Element preisgegeben oder ein neues aufgenommen werden müsste, das Parlament darüber sogleich ausdrücklich ins Bild setzen.

Planungsentscheide wie das Richtlinienprogramm und die Finanzpläne sind ohne materielle Rechtskraft; die A̲b̲ä̲n̲d̲e̲r̲l̲i̲c̲h̲k̲e̲i̲t̲ kann höchstens erschwert sein. [60] Solche Regierungsakte sind von der kompetenten Behörde jederzeit abänderbar, falls die Erfüllung der Regierungsaufgaben es notwendig macht. Weder das Parlament noch der Bürger haben einen Anspruch auf Einhaltung des Programmes. Ein Abweichen muss nur aus politischer Verantwortlichkeit begründet werden, denn derartige Angaben werden stets unter dem Vorbehalt veränderter Umstände gemacht und die Bindung geht stärker aufs ganze Programm als auf Teile davon. [61]

Geht die Regierung gegenüber sich selbst, dem Parlament und der Oeffentlichkeit auch keine rechtlichen Bindungen ein, so kommen solche doch innerhalb der Exekutive durchaus in Frage. Einzelne konkrete Richtlinien können nämlich f̲ü̲r̲ d̲i̲e̲ D̲e̲p̲a̲r̲t̲e̲m̲e̲n̲t̲e̲ v̲e̲r̲b̲i̲n̲d̲l̲i̲c̲h̲e̲ A̲n̲w̲e̲i̲s̲u̲n̲g̲e̲n̲ bedeuten. [62] Dies ist v.a. der Fall, wenn der Bundesrat

---

59) Bericht I 1/2. Im Ausland ist die Verbindlichkeit umstritten; vgl. vorne § 1 Kap. 1.4.
60) Hiezu Hug 317f; bezüglich der Finanzpläne Rohr 124f, 130 und 133; ähnliches gilt auch für die Gesamtrichtpläne der Kantone bei der Raumplanung (vgl. Rohr 126).
61) Vgl. Berichte I 2 und II 6/7
62) Nach Auskunft von BK Karl Huber; das gleiche gilt auch für die BRD (vgl. Guilleaume 15/16) und für die Finanzplanung (vgl. Rohr 124/25 und 140ff); in diesem Sinne auch Hug 318.

über einzelne Richtlinien besondere Beschlüsse fasst und den Departementen bestimmte Aufträge erteilt, wie es in den Beratungen der Richtlinien häufig vorgekommen ist. Aber auch aus dem, was die Regierung sonst von den Vorschlägen der Verwaltung sich unmittelbar oder abgeändert zu eigen gemacht oder verworfen hat, muss eine loyale Verwaltung für ihre Arbeit - besonders für die Planung - die nötigen Schlüsse ziehen; das Richtlinienprogramm ist hier zumindest wegleitend für ihre Tätigkeit, eine Anweisung zu bestimmtem Verhalten. Die inhaltlich massgebliche P̲r̲ä̲j̲u̲d̲i̲z̲w̲i̲r̲k̲u̲n̲g̲, welche die Regierung durch den Erlass von Richtlinien ausübt, betrifft auch sie selbst: Bei der Ueberprüfung der Handhabung der politischen Richtlinien in der Verwaltung muss die Regierung selbstverständlich an ihre eigenen Richtlinien gebunden sein. 63)

Eine wichtige S̲e̲l̲b̲s̲t̲b̲i̲n̲d̲u̲n̲g̲ ̲d̲e̲s̲ ̲K̲o̲l̲l̲e̲g̲i̲u̲m̲s̲ ergibt sich ferner daraus, dass sich der Bundesrat gemeinsam auseinandergesetzt und auf die Richtlinien geeinigt hat. So berufen sich heute die Mitglieder des Bundesrates bei der Beratung und Verabschiedung von Vorlagen immer häufiger auf bestimmte Richtlinien. 64) Können die Vorlagen nämlich als die reine Ausführung beschlossener Richtlinien dargeboten werden, so lässt sich kaum mehr lange darüber diskutieren; denn ohne Not wird der Bundesrat von seinen publizierten Richtlinien nicht abweichen.¯

Könnten die bundesrätlichen Richtlinien f̲ü̲r̲ ̲d̲a̲s̲ ̲P̲a̲r̲l̲a̲m̲e̲n̲t̲ ̲v̲e̲r̲b̲i̲n̲d̲l̲i̲c̲h̲ werden, wenn es darüber beschlösse? Die Annahme einer formellen Selbstbindung des Parlamentes an ein von ihm genehmigtes Regierungsprogramm erscheint abwegig. 65) Weil das Parlament keine Kontrollinstanz über sich hat, die auf die Einhaltung der eingegangenen Bindung wirkungsvoll und jederzeit Einfluss nehmen kann, könnte es

---

63) Bezüglich der Finanzpläne: Rohr 127ff
64) Laut Auskunft von BK Karl Huber
65) Zum folgenden Rohr 134 (bezüglich der Finanzpläne)

ohne Begründung mit einem neuen Beschluss vom Programm abweichen. Die Billigung des Programmes durch das Parlament gibt der Regierung lediglich ein Diskussionsargument, das von der Parlamentsmehrheit jederzeit übergangen werden kann. Wollte das Parlament ausdrücklich eine Selbstbindung - was nicht zu erwarten ist-, so wäre es wohl ähnlich gebunden wie durch ein Geschäftsreglement, wenn auch zusätzlich unter dem Vorbehalt veränderter Umstände. Unter der gegenwärtigen Ordnung fällt im Bund jedoch irgendeine Selbstbindung ausser Betracht, weil das Parlament von den bundesrätlichen Richtlinien bloss Kenntnis nimmt.

Eine gewisse _Bindungswirkung_ mag sich für das Parlament nur _aus dem Eigengewicht_ eines kohärenten Programmes ergeben. Stellen die Richtlinien ein ganzheitliches, in sich geschlossenes Gebäude dar, so werden die Parlamentarier wenig daran flicken. Denn im Verhältnis zu dem vom Programm erfassten Gesamtkomplex erscheint ein Antrag zur Veränderung in einem Detailpunkt in so unwürdiger Proportion, dass ihm zum vornherein ein Teil der Durchschlagskraft entfällt. [66] Dies ist möglicherweise eine Haupterklärung dafür, dass Parlamente mit Regierungsprogrammen oft so wenig anzufangen wissen. [66a]

2.4.4. Die Vielfalt und unterschiedliche Intensität der verschiedenen Bindungswirkungen zeigt, dass sich die Richtlinien der Politik im Grenzgebiet zwischen rechtssatzmässiger behördlicher Willensäusserung und unverbindlichem Arbeitsinstrument bewegen. Zudem haben nicht alle Punkte des Regierungsprogramms die gleiche Dichte und Lenkungsfähigkeit; einzelne Richtlinien sind sehr konkret und bestimmt, andere wiederum geben als Zielnormen nur die allgemeine Richtung wieder und gleichen Generalklauseln. Die _Verbind-_

---

[66] Rohr 132

[66a] Zur rechtlichen Qualifikation der Richtlinien vgl. auch Jörg P. Müller, Soziale Grundrechte in der Verfassung?, in ZSR 92 II 778 ff.

lichkeit muss daher noch in jedem einzelnen Fall, je nach Programmpunkt, Adressatenkreis und weiteren Umständen geprüft werden. [67]

2.5. Die Verantwortlichkeit für die Richtlinien

2.5.1. Die Verantwortung, die der Bundesrat gegenüber Parlament und Oeffentlichkeit für die Richtlinien trägt, ist - da ihnen die rechtliche Verbindlichkeit abgeht - keine rechtliche, sondern eine politische. [68] Sie wird politische genannt, weil sie auf das Staatsganze bezogen ist; die zu verantwortende Tätigkeit ist ausschliesslich nach politischen Massstäben zu bewerten, und es sind politische Sanktionen auszusprechen. [69] Den politischen Bewertungsmassstab liefert im Falle des Regierungsprogrammes es selbst; denn die Richtlinien und ihr Rechenschaftsbericht bilden ja gerade den Vergleichsmassstab, anhand dessen Parlament und Volk die Tätigkeit der Regierung während und am Ende einer Legislaturperiode grob überprüfen können. Politische Sanktionen können praktisch nur durch das Parlament ausgesprochen werden, das zur politischen Kontrolle auch am besten geeignet ist. [70]

An Kollektivsanktionen gibt es v.a. das Red- und Antwortstehen des Kollegiums (vertreten durch den Bundespräsidenten) vor dem Parlament, was beim Richtlinien- und Rechenschaftsbericht auch das übliche ist, sowie - mehr als Rache - Kreditverweigerungen und die Ablehnung von Sachanträgen. [71] Eine Abberufung des Bundesrates aufgrund seines verkündeten oder unerfüllten Programmes gibt es nicht. Theoretisch möglich wäre lediglich, dass der gesamte

---

67) Die Richtlinien und ihre Verbindlichkeit sollen nach Ansicht der "Kommission Wahlen" vorläufig noch im Experiment belassen werden (Schlussbericht 542)
68) Bericht I 2/3; zu den Arten der Verantwortlichkeit vgl. Eichenberger, Verantwortlichkeit 109ff
69) Eichenberger, a.a.O. 114; Burckhardt, Komm. zu Art. 72 BV S. 642f
70) Eichenberger, Verantwortlichkeit 122; Bäumlin 240
71) Eichenberger, a.a.O. 112, 130

Bundesrat nach Ablauf von vier Jahren - gerade aufgrund eines unbefriedigend ausfallenden Rechenschaftsberichtes - nicht wiedergewählt wird. Dies scheint aber wegen der politischen Konstellation und Wahlart des Bundesrates ausgeschlossen. Gegenüber den E_i_n_z_e_l_m_i_t_g_l_i_e_d_e_r_n des Bundesrats sind die Nichtwiederwahl und die individuelle Anprangerung im Parlament (bis zur Rücktrittsempfehlung hin) denkbar. Nichtwiederwahl und Rücktrittsempfehlung sind jedoch sehr selten. Mit der Drohung solcher Sanktionen könnten dagegen auch prospektive und dirigierende Zwecke im Sinne von Richtlinien des Parlamentes verbunden werden.

2.5.2. Die politische Verantwortlichkeit soll eine a_k_t_u_e_l_l_e_ _u_n_d_ p_r_a_k_t_i_s_c_h_e_ _B_e_h_a_f_t_u_n_g_ sein, aber unter der Legislaturperiode wird - da wenig Sitzungen stattfinden - der Anlass zu einer Kritik oft inzwischen vergessen. [72] Auch sonst nimmt das Parlament die Gelegenheiten zur politischen Kontrolle schlecht wahr. [73] Richtlinien- und Rechenschaftsbericht erlaubten nun wenigstens, sich die wichtigsten Erfolge und Fehlschläge der Regierung in einer Legislaturperiode nochmals zu vergegenwärtigen und zu einem allgemeinen Eindruck über die Tätigkeit der Regierung zu gelangen. Eine fundierte Regierungsplanung und ihre Rechenschaftsablage wären hervorragende Mittel, um die Regierungshandlungen im Ganzen zu erfassen und verantwortungsgemäss zu bewerten. [74] Die Rechenschaftsdebatte von 1971, die von einem breiten Wohlwollen geprägt war, zeigte aber, dass das Parlament noch nicht in der Lage war, eine fundierte nachträgliche Kontrolle auszuüben.

Zukünftig müssen also einerseits Richtlinien- und Rechenschaftsbericht noch stärker gestrafft und politisch akzentuiert werden und anderseits die Kontrollqualitäten des Parlamentes durch Reformen noch entscheidend verbessert

---

72) Eichenberger, a.a.O. 113, 130
73) Bäumlin 291f
74) Eichenberger, a.a.O. 128

werden, damit die politische Verantwortlichkeit wieder zum Tragen kommt. Die Zusammensetzung des Bundesrates als Allparteienregierung sollte eine angriffige Kritik der Regierungsparteien nicht mehr hindern. -

2.5.3. Ve_ra_ntwor_tl_ic_h_ für die Regierungspolitik ist gemäss Kollegialprinzip der B_un_d_es_ra_t a_ls Ganzes_. Auch in der Miragekrise wurde die formale Verantwortung des Gesamtbundesrates anerkannt; im übrigen wurde jedoch der betreffende Departementschef politisch verantwortlich gemacht. [75] Mit der Ausdehnung des Departementalsystems wanderte nämlich auch die Behaftung zu den Departementsvorstehern; die parlamentarische Kritik richtete sich immer stärker gegen das einzelne Bundesratsmitglied. [76] Richard BAEUMLIN verlangte sogar ausdrücklich, dass sich der betreffende Departementschef persönlich rechtfertige und nicht hinter dem Kollegium verschanze. [77] Immerhin wird der Bundesrat ja auch einzeln gewählt.

Für die Richtlinien der Regierungspolitik kommt <u>nur eine gemeinsame Verantwortlichkeit</u> des Kollegiums in Frage. Das Regierungsprogramm wird ja nicht in einem bestimmten Departement, sondern in der Bundeskanzlei vorbereitet und nach mehrmaligen intensiven Beratungen durch den Bundesrat beschlossen. Neben dem Bundesrat könnte man höchstens den Bundeskanzler für das Programm behaften, weil er dafür die Hauptarbeit leistet. Da der Bundesrat über die Entwürfe der Bundeskanzlei aber noch längere Aussprachen führt, sich dabei gegenüber den Anträgen der Bundeskanzlei durchaus eine eigene Meinung vorbehält [78] und auch die Mitberichte der Departemente berücksichtigt, dürfen die Richtlinien der Regierungspolitik sicher als kollegiales Werk angesehen

---

75) Schürmann, Allparteienregierung 89
76) Eichenberger, a.a.O. 116; Bäumlin 178; Steiner 84f
77) Bäumlin 180
78) Der Bundesrat lehnte z.B. die Prioritätsordnung der Bundeskanzlei ab; vgl. unten § 10 Kap. 2.1.

werden, für das der Gesamtbundesrat die Verantwortung trägt. Die kollegiale Behaftung für die Richtlinien wird nun auch durch ihre äussere Form gefördert. Waren die ersten Richtlinien und ihr Rechenschaftsbericht noch stark departemental gegliedert gewesen [79], so wurde davon im zweiten Richtlinienbericht bewusst abgegangen und eine Strukturierung nach andern Gesichtspunkten versucht.

2.5.4. Der Bundesrat möchte die Verantwortung für das Regierungsprogramm nicht allein tragen. Schon im ersten Rechenschaftsbericht von 1971 verlangte er, dass bei der Rechenschaft unterschieden werde zwischen dem, was er in eigener Kompetenz anordnen und dem, was er nur Parlament und Volk zur Annahme vorschlagen konnte. [80] Die Wirksamkeit der dem Bundesrat verfassungsmässig aufgetragenen Führung hänge eben nicht nur von seinem Willen und seiner Fähigkeit, sondern ebenso vom Einvernehmen ab, das er bei der Bundesversammlung und dem Souverän finde. Im zweiten Richtlinienbericht von 1972 wies der Bundesrat nochmals auf deren Mitwirkungsrechte hin und schloss daraus auf eine Mitverantwortung der Bundesversammlung und des Volkes für die Regierungspolitik. [81] Wer diese Mitverantwortung geltend machen soll, bleibt allerdings unklar. Das Parlament könnte vielleicht in der öffentlichen Meinung in sehr vager Weise zu einer Rechenschaft gezogen werden; wem aber soll das Volk verantwortlich sein? Die vom Bundesrat angeführte Mitverantwortung soll wohl eher zu seiner eigenen Entlastung dienen. Doch ist diese nicht ohne weiteres zuzulassen; es darf vom Bundesrat als Organ der staatlichen Oberleitung verlangt werden, dass er alles in seiner Macht Stehende unternimmt, um Parlament, Volk und Stände für die Verwirk-

---

[79] Die sieben Hauptabschnitte entsprachen den Departementen.
[80] Rechenschaftsbericht 42
[81] Bericht II 5/6

lichung seines Programmes zu gewinnen. Als gute Beispiele wären etwa die Aufklärungskampagnen zu nennen, die der Bundesrat mit grossem Erfolg anlässlich der Volksabstimmung über die Assoziierungsverträge mit der Europäischen Gemeinschaft unternommen hat.

Kommt der Bundesrat trotz intensiver Bemühungen im Parlament oder bei Volk und Ständen nicht zum Ziel, dann kann ihm in der Tat der Misserfolg nicht angelastet werden.

3. Die institutionelle Verankerung der Richtlinien der Politik

3.1. Die Verankerung der Richtlinien im Geschäftsverkehrsgesetz (GVG)

Durch das BG über die Ergänzung des GVG vom 24. Juni 1970 wurden die Richtlinien der Regierungspolitik in zwei Artikeln gesetzlich verankert. [82]

3.1.1. Satz 1 von Abs.1 des neuen Art.45 bis GVG verpflichtet den Bundesrat, in regelmässigen Intervallen von vier Jahren die Richtlinien seiner Politik zu überprüfen und neu zu bestimmen, sowie der Bundesversammlung darüber <u>Bericht</u> zu erstatten. [83] Das letztere war nicht selbstverständlich, hatte doch noch 1967 alt Bundesrat Max PETITPIERRE eher an eine mündliche Auskunft gegenüber dem Parlament gedacht. Dabei sollte der Bundespräsident über die allgemeine Zielsetzung der Regierung sprechen und die einzelnen Bundesräte über ihre Ressorts. [84] Das GVG verlangt nun klar einen schriftlichen Bericht, ausgehend vom Bundesrat als Kollegium. Die <u>Schriftlichkeit</u> erleichtert dem Parlament die Vorbereitung auf die Debatte über das Regierungsprogramm und der Oeffentlichkeit die genaue Kenntnisnahme sowie die vertiefte Auseinandersetzung mit den einzelnen Programmpunkten.

---

82) Zu den Umständen der Revision siehe vorne § 8 Kap. 5.1.; dort findet sich auch der genaue Wortlaut der beiden Artikel.
83) Botschaft 1321/22
84) Petitpierre 16

Dass der Bundesrat sein Programm Parlament und Oeffentlichkeit bekannt gibt, war ebenfalls nicht zwingend. Er hätte - schon vor der genannten Revision des GVG - Richtlinien aufstellen, diese als rein internes Arbeitsinstrument behandeln und auf eine Publikation ganz verzichten können. Er zog aber eine _Veröffentlichung_ vor, weil in der schweizerischen Demokratie eine wirkungsvolle Führung und letztliche Durchsetzung der Staatsgeschäfte nur in engem Zusammenwirken der Regierung mit dem Parlament und mit dem Wohlwollen des Volkes möglich ist. [85]

Das Gesetz sieht vor, den Bericht "_nach Beginn einer Legislaturperiode_" zu unterbreiten. Weil das Programm für die ganze Periode und mit voller Wirkung Geltung haben soll, wäre es an sich wünschenswert, dieses möglichst früh vorzulegen und die parlamentarische Aussprache sogleich folgen zu lassen. Der Bundesrat wird jedoch erst in der Wintersession gewählt resp. bestätigt und oft bei dieser Gelegenheit wenigstens teilweise erneuert. Da das Programm das kollegiale Werk aller Mitglieder des Bundesrates sein soll, kommt eine Genehmigung des Programmkonzeptes durch ihn erst nach den Erneuerungswahlen vom Dezember in Frage. Für die Ausarbeitung des konkreten Berichtes werden sodann einige Monate Zeit benötigt, sodass für seine Vorlage frühestens der nächste März denkbar ist. Die parlamentarische Beratung kann dann kaum noch in der Frühjahrs-, sondern erst in der Sommersession stattfinden [86], falls nicht wie 1972 eine ausserordentliche Session eingeschoben ist. Das letztere hat übrigens den Vorteil, dass die wichtige Grundsatzdebatte über das Regierungsprogramm nicht in der sonst üblichen Anhäufung von Detailgeschäften untergeht. Die Verzögerung der Vorlage im Ausmass von vier bis sechs Monaten seit "Amtsantritt" der Regierung wird mehr als wettgemacht, einesteils durch die solidarische Verpflichtung aller Mit-

---

85) Aehnlich Botschaft 1320
86) Botschaft 1321/22; vgl. auch vorne § 8 Kap. 5.1.

glieder des Bundesrates auf ein gemeinsam er- und bearbeitetes Programm und anderseits durch dessen aussagekräftigen Gehalt, der durch Beiträge der Verwaltung und externer Berater erhärtet wird. Der Richtlinienbericht unterscheidet sich so recht vorteilhaft von mancher ausländischen Regierungserklärung.

3.1.2. <u>Inhaltlich</u> stellt Satz_2_des_ersten Absatzes_bloss zwei generelle Anforderungen: Der Bericht muss über die Regierungsziele der laufenden Legislaturperiode Auskunft geben und gleichzeitig eine Dringlichkeitsordnung für die zu lösenden Aufgaben vorlegen. Die zweite Aufgabe konnte bisher noch nicht erfüllt werden, v.a. wegen des Rückstandes der Finanzplanung im Bunde, aber auch wegen der starken Heterogenität des Bundesrates. Die Abstufung der Aufgaben nach finanziellen und anderen Prioritäten bleibt das wichtigste Anliegen der künftigen Verbesserung der Richtlinien.

Ueber die <u>äussere Form</u> des Berichtes bestehen <u>keine Vorschriften</u>. Dies ist sinnvoll, weil einesteils die endgültige optimale Form vielleicht noch nicht gefunden ist und andernteils die Regierung in der Gestaltung ihres Programmberichtes Freiheit geniessen soll. Die Methodik der beiden bisherigen Berichte war denn auch recht unterschiedlich: Im ersten Regierungsprogramm befolgte der Bundesrat grundsätzlich die in der Begründung der Motion Schürmann angeregte Dreiteilung, indem er an die übergeordneten, v.a. in Art.2 BV niedergelegten politischen Fernziele (Grundwerte) anknüpfend für den Zeitraum von vier Jahren stellvertretende konkrete Ziele festlegte, sodann die Grundsätze aufzeichnete, nach denen die Aufgaben zu lösen sind, und schliesslich die Mittel zu ihrer Verwirklichung nannte. [87] Im zweiten Programmbericht von 1972 [88] gab

---

87) Schürmann, Richtlinien 412; die Methodik wurde zu wenig folgerichtig angewandt (vgl. vorne § 8 Kap. 3)
88) Vgl. vorne § 8 Kap. 8.1.

der Bundesrat anstelle des Verweises auf Art.2 BV eine
kurze Uebersicht über die längerfristigen Entwicklungstendenzen und besonderen Spannungsverhältnisse im Lande.
Im anschliessenden Richtlinienprogramm wurde nur auf die
wichtigsten - und längst nicht alle - Bereiche der künftigen Regierungspolitik eingegangen, und zwar in einer Form,
die kaum mehr an die Herkunft aus den Departementen erinnerte. In Zukunft soll die sachliche Gliederung noch
stärker nach grossen Problemkreisen ausgerichtet werden
und es sollen Umfang und Darstellung des Berichtes noch
mehr gestrafft werden. [89] Möglicherweise kann in den
nächsten Richtlinienbericht von 1976 ein mehrjähriger
Finanzplan in ähnlicher Weise eingebaut werden, wie dies
bereits in den Kantonen Wallis, Baselland und Aargau geschehen ist. [90] Eine Verpflichtung hiezu besteht von Gesetzes wegen allerdings nicht; Art.45 bis GVG verlangt
nur eine Dringlichkeitsordnung irgendeiner Art.

3.1.3. Gemäss Satz 1 von Abs.2 des neuen Art.45 bis GVG wird der
Richtlinienbericht von beiden Räten **getrennt**, jedoch in
der gleichen Session beraten. SCHUERMANN hatte dagegen
noch erwogen, die Diskussion der Richtlinien in der Vereinigten Bundesversammlung stattfinden zu lassen. [91] Ein
solches Vorgehen würde zweifellos der Debatte noch eine
grössere Feierlichkeit verleihen und dem Bundespräsidenten etwas Zeit einsparen. Das Interesse der Oeffentlichkeit galt zudem bis anhin der Debatte des Prioritätsrates.
An Gegenargumenten fehlt es jedoch nicht. Eine Diskussion
in der Vereinigten Bundesversammlung bedeutete eine Vermischung der Standpunkte der beiden Räte. Denn während
der Nationalrat die Meinung des Volkes vertritt, äussert
der Ständerat die Meinung der Kantone; das sind je nachdem recht unterschiedliche Gesichtspunkte. Voraussetzung
wäre allerdings, dass sich der Ständerat auf seine eigent-

---

89) Botschaft 1321, Huber 9/10
90) Vgl. hiezu hinten § 12 Kap. 2.3.
91) Schürmann, Richtlinien 413

liche Aufgabe besinnt; das Regierungsprogramm sollte er beispielsweise besonders im Hinblick auf das Verhältnis von Bund und Kantonen diskutieren. Die Meinungen der beiden Räte sollte auch deswegen getrennt eingeholt und erforscht werden, weil das Programm nur mit gesonderter Zustimmung beider Kammern verwirklicht werden kann. Schliesslich bestehen auch verfassungsrechtliche Bedenken gegen eine Kompetenz der Vereinigten Bundesversammlung in dieser Sache. [92]

Um doch eine gewisse Einheitlichkeit des Zeitpunktes der Beratung durch beide Kammern zu gewährleisten, müssen die beiden Debatten nach dem revidierten GVG immerhin in der gleichen Session stattfinden. Bisher folgten sie kurz aufeinander, d.h. 1972 beriet der Ständerat sogar in einer Verhandlungspause des Nationalrates. Auf die Beratung in zwei verschiedenen Sessionen kann - wie auch beim Geschäftsbericht, Voranschlag und der Staatsrechnung - verzichtet werden, weil kein Differenzbereinigungsverfahren in Frage kommt. [93]

Der Richtlinienbericht wird vom Parlament nur beraten und <u>zur Kenntnis genommen</u>. Eine formelle Beschlussfassung hierüber wäre mit der Rechtsnatur der Richtlinien und der Stellung der schweizerischen Regierung unvereinbar. [94] Von den Regierungsrichtlinien abweichende Auffassungen kann das Parlament v.a. mit einer Motion wirksam und für die Regierung verbindlich zur Geltung bringen, was bisher m.W. allerdings noch nie geschehen ist. Im übrigen trägt der Bundesrat den in den Debatten geäusserten, sachlich überzeugenden Vorschlägen und Ueberlegungen Rechnung, besonders wenn diese von einem führenden Parlamentarier stammen oder sonst auf breitere Unterstützung im Parlament gestossen sind.

---

92) Siehe nachfolgend Kap. 3.1.5.
93) Botschaft 1323
94) Botschaft 1322 unten; vgl. ausführlich vorstehend Kap.2.4.

3.1.4. Eine <u>Vorberatung</u> des Richtlinienberichtes durch Kommissionen findet laut S̲a̲t̲z̲ ̲2̲ ̲d̲e̲s̲ ̲z̲w̲e̲i̲t̲e̲n̲ ̲A̲b̲s̲a̲t̲z̲e̲s̲ <u>nicht</u> statt. Sie erübrigt sich, weil über den Bericht kein formeller Beschluss ergeht. [95] Auch Art.44 GVG statuiert keine Pflicht zu einer Vorberatung durch die parlamentarischen Kommissionen. Für eine Kommissionsvorbereitung spräche, dass darin die künftige Bundespolitik freier und fundierter erörtert werden könnte als im Plenum; im kleineren Kreis und unter Ausschluss der Oeffentlichkeit lässt sich besser diskutieren. Dagegen spricht, dass nach einer intensiven Vorberatung, in der sich die Standpunkte der Parteien häufig annähern, die Debatte im Plenum farblos und inhaltsarm werden könnte; die Auffassungen der Parteien und andere massgeblichen Meinungen zu den künftigen Richtlinien sollten jedoch in der öffentlichen Parlamentsdebatte zum Ausdruck kommen, da sich die Richtlinien der Regierungspolitik auch an die Nation wenden.

Als geeignete Gremien für eine <u>Vorbesprechung</u> der Regierungsrichtlinien bieten sich hingegen die <u>Parlamentsfraktionen</u> an. [96] Es wäre den Fraktionen zu empfehlen, sich vor der Debatte einige Tage in Klausur zu begeben und im Laufe der internen Diskussion auf eine einzige oder wenige Stellungnahmen zu einigen. Wären mehrere Voten unumgänglich, so hätten sich die einzelnen Sprecher wenigstens auf einen grösseren Sektor der Politik (Auswärtiges, Soziales oder Wirtschaft z.B.) zu konzentrieren und dürften sich hiezu - was die eigene Fraktion angeht - ausschliesslich äussern. Würden alle Fraktionen vorgängig eine solche Meinungsbildung und -konzentration betreiben, könnte besonders die <u>Detaildebatte im Nationalrat stark gestrafft</u> werden; die Voten wären in ihrer Zahl beschränkt, aber dafür fundierter überdacht und von einer ganzen Fraktion mitgetragen. Zusammenfassende, grundsätzliche Voten der von den Fraktionen autorisierten Sprecher wären auch für die Regierung aufschlussreicher und kraft ihres Gewichtes verpflichtender.

---

95) Botschaft 1323, StenBull 1970 SR 2/3
96) Nationalrat P.Dürrenmatt, in: BN Nr.215 vom 25./26. Mai 1968, S. 5; vgl. auch vorne § 8 Kap. 8.3.

Obschon nach den langen Debatten des Nationalrates von 1968 und 1972 von allen Seiten nach einer Selbstbeschränkung des Parlamentes gerufen worden ist, wird sie in absehbarer Zeit kaum zu verwirklichen sein, weil die Partei- und Fraktionsführer ihre Parteikollegen nicht am Sprechen über persönliche Anliegen hindern können. Lange Programmdebatten gibt es sogar in den parlamentarisch regierten Staaten, obwohl dort eine stärkere Parteidisziplin herrscht und eine breite Programmdebatte angesichts der starren Fronten von Regierungs- und Oppositionsparteien beinahe überflüssig, zumindest wenig aufschlussreich erscheint. Vor allem in Grossbritannien und Deutschland, aber auch in Frankreich dauert die Debatte über die Regierungserklärung jeweils mehrere Tage bis zu einer Woche, obschon das Ergebnis der Vertrauensabstimmung von vornherein feststeht. In den USA wird dagegen auf eine Debatte über das Regierungsprogramm ganz verzichtet; dafür behandelt der Kongress die Budgetbotschaft in allen Einzelheiten.

3.1.5. In den parlamentarischen Beratungen hart umstritten und vom Ständerat anfangs abgelehnt wurde Satz_3_von_Abs.2_des_ Art.45_bis_GVG. Danach gibt der Bundespräsident namens des Bundesrates in einer Sitzung der Vereinigten Bundesversammlung eine einleitende Erklärung zu den Richtlinien der Regierungspolitik ab. Motiv dieser Regelung der "Regierungserklärung" war, zum einen dem Charakter und der Bedeutung der Unterbreitung von Richtlinien Rechnung zu tragen [97] und zum andern das sachlich und politisch Zweckmässige zu erreichen [98]; der Bundesrat wollte sich eine zweifache Rede und damit Zeit sparen und zugleich eine gewisse Feierlichkeit der Regierungserklärung erreichen, ohne aber in eine zeremonielle Thronrede zu verfallen.

---

[97] Botschaft 1323
[98] Bundesrat Ludwig v. Moos in: StenBull 1970 SR 3

Der Ständerat und Nationalrat H.P. FISCHER (TG) hatten gegenüber dieser Regelung vor allem v̲e̲r̲f̲a̲s̲s̲u̲n̲g̲s̲r̲e̲c̲h̲t̲-l̲i̲c̲h̲e̲ B̲e̲d̲e̲n̲k̲e̲n̲: Art.92 BV, welcher das Prinzip der getrennten Beratung der beiden Kammern statuiert, regle die Zuständigkeiten der Vereinigten Bundesversammlung abschliessend, wenigstens in Bezug auf die in Art.85 BV erwähnten Gegenstände. [99] Die Parlamentarier beriefen sich dabei auch auf Z. GIACOMETTI und W. BURCKHARDT. Nach beiden Autoren schliesst indessen Art.92 BV nicht aus, dass durch Bundesgesetz noch andere Gegenstände des Parlamentes, die nicht in Art.85 BV stehen und die sich nicht für eine getrennte Behandlung eignen, der Vereinigten Bundesversammlung zur Erledigung überwiesen werden könnten. [100] Beide Staatsrechtslehrer verwiesen dabei besonders auf die Art.4, 5 und 15 des Garantiegesetzes vom 26.3.1934, die neue Zuständigkeiten der Vereinigten Bundesversammlung begründet haben; Burckhardt erwähnte als mögliche Verhandlungsgegenstände auch die Rekursentscheidungen, das Budget und die Staatsrechnung sowie die Kriegserklärung. Aufgrund der vielen möglichen Erweiterungen der Zuständigkeit der Vereinigten Bundesversammlung gelangt J.F. AUBERT in seinem Lehrbuch zum Schluss, dass die Aufzählung des Art.92 BV gar nicht abschliessend sei. [101] Ungeachtet der feinen Unterschiede zwischen den Auffassungen der Staatsrechtslehrer kommen die verfassungsrechtlichen Bedenken aus zwei anderen Gründen kaum zum Tragen [102]: Zum einen stützt sich nur das GVG selbst auf Art.85 BV, sodass durch Revisionen des GVG eingeführte Neuerungen wie die Richtlinien der Politik nicht darunter fallen dürften; zum andern scheint Art.92 BV nur für Beschlussesgegenstände limitativ zu sein, nicht hingegen für solche einer blossen Anhörung, wie es

---

99) StenBull 1970, SR 2 und NR 325
100) Fleiner/Giacometti 565; Burckhardt, Komm. Art.92 BV, S. 718
101) Aubert Nr. 1470, S. 525
102) Vgl. Bundesrat L.v. Moos in StenBull 1970, SR 3 und NR 337

bei der Regierungserklärung der Fall ist.[103] Beraten und zur Kenntnis genommen werden die Richtlinien der Regierungspolitik sowieso von beiden Räten getrennt.

Die weiteren Einwände der Parlamentarier verblassten neben der verfassungsrechtlichen Frage.[104] Befürchtet wurde etwa, dass durch die neue Zuständigkeit der Vereinigten Bundesversammlung ein Präjudiz geschaffen werde, um für weitere Berichte und Vorlagen ein abgekürztes Verfahren vorzusehen. Ferner wurde daran erinnert, dass die zweitberatende Kammer zur Regierungserklärung bereits eine zu grosse Distanz habe und dass der Bundesrat bei zwei gesonderten Reden sich besser auf die verschiedenen Räte einstellen und in der zweiten Rede andere und deutlichere Akzente setzen könnte, gerade aufgrund der Erfahrungen im Prioritätsrat. Andere Parlamentarier erwiderten hierauf, dass der Bundespräsident zweimal die gleiche Erklärung abgeben müsse, sonst sei die Grundlage der Diskussion eine andere. Im übrigen wurde diesen nicht-rechtlichen Bedenken wenig Bedeutung beigemessen, weil die Regierungserklärung ja ein blosser Kommentar zum Richtlinienbericht mit gewissen verstärkten Akzentsetzungen bildet; die parlamentarischen Debatten drehen sich um das im Bericht enthaltene Regierungsprogramm und nicht um die einleitende Erklärung.

Nicht geregelt ist die Frage, welcher der beiden Räte den Richtlinienbericht zuerst diskutiert. Bisher war es der Nationalrat, vielleicht weil das Interesse der Oeffentlichkeit eher den Beratungen des grösseren Nationalrates gilt. Gegen diese Benachteiligung hat sich der Ständerat zur Wehr gesetzt: Er willigte auf die Fassung des Bundes-

---

[103] Laut einem von der Fraktionspräsidentenkonferenz am 1.10.1973 vorgeschlagenen und vom Bundesrat am 31.10.1973 begrüssten neuen Art. 37bis GVG soll die Vereinigte Bundesversammlung künftig sogar für die Entgegennahme von selbständigen Erklärungen des Bundesrates zu wichtigen Ereignissen oder Problemen der Aussen- und Innenpolitik einberufen werden (BBl 1973 II 822f, 826 und 876f).

[104] Vgl. die Debatten in StenBull 1970, SR 1ff und NR 319ff

und des Nationalrates nur unter dem dringenden Verlangen ein, dass künftig die Zuteilung der Priorität strikt gewechselt wird. [105] Die Frage ist indessen ohne grosse Bedeutung, wenn die beiden Räte praktisch zur gleichen Zeit beraten.

3.1.6. In Abs.1 von Art.45 ter GVG wird der Bundesrat zur Rechenschaftsablage am Ende der Legislaturperiode verpflichtet. Der Rechenschaftsbericht soll nicht etwa unmittelbar nach der Legislaturperiode geliefert werden, sondern bereits in der Sommersession zuvor. Mit dieser Regelung entsprach der Bundesrat dem Wunsche der politischen Parteien, welche den Bericht rechtzeitig vor den Nationalratswahlen haben wollten, um ihn für den Wahlkampf verwenden zu können. Nicht im Gesetzestext, doch in der zugehörigen Botschaft verspricht der Bundesrat, sich im Rechenschaftsbericht über alle Verschiebungen und Verzögerungen gegenüber dem Richtlinienprogramm auszusprechen, sei es dass er sich in eigener Kompetenz oder durch äusseren Zwang dazu veranlasst sah. [106]

3.1.7. Absatz 2 von Art.45 ter GVG regelt das Verfahren der parlamentarischen Beratung des Rechenschaftsberichtes, welches jenem des Richtlinienberichtes entspricht, ausser dass auf eine gemeinsame Sitzung der beiden Räte verzichtet wird. Der Bundespräsident gibt hier zweimal, im National- und im Ständerat, eine einleitende Erklärung ab. [107] Der kleine Unterschied zeigt nochmals die besondere Bedeutung der Regierungserklärung zum Richtlinienprogramm. Den einleitenden Erklärungen vor dem Rechenschaftsbericht geht dagegen die Feierlichkeit einer Programmverkündung ab.

Entsprechend dem Wunsch des Parlamentes nach gesonderter Berichterstattung werden Rechenschafts- und Geschäftsbe-

---

[105] StenBull 1970 SR 207 (Verhandlung vom 11. Juni 1970)
[106] Botschaft 1323
[107] Botschaft 1323 unten

richt scharf getrennt, auch wenn so gewisse Ueberschneidungen und Wiederholungen unvermeidlich werden. [108]

3.2. **Die vorgesehene Verankerung der Richtlinien im BVerwOG**

3.2.1. Da die Richtlinien der Regierungspolitik als internes Arbeitsinstrument der Regierung eine grosse Bedeutung haben und noch weiter gewinnen können, sollen sie künftig auch auf der Seite der Exekutive eine gesetzliche Verankerung finden. Dies ist im Entwurf für ein neues BG über die Organisation und die Geschäftsführung des Bundesrates und der Bundesverwaltung vorgesehen. [109]

In <u>Art.3 Abs.1 lit d</u> dieses Entwurfes wird die <u>Kompetenz des Bundesrates</u> für die Aufstellung und den Vollzug der Richtlinien der Regierungspolitik festgelegt. Wichtig ist dabei in Bezug auf die Verwirklichung der Vorbehalt "<u>nach Massgabe seiner Zuständigkeit</u>". Denn weil die Richtlinien teilweise auch Absichten aufnehmen, zu deren Realisierung die Bundesversammlung zuständig ist (Gesetzgebung), gilt es die Verantwortlichkeiten klarzustellen. Der Bundesrat ist für die Verwirklichung nur soweit besorgt, als seine Kompetenzen reichen. Er wird aber andere Organgruppen nach Möglichkeit veranlassen, das ihre beizutragen, wie es ihm durch lit e aufgetragen wird. [110]

Die Richtlinienkompetenz des Bundesrates ist ein wichtiger Faktor seiner Regierungsfunktion. Da der Entwurf in Art.3 Abs.1 ihre Stellung gut charakterisiert, sei dieser neue Artikel über die Regierungstätigkeit im ganzen Wortlaut wiedergegeben:

"<u>Art.3 Abs.1</u>

Der Bundesrat besorgt seine Regierungsobliegenheiten vor allem wie folgt:

---

[108] Botschaft 1323; StenBull 1970 SR 1. Zu den Unterschieden zwischen den beiden ähnlichen Berichten vgl. unten § 10 Kap. 4.2.
[109] Expertenbericht II, Beilage nach S. 989; vgl. auch vorne § 8 Kap. 5.2.
[110] Expertenbericht II 12

a Er legt, im Rahmen von Verfassung und Gesetz und unter
  Vorbehalt der Befugnisse des Volkes sowie der Kantone
  und der Bundesversammlung, die grundlegenden Ziele und
  Mittel des staatlichen Handelns fest.

b Er verfolgt die Entwicklung in Staat und Gesellschaft
  sowie das Geschehen im In- und Ausland und beurteilt
  laufend die Lage.

c Er plant in zweckmässigem Umfange die staatlichen Aktivitäten.

d Er stellt periodisch Richtlinien der Regierungspolitik
  auf und sorgt nach Massgabe seiner Zuständigkeit für
  ihre Verwirklichung.

e Er entfaltet Initiativen gegenüber der Bundesversammlung
  und anderen Trägern staatlicher Zuständigkeiten.

f Er stellt die Koordination auf der Regierungsebene sicher.

g Er vertritt den Bund nach innen und nach aussen.

h Er sorgt für die dauernde Verbindung der Behörden mit der
  Oeffentlichkeit."

Die Kompetenz des Bundesrates für die Richtlinien der Regierungspolitik liesse sich auch aus der zentralen und grundlegenden Lit. a über die Zielbestimmung und die Mittelauslese herleiten. Sie ist eigentlich deren konkrete Ausgestaltung für den Zeitraum einer Legislaturperiode, niedergelegt in einem Bericht an die Bundesversammlung. In ebenso direktem Zusammenhang steht die Richtlinienkompetenz mit den sie umrahmenden Lit. c und e: Die Richtlinien der Politik sollten künftig in zunehmendem Masse auf Planungen der Regierungsebene - und nicht nur der Departemente - zurückgehen [111]; sie bilden zugleich das grösste Paket von Initiativen gegenüber der Bundesversammlung. In mittelbarem Zusammenhang steht die Richtlinienkompetenz endlich mit den Lit. b und f: Die Richtlinien basieren nicht nur auf Anregungen der Verwaltung, sondern auch auf Informationen von "ausserhalb", wie sie v.a. die Bundeskanzlei laufend sammelt und sichtet; durch klare und konkrete Richtlinien wird schliesslich auch die vorgängige Koordination erleichtert. [112]

---

[111] Vorläufig sind die Richtlinien selbst noch das wichtigste
     Planungsinstrument auf Regierungsebene (Huber 4).
[112] Vgl. hiezu vorne § 2 Kap.3.2. und hinten § 11 Kap. 1.3.

3.2.2. In Art.36 lit. b des Entwurfes für ein neues BVerwOG wird dem Bundeskanzler die Hauptlast für die Vorbereitung und Ueberwachung der Richtlinien der Regierungspolitik übertragen. Richtlinien- und Rechenschaftsbericht werden beide vom Bundeskanzler entworfen und redigiert.

Auch hier steht die Kompetenzzuweisung wieder in engstem Zusammenhang mit zwei anderen wichtigen Planungsaufgaben des Kanzlers. Der Uebersicht halber sei der erste Teil des Art.36 zitiert:

"a Er (der Bundeskanzler) berät den Bundesrat bei den Planungen auf der Regierungsebene und kann von diesem mit Planungsarbeiten betraut werden.

b Er bereitet zuhanden des Bundesrates die Richtlinien der Regierungspolitik sowie den Bericht des Bundesrates an die Bundesversammlung über den Vollzug der Richtlinien der Regierungspolitik einer Legislaturperiode (Rechenschaftsbericht) vor. Er überwacht die Einhaltung der Richtlinien.

c Er entwirft und überwacht zuhanden des Bundespräsidenten die Arbeits- und Geschäftspläne des Bundesrates und bereitet den jährlichen Bericht des Bundesrates an die Bundesversammlung über seine Geschäftsführung (Geschäftsbericht) vor."

Dass für die angeführten Aufgaben nur die Bundeskanzlei als generelle Stabsstelle in Frage kommt, wird anschliessend dargestellt.

§ 10 Ausarbeitung und Vollzug des schweizerischen Regierungsprogrammes
===

Bevor auf die interne Ausarbeitung und den Vollzug des Regierungsprogrammes eingegangen wird, sollen in aller Kürze jene Organe dargestellt werden, die daran beteiligt sind oder sein könnten. An erster und zentraler Stelle findet sich hierbei die Bundeskanzlei.

1. Das Führungsinstrumentarium des Bundesrates und seiner Mitglieder

1.1. Die Bundeskanzlei [1] (BKl)

1.1.1. Die Aufgaben der Bundeskanzlei

Die bereits aus der Helvetik stammende Bundeskanzlei ist heute die allgemeine Stabsstelle von Bundesrat [2] und Bundespräsident. Als solche hat sie die verschiedensten Aufgaben zu erfüllen, wovon die wichtigsten stichwortartig aufgezählt seien:

- Seit jeher zu ihren Aufgaben gehörten die Kanzleigeschäfte im engeren Sinn. So führt sie das Sekretariat des Bundespräsidenten und des Bundesrates.

- Die Bundeskanzlei soll in Verbindung mit den departementalen Informationsdiensten für eine sach- und zeitgerechte Information der Oeffentlichkeit über die Absichten, Entscheidungen und Massnahmen der Regierung sorgen sowie über die Arbeit der Verwaltung orientieren. Aufgabe des Informationsdienstes der BKl ist es, den Bundesrat bei der Pflege der "public relations", insbesondere der Kontakte zu Presse, Radio und Fernsehen zu unterstützen und ihn allgemein in

---

[1] Hiezu ausführlich Müller 179ff, Huber lff und alt Vizekanzler Felix Weber, Die Bundeskanzlei als Stabsorgan der Bundesverwaltung, in: Verwaltungspraxis, 22.Jg. H.12 (Dezember 1968), S.341ff; vgl. auch die Expertenberichte I 162ff und II 26f, sowie den Geschäftsbericht des Bundesrats für 1968 S. 3ff.
[2] So ausdrücklich Art.39 des Entwurfes zum rev. BVerwOG

Informationsfragen zu beraten. Umgekehrt soll auch die
Regierung ständig über Meinungen und Vorgänge in Staat
und Gesellschaft auf dem Laufenden gehalten werden.

- Die BKl unterstützt den Bundespräsidenten bei der Vorbereitung der Kollegialgeschäfte. Sie stellt die Traktandenliste für die Bundesratssitzungen zusammen, wobei der Bundeskanzler entscheidet, welche Anträge der Departemente zur Behandlung kommen sollen. Bereits 1968 hat die BKl zur Verbesserung der Koordination das vorbereitende Verfahren durch Richtlinien für die Antragstellung und das Mitberichtsverfahren geregelt und inzwischen noch überarbeitet. Sie leitet das Mitberichtsverfahren und prüft, ob die vorgelegten Geschäfte reif zum Beschlusse sind.

- Die BKl hat auch den wichtigen Auftrag, für eine zweckmässige Koordination unter den Departementen besorgt zu sein und auf Lücken, Doppelspurigkeiten und Ueberschneidungen in der Regierungs- und Verwaltungsarbeit hinzuweisen. Doch ebenso müssen die Tätigkeit der Exekutive und des Parlamentes, ihre Zeit- und Arbeitspläne aufeinander abgestimmt werden. Die verstärkte Zusammenarbeit von Parlament und Regierung durch Vermittlung der BKl ist allerdings erst im Aufbau begriffen.

- Die BKl unterstützt den Bundespräsidenten in der Kontrolle über die vom Bundesrat beschlossenen Geschäfte oder den Departementen erteilten Aufträge, indem sie darüber wacht, dass diese durch die Departemente fristgemäss ausgeführt werden. Eine umfassende politische Kontrolle wäre mittels der Richtlinien der Politik, der darin festgesetzten Zielsetzungen und Prioritäten möglich. [3] Die Kontrolle ist aber auf die im Richtlinienbericht erwähnten Geschäfte beschränkt und ausserdem nicht allzu intensiv, weil bisher viele Richtlinien doch recht vage gehalten waren und klare

---

[3] Müller 190

Prioritäten fehlten. Von einer tatsächlich effizienten, methodischen und umfassenden Aufsicht des Bundespräsidenten und -rates über die Regierungs- und Verwaltungsarbeit sind wir heute noch weit entfernt.

1.1.2. Die Planung auf Regierungsebene im besonderen

Bis zum ersten Richtlinienbericht von 1968 fehlte die Planung auf der Regierungsebene in der Schweiz fast vollständig; nur die Finanzplanung fiel bis zu einem gewissen Grade in diesen Bereich. [4] Das wichtigste Instrument solcher Planung bilden nun die Richtlinien der Regierungspolitik, worauf später näher einzutreten ist. [5] Dass die Planung auf Regierungsebene erst im Aufbau begriffen ist, erhellt schon aus der Tatsache, dass die Hauptarbeit der Programmformulierung bisher von zwei Personen allein bewältigt werden musste, nämlich vom Bundeskanzler und seinem Sachbearbeiter; umso bemerkenswerter sind die bisher erbrachten Leistungen.

Neben der erwähnten mittelfristigen Planung betreibt die BKl auch eine kurzfristige. Die Departemente haben bei Schluss der Session der BKl zu melden, welche wichtigen Geschäfte sie in der nächsten Session behandelt haben möchten. Aufgrund der Mitteilungen erstellt die BKl durch Rückwärtsrechnen einen Plan, aus dem sich ergibt, wann die Departemente Antrag stellen müssen, damit für ein eventuelles Mitberichtsverfahren, für die Behandlung im Bundesrat und die Vorbereitung des parlamentarischen Verfahrens genügend Zeit bleibt. [6] Diese Planung bildet auch die Grundlage für die Koordination zwischen Bundesrat und eidg. Räten. Ferner erlaubt sie eine straffe Führung der Verwaltung auf kurze Sicht. [7]

Ebenfalls als kurzfristige Planung bezeichnen könnte man die Zusammenstellung der BKl über die vom Bundesrat im Laufe des

---

4) Expertenbericht I 174
5) Vgl. nachfolgend Kap. 2 und besonders unten § 11 Kap. 1
6) Vgl. dazu Geschäftsbericht für 1968 S. 7
7) Müller 189

nächsten Halbjahres zu bearbeitenden Geschäfte; sie dient v.a. der Orientierung von Bundesrat und Parlament. Neuerdings soll der Bundeskanzler zuhanden des Bundespräsidenten eigentliche Arbeits- und Geschäftspläne des Bundesrates entwerfen und überwachen. [8] Wie die Richtlinien der Politik sind auch die Instrumente der kurzfristigen Planung noch im Aufbau begriffen. [9]

1.1.3. Organisation der Bundeskanzlei und Stellung des Bundeskanzlers [10]

Den wichtigsten Teil der BKl bildet die Kanzlei des Bundesrates. Zur Unterstützung bei ihrer Leitung stehen dem Bundeskanzler zwei Vizekanzler zur Seite. Er selbst führt das Sekretariat des Bundespräsidenten, unterstützt und informiert den Bundesrat, leitet die Vorbereitung seiner Sitzungen und koordiniert auf der Stufe der Departemente sowie zwischen Exekutive und Legislative. Dem einen Vizekanzler untersteht das Kanzleiwesen im engern Sinne sowie der zentrale Sprach- und Uebersetzungsdienst. [11] Der andere betreut das Informationswesen und den Rechtsdienst.

Das Sekretariat der Bundesversammlung ist nur administrativ der BKl zugeteilt; funktionell gehört es zum Parlament. Die Eidg. Drucksachen- und Materialzentrale (EDMZ) untersteht direkt dem Bundeskanzler. [12] Seit 1969 ist die Eidg. Parlaments- und Zentralbibliothek der BKl zugeteilt. [13]

Der Bundeskanzler hat einerseits die Bundeskanzlei zu leiten und koordinieren, anderseits als engster Berater des Bundespräsidenten und des Bundesratskollegiums zu wirken.

---

8) Huber 2; sowie Art.36 lit. c) E zum rev. BVerwOG
9) Müller, a.a.O.
10) Hiezu Müller 192ff
11) Hiezu Vizekanzler J.-M. Sauvant, in: Tag der offenen Tür, Dokumentation für die Aussprache mit der Bundeshauspresse im Lohn, 21. März 1972, S. 41ff
12) Hiezu C. Wuischpard (Chef der EDMZ), a.a.O. 53ff
13) Hiezu M. Boesch (Chef dieser Bibliothek), a.a.O. 49f

Er darf sich in den Bundesratssitzungen zu den behandelten Anträgen mit beratender Stimme äussern, namentlich Orientierungen zu den einzelnen Geschäften vorbringen, Bedenken staatspolitischer und rechtlicher Art vortragen und Vorschläge für das praktische Vorgehen und die Behandlung neuer Gegenstände machen. Dabei fällt ihm die Rolle des Bewahrers der vorausblickenden Gesamtschau zu, wofür ihm seine im Vorbereitungsverfahren erworbenen Kenntnisse und seine unabhängige Stellung legitimieren. Schon durch das geltende Recht (Verfassungsunmittelbarkeit, Wahlart, Garantien) wird er aus allen Funktionären des Bundes herausgehoben und in die nächste Nähe zum Bundesrat gesetzt.

Der Aufgabenkatalog der BK1 und ihre Stellung - einerseits als Beratungsorgan von Bundespräsident und Kollegium, anderseits als "Scharnier" zwischen Bundesrat und Bundesversammlung - prädestinieren sie zum federführenden Organ bei Ausarbeitung und Vollzug der Richtlinien der Regierungspolitik.[14]

1.2. Alternativen zur Bundeskanzlei

Wollte man nicht die BK1 mit den Hauptaufgaben der Programmierung von Regierungs- und Verwaltungsarbeit befassen, böten sich grundsätzlich drei Alternativen: es würde damit wahlweise entweder eine andere Stabstelle des Bundes oder ein Departement oder ein Gremium ausserhalb der Bundesverwaltung beauftragt. Die Möglichkeit, dass das Regierungskollegium selbst-oder der Bundespräsident - die arbeitsintensive Aufgabe übernehmen könnte, darf wegen seiner Ueberlastung füglich ausgeschlossen werden. Die Regierung kann und muss ihr Programm ausgiebig erörtern und darüber befinden, aber die umfangreichen Vorarbeiten, die Materialsammlung und Redaktion der Entwürfe wären von ihr nicht mehr zu bewältigen. Verzichtete jedoch die Regierung auf breite Entscheidungsgrundlagen, so käme als Regierungsprogramm wohl nur entweder die blosse Wiedergabe einer Koalitionsvereinbarung oder eine

---

14) Gl.M. Müller 188

wenig aussagende und auf ein paar politisch besonders umstrittene Punkte beschränkte Regierungserklärung heraus, wie es in den meisten Staaten noch bis vor wenigen Jahren der Fall gewesen ist. Ein bedeutendes Führungs- und Arbeitsinstrument der Regierung könnte ein solches Programm nicht darstellen.

1.2.1. Weitere Stabsstellen im Bunde

Neben der Bundeskanzlei bestehen im Bunde noch folgende Stabsstellen, die im Gegensatz zu ihr alle als spezielle anzusehen sind [15]:

- Die Eidg. Finanzkontrolle und das Sekretariat der Finanzkommissionen und der Finanzdelegation der eidg. Räte;
- die Zentralstelle für Organisationsfragen der Bundesverwaltung;
- der Wissenschaftsrat;
- die Leitungsorganisation der Gesamtverteidigung;
- die Delegierten;
- die Kommissionen der Verwaltung. [16]

Die genannten Stabsstellen sind allesamt derart auf einen bestimmten Bereich spezialisiert und meist einem bestimmten Departement unterstellt, dass ihnen sowohl der Ueberblick wie die neutrale Stellung fehlen, die beide für eine ausgewogene Programmierung unerlässlich sind. Sie kommen für die Leitung der Programmarbeiten deshalb nicht in Frage.

---

[15] Vgl. zum Ueberblick die jeweiligen Darstellungen bei Müller, 196ff, 212ff, 221ff, 228ff, 240ff und 246ff.
[16] Hiezu wäre auch das von der "Kommission Huber" (Expertenbericht II 48ff, Nr.534) empfohlene Eidg. Amt für Gesetzgebung zu zählen. Falls das Amt geschaffen würde, müsste es an der Ausarbeitung des Regierungsprogrammes massgeblich beteiligt werden, da es über alle Gesetzgebungsprojekte des Bundes stets und genau auf dem Laufenden wäre.

1.2.2. Eidgenössische Departemente

Die gleichen Bedenken, die hinsichtlich einer Beauftragung mit Programmarbeiten gegen die Spezialstabsstellen geäussert worden sind, gelten auch für die Departemente. Den einzelnen Ressorts fehlen - vom Finanzdepartement abgesehen - der nötige Ueberblick und die Neutralität: ausserdem stehen sie unter stärkerem Geschäftsdruck als die Stäbe. Es besteht die Gefahr, dass sie bei Programmarbeiten die eigenen Fachinteressen bevorzugen und ihren Ressortgesichtspunkt überbetonen würden.[17] Da die Departemente wichtige Entscheidungskompetenzen haben, sind sie auch eher Objekt von Beeinflussungsversuchen als etwa die Bundeskanzlei.[18]

Das Eidgenössische Finanz- und Zolldepartement (EFZD) - insbesondere die Finanzverwaltung als sein Kern [19] - besässe zwar den weiten Ueberblick über alle Departemente, doch sprechen besonders zwei gewichtige Gründe gegen seine Befassung mit der Programmleitung. Zum einen besitzt das EFZD wie die Finanzministerien im Ausland schon jetzt unter den Ressorts eine überragende Stellung, die durch die Leitung der Programmarbeiten weiter verstärkt würde. Eine solche Vorherrschaft eines Departementes - und damit auch seines Vorstehers unter den Kollegen - widerspräche dem in der Schweiz geltenden Prinzip der Gleichstellung der Departemente und Gleichheit der Bundesräte. Zum andern kann das Finanzdepartement die finanziellen und konjunkturpolitischen Gesichtspunkte in den Programmarbeiten besser zur Geltung bringen, wenn es darin nicht die Federführung inne hat.[20]

1.2.3. Exkurs: Die Verknüpfung der Planungsprozesse für das Regierungsprogramm und den Finanzplan

Unbestritten ist, dass das EFZD - d.h. vor allem die Eidgenössische Finanzverwaltung - an den Arbeiten für das Regie-

---

17) In diesem Sinne Müller 298
18) Gl. M. Müller 282/83
19) Vgl. hiezu Expertenbericht II 66
20) Vgl. weitere Gründe vorne § 2 Kap. 1.4.

rungsprogramm massgeblich beteiligt werden muss, damit dessen finanzielle Folgen geprüft und die Realisierung gesicher werden kann. Die beiden Planungsprozesse für das Regierungsprogramm und den Finanzplan müssen eng miteinander verknüpft und aufeinanderabgestimmt werden. [21] Bisher war dies nicht der Fall, weil das Instrument der mittelfristigen Finanzplanung noch zu wenig ausgebaut war.

- Der erste Richtlinienbericht von 1968 enthielt bloss einige rudimentäre Angaben über die Entwicklung des Bundeshaushalts: Eingefügt in den Abschnitt IX "Finanz- und Währungspolitik" wurden unter "A. Finanzpolitik" für die einzelnen Jahre bloss die Höhe der Einnahmen und Ausgaben der Finanzrechnung sowie der Abschluss der Gesamtrechnung bekanntgegeben, während für die Komponenten dieser Globalzahlen auf den Finanzplan verwiesen wurde, der dem Bundesrat als "internes Leitinstrument der Finanzpolitik" dienen soll. [22] Der Bundesrat scheint sich indessen nicht auf alle einzelnen Komponenten festgelegt zu haben, weil der Bericht ausdrücklich festhält, dass der Umfang der Ausgaben durch die Richtlinien nicht abschliessend festgelegt werde und dass sich die Ermittlung des mutmasslichen Zahlungsbedarfes hauptsächlich auf die von den Departementen und Fachabteilungen erarbeiteten und von der Finanzverwaltung soweit möglich bereinigten Unterlagen stütze. [23] Die Globalzahlen haben daher einen betont unverbindlichen Charakter; immerhin wurde zur Deckung eines Teils des vorausgesagten Defizites der Finanzrechnung eine Vorlage zur Beschaffung von Mehreinnahmen in Aussicht gestellt.

---

21) Auch die Botschaft zum Entwurf eines BG über den eidgenössischen Finanzhaushalt vom 21.2.1968 (BBl 1968 I 479f hält fest: "Regierungsprogramm und längerfristige Finanzplanung werden so aufeinander abzustimmen sein, dass ein optimales langfristiges Wirtschaftswachstum sichergestel bleibt."
22) Bericht I 38 (BBl 1968 I 1241)
23) Bericht I 37/38

- Im zweiten Richtlinienbericht von 1972 waren die finanziellen Angaben unter Abschnitt IV "Finanzielle Aspekte" noch spärlicher. Der Bericht prophezeite lediglich, dass die Bundesausgaben im Jahre 1975 voraussichtlich bis auf 15 Milliarden ansteigen werden, wobei auch auf die für 1973 und 1974 veröffentlichten Finanzpläne verwiesen wurde.[24] Der Realisierung des Regierungsprogrammes würden daher - so wird ausgeführt - bereits von den Kapazitäten her gewisse Grenzen gesetzt sein. Die einzelnen Massnahmen seien (erst in Zukunft) mittels der noch weiter auszubauenden Finanzplanung so aufeinander abzustimmen, dass gesamthaft ein vertretbarer finanzieller Rahmen eingehalten werden könne. Die einzige Priorität, die bei der Aufgabenerfüllung aus finanzwirtschaftlichen Gründen gesetzt wurde, war der Vorrang der "wachstumsfördernden Vorhaben" unter dem Vorbehalt des Umweltschutzes.

- Für die Zukunft wird abzuklären sein, ob nicht auch im Bunde eine ähnliche Verknüpfung von Regierungsprogramm und Finanzplanung erreicht werden kann, wie in einigen Kantonen.[25] Dass dies durch geeignete interne Vorkehrungen möglich ist, erhellt aus den Vorbereitungen zum Regierungsprogramm von 1972: Indem auf den betreffenden Erhebungsbogen die finanziellen Auswirkungen der geplanten Massnahmen festzuhalten waren, war es dem Finanzdepartement und dem Bundesrat möglich, diese Angaben mit den wenige Monate zuvor im Rahmen des Budgetierungsprozesses erhobenen Finanzplandaten zu vergleichen und zu allfälligen Abweichungen Stellung zu nehmen. So wirkten sich die Finanzplanentscheidungen auch auf das Regierungsprogramm aus.[26] Zudem sollen in Zukunft mindestens die Schätzun-

---

24) Bericht II 56ff (BBl 1972 I 1077f); Abschnitt IV fiel deshalb so knapp aus, weil zuerst der Entscheid des Bundesrats über die Finanzplanung abgewartet werden musste; ausserdem hing die Redaktion des Abschnittes IV stark von den Ausführungen in den vorangehenden Berichtsteilen ab.
25) Z.B. Wallis, Baselland und Aargau; vgl. hinten § 12 Kap. 2.3. und Rohr 48ff
26) Rohr 114

gen, auf denen die im Finanzplan gewählten Alternativen aufbauen, zu offiziell akzeptierten Richtpunkten der Regierungspolitik werden. [27]

Darüber, wie die beiden Planungsprozesse noch besser miteinander verzahnt werden könnten, besteht keine Einhelligkeit. [28] Eine "Vorschaltung" der Aufgabenplanung (des Regierungsprogrammes) wird abgelehnt, weil damit ihre Steuerungsfähigkeit überfordert würde. Ebenso unzweckmässig wäre es, die Aufgabenplanung in der Finanzplanung aufgehen zu lassen und so eine Totalintegration herbeizuführen. [29] Eine Verschmelzung der beiden Planungsprozesse nach Art des PPBS stiesse auf grosse Schwierigkeiten [30] und liesse sich in der Schweiz kaum verwirklichen [31]; zudem lässt sich das Ausgabenvolumen nicht durch konsistent definierte Programme bestimmen – und mithin auch nicht durch das PPBS. Es bleibt somit nur das Modell einer "Parallelschaltung" mithilfe einer intensiven Vermaschung der Planungsprozesse; dabei muss die Koordination in einem frühen Stadium sicher gestellt werden, um Fehlplanungen möglichst zu vermeiden.

1.2.4. Das Präsidialdepartement

Eine besondere Form von Departement bildet das oft diskutierte Präsidialdepartement, dessen drei in der Schweiz möglichen Ausformungen erstmals von Kurt EICHENBERGER konkret aufgezeigt worden sind. [32] In allen drei Varianten erfüllt es ungefähr die Aufgaben der Bundeskanzlei und hat auch eine ähnlich neutrale Stellung inne, sodass es ebenso wie die BKl geeignet wäre, die Hauptlast von Programmarbeiten zu tragen.

---

27) Vgl. die in Anm. 21 genannte Botschaft, S.479
28) Vgl. hiezu Rohr 182f und vorne § 2 Kap. 1.4.
29) Siehe hiezu vorne § 2 Kap. 1.4.
30) Vgl. vorne § 3 Kap. 2.5.2.
31) Die Machtkonzentration, die ein PPBS mit sich bringt, lässt sich wohl nur in einem Präsidialsystem verantworten. Zudem fehlen in der Schweiz weitere Voraussetzungen (Vgl. Riedweg 223ff und 230ff)
32) Vgl. Eichenberger, Präsidialdepartement 140ff

Die Einwände, die gegen die Departemente erhoben worden sind, gelten für ein Präsidialdepartement nicht, weil es wie die BKl - die es ja ersetzt - eine Stabsstelle und kein Linienorgan ist. Ein Präsidialdepartement wäre aber nur sinnvoll, wenn die Stellung des Bundespräsidenten erheblich gestärkt und so der Kern eines moderierten Präsidialsystems geschaffen würde. [33] Dies wurde aber in der schweizerischen öffentlichen Meinung und politischen Praxis wohl aus egalitären Gedanken heraus bisher abgelehnt.

1.2.5. Gremien ausserhalb der Administration

Eine zentrale Stelle, welche die Planungsergebnisse der Departemente und alle Impulse aus Staat und Gesellschaft zu einem Programm verarbeitet, könnte auch ausserhalb der Bundesverwaltung angesiedelt werden; als neue Organe könnten ein permanenter Reform- und Planungsrat oder wenigstens ein prospektiver Ombudsman geschaffen werden.

Schon 1964 schlug Max IMBODEN [34] die Errichtung eines "zivilen Generalstabes" [35] von qualifizierten Fachleuten vor, der die künftige Regierungspolitik und Gesetzgebung vorzubereiten hätte. Der Stab wäre ausserhalb der Verwaltungshierarchie direkt dem Bundesrat unterstellt, könnte auch durch das Parlament konsultiert werden und würde mit Hochschulen, Forschungsanstalten, gemeinnützigen Organisationen und andern privaten Unternehmungen zusammenarbeiten. Ein ähnliches Projekt entwarf kurz darauf Walter WITSCHI [36], allerdings mehr am Beispiel des Kantons Basel-Stadt und deshalb auf die Verhältnisse in den Kantonen bezogen. Der von ihm propagierte "Zentrale Staatliche Planungs- und Wissenschaftsrat" würde bei der Lösung aller grundlegenden Fragen der Gesetzgebung und Verwaltung beratend mitwirken. Beide Autoren gehen von der Annahme aus, dass der zivile General-

---

33) Eichenberger, a.a.O. 143ff; Expertenbericht I 89ff
34) Helvetisches Malaise, Zürich 1964, S. 35ff
35) Die Bezeichnung ist missglückt, da eine solche Institution die Merkmale eines Generalstabes gerade nicht hat.
36) Ein selbständiger staatlicher Planungsrat, Basel 1966

stab die Projekte rein technisch (i.S. einer wertfreien Erkenntnis) vorbereiten sollte, während die politischen Entscheide (i.S. eines wertenden Abwägens) von Regierung und Parlament getroffen würden. Eine solch scharfe Trennung des Technischen vom Politischen ist aber in der Praxis kaum durchzuführen, weil im demokratischen Willensbildungsprozess politische und technische Erwägungen stets aufs engste verbunden sind. [37] Nur eine zugleich technische und politische Argumentation nähert sich in einem allmählichen Abwägungsprozess einer optimalen Konkordanzlösung. Ein dem Bundesrat vollständig und direkt unterstelltes Organ wäre zudem faktisch nirgends fest angesiedelt und würde im freien Raum flottieren. [38] Bei ihr wäre auch die Gefahr einer zur Autonomie strebenden Technokratie und einer verhüllten, nicht legitimierten politischen Wirkung besonders gross. [39]

Immerhin diskutabel wäre nach Ansicht der "Expertenkommission Hongler" die Einsetzung einer kleinen Gruppe von hochqualifizierten Mitarbeitern aus verschiedenen Fachgebieten und mit interdisziplinären Fähigkeiten. Der permanenten, klein gehaltenen "Kerntruppe", welche unter einem starken Chef die Probleme erkennen und umschreiben müsste, ständen potentiell Berater und Bearbeiter aus dem ganzen Lande zur Verfügung. Wie ein ziviler Generalstab würde aber auch ein solches Gremium mannigfaltigen Schwierigkeiten begegnen [40]:

- Das Verhältnis des Chefs der Gruppe zum Bundeskanzler wäre schwer bestimmbar und Kompetenzkonflikte wären unvermeidlich.
- Die Rekrutierung geeigneter Leute, von deren sachlicher Autorität Effektivität und Einfluss dieses Organs entscheidend abhängen, wäre nicht leicht.
- Ein ertragreicher Einsatz dieser im wesentlichen auf materielle Bearbeitung ausgerichteten Stelle wäre schwierig; dabei ist sie finanziell aufwendig.

---

37) Bäumlin 264
38) Expertenbericht II 31
39) Bäumlin 266
40) Expertenbericht I 60

- Wenn die Stelle gut arbeitete, würde sie zum Gegenstand allgemeinen politischen Misstrauens und des Neides der Administration, woraus ihr auf die Dauer Lahmlegung drohte. In das bestehende Dreiecksverhältnis Regierung-Parlament-Verwaltung lässt sich nicht leicht ein neues Organ einschleusen.

Aus diesen Gründen gelangt die Expertenkommission zur Ablehnung einer solchen Stabsstelle, zumal die angestrebten Ziele durch einen entsprechenden Ausbau der Bundeskanzlei besser erreicht werden können. - Ein langfristig gewählter Bundespräsident an der Spitze des Reformrates würde über die nötige Autorität verfügen und möglicherweise die genannten Schwierigkeiten teilweise mildern, doch bedeutete dies gleichzeitig einen wichtigen Einbruch des Präsidialsystems.

Unter dem jetzigen Regierungssystem sind die "politisch-administrativen" Stabsstellen wie die Bundeskanzlei und - auf der 2. Ebene - die Generalsekretariate für die Aufgaben eines "zivilen Generalstabes" und insbesondere für die Programmarbeiten sicher am besten geeignet. Als die wichtigsten Verbindungs- und Kommunikationsorgane des Bundes können sie geradezu das "Uebersetzungsrad zwischen Politik und Verwaltung" bilden. [41] Sie kennen gewöhnlich alle Informationswege und Kommunikationskanäle der Verwaltung und wissen - besser als externe Gremien - Bescheid über die praktischen Möglichkeiten und Schwierigkeiten der Verwaltung, welche die Programme schliesslich verwirklichen soll. Sie können ausserdem zur Ueberwachung des Vollzuges der Programme eingesetzt werden, was für externe Planungsstellen undenkbar wäre. Schliesslich wäre auch die Verantwortlichkeit der externen Stellen eine recht heikle Frage.

Aus diesen Gründen liegt denn auch im Ausland die Hauptlast der staatlichen Programmierung bei internen Generalstabsstellen der Regierung, beispielsweise dem amerikanischen Budgetbüro, der englischen Treasury, den belgischen

---

41) In diesem Sinne Müller 279

Services du Premierministre oder dem deutschen Bundeskanzleramt. [42] Um diesen Organen keine Monopolstellung zu geben, lassen sich die Regierungen gleichzeitig extern beraten, von Organisationen und Einzelvertretern aus Wissenschaft, Politik und Privatwirtschaft. Auch in der Schweiz sind hiezu bedeutende Ansätze vorhanden [43]: Sowohl beim ersten wie beim zweiten Richtlinienbericht besprach der Bundeskanzler Hauptprobleme und Grunddisposition mit einer Arbeitsgruppe von Persönlichkeiten der verschiedensten politischen Richtungen; zudem wurden formlose Kontakte zu den Regierungsparteien gepflegt. Dem zweiten Programm lag ausserdem eine Expertenstudie, die Perspektiven der Arbeitsgruppe Kneschaurek, zugrunde. Solche Denkanstösse und Kritik von "ausserhalb" verhindern eine administrative Erstarrung der Programme und eine Stabshaltung der ausarbeitenden Zentralstelle; sie geben dem Programm farbigere Konturen. Liegt die Hauptlast der Programmierung in der Administration, so sind Impulse und Kritik von aussen unerlässlich.

1.3. Departementale Stäbe

1.3.1. Die Generalsekretariate der Departemente

Um das Regierungsprogramm entwerfen zu können, braucht die Bundeskanzlei Unterlagen aus den Departementen. 1970 hatten deshalb auf Beschluss des Bundesrates die Departemente für die Vorbereitung der Richtlinien in ihrem Bereich eine zentrale Stelle zu bezeichnen, die als Verbindungsorgan zur BKl zu wirken hat. Diese Stelle ist heute das Generalsekretariat, das laut Art.48 Abs.1 des Entwurfes zu einem rev. BVerwOG die "allgemeine Stabsstelle des Departementes" darstellt und auf Empfehlung der Expertenkommissionen stark ausgebaut werden soll. [44] Zurzeit ist es in den verschie-

---

42) Vgl. vorne die entsprechenden Länderberichte § 3 - § 7
43) Vgl. vorne § 8 Kap. 3.1. und das nachfolgende Kap. 2
44) Hiezu und zu den andern Stabsstellen der Departemente (spezielle Stabsstellen, persönliche Berater, Kommissionen) vgl. die Expertenberichte I 125ff und II 37ff.

denen Ressorts noch recht unterschiedlich geformt. [45)]
Zu seinen Aufgaben gehören:

- die allgemeine Geschäftsführung der Departemente und ihre Kontrolle;
- die persönliche Beratung der Departementschefs und die Vorbereitung der Entscheide;
- die spezielle Vertretung des Departementsvorstehers;
- die Koordination bei grösseren Aufgaben wie bei Gesetzgebungs- und Planungsvorlagen;
- die initiative Generalplanung der Departemente, Organisationsfragen und das Informationswesen, sowie der allgemeine Rechtsdienst und das Personalwesen. [46)]

Derart ausgebaut sind die Generalsekretariate in den Departementen die geeignete Stelle, um für die Bundeskanzlei den erforderlichen Rohstoff für den Programmentwurf bereit zu stellen.

1.3.2. Die Planung in den Departementen

Die sogenannte Fachplanung, d.h. die Planung in den Departementen und Abteilungen, weist einen sehr unterschiedlichen Ausbaugrad auf; ein Ueberblick ist derzeit schwer zu gewinnen. Am besten organisiert sind die sog. Regiebetriebe des Bundes, welche mittel- und langfristige Investitions-, Personal-, Finanz- und sonstige Führungsplanung betreiben. [47)] Eine ausgezeichnete mittel- und langfristige Planung weist auch das Militärdepartement auf, das in der Gruppe für Generalstabsdienste einen Unterstab Planung besitzt. [48)] Wohl ebenfalls wegen der grossen finanziellen Auswirkungen gibt es ein Nationalstrassenprogramm, abgestimmt nach Zeit- und Finanzbedarf. Auch die Raumplanung wickelt sich nach einem Programm ab. In einigen Departementen und Abteilungen kommen auch Rechtssetzungsprogramme vor, die aber weder öffentlich noch verbindlich sind, sondern blosse Arbeitsunterlagen

---

45) Vgl. Müller 249ff, 272ff
46) Vgl. Expertenbericht I 127ff und den Katalog in Art.49 des Entwurfes zum rev. BVerwOG
47) Schürmann, Auswirkungen 4
48) Riedweg 30ff

darstellen. [49] Bis jetzt wurde die Fachplanung im allgemeinen besonders von den Verwaltungsabteilungen betrieben; die Verbindlichkeit der Pläne und Programme ist recht unterschiedlich.

Vor 1968 war die Planung in den meisten Departementen noch rudimentärer; die wenigen Einzelplanungen mussten gewöhnlich zuerst auf Departementsstufe zusammengefasst werden, bevor sie auf Regierungsebene koordiniert werden konnten. Ueber die Richtlinien der Regierungspolitik sind nun Idee und Wesen der Planung ganz allgemein vermehrt in die Departemente hineingetragen worden. [50] Die Departemente werden zu vermehrter Planung geradezu gezwungen, denn zum einen müssen sie in der Lage sein, in den Erhebungsbogen zu den Richtlinien und dem Rechenschaftsbericht sowie zu den "Uebersichten" der Zwischenberichte konkrete Angaben über ihre künftige Tätigkeit zu machen; zum andern erhalten sie nach der bundesrätlichen Beratung allenfalls konkrete Anweisungen zur Aufnahme oder Intensivierung bestimmter Fachplanungen.

2. Der Werdegang der Richtlinien 1971/75 [51]

2.1. Grundsatzfragen

2.1.1. Im Oktober 1970 unterbreitete die BK1 dem Bundesrat einige Grundsatzfragen im Hinblick auf die Vorbereitung der Richtlinien 1971-1975. Es ging damals vor allem darum, über die Federführung bei Geschäften, die mehrere Departemente berühren, Klarheit zu schaffen und auch die Zusammenarbeit mit der Finanzplanung, die von der Finanzverwaltung betreut wird, festzulegen und abzugrenzen. Es wurde beschlossen, dass die Departemente für die Vorbereitung der Richtlinien

---

49) Eichenberger, Verantwortlichkeit, 127 Anm. 3
50) Schürmann, Auswirkungen, 4
51) Die Ausführungen stützen sich auf Auskünfte des Bundeskanzlers Dr. Karl Huber und seines Sachbearbeiters Dr. Christian Furrer vom 27. Februar 1973, sowie auf die ausführlichen Angaben bei Huber 7 ff und (gekürzt) bei Schürmann, Auswirkungen 5ff.

in ihrem Bereich eine zentrale verantwortliche Stelle zu bezeichnen haben, die als Verbindungsorgan zur BK1 zu wirken hat.

Der andere wichtige Punkt des Antrages der Bundeskanzlei betraf die _Perspektivstudie_von_Prof._F._KNESCHAUREK_. Veranlasst durch eine Motion von Ständerat Alfred BOREL (SPS, GE) hatte der Bundesrat im Jahre 1968 Prof. F.KNESCHAUREK beauftragt, mit einer Arbeitsgruppe eine alle relevanten Aspekte des wirtschaftlichen Lebens umfassende Perspektivstudie der Schweiz bis zum Jahre 2000 zu verfassen. Die Studie hätte spätestens im Frühjahr 1971 abgeschlossen werden sollen, um ihre Ergebnisse im Rahmen der Richtlinien 1971/75 auswerten zu können. Hiezu war erforderlich, die wichtigsten politischen Aktivitäten in ihrem Zusammenhang mit den von der Arbeitsgruppe Kneschaurek festgestellten Entwicklungstendenzen zu beurteilen, d.h. die gegenseitige Beeinflussung und Beeinflussbarkeit von Politik und aufgezeigten Trends zu durchleuchten. Ferner musste die Verwaltung selbst rechtzeitig auf die Perspektivstudien vorbereitet werden. Sie musste sich Gedanken machen, inwieweit ihre Arbeiten von jenen Tendenzen berührt würden und aus welcher Zielvorstellung sie glaubte, durch ihre Politik die Entwicklungstendenzen beeinflussen zu können.

Der Bundesrat stimmte im November 1970 diesem Konzept zu.

2.1.2. Im Rahmen der Weiterbearbeitung der Motion Borel gab der Bundesrat im _Juli_1971_ die Ermächtigung, eine _ad-hoc-Arbeitsgruppe_von_politisch_sensibilisierten_Persönlichkeiten_ der verschiedensten Richtungen sowie Vertretern der Verwaltung und Planungsfachleuten zu bilden. Die Zusammensetzung des politisch und regional unterschiedlichen "brain trust" wurde vom Bundesrat nach kleinen Aenderungen genehmigt. Die Gesprächsgruppe erhielt den Auftrag, in einem kritischen Streitgespräch aufgrund von wissenschaftlich ermittelten Unterlagen mögliche Varianten von Leitbildern und Prioritäten im Rahmen des politischen Manövrierbereiches herauszubilden. In manchen heiklen Fragen konnte der Bundeskanzler seine persönlichen, privaten Berater, einen kleinen Kreis von kritischen Persönlichkeiten, konsultieren.

Da sich der Bundesrat auch diesmal zu keinen Höhenflügen in die Sphären utopischer Zukunftsvisionen oder ideologischer Spekulationen emporschwingen wollte [52], beschränkte er die Planung der Richtlinien 1971/75 - ausgenommen die Perspektivstudien - auf die folgenden vier Jahre, also mittelfristig. Die bisherigen Ergebnisse der schweizerischen Zukunftsforschung, die allerdings noch in den Anfängen steckt [53], wurden deshalb nicht berücksichtigt. [54]

2.2. Schwierigkeiten der Disposition

2.2.1. Bei der Auslieferung der verschiedenen Berichtsteile der Perspektivstudie Kneschaurek ergaben sich Verzögerungen, wodurch jene intensive Verbindung zwischen den Studien und der Erarbeitung der Richtlinien nicht zustande kam, welche dem Bundeskanzler 1970 vorgeschwebt hatte. [55] Trotz des beschränkten Materials und der Zeitnot versuchte die BK1 aus dem bereits Vorhandenen möglichst viel herauszuholen. Was dagegen zu kurz kam, war das Vertrautmachen der Verwaltung mit den Perspektivstudien im vorgenannten Sinne; die Konfrontation konnte im September/Oktober 1971 lediglich einmal blitzartig durchgeführt werden. Eine intensivere Auseinandersetzung wäre umso wünschenswerter gewesen, als noch grosse Teile der Bundesverwaltung dem pragmatischen Denken verhaftet und nicht den Problemen der Zukunft zugewandt sind. Umgekehrt wäre es auch von gutem gewesen, wenn die aufgezeigten Entwicklungstendenzen vermehrt von der ebenso sachkundigen Verwaltung überprüft und allenfalls verbessert und ergänzt worden wären.

---

52) Bericht II 7
53) Hiezu Kocher/Fritsch 15ff
54) Weil alle neu veröffentlichte Literatur, also auch futurologische, von der BK1 systematisch gesichtet wird, könnten aber künftig auch hieraus programmatische Anregungen einfliessen.
55) Erschienen waren damals erst die Berichtsteile I bis IV (Bericht II 7 Anm. 1)

2.2.2. Schwierigkeiten gab es auch im Verhältnis der Richtlinien zur Finanzplanung. Die geringen Fortschritte des Bundes auf dem Gebiet der letzteren [56] erlaubten noch nicht, im Lichte der finanziellen Möglichkeiten Prioritäten zu setzen. Darum unternahm die Bundeskanzlei den gewagten Versuch, eine eigene dreistufige, klar gegliederte Prioritätsordnung aufzustellen. Die erste Grobdisposition mit den Hauptthemen der Richtlinien wurde von der BKl im Oktober 1971 vorgelegt, vom Bundesrat wegen der Prioritätsordnung jedoch verworfen. Begründet wurde der Entscheid damit, dass ohne fortgeschrittene Finanzplanung keine Prioritätsordnung gesetzt werden könne und dass ein Programm mit klaren Prioritäten politisch nur schwer durchzusetzen sei. [57] Die zweite verfeinerte und detailliertere Konzeption für die Richtlinien (ohne Prioritäten) wurde vom Bundesrat am 24. November 1971 genehmigt.

2.2.3. Ebenfalls im November konnte die oben erwähnte ad-hoc-Arbeitsgruppe ein sogenanntes Leitbildergespräch durchführen. Dabei verfügte sie über zwei Arbeitspapiere: das eine war eine zusammenfassende Uebersicht über die von der Arbeitsgruppe Kneschaurek festgestellten Entwicklungstrends, das andere eine Uebersicht - aufgrund von Arbeiten der Verwaltung - über den Einfluss dieser Trends auf die verschiedenen Aufgaben bzw. Tätigkeitsbereiche des Bundes. Die Gesprächsgruppe nahm in zweimal zweitägigen Sitzungen eine Serie von Problemen des Staates und seiner Reform durch. Die Aussprachen mussten wegen der erwähnten Verzögerungen in einem Moment durchgeführt werden, wo es nicht mehr möglich war, das anfallende Material zuhanden der Richtlinien 1971/75 umfassend aufzuarbeiten und auszunützen.

---

56) Vgl. Rohr 47
57) Intern hatte der Bundesrat durchaus bestimmte Vorstellungen über seine Prioritäten. Mit dem Institut einer umfassenden Prioritätsordnung ist er allerdings wenig vertraut.

2.2.4. Die Vorarbeiten für die Richtlinien und die Besprechungen mit dem Bundesrat mussten im Herbst 1971 zum Teil parallel mit den Arbeiten im Rahmen der Motion BOREL betr. Perspektivstudien geführt werden, um eine nicht zu verantwortende Verzögerung in der Präsentation des Richtlinienberichtes zu vermeiden. Die beiden Schritte sollen in Zukunft zeitlich gestaffelt erfolgen.

Das Ergebnis der Bemühungen bestätigte, dass der Erarbeitung der Disposition für Inhalt und Präsentation der Richtlinien zentrale Bedeutung zukommt. Wenn auch die eigentliche Prioritätsordnung wiederum nicht zum Tragen kam, so unterscheidet sich die Gliederung der Richtlinien von 1972 doch vorteilhaft von derjenigen von 1968: es kamen neben den Einzelgeschäften die wirklichen Grundfragen des nationalen Lebens zur Sprache.

2.3. Redaktion und Beratung des Richtlinienberichts

2.3.1. Nach der Genehmigung der Detailkonzeption durch den Bundesrat wurden die Departemente am 26.11.1971 aufgefordert, bis Ende Dezember 1971 zu bestimmten Problemen materielle Unterlagen und Vorschläge zu liefern. Die Bundeskanzlei erteilte dabei den Departementen ganz konkrete Aufträge, damit sie nicht zu umfangreiche Berichte oder Vorschläge nach eigener Wahl ablieferten. Um eine gewisse Verknüpfung mit der Finanzplanung anzubahnen, waren auf den diesbezüglichen Erhebungsbogen der BK1 auch die finanziellen Auswirkungen der von den Departementen geplanten Massnahmen festzuhalten. [58]

Den von den Departementen eingehenden Rohstoff sichtete und verarbeitete die Bundeskanzlei im Januar 1972 zu einem ersten Entwurf. In strittigen Punkten hielt sie mit den betreffenden Departementen etwa bilaterale Einigungskonferenzen ab. Einzelne Kapitel wie z.B. Ziffer II über den "Ausgangspunkt für den Aufgabenkatalog" [59] entwarf sie selbständig, d.h. ohne Grundlagenmaterial der Departemente.

---

58) Hiezu Rohr 114
59) Bericht II 7 - 14

2.3.2. Am 16. Februar 1972 hielt der Bundesrat über den sog. Vorentwurf I eine längere Aussprache ab und erteilte die entsprechenden Weisungen zur Streichung, Ueberarbeitung oder Neuaufnahme bestimmter Richtlinien. Am 24. Februar schickte die Bundeskanzlei den (bereinigten) zweiten Vorentwurf zum Mitbericht an die Departemente, die sich hiezu bis zum 3. März zu verlauten hatten. Am 8. März nahm die Bundeskanzlei zu den Kritiken der Departemente Stellung und entwarf eine Uebersicht der hängigen Differenzen. Am 13. März 1972 schliesslich beriet und beschloss der Bundesrat über die letzten Aenderungen des Entwurfes. Danach wurde die definitive Fassung gedruckt und den Parlamentariern als Bericht zugestellt.

2.4. Präsentation und Korrektur der Richtlinien

2.4.1. An der Pressekonferenz vom 28. März erläuterte der Bundespräsident die neuen Richtlinien für die Legislaturperiode 1971/75 und setzte dabei noch besondere Akzente. [60] Aehnliche Ausführungen folgten in seiner "Regierungserklärung" vom 25. April 1972 vor der Vereinigten Bundesversammlung. Beidemale waren die Unterlagen für die Ansprachen von der Bundeskanzlei zusammengestellt worden, wobei in die Regierungserklärung auch die ersten Pressestimmen und kritischen Kommentare zum Richtlinienbericht verarbeitet wurden.

2.4.2. Die von den Parlamentariern in den Räten oder in den Massenmedien geäusserte Kritik - sowohl am Bericht als ganzem wie auch an einzelnen Richtlinien - wurde von der Bundeskanzlei gesammelt und bis anfangs Juni 1972 zu einem Bericht verarbeitet. Am 19. Juni 1972 beschloss der Bundesrat, auf der Grundlage dieses Berichtes nach den Sommerferien eine allgemeine Aussprache abzuhalten [61] und in der Zwischenzeit von den Departementen zu den angegriffenen Punkten eine Stellungnahme einzufordern. Am 6. und 13. September 1972 nahm der Bundesrat zu den umstrittenen Punkten und diesbe-

---

60) Vgl. vorne § 8 Kap. 8.1.
61) Allgemeine, freie Aussprachen finden monatlich statt.

züglichen Vernehmlassungen der Departemente Stellung und erteilte - soweit er die Kritik berechtigt fand - den Departementen konkrete Aufträge zur Verbesserung einzelner Punkte bzw. zur Aenderung bestimmter Richtlinien. [62]

2.5. Richtlinienbericht und Parteien

Die Richtlinien der Regierungspolitik wurden stets unabhängig von den "Legislaturzielen 1971/75" der sogenannten Bundesratsparteien ausgearbeitet. Die Detaildisposition zu den Richtlinien lag schon im November 1971 vor, als die "Koalitionsgespräche" der vier grossen Parteien noch in vollem Gange waren. Die Bundeskanzlei hat jedoch die Verhandlungen der Regierungsparteien aufmerksam verfolgt und der Bundeskanzler hat mit den Parteien einen inoffiziellen Meinungsaustausch gepflegt. [63] Die Richtlinien wurden von Bundesrat und Bundeskanzlei in eigener Verantwortung ausgearbeitet. Es gab während des ganzen Werdeganges keine Vernehmlassungen von Parteien, Kantonen und Verbänden. Die einzelnen Bundesräte mögen wohl mit ihrer Partei vor dem endgültigen Entscheid noch Fühlung aufgenommen haben, zu eigentlichen Konsultationen ist es jedoch nicht gekommen. Auch die Regierungsparteien erfuhren erst nach der offiziellen Publikation vom definitiven Inhalt des Richtlinienberichtes.

3. Der Vollzug der Richtlinien [64]

3.1. Die Ueberwachung des Vollzuges der Richtlinien in der Verwaltung

Die BKl erhielt 1968 vom Bundesrat auch den generellen Auftrag, den Vollzug der Richtlinien in geeigneter Form zu überwachen und insbesondere Weisungen zur Erstattung eines inter-

---

62) Z.B. zur Beschleunigung des Ausbaus der Finanzplanung, deren Schwäche im Parlament besonders scharf gerügt worden war.
63) Der Bundeskanzler trifft sich auch sonst vierteljährlich mit Vertretern der Regierungsparteien zu Aussprachen (Huber 3).
64) Für diese Ausführungen gilt das in Anm.1 Gesagte; vgl. ferner Huber 5 und Geschäftsbericht für 1968, S. 5

nen periodischen Ueberblickes über den Stand der Verwirklichung zu erlassen. In der Folge hat die BK1 die Departemente verpflichtet, einmal im Jahr - jeweils im Mai - eine Uebersicht über den Stand der sog. Richtliniengeschäfte in ihrem Ressort abzuliefern, und sich auch über Verzögerungen und gewünschte Programmänderungen zu äussern. In den Uebersichten sind die einzelnen Geschäfte sowie der mutmassliche zeitliche Arbeitsablauf anzuführen und zwar im Rahmen einer vierjährigen Periode (rollende Planung). [65] Zudem ist über den Stand neu in Angriff genommener Aufgaben zu berichten, was getrennt nach Vorlagen, die für das Parlament bestimmt sind, und nach übrigen Geschäften geschieht. Die jährliche Erhebung wird jeweils im Herbst durch einen kürzeren Zwischenbericht ergänzt, in dem die Departemente über die wichtigsten Aenderungen und Verzögerungen besonders rapportieren.

Aufgrund der von den Departementen im Mai eingegangenen Uebersichten erstellt die BK1 zuhanden des Bundesrates einen Bericht, worin vor allem auf jene Geschäfte eingegangen wird, die zu speziellen Bemerkungen Anlass geben, etwa wenn sie offensichtlich nicht planmässig voranschreiten. Die Berichte erlaubten dem Bundesrat verschiedentlich, richtungsweisend einzugreifen und aufgrund von Spezialberichten Führungsentscheide zu treffen. [66] Mit den Uebersichten und Berichten wird dem Bundesrat aber nicht nur ein Kontrollinstrument und eine gute Grundlage für den Rechenschaftsbericht in die Hand gegeben, sondern es wird damit auch wertvolle Vorarbeit für die Richtlinien der folgenden Legislaturperiode geleistet.

---

65) Im Mai 1971 war beispielsweise über die Geschäfte zu berichten, die damals hängig waren oder im Zeitraum von 1971 bis 1974 in Angriff genommen wurden.
66) Zur ersten Aussprache des Bundesrates über den Stand der Richtlinien 1968 vgl. NZZ Nr.573 v. 18.9.1969, S.9, Die Richtlinien der Regierungspolitik (Positive Zwischenbilanz im Bundesrat).

3.2. Der Aufbau der Uebersichten im besonderen

Die "Uebersicht der Geschäfte gemäss Richtlinien für die Regierungspolitik" besteht aus einzelnen, die Richtliniengeschäfte fortlaufend enthaltenden Formularen, welche von der dazu beauftragten zentralen Stelle im betreffenden Departement ausgefüllt und der Bundeskanzlei eingereicht werden. Die mit "Zeitplan für die Geschäfte des Bundesrates" überschriebenen Formulare haben - jedenfalls was die Geschäfte zuhanden des Parlaments angeht - folgende Einteilung: [67]

- Die erste Rubrik ist für departementsinterne Vermerke reserviert.
- Die zweite Rubrik enthält die Nummer der in fortlaufender Reihenfolge aufgeführten Geschäfte.
- In der dritten Rubrik wird die Art des Geschäftes umschrieben, also etwa vorgesehene Bundesgesetze, -beschlüsse und Verordnungen oder ihre Revision, Genehmigung oder Beitritt internationaler Uebereinkommen, Botschaften und Ergänzungsberichte, Planungen usw.
- Die vierte Rubrik ist in vier Zeittabellen für die folgenden vier Jahre gegliedert [68], wobei jede Jahrestabelle wiederum in Quartale unterteilt ist. Für den Fall, dass die Bearbeitung des Geschäfts über den geplanten Zeitraum von vier Jahren hinausreicht, folgen noch zwei Tabellen für zwei weitere Jahre [69], die ihrerseits in Halbjahre unterteilt sind. - In die Zeittabellen sind die Bearbeitungsphasen der einzelnen Geschäfte einzutragen, wie es in der Instruktion verlangt wird (vgl. die Kopie des Instruktionsblattes auf der folgenden Seite).
- Die fünfte Rubrik ist für Bemerkungen vorgesehen. Darin wird beispielsweise darauf hingewiesen, welche anderen Departemente mitbeteiligt sind oder Mitberichte zu liefern haben, welche sonstigen Behörden (z.B. das Bundesgericht) konsultiert werden oder mit welchen anderen Geschäften des eigenen Ressorts ein Zusammenhang besteht. Erwähnt

---

[67] Formular 104.101 - 28165/2
[68] In der Mai-Uebersicht von 1973 also für 1973 bis und mit 1976
[69] In der Mai-Uebersicht von 1973 also für 1977 und 1978

Schema der Bearbeitungsphasen

Hauptphasen

1 Vorbereitungsphase

2 Phase der Antragstellung an Bundesrat

3 parlamentarische Beratung

Untergruppen der Hauptphasen

10 Vorbereitung durch Aussenstehende zusammen mit Verwaltung (Experten, Kommissionen etc.)

Vorarbeiten durch Verwaltung
(Beschaffung von Grundlagen; Erstellen von Berichtsentwürfen und deren Bereinigung)

11 Vernehmlassungsverfahren

12 Bereinigung durch Verwaltung
(Bearbeitung der Vorschläge bis und mit Erstellung der Botschafts-, Berichts- und Gesetzesentwürfe)

20 Antragstellung und Mitberichtsverfahren

30 Kommissionsbestellung

Behandlung im ersten Rat

Behandlung im zweiten Rat und Differenzenbereinigung

Referendumsfrist

31 Inkrafttreten (nur erwähnen, wenn Zeitpunkt zwingend ist)

Beispiel für eine Darstellung der zeitlichen Abwicklung der einzelnen Geschäfte
(Dieses Beispiel bezieht sich auf **ein** bestimmtes Geschäft)

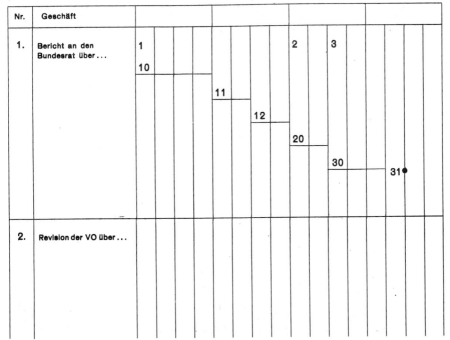

werden ferner durch das Geschäft bedingte Personalvermehrungen und finanzielle Auswirkungen, sowie das Geschäft betreffende Zwischenentscheide oder wichtige Aeusserungen des Bundesrates gegenüber dem Parlament. Weiter werden Bemerkungen zur Bestellung oder Antragstellung von Expertenkommissionen gemacht. Schliesslich wird aufgeführt, wo finanzielle Auswirkungen noch nicht überblickbar sind und wo Zeitpläne derzeit nicht möglich oder sehr unsicher sind.

4. Der Rechenschaftsbericht von 1971

4.1. Die Erarbeitung des Rechenschaftsberichtes für 1967/71

Die Erarbeitung des Rechenschaftsberichtes vom 28. April 1971 über den Vollzug der Richtlinien 1968/71 gab dem Bundesrat Anlass, Rückschau zu halten und über Erfülltes und Nichterfülltes zu orientieren. [70] Der Werdegang des Rechenschaftsberichtes entsprach ungefähr dem der Richtlinien, allerdings ohne vorgängige Auseinandersetzungen über die Grundfragen und Dispositionen. Denn der Rechenschaftsbericht soll – damit er als Vergleich und Masstab dienen kann – dem Richtlinienbericht derselben Legislaturperiode entsprechen. So war denn der Rechenschaftsbericht von 1971 gleich aufgebaut wie der Richtlinienbericht 1968 und nahm auf die jeweiligen Zusammenfassungen am Ende der einzelnen Kapitel Bezug.

Das Verfahren war kurz gesagt so, dass die BK1 mittels Formular von den Departementen Unterlagen über die einzelnen Richtliniengeschäfte verlangte. Die Departemente hatten sich über deren Verwirklichung genau zu äussern, besonders auch über Verzögerungen und sonstige Mankos. Die BK1 stellte darauf den Bericht zusammen, wobei sie die grossen Züge der Regierungspolitik betonte, denn die Details waren den entsprechenden jährlichen Geschäftsberichten zu entnehmen. Die politischen Schlüsse aus der Rechenschaftsablage sowie die mehr in die Zukunft wirkenden Aspekte wurden bewusst weg-

---

[70] Für die Ausführungen in diesem Kapitel gilt das in Anm.1 Gesagte; vgl. zum Rechenschaftsbericht auch vorne § 8 Kap.6.

gelassen und die nächsten Richtlinien aufgespart. Es ist klar, dass einige der Richtliniengeschäfte (wie z.B. die Gesamtverkehrskonzeption), die in der ablaufenden Legislaturperiode nicht oder nur ungenügend vorangetrieben werden konnten, sogleich für den nächsten Richtlinienbericht vorgemerkt wurden.

4.2. Rechenschaftsbericht und Geschäftsbericht

Die rückblickende Betrachtung der Tätigkeit von Regierung und Verwaltung ist sowohl Geschäfts- wie Rechenschaftsbericht eigen; beide sollen auch dem Parlament die Aufsicht über die Exekutive erleichtern. Während sich jedoch der detaillierte Geschäftsbericht lediglich auf das abgelaufene Geschäftsjahr beschränkt, erstreckt sich der Rechenschaftsbericht - abgesehen vom letzten Halbjahr - auf eine ganze Legislaturperiode. Der Rechenschaftsbericht kann deshalb - um nicht zu umfangreich und unlesbar zu werden - nur in gedrängter Form über den Verwirklichungsstand der wichtigsten, in den Richtlinien erwähnten Aufgaben berichten. [71]

Im Unterschied zum Geschäftsbericht, der durchgehend im Hinblick auf den Kontrollauftrag des Parlamentes redigiert und nach Departementen und Dienstabteilungen gegliedert ist, hält sich der Rechenschaftsbericht an die grossen Sachbereiche, wie sie im Regierungsprogramm umschrieben sind, und enthält eine gewisse politische Würdigung der Regierungstätigkeit in der vergangenen Legislaturperiode. [72] Die politische Akzentsetzung ist im ersten Rechenschaftsbericht allerdings recht schwach ausgefallen, weil der Bundesrat nicht Richter in eigener Sache sein wollte. [73] Fraglich ist, ob in Zukunft in den Rechenschaftsbericht des Bundesrats nicht auch die Verantwortung des Parlamentes miteinbezogen werden soll, denn auch von diesem hängt die Verwirklichung des Richtlinienprogrammes weitgehend ab; eine mangel-

---

71) Rechenschaftsbericht, Einleitung S.3
72) Schürmann, Auswirkungen, 5
73) Vgl. die Ausführungen des damaligen Bundespräsidenten R. Gnägi vorne in § 8 Kap. 6.2.; über die Schwierigkeiten von Rechenschaftsberichten in eigener Sache vgl. ausführlicher vorne in § 2 Kap. 1.3.4.

hafte Unterstützung durch Parlament und Volk dürfte darin durchaus akzentuiert werden. [74]

Beim Rechenschaftsbericht ist die Verwaltung weniger als beim Geschäftsbericht versucht, den selbstverständlichen, zumeist ruhigen Gang ihrer Tätigkeit hervorzuheben, sondern ist vielmehr gezwungen, zu den Ergebnissen ihrer mehrjährigen Bemühungen kritisch Distanz zu gewinnen und sich zu überlegen, ob das Verhältnis zwischen Aufwand und Ertrag noch richtig und der Ertrag selbst überhaupt noch von Bedeutung sei. [75] Die Geschäftsberichte sind zudem so nüchtern und ohne Akzente abgefasst, dass sie von den Parlamentariern nicht hoch eingeschätzt werden. Beim Rechenschaftsbericht hingegen, dessen Lektüre besser bewältigt werden kann, ist eine gewisse politische Kontrolle noch möglich. Aus den genannten Gründen wohl haben Bundesrat und Parlament dem überwiegend vertretenen Wunsche nach gesonderter Berichterstattung [76] entsprochen und einen von der Ausarbeitung der Geschäftsberichte getrennten, besonderen Rechenschaftsbericht in der Teilrevision des GVG vom 24. Juni 1970 gesetzlich statuiert.

---

[74] Abzulehnen wäre dagegen ein besonderer Tätigkeitsbericht der Regierungsparteien, wie ihn Gruner vorschlägt; vgl. vorne § 8 Kap.4. und hinten § 11 Kap.3.
[75] Schürmann, Auswirkungen 5
[76] Botschaft 1323 (zu Art. 45ter Abs.2 GVG)

§ 11 Möglichkeiten und Grenzen des schweizerischen Regierungsprogrammes
==

Wie im Ausland kann auch in der Schweiz das Regierungsprogramm grundsätzlich in drei Formen erscheinen, die ihrerseits wieder verschiedene Funktionen beinhalten können. Im Vordergrund steht im modernen Staat das Regierungsprogramm als Arbeitsinstrument der Regierung. [1]

1. Das Regierungsprogramm als internes Arbeitsinstrument der Exekutive

1.1. <u>Das Regierungsprogramm als Mittel zur Integration des Regierungskollegiums</u>

1.1.1. Der Bundesrat ist keine Koalitionsregierung aus Auftrag des Parlamentes. Er wird Mitglied um Mitglied in Einzelwahl, nach losen Proporzregeln und Absprachen gewählt und ist danach für vier Jahre und de facto überhaupt dem Zugriff des Parlamentes entzogen. Der so gewählte, selbständig agierende Bundesrat ist nach Meinung der Verfassung eine Kollegialbehörde. Der Kollegialcharakter ist aber seit langem v.a. vom Departementalsystem bedroht; hinzu kommt, dass der Bundesrat seit 1959 nicht mehr "bürgerlich homogen" zusammengesetzt ist, sondern eine Allparteienregierung bildet. [2] Beides zusammen bewirkte, dass er einem grundsätzlichen politischen Entscheid oft auswich oder - unter Preisgabe von Substanz - eine allseitige Absicherung suchte. [3] Die gegenwärtig laufende Reform der Regierungs- und Verwaltungstätigkeit zielt nun auf eine erneute Verstärkung des Kollegialsystemes ab. Hierbei könnte auch ein Regierungsprogramm wertvolle Hilfe leisten.

Indem die Regierung Parlament und weiterer Oeffentlichkeit ein gemeinsam erarbeitetes Programm vorlegt, muss sie

---

[1] Vgl. hiezu vorne § 2 Kap. 3
[2] Vgl. vorne § 9 Kap. 1.3.
[3] Hans Stark, in: BN Nr. 436 vom 14./15.10.1967, S.5

sich trotz Vorbehalten dabei behaften lassen. Ein fundiertes Programm zwingt also den Bundesrat, a̲l̲s̲ R̲e̲g̲i̲e̲r̲u̲n̲g̲s̲k̲o̲l̲-
l̲e̲g̲i̲u̲m̲ u̲n̲d̲ F̲ü̲h̲r̲u̲n̲g̲s̲g̲r̲u̲p̲p̲e̲ g̲e̲s̲c̲h̲l̲o̲s̲s̲e̲n̲ a̲u̲f̲z̲u̲t̲r̲e̲t̲e̲n̲. Bis zum
ersten Richtlinienbericht von 1968 hatte sich jedes Bundesratsmitglied - vorwiegend aus Arbeitsüberlastung - darauf
beschränkt, das "Programm" seines eigenen Departementes
durchzubringen zu versuchen. Mit der Revision des GVG (Art.
45 bis und ter) von 1970 wird der Bundesrat nun gezwungen,
wenigstens einmal in vier Jahren eine klare Uebersicht über
die mannigfaltigen Aufgaben der nahen Zukunft zu gewinnen,
seine grundlegenden Ziele umfassend zu diskutieren und gemeinsam festzulegen, wobei jedes Mitglied einen Ueberblick
auch über die Aufgaben und Absichten der andern Departemente
erhält. Der Bundesrat muss sich in Auseinandersetzungen klar
werden, was als Programmpunkt Gültigkeit haben soll. Wenn
schon das Kollegialsystem ursprünglicher Prägung undurchführbar geworden ist, soll sich der Bundesrat wenigstens
über die wichtigsten Punkte seiner Tätigkeit kollektiv verständigen und sich daran halten; falls sich eine Einigung
als unmöglich erweisen sollte, wäre dies dem Parlament bekannt zu geben, damit die Grundsatzfrage der Regierungsbeteiligung aufgerollt würde. [4]

1.1.2. Nach Raimund GERMANN wäre das Letztgenannte eine Voraussetzung für ein schweizerisches Regierungsprogramm, denn
der "Zauberformel"-B̲u̲n̲d̲e̲s̲r̲a̲t̲ s̲e̲i̲ z̲u̲ h̲e̲t̲e̲r̲o̲g̲e̲n̲ z̲u̲s̲a̲m̲m̲e̲n̲g̲e̲-
s̲e̲t̲z̲t̲. [5] Vertiefte Debatten würden im jetzigen Kollegium
kaum dessen Führungswillen stärken, sondern höchstens das
Bewusstsein fördern, dass gerade in den wichtigsten Fragen
die grössten Meinungsverschiedenheiten bestehen. Diese These
steht im Gegensatz zu den Aeusserungen mehrerer Bundesräte
und zu den bisherigen Richtlinienerfahrungen. Derselbe Autor hält im günstigsten Falle einer Weiterentwicklung der
Regierungsrichtlinien bloss eine Stärkung des Bundeskanzlers

---

4) Nationalrat Paul Eisenring, in: BN Nr. 398 vom 20.9.1967
S.2
5) Germann 74

und nicht des Regierungskollegiums für wahrscheinlich, denn entgegen der offiziellen Fiktion seien aufgewertete Bundeskanzlei und Bundesrat als zwei verschiedene Organe zu betrachten, zwischen denen ein politisch relevantes Spannungsverhältnis denkbar sei. In einem potentiellen Antagonismus zwischen den Beiden sei der Kanzler übrigens nicht schlecht plaziert, weil er wichtige Informationsstränge kontrolliere, ein konstantes monokratisches Organ sei [6] und dank seiner parlamentarischen Wahl von der Regierung relativ unabhängig sei. Es gebe nur eine Alternative: Entweder vermöge der Kanzler eine faktische Richtlinienkompetenz und damit die Regierungsautorität an sich zu ziehen oder er trete als achte Potenz neben die sieben Departementsvorsteher, ohne jedoch die Exekutivspitze zum Führungsteam integrieren zu können. [7] Beides sei unerwünscht.

Die aufgestellte _Alternative_ ist eine grobe Verkürzung und Simplifikation des Problems, denn zwischen den beiden möglichen Extremen gibt es praktisch und theoretisch noch viele Zwischenlösungen. Wenn der Bundeskanzler in seiner Stabsfunktion für das Kollegium richtig begriffen würde, bliebe von der Alternative nichts übrig, weil sie keine am System gemessene und ihr entnommene Lösung bildet.
Bei Germanns _Kritik_ ist lediglich die Feststellung richtig, dass der in jüngster Zeit als Chef der "Allgemeinen Stabsstelle von Bundespräsident und Bundesratskollegium" aufgewertete Bundeskanzler auf der Regierungsebene eine starke Stellung einnimmt [8] und insbesondere der Hauptakteur in allen Phasen der bisherigen Richtlinienpolitik gewesen sein dürfte. Wie oben aufgezeigt worden ist [9], kommt aber für die Hauptarbeit am Regierungsprogramm praktisch nur die zentrale Bundeskanzlei in Frage. Es ist deshalb gewiss empfeh-

---

[6] Während der Bundesrat personell viel stärker fluktuiere
[7] Germann 75
[8] Dasselbe gilt für die Chefs der generellen Stabsstellen in den USA (§ 3 Kap. 2.2.f.), Grossbritannien (§ 4 Kap.2.3.), Frankreich (§ 5 Kap. 2.4.2.), Belgien (§ 6 Kap. 1.1.3.) und Deutschland (§ 7 Kap. 2.2.2.)
[9] Vgl. vorne § 10 Kap. 1.

lenswert, für das Amt des Bundeskanzlers jeweils besonders umsichtig eine Persönlichkeit zu suchen, welche für das Regierungskollegium wirklich nur einen loyalen "erweiterten Denkapparat" - und nicht mehr - bildet. Der Einfluss des Bundeskanzlers auf das konkrete Regierungsprogramm darf im übrigen nicht überschätzt werden: Immerhin hat der Kanzler neben seinen eigenen Vorschlägen auch die abweichenden Varianten vonseiten der Departemente vorzulegen, und 1971 hat der Bundesrat gar sein Grobkonzept abgelehnt.[10] Der Kanzler leitet lediglich alle Vorarbeiten und besorgt die Redaktion, doch die entscheidenden Weichen stellt in allen Phasen das Bundesratskollegium. So hat sich 1971/72 der Bundesrat jeweils zweimal mit den Grundsatzfragen, dann der Konzeption, den Entwürfen und endlich dem Bericht über die Richtliniendebatten des Parlamentes, also insgesamt achtmal, mit seinem Programm 1971/75 befasst und für die ausgiebigen Beratungen mehrere Tage aufgewendet. Dazu kommt, dass der Bundesrat auch während der Legislaturperiode regelmässig, nämlich anlässlich der jährlichen und halbjährlichen Zwischenberichte, Grundsatzaussprachen über sein Programm sowie den Stand der Nation und ihrer Politik abhält.

Wenn solche Aussprachen weitergepflegt und noch intensiviert werden, dürfte sich in Zukunft die bundesrätliche Politik zweifellos durch eine stärkere Geschlossenheit auszeichnen. Denn die Auseinandersetzung und das gemeinsame Bemühen des Bundesrates um eine programmatische Grundlage seiner Politik sind geeignete Mittel, um seinen Kollegialcharakter zu stärken und zur Begründung und Entwicklung eines gemeinsamen Führungswillens beizutragen.[11]

1.1.3. Auch im Ausland soll das Regierungsprogramm die Homogenität der Regierung fördern, besonders dort, wo die Regierungsmitglieder - wie in der Schweiz - vor Amtsantritt sich kaum gekannt, geschweige denn zusammengearbeitet haben.[12] In par-

---

10) Hiezu und zum folgenden vgl. vorne § 10 Kap.2
11) So die Botschaft 1319; gl.M. Stutz 11 und Schürmann, Auswirkungen 7
12) So in den USA (§ 3 Kap.3.2.) und oft in breiten Koalitione parlamentarischer Systeme: IV. französische Republik (§5 K 3.3.1.), Belgien und Italien (§ 6 Kap.3.1.3. und 3.3.1.).

lamentarisch regierten Ländern mit Zweiparteiensystem ist diese Funktion jedoch weniger bedeutungsvoll, weil sich die Regierung schon als Schattenkabinett aufeinander eingespielt hat. [13] Bei Koalitionsregierungen bringt die dem Programm zugrunde liegende Vereinbarung die Regierung überhaupt erst zusammen. Die Koalitionsvereinbarung wird allerdings nicht von der Regierung, sondern von den - mit ihr nicht unbedingt identischen - Spitzen der Regierungsfraktionen und -parteien aufgestellt. [14]

Die Bedeutung des Regierungsprogrammes als Integrationsmittel hängt davon ab, wie intensiv sich die Regierung mit ihm befassen kann. In der Schweiz sind hiezu die Voraussetzungen besonders günstig, weil die Regierungsmitglieder in ihrer Zahl auf sieben begrenzt und von ihren eigenen Parteien relativ unabhängig sind. Im Ausland hingegen sind die Regierungen zahlenmässig zu gross und unter Koalitionen oft zu heterogen zusammengesetzt, um die allgemeine Regierungspolitik noch effektiv beraten und bestimmen zu können; das Regierungsprogramm wird darum dort in zunehmendem Masse von Regierungs- oder Koalitionsausschüssen bestimmt.

1.2. <u>Das Regierungsprogramm als Planungs- und Koordinationsinstrument</u>

1.2.1. Das schweizerische Regierungsprogramm könnte für Verwaltung und Regierung ein gutes Planungs- und Koordinationsinstrument bilden. [15]

Die <u>Sachbearbeiter</u>, die für ihre Abteilungen oder Departemente Teilentwürfe vorzubereiten oder hierbei mitzuwir-

---

13) So in Grossbritannien (§ 4 Kap. 3.2.4.) und in zunehmendem Masse in der Bundesrepublik Deutschland
14) Vgl. Frankreich (§ 5 Kap. 3.3.3.), Belgien (§ 6 Kap. 2.2.1.), Italien (§ 6 Kap. 3.3.1.) und die BRD (§ 7 Kap. 3.4.2.)
15) Was auch für die USA, GB und Deutschland - in unterschiedlicher Ausgestaltung - gilt; vgl. die Länderberichte § 3, 4 und 7 (insbesondere die Schlusskapitel, Ziff.1). In Belgien und Italien wurde die Bedeutung des Regierungsprogrammes als internes Arbeitsinstrument noch zu wenig erkannt, offenbar eine Folge der fehlenden Regierungsstabilität (vgl. § 6). In Frankreich wird diese Aufgabe des Programmes vielleicht von der Wirtschaftsplanung wahrgenommen.

ken haben, werden dadurch gezwungen, zu Beginn der Amtsdauer über die stets drängenden Tagesaufgaben hinauszublicken und sich Rechenschaft zu geben, welche Ziele im Planungszeitraum verwirklicht werden sollen. [16] Verwaltung bedeutet ja nicht nur blossen Vollzug, sondern stets und in zunehmendem Masse auch ständiges kritisches Ueberprüfen des Bestehenden und dessen Veränderung auf neue Ziele hin. Mit Hilfe der Richtlinien der Regierung kann die Verwaltung ferner ihre Energien zwischen dem Gang der geltenden Gesetzgebung und der Inangriffnahme neuer Ziele - wie sie im Programm umschrieben sind - nach Massgabe der ihr zur Verfügung stehenden personellen und finanziellen Mittel aufteilen. [17] Das kann z.B. dazu führen, dass Vollzugsaufgaben zurückgestellt und neue Aufträge bevorzugt in Angriff genommen werden. Die einzelnen Abteilungen werden sodann aus eigener Initiative mit den ihnen im Programm zugewiesenen Arbeiten beginnen bzw. diese fortführen, sodass sie durch das Programm auch zu selbständigem Handeln motiviert werden.

Als umfassender Ueberblick über die geplante Verwaltungsarbeit hilft das Regierungsprogramm den einzelnen Sachbearbeitern, ihre Arbeit als Teil des Ganzen zu sehen und in den Zusammenhang einer umfassenden Regierungspolitik einzuordnen. Indem sie in deren Interdependenzen Einblick gewinnen, werden ihre fachlichen Probleme relativiert. [18] Damit kann ein fundiertes Regierungsprogramm bewirken, dass sich die Verwaltung mehr als bisher im Gleichschritt mit den politischen Erfordernissen bewegt und damit die Regierungseinheit besser unterstützt. [19] Schliesslich hat sich die Koordination in der Verwaltung konkret nach den Richtlinien der Regierungspolitik auszurichten und ist in gewissem Sinne ein Beitrag zu deren Verwirklichung. [20]

---

16) Stutz 9
17) Schürmann, Auswirkungen 4
18) Stutz 10; Guilleaume, Richtlinien 16
19) Schürmann, Auswirkungen 4
20) Müller 288

Von der R_e_g_i_e_r_u_n_g_s_s_e_i_t_e aus gesehen, ist das Regierungsprogramm Anlass, eine k_l_a_r_e_r_e U_e_b_e_r_s_i_c_h_t über die verschiedenen Aufgaben der Zukunft auf Bundesebene zu gewinnen, darauf klare Ziele zu setzen und in den wichtigsten Sachfragen die Grundzüge der Lösung festzulegen. Damit lassen sich die Arbeiten der Departemente besser koordinieren und ganz allgemein der E_i_n_f_l_u_s_s_ _d_e_s_ _R_e_g_i_e_r_u_n_g_s_k_o_l_l_e_g_i_u_m_s s_t_ä_r_k_e_n. [21] Die Lenkung der Verwaltungsarbeit mithilfe der gesetzten Richtlinien kann aber nur spielen, wenn die Richtlinien nach ihrer parlamentarischen Beratung beim Verwaltungskader nicht wieder in Vergessenheit geraten. Die einzelnen Sachbearbeiter müssen das Programm immer wieder zu Rate ziehen, sich von den gesetzten Zielen leiten lassen und sich initiativ für ihre Verwirklichung einsetzen. Um dies zu gewährleisten, bedarf es einer regelmässigen Kontrolle der Verwaltung durch die Departementsvorsteher und den Bundesrat, bzw. deren Stäbe.

1.2.2. Damit indessen das Regierungsprogramm wirklich wegleitende Richtpunkte für die praktische Politik und Verwaltungsarbeit setzt, braucht es eine k_l_a_r_e O_r_d_n_u_n_g,_ _A_k_z_e_n_t_u_i_e_r_u_n_g_ u_n_d G_e_w_i_c_h_t_u_n_g_. Dass das schweizerische Regierungsprogramm jemals diesen Anforderungen werde genügen können und somit für die Planung der Staatstätigkeit bedeutsam werde, wird von GERMANN ernsthaft in Frage gestellt [22], weil die bundesrätlichen Richtlinien bloss Grundsätze sein wollten. Grundsätze bewegten sich irgendwo im weiten Spektrum zwischen gänzlichen Leerformeln und volloperationalisierten Zielaussagen. L_e_e_r_f_o_r_m_e_l_n [23], d.h. wenig aussagende allgemeine Absichten, sind gleichsam aus logischen Gründen unverbindlich, weil sie dem Verhalten totalen Spielraum belassen; indem sie Verhaltensweisen und Handlungsabläufe weder zu integrieren noch zu koordinieren vermögen, sind sie für Planungszwecke untauglich. V_o_l_l_o_p_e_r_a_t_i_o_n_a_l_i_s_i_e_r_t_e_ _Z_i_e_l_a_u_s_s_a_g_e_n

---

[21] Schürmann, Auswirkungen 7
[22] Germann 72/73
[23] Zu diesem Begriff siehe Flohr 71ff

hingegen [24] enthalten konkret gestaltende Anweisungen und können der Verwaltung direkt zur Ausführung vorgegeben werden.

Die Zielaussagen in_den_bisherigen_Richtlinienberichten seien, so behauptet GERMANN, vorwiegend_Leerformeln, zumindest was die wichtigeren Angelegenheiten betreffe. Die häufige Aussage, es werde in einem bestimmten Gebiet ein neues Gesetz erlassen oder ein altes revidiert, sei inhaltsarm, weil meistens Angaben über die konkreten Ziele fehlten, welche das geplante Gesetz anstreben sollte. Beispielsweise kündeten die ersten Richtlinien zwar ein neues Gesetz über "Bodenrecht und Landesplanung" an, liessen aber den Leser völlig im unklaren darüber, was der Bundesrat in diesem Gebiet wirklich durchführen wolle. Auch in Zukunft sei nicht zu erwarten, dass sich die bundesrätlichen Richtlinien von der Leerformel her gegen die volloperationalisierten Zielaussagen hin entwickelten. Kollegialitätsprinzip und Zauberformel, bestimmte Ausprägungen des Föderalismus und referendumsbedingte Vetopositionen verhinderten dies. Ausserdem könnten die Richtlinien keine wesentlichen Handlungsabläufe beeinflussen, weil sie ja für niemanden verbindlich seien. Der Bemerkung ist insoweit zuzustimmen, als in den beiden ersten Regierungsprogrammen der Aussagewert vieler Richtlinien tatsächlich recht gering gewesen ist. Wie GERMANN selber zugibt, haben jedoch längst nicht alle einen Leerformelcharakter. Es sind hier auch deutliche Unterschiede zwischen dem ersten und dem zweiten Bericht spürbar. Mit zunehmender Erfahrung wird das schweizerische Regierungsprogramm durchaus noch verbessert werden können. Doch volloperationalisierte Zielaussagen zu verlangen, hiesse die jetzigen Kapazitäten der Bundeskanzlei gewaltig überfordern und sie in die Totalhoheit setzen, d.h. über alles bestimmen lassen. Bis anhin befassten sich nur der Bundeskanzler und sein Sachbearbeiter - unter gewisser Mitwirkung der Depar-

---

24) Vgl. hiezu Böhret, Entscheidungshilfen 51 ff, 183 ff

temente - mit der Vorbereitung und Redaktion des Programmes. Ferner kann man nur dann operationalisierte Ziele angeben, wenn man fast alle Details schon zum voraus kennt. Gerade das ist jedoch - abgesehen von den Unsicherheitsfaktoren jeder Planung - nicht erwünscht, weil sonst die Planung in den Einzelheiten ertrinkt; zudem wird noch der Vollzug der Planung auf die ursprünglich vorgegebenen Ziele zurückwirken. [25] Werden anderseits Programmentscheide gefällt, ohne dass zuvor ihre möglichen Folgen - soweit absehbar - genau abgeklärt worden sind, so könnten sie allenfalls undurchführbar werden. Hier den richtigen Mittelweg zwischen blossen Grundsatzentscheiden und genauen Anweisungen zu finden, bildet einen guten Teil Regierungskunst.

Es wäre _wenig sinnvoll, bereits in das Regierungsprogramm allzu konkrete Zielaussagen aufzunehmen_, weil es bloss einen Rahmenplan darstellen soll; volloperationalisierte Zielaussagen gehören in die einzelnen Fachprogramme, z.B. das Nationalstrassen- oder das Rüstungsprogramm. Auch im Ausland gab es bis jetzt keine Regierungsprogramme mit Angaben, die ohne weitere Umsetzung für Ausführungsprogramme verwendet werden konnten. Selbst in den USA, die in der politischen Planung am weitesten fortgeschritten sind, gibt es volloperationalisierte Zielaussagen nur in den einzelnen Fachprogrammen der Regierung. [26] Im Gegensatz zu letzteren lässt sich das Regierungsprogramm eben nicht als ein ganzes Massnahmenpaket vom Parlament bewilligen. Das Regierungsprogramm unterliegt viel stärker noch der politischen Bewertung und Auseinandersetzung als ein einzelnes, auf einen bestimmten Bereich begrenztes Fachprogramm. Ebenso lässt sich die Regierungspolitik als Ganzes - wenigstens mittelfristig - nicht so fixieren, dass ihre Ziele unmittelbar für Ausführungsprogramme verwendet werden können. Dies gilt nicht nur im schweizerischen System, sondern auch im

---

25) Vgl. hiezu vorne § 2 Kap. 3.3.2.
26) Zu den Fachprogrammen siehe Ludwig Heigl, in: Regierungsprogramme 95ff.

Ausland, z.B. in den parlamentarisch regierten Staaten Grossbritannien und Deutschland (BRD): Obschon die Regierungen über eine sichere Mehrheit im Parlament verfügen, enthalten ihre Regierungsprogramme wenig konkrete Aussaggen. [27] Dass vor allem der Einfluss der Wirtschaftsverbände und anderer Interessengruppen eine kohärente langfristige Regierungsplanung erschwert [28], ist eine Tatsache, die wohl in allen Staaten in Erscheinung tritt.

1.2.3. Die S̲c̲h̲w̲ä̲c̲h̲e̲n̲ d̲e̲r̲ b̲e̲i̲d̲e̲n̲ b̲i̲s̲h̲e̲r̲i̲g̲e̲n̲ P̲r̲o̲g̲r̲a̲m̲m̲e̲ liegen v.a. in ihrer ungenügenden zeitlichen und finanziellen Planung und damit in der Prioritätensetzung. M̲a̲n̲g̲e̲l̲n̲d̲e̲ T̲e̲r̲m̲i̲n̲p̲l̲a̲-̲ n̲u̲n̲g̲ hat jedoch zur Folge, dass die Verwaltung trotz ständiger Geschäftigkeit oder Ueberbeschäftigung jene Aufgaben nicht oder zu spät erfüllt, die gerade als echte Leistungsausweise bewertet werden. Eine fehlende oder zu wenig auf den Aufgaben- und Massnahmenkatalog des Programms abgestimmte F̲i̲n̲a̲n̲z̲p̲l̲a̲n̲u̲n̲g̲ wiederum kann mit sich bringen, dass die zur Verwirklichung der Programmpunkte nötigen Geldmittel nicht zur Verfügung stehen. - In Bezug auf die Terminplanung hat der Bundesrat nun bereits bedeutende Fortschritte erzielt: Er nimmt bei der Erarbeitung seines Programmes nicht mehr bloss zur Kenntnis, mit welchem Zeitbedarf die Verwaltung bei den einzelnen Richtliniengeschäften rechnet, sondern gibt ihr aufgrund seiner Beratung auch konkrete Weisungen zur Inangriffnahme oder Beschleunigung, bzw. Zurückstellung bestimmter Projekte. Die mittelfristige Finanzplanung hingegen bedarf dringend noch des Ausbaus; hier ist im Bund ein grosser Rückstand aufzuholen. -

Der Aufbau eines eigentlichen p̲o̲l̲i̲t̲i̲s̲c̲h̲e̲n̲ P̲l̲a̲n̲u̲n̲g̲s̲-̲ s̲y̲s̲t̲e̲m̲s̲ nach den Modellen, wie sie zurzeit in der Wissenschaft in Diskussion stehen und in einzelnen Staaten

---

27) Vgl. z.B. das ausgesprochen vage Regierungsprogramm Brandts von 1973
28) Lehmbruch 49 (zitiert in § 9 Anm. 23)

– meist kombiniert – erprobt werden [29], drängt sich für die Schweiz noch nicht auf. Einmal sind die Modelle noch zu wenig konsolidiert, um richtig beurteilt werden zu können, und dann müsste die Bundesverwaltung zuerst auf sie eingerichtet werden. Weiter besteht bei solchen Planungssystemen die Gefahr, dass die konkreten und z.T. verbindlichen Pläne und Programme letztlich die Gesetze ausmanövrieren; das wäre in der Schweiz besonders bedenklich, weil das Parlament bezüglich des Regierungsprogrammes bloss ein Verlautbarungsrecht hat, während es über die Gesetze beschliesst. Schliesslich ist auch ungewiss, wo die Grenzen einer "vernünftigen Planung" liegen und wo bereits die Ueberplanung, die Planungsgigantomanie mit ihren nachteiligen Folgen einsetzt. Die sachlichen Schwierigkeiten jeder Planung, insbesondere die mangelnde genaue Vorhersehbarkeit der künftigen Entwicklung, dürfen hingegen nicht davon abhalten, aufgrund der feststellbaren Unterlagen wenigstens den Kurs für die nächsten Jahre, d.h. auf eine absehbare mittelfristige Zeitperiode festzulegen. In der Schweiz sind die Voraussetzungen für eine Planung auf Regierungsebene besonders günstig, weil die Regierung auf vier Jahre fest gewählt ist und höchstens teilweise neu bestellt wird und weil die mit den Programmarbeiten betraute Stelle (die Bundeskanzlei) bei einem "Regierungswechsel" nicht erneuert wird [30], sodass eine Kontinuität in der Regierungsplanung gewährleistet ist.

Stets muss man sich aber bewusst sein, dass die aussen- und innenpolitische Entwicklung, sowie Initiativen oder Entscheide der eidg. Räte, des Volkes oder der Stände bestimmte Aenderun-

---

[29] Vgl. vorne § 2 Kap. 3.1., § 3 Kap. 2.5. (USA) und § 7 Kap. 2.5. und 3.1. (BRD)
[30] Wie in der BRD (vgl. § 7 Kap. 2.2.2.) – aber im Gegensatz zu den USA (vgl. § 3 Kap. 2.2.f.), wo allerdings auch im Budgetbüro immer mehr Beamte vom nachfolgenden Präsidenten übernommen werden. In Grossbritannien liegt das Schwergewicht der politischen Planung bei den Berufsbeamten in den Departementen (§ 4 Kap. 2.5.)

gen der politischen Pläne erfordern können. Das Regierungsprogramm kann deshalb nicht strikt verbindlich sein.

1.2.4. Es ist angezeigt, auf dem bisher mit den Richtlinien eingeschlagenen Wege fortzufahren, weil sich bereits einige positive Ergebnisse der Programmarbeit abzeichnen. Einmal wurden dadurch die Departemente mit Idee und Wesen der Planung im allgemeinen mehr vertraut und dann auch direkt zur Planung veranlasst, indem sie in den Erhebungsbogen zu den Richtlinien und den Zwischenberichten konkrete Angaben über ihre künftige Tätigkeit machen mussten. Ausserdem erteilt ihnen der Bundesrat nach der Beratung des Programms allenfalls bestimmte Weisungen zur Aufnahme oder Beschleunigung einzelner Fachplanungen.

Weiter hat das Regierungsprogramm ein dynamisches Element in die Verwaltung gebracht: Die Konfrontation mit bestimmten, von der Regierung an sie gestellten Zukunftsaufgaben und mit den längerfristigen Entwicklungstendenzen, wie sie von der Studiengruppe Kneschaurek herausgearbeitet worden sind, hemmt die routinemässige Erstarrung der Verwaltung. Beim zweiten Richtlinienbericht konnte die Konfrontation nur mehr hastig und deshalb ungenügend durchgeführt werden. Künftig sollte die Verwaltung intensiver auf solche Studien vorbereitet und damit befasst werden, damit aus der Wechselwirkung zwischen den wissenschaftlichen Erkenntnissen der Experten und der praktischen Erfahrung der Verwaltung eine fruchtbare Verbindung und schliesslich ein Programmentwurf entsteht, den die Regierung zu einem fortschrittlichen und doch realisierbaren Regierungsprogramm gestalten kann. Schliesslich werden durch das Programm die einzelnen Departemente und Abteilungen auch besser darüber informiert, woran in den andern gearbeitet wird oder werden soll. Bei denjenigen Geschäften, woran sie mitbeteiligt oder zumindest mitinteressiert sind, können sie sich frühzeitig einschalten und damit eine gewisse (vorgängige) Koordination in die Wege leiten.

Zusammenfassend kann man sich deshalb der Meinung der Kommission Wahlen anschliessen, die in ihrem Schlussbericht festhält [31]:

"Die angelaufene Praxis um die Richtlinien der Regierungspolitik, die 1968 erstmals aufgestellt wurden, scheint eine massvolle und überlegte Gesamtplanung veranlasst zu haben. Ob dieser Weg tatsächlich ergiebig ist und ob allenfalls andere einzuschlagen wären, darf offene Frage bleiben."

Die gestellte Frage kann nach den bisherigen Erfahrungen mit dem Regierungsprogramm wohl dahin beantwortet werden, dass es auf gutem Wege ist, ein brauchbares Planungsinstrument für Regierung und Verwaltung zu werden. Wie es sich im einzelnen bewährt, kann nur die weitere praktische Erprobung zeigen. [32]

1.2.5. Hinsichtlich des weiteren Ausbaues des Regierungsprogrammes scheinen m.E. besonders drei Vorschläge empfehlenswert [33]:

- Wie z.B. in der Bundesrepublik Deutschland bereits eingerichtet [34], sollte auch bei uns ein zentraler Planungsdatenspeicher geschaffen werden, der administrativ der Bundeskanzlei zu unterstellen wäre, um sachlich unabhängig zu sein. [35] Er gäbe Bundesrat und Departementen einen Gesamtüberblick über die politischen Ziele, die laufenden Fachprogramme und die verfügbaren personellen und finanziellen Kapazitäten und trüge damit zur Aufhellung der zur Wahl stehenden Alternativen und ihrer Konsequenzen bei.

- Nach dem - erst noch anzustrebenden - Aufbau von Planungseinrichtungen in allen Departementen sollte ähnlich wie in BRD [36] eine ständige zentrale Arbeitsgemeinschaft von

---

[31] Schlussbericht 542
[32] Wie in der BRD (vgl. § 7 Kap. 2.5. und 3.1.) befindet es sich in der Schweiz vorläufig noch in einer Experimentierphase.
[33] Die engere Verknüpfung mit der Finanzplanung wurde schon vorne besonders gefordert (§ 10 Kap. 1.2.3.).
[34] Vgl. vorne § 7 Kap. 3.1.6., sowie Reform der Struktur 207ff
[35] Aus dem gleichen Grunde sollen nach der "Kommission Huber" die Finanzkontrolle und die Zentralstelle für Organisationsfragen der Bundeskanzlei zugeordnet werden (Expertenbericht II 64)
[36] Vgl. § 7 Kap. 3.1.6. und Reform der Struktur 207ff

Planungsfachleuten aller Departemente ins Leben gerufen
werden, die mit den Chefbeamten der Eidgenössischen Finanzverwaltung eng zusammenarbeiten und die Bundeskanzlei in
allen Programmarbeiten unterstützen müsste. Damit könnten
die departementalen Planungen und Vorschläge zum Regierungsprogramm schon in einem frühen Stadium inhaltlich,
finanziell und zeitlich aufeinander abgestimmt werden.
Ausserdem bewirkte die Zusammenarbeit einen grossen Informationsaustausch. Die Planungsfachleute sollten in die Arbeitsgemeinschaft nur auf Zeit abgeordnet werden, damit
sie sich von den aktuellen Problemen ihrer Departemente
nicht entfernen und wieder neue Ideen in die Departemente
zurückbringen. [37]

- Für das Rechtssetzungsprogramm im besonderen drängt sich
die Errichtung eines Amtes für Gesetzgebung auf, wie es
von der "Kommission Huber" vorgeschlagen wird [38] und in
den USA [39] und in Grossbritannien [40] in ähnlicher Art
schon lange besteht. Das Amt könnte Mängel wie z.B. die
fragliche Verfassungs- und Gesetzmässigkeit eines Erlas-
ses oder dessen ungenügende Abstimmung auf die Gesamtrechts-
ordnung rechtzeitig ausmerzen. Dank seines Ueberblickes
über Ablauf und momentanen Stand von Vorbereitung und Beratung aller Rechtssetzungsvorhaben in Verwaltung und Parlament könnte es der Bundeskanzlei zur Vorbereitung und
Vollzugskontrolle der bundesrätlichen Richtlinien hervor-
ragend Hilfe leisten. Fraglich ist seine Einordnung in
die Bundesverwaltung: Da es einen zentralen Dienst ver-
sieht und vor allem für die Spitze der Exekutive koordi-

---

[37] Aus ähnlichen Gründen findet in den USA zwischen Budgetbüro und Aemtern, sowie in der BRD zwischen dem BKA und
den Ministerien ein steter personeller Austausch statt
(vgl. Loewenstein, US 321ff, bzw. Hennis 21).
[38] Expertenbericht II 48ff (Ziffer 534)
[39] Die "Legislative Reference Division" des Budgetbüros sowie
der "Special Counsel" (vgl. § 3 Kap. 2.2. und 2.3. sowie
einlässlich Neustadt, Clearance 641ff).
[40] Die "Legislation Committees" sowie der "Parliamentary Counsel to the Treasury" (vgl. Anhang B, sowie Morrison 295ff
und Mackintosh 512ff).

niert, sollte es eigentlich - wie im Ausland - [41] als Stabsstelle der Regierung geformt und darum der Bundeskanzlei zugeordnet werden. Weil aber für die wirksame Vertretung des Rechtsstandpunktes das Gewicht und die Handlungsmöglichkeiten eines Bundesratsmitgliedes erwünscht ist, erscheint seine Eingliederung in das Justiz- und Polizeidepartement vorteilhafter.[42] Jedenfalls ist es als eigenes Amt auszugestalten, damit es in der Verwaltungsordnung genügend hoch eingestuft ist; zudem ist die Justizabteilung, die für die Aufnahme dieser Institution sonst geeignet wäre, durch ihre herkömmlichen Aufgaben bereits ausgelastet.[42a]

1.3. <u>Das Regierungsprogramm als Kontrollinstrument</u>

Im Zusammenhang mit dem Regierungsprogramm als internem Instrument tritt die Kontrolle in drei Formen auf: In der Richtungskontrolle wird geprüft, ob die Verwaltung in ihrem Handeln die im Programm niedergelegte Gesamtkonzeption der Regierung einhält. In der Durchführungskontrolle wird darauf geachtet, ob das Regierungsprogramm sachlich und zeitlich richtig ausgeführt wird. In der Erfolgskontrolle endlich wird verglichen, ob das tatsächlich erreichte Ergebnis mit dem im Programm vorgegebenen Ziel übereinstimmt. In den Kontrollgängen lassen sich die drei Formen jedoch nicht immer sauber trennen.

---

[41] Neben den in Anm. 39 und 40 genannten Stabsstellen sind weiter anzuführen: das "Secrétariat Général du Gouvernement" in Frankreich (§ 5 Kap. 2.4.1.), die "Services du Premierministres" in Belgien (§ 6 Kap. 1.3.3.), das "Ufficio Studi e Legislazione" in Italien (vgl. Reform der Struktur 263f) und das deutsche Bundeskanzleramt (§ 7 Kap. 2.2.1.)
[42] Hiezu Expertenbericht II 50
[42a] Dennoch möchte der Bundesrat das Amt in die Justizabteilung eingliedern. Vielleicht bildet dies eine blosse Vorphase der Ausbildung einer Organisationseinheit und es entwickelt sich mit der Zeit daraus doch eine eigenständige Abteilung.

1.3.1. In erster Linie kontrollieren die Departemente ihre Anträge auf die Uebereinstimmung mit den Richtlinien des Programmes selbst; der Bundesrat und in seinem Namen die Bundeskanzlei prüfen erst in zweiter Instanz. [43] Wenn etwa der Generalsekretär des EVD die Geschäfte unter rechtlichen, politischen, finanziellen und andern Gesichtspunkten prüft, sind dabei die publizierten und allenfalls durch Weisungen erweiterten Richtlinien der Politik massgebend; ihre Anwendung auf den konkreten Fall setzt allerdings viel politisches Gespür voraus. [44] Die generelle Vorprüfung im Sinne einer Richtungskontrolle bezieht sich nur auf die sogenannten Richtliniengeschäfte.

Für den Bundesrat bildet das Regierungsprogramm einen handlichen Masstab für die politische Kontrolle der Verwaltung in den wichtigsten Bereichen der Verwaltungstätigkeit. Die Kontrolle fällt umso wirksamer aus, je bestimmter der Gehalt der einzelnen Richtlinien des Programms ist; wenig bis nichts aussagende Leerformeln können natürlich immer eingehalten werden. Dass sich in diesem Punkte das schweizerische Regierungsprogramm noch verbessern sollte, wurde schon im vorangehenden Abschnitt dargelegt.

1.3.2. Die Durchführungskontrolle wird besonders bei Einreichung der all- oder halbjährlichen Zwischenberichte über den Stand des Vollzuges der Richtlinien ausgeübt. Weil die Departemente darin jeweils den genauen Zwischenstand und den zeitlichen und personellen Bedarf für die weitere Durchführung der Richtliniengeschäfte anzugeben haben, kann der Bundesrat die fortschreitende Realisierung seines Programmes regelmässig überwachen. Die Departemente haben insbesondere auf Verzögerungen und erforderliche Abänderungen gegenüber dem ursprünglichen Programm hinzuweisen, damit der Bundesrat dazu Stellung nehmen und die entsprechenden Weisungen erteilen kann. Die Vorlage der Zwischenberichte sowie gerade aktuell werdende Richtlinien bieten dem Bundesrat periodisch Gelegen-

---

43) Müller 190, 290f
44) Müller 251/52

heit zu Grundsatzaussprachen über den Stand der Nation und ihrer Politik.

1.3.3. Anlass zu einer _Erfolgskontrolle_ bietet besonders der am Ende der Legislaturperiode als Pendant zum Regierungsprogramm vorzulegende Rechenschaftsbericht. Er hält sich im Gegensatz zu den Geschäftsberichten an die grossen Sachbereiche, wie sie im Regierungsprogramm umschrieben sind, und enthält eine politische Würdigung der Regierungstätigkeit der vergangenen vier Jahre. Die Rechenschaftsablage der Exekutive ist nicht nur für Parlament und Oeffentlichkeit von grossem Belang, sondern auch für die Verwaltung als Information, beispielsweise über die Funktionstüchtigkeit des verfügbaren Apparats und über die Aktualität des Verwaltungsauftrages. Die Verwaltung ist hier gezwungen, kritisch Distanz zu den Ergebnissen ihrer mehrjährigen Bemühungen zu gewinnen. [45] Die analytische Tätigkeit der Verwaltung - sowohl bei den Zwischenberichten wie beim Rechenschaftsbericht - wird in Zukunft noch systematischer zu betreiben sein. Die Auswertung der Berichte sollte in geeigneter Weise institutionalisiert werden. [46] –

Obwohl das Regierungsprogramm für die schweizerische Exekutive noch eine junge Institution ist und deshalb zu wenig konsolidiert, um heute schon bedeutende, messbare Auswirkungen auf das Verhalten der verschiedenen Entscheidungsträger zu haben, darf doch zusammenfassend festgehalten werden, dass es als Arbeits- und Lenkungsinstrument bereits erste Erfolge zeitigt und nach einer weiteren Verbesserung noch grössere, positive Auswirkungen auf die Regierungs- und Verwaltungstätigkeit haben könnte.

---

45) Hiezu Schürmann, Auswirkungen 5
46) Dabei sollen mit den Kontrollen wie bis anhin - und wie auch in den USA, in GB und in der BRD - jene Organe betraut werden, die an der Ausarbeitung des Programmes beteiligt sind, damit Kontroll- und Planungssystem aufeinander abgestimmt bleiben.

2. Das Regierungsprogramm im Verhältnis zu Parlament und Oeffentlichkeit

2.1. Das Regierungsprogramm als Informationsmittel

2.1.1. Durch seine periodische Vorlage kann das Programm für Parlament und eine weitere Oeffentlichkeit ein wichtiges Informationsmittel bedeuten. [47] Es macht nämlich die Vorgänge der Bundespolitik verständlicher, umschreibt deren Ziele und Zwecke und formuliert für vier Jahre aus dem Gegebenen heraus konzipierte und deshalb realistische Absichten. [48] Indem es im Unterschied zu einzelnen Botschaften und Erklärungen eine Gesamtschau der Probleme der schweizerischen Regierungspolitik vermittelt, macht es die mannigfaltigen und vielschichtigen Zusammenhänge und Wechselwirkungen der Landespolitik erkennbar. Eine reine Bestandesaufnahme, etwa ein blosser Bericht über die Lage der Nation oder ein einfacher Katalog der zu lösenden Aufgaben, reicht dazu aber nicht aus. Insofern war der erste, allzu pragmatisch gehaltene Richtlinienbericht wenig befriedigend. Erst durch eine wertende Einstufung der Aufgaben nach Wichtigkeit und Dringlichkeit wird die eidg. Politik für den Bürger wieder anschaulicher und durchsichtiger. Wenn in Zukunft - wie schon der zweite Richtlinienbericht versucht - das Programm noch klarere Dringlichkeiten setzt und sie durchgängig mit der Finanzplanung verbindet, kann es zu einer wirklichen Gesamtkonzeption werden, die dem Postulat nach vermehrter "Durchsichtigkeit der Vorgänge in Staat und Politik" entgegenkommt.

Die Arbeit des Parlamentes ist heute weitgehend von der Vorarbeit des Bundesrates und der Verwaltung bedingt. Wegen dieser praktischen und verfahrensmässigen Abhängigkeit bilden die Richtlinien der Regierung auch einen groben Arbeits-

---

47) Diese Aufgabe hat das Regierungsprogramm - insbesondere die allgemeine Regierungserklärung zu Amtsantritt oder Beginn der Legislaturperiode - in allen untersuchten Staaten Ueberall soll es zugleich die öffentliche Meinung zugunsten des Programmes beeinflussen (vgl. die Länderberichte)
48) Schürmann, Richtlinien 411; ähnlich Petitpierre 16

und Zeitplan für das Parlament [49], damit aber auch "politische Fixierungen, welche Geltung und Wirksamkeit des Parlamentes bestimmen" [50].

2.1.2. Die ersten Richtlinienberichte waren im wesentlichen Problemkataloge und kommentierte Traktandenlisten, die immerhin den Vorteil boten, dass sie in systematischer Weise Informationen zusammenstellten, die man sonst mühsam in zahlreichen andern offiziellen Dokumenten suchen müsste. [51] Nicht vorwerfen kann man ihnen, dass sie - wie viele ausländische Beispiele - aufdringlich propagandistischen Charakter hätten; sie sind eher zu nüchtern gehalten. Politik muss aber die Wirklichkeit auch mit der Phantasie des Intellekts auf ihre schöpferischen Möglichkeiten hin ansprechen und ausleuchten [52]; die künftigen Programme dürften deshalb ruhig eine Spur visionärer ausfallen als die ersten, ohne indessen in Utopien abzugleiten. Eigentliche futurologische Ausblicke sollten besonderen Regierungsberichten über die Zukunft der Schweiz vorbehalten bleiben: KOCHER schlägt beispielsweise vor, dass der Bundesrat in Ergänzung zum Regierungsprogramm und zu langfristigen Fachprogrammen alle zehn Jahre einen umfassenden Bericht an Parlament und Oeffentlichkeit über seine langfristigen Zukunftsaussichten und -pläne liefert. [53]

2.1.3. Die beiden ersten Regierungsprogramme haben in Parlament und Oeffentlichkeit ein grosses Echo gefunden. Die Massenmedien berichteten ausführlich sowohl über den Inhalt der Programme wie auch über die entsprechenden Debatten in den eidg. Räten. Bedeutend geringer war hingegen die Resonanz des Rechenschaftsberichtes. [54]

---

49) Wie in den USA (§ 3 Kap. 3.3.1.) und z.T. in Belgien (§ 6 Kap. 2.2.2.). In GB enthält das Regierungsprogramm wegen der klaren Mehrheitsverhältnisse und strikten Parteidisziplin sogar ein inhaltlich und zeitlich genau bestimmtes Gesetzgebungs- und Sessionsprogramm (vgl. Anhang B). Das letztere wird in Frankreich gesondert aufgestellt (vgl. § 5 Kap. 2.4.1.).
50) Nationalrat Alfred Weber, in: StenBull 1968, NR 243
51) Germann 75
52) Schürmann, Richtlinien 411/12
53) Kocher/Fritsch 25
54) Vgl. vorne § 8 Kap. 3. und 8., bzw. Kap. 6

Viele Private und Amtsstellen interessierten sich für den genauen Inhalt dieser Berichte. Insgesamt wurden von der EDMZ folgende Anzahl Exemplare ausgeliefert: [55]

	deutsch	französisch	italienisc
Richtlinienbericht 1968	1730	700	50
Rechenschaftsbericht 1971	1400	360	100
Richtlinienbericht 1972	2275	1200	850

Die beiden ersten Regierungsprogramme profitierten wohl noch von der besonderen Aufmerksamkeit, die sie als neue Institution fanden. Damit das geweckte Interesse erhalten bleibt, sollten in Zukunft die Berichte noch lesbarer, d.h. konziser und mit noch schärferen Konturen, abgefasst werden. Denn gerade in der Referendumsdemokratie sind die Information der Stimmbürger und die öffentliche Auseinandersetzung mit den mittel- und längerfristigen Zielen der Exekutive unerlässlich.

2.2. Das Regierungsprogramm als Mittel zur Herausforderung und Mitbeteiligung des Parlamentes

2.2.1. In der Politik sind sachliche Auseinandersetzungen unbedingt erforderlich. Dass der Bundesrat über seine künftige Regierungspolitik ausgiebig disputiert, wurde bereits ausgeführt. Es besteht aber auch das Bedürfnis, eine solche Auseinandersetzung in der Oeffentlichkeit auszutragen. Das auf ein Programm und dessen Antithese bezogene dialektische Gespräch hilft nämlich, allfällige Lücken in der Beweisführung und Argumentation aufzudecken, die wirklichen Motive bewusst zu machen und die Konsequenzen der angestrebten Lösung zu klären. [56] Die Diskussion soll in der Oeffentlichkeit, vor allem im Parlament, geführt werden - und nicht in der vorparlamentarischen Phase, wo sonst alle Kontroversen ausge-

---

55) Zahlen gemäss Auskunft der EDMZ vom 4.7.1973
56) Schürmann, Allparteienregierung 92; ähnlich Nationalrat A. Weber in StenBull 1968, NR 24f

tragen und die meisten Widerstände ausgeschaltet werden. Das Regierungsprogramm soll wirkliche und mögliche Opponenten herausfordern; das Parlament soll gewissermassen auf Alternativen oder bedeutende abweichende Meinungen hin angesprochen werden. [57] Die Bundesversammlung erhält Gelegenheit, die Absichten des Bundesrates kritisch zu analysieren und allenfalls eine andere Ordnung der Aufgaben vorzuschlagen oder mit den parlamentarischen Mitteln andere Wege zu weisen. [58]

In der Debatte werden die _Differenzen zwischen Bundesrat und Parlament, sowie zwischen den Fraktionen frühzeitig offenbar_, wodurch das politische Spannungsfeld zu Beginn jeder Legislaturperiode eindeutiger ausgesteckt werden könnte. [59] Dank der "parlamentarischen Vernehmlassung" lernt der Bundesrat die Einstellung der Fraktionen rechtzeitig kennen. Er kann versuchen, den geäusserten Bedenken in dem Masse Rechnung zu tragen, dass ein voraussehbarer Widerstand ausgeschaltet und eine Vorlage in der parlamentarischen Beratung reibungslos durchgeschleust werden kann. Als Kehrseite werden damit klare und rasche Lösungen noch mehr verhindert. Diese Gefahr besteht durchaus, denn der Bundesrat lässt ja durch die Bundeskanzlei die Aeusserungen der Parlamentarier in der Debatte und in den Massenmedien genau analysieren und zu einem Bericht verarbeiten. Aufgrund dieses Berichtes berät darauf der Bundesrat über allfällig sich aufdrängende Modifikationen des Programmes. Eine derartige mittelbare Beteiligung des Parlamentes am Regierungsprogramm mag also

---

57) Schürmann, Richtlinien 412. In den parlamentarisch regierten Staaten (GB,D,B,I) entzünden sich am Regierungsprogramm die ersten grossen Wortgefechte und Auseinandersetzungen zwischen Regierung und Opposition; der Verlauf dieser Debatte hat auf die Regierungspolitik allerdings keinen grossen Einfluss, da die Mehrheit der Regierungspartei(-en) gesichert sein sollte.
58) Botschaft 1320; als Mittel kommen v.a. Motionen, Postulate und Fristsetzungen in Frage.
59) Hans Stark, in: BN Nr.436 v. 14./15.10.1967, S.5; die Klärung wäre umso erwünschter, als der Bundesrat - wie der amerikanische Präsident - nicht unbedingt auf die Unterstützung durch die in der Regierung vertretenen Parteien zählen kann.

dessen spätere Durchsetzung erleichtern, wird jedoch gleichzeitig einige Konturen des Programmes wieder verblassen lassen.

2.2.2. Der Gehalt des parlamentarischen Beitrages zum Regierungsprogramm ist - wie im Ausland - kaum hoch einzuschätzen. [60] Da dem Parlament die nötige Zeit und Sachkunde fehlen, kann es keine grundlegenden Alternativen bieten, sondern nur da und dort einige Anregungen geben und vielleicht gewisse Akzente anders setzen. Dass Prioritäten angefochten werden, ist recht selten, zum einen weil es der Bundesrat bisher noch nicht gewagt hat, selber in seinem Programm deutliche Prioritäten zu setzen, zum andern weil auch das Parlament keine klaren und einheitlichen Vorstellungen über die Dringlichkeiten hat; nicht einmal die vier Regierungsparteien konnten sich in ihrer Vereinbarung über die Legislaturziele auf eine Prioritätsordnung einigen.

In den bisherigen Richtliniendebatten sind denn - ausser von den Kommunisten - keine grundsätzlich anderen Lösungen dargelegt worden. Es hat z.B. niemand eine konsequente Liberalisierungspolitik postuliert oder auch nur in wichtigen Einzelheiten völlig andere Akzente gesetzt; der vom Bundesrat vorgeschlagene Kurs wurde nur da und dort etwas modifiziert. [61] Gewisse ideologische Gegensätze, der eigene Stil und das soziologische Gepräge der verschiedenen Parteien schimmerten zwar in den Voten noch durch, doch war die Debatte zu milde, um läuternd zu wirken. Die Fraktionen, v.a. auch die in der Regierung vertretenen, sollten in der hochpolitischen Debatte sachlich viel schärfer ins Gericht gehen und harte, aber gerechtfertigte Kritik am Programm üben. Denn der Bundesrat wird ja dadurch nicht wie in par-

---

60) Auch im Ausland hilft das Parlament bestenfalls, die Regierungsplanung zu vollziehen. Die entscheidenden Informationen liegen eben bei der Regierung und nicht beim Parlament. Zu den Grenzen einer parlamentarischen Mitwirkung bei der politischen Planung siehe bei Roman Herzog, Regierungsprogramme und Regierungspläne im Rechtsstaat, in: Regierungsprogramme 49ff
61) Schürmann, Richtlinien 412

lamentarischen Regierungssystemen in seiner Existenz gefährdet, und das politische Spannungsverhältnis sollte, wenn es schon nicht zwischen Regierung und eigentlicher Opposition besteht, wenigstens zwischen Regierung und Parlament zum Tragen kommen, damit das erwünschte dialektische Gespräch überhaupt möglich wird.

2.2.3. Anstatt grundsätzlich zu diskutieren, verlegten sich in den bisherigen Debatten viele Parlamentarier auf die Vertretung besonderer Interessen und gingen dabei in Details, die sie später, bei der Behandlung der entsprechenden Vorlage, ohnehin noch genauer zur Sprache bringen werden. Das Ergebnis waren - im Nationalrat - s_trapaziös_lange_Debatten, welche wenig Rückschlüsse auf die "herrschende Meinung" des Parlamentes zuliessen. Die Debatten sollten in Zukunft gestrafft werden, etwa im Sinne der Ueberlegungen, wie sie oben angestellt worden sind. [62] Zeitliche und ideelle Investitionen - wie z.B. intensive Vorbereitungssitzungen der Fraktionen - lohnen sich, wenn sich dadurch auch im Parlament der Wille durchsetzt, den bundesrätlichen Richtlinien eine politische Bestimmungskraft zuzugestehen und zu belassen; erst dann käme ihnen wirklich eine programmatische Lenkungskraft zu. [63] Diese Meinung scheint sich auch in den Regierungsfraktionen allmählich durchzusetzen: sie haben nach den letzten Nationalratswahlen immerhin vereinbart, dass sie in bestimmten Sektoren den Bundesrat bei der Verwirklichung unterstützen wollen. [64]

2.3. **Das Regierungsprogramm als Gegenstand und Mittel der parlamentarischen Kontrolle**

2.3.1. Die parlamentarische Behandlung des Regierungsprogramms gehört in den B_ereich_der_Oberaufsicht, welche das Parlament über die Exekutive ausübt. In dieser Debatte erhält das Par-

---

62) Vgl. vorne § 9 Kap. 3.1.4.
63) Eichenberger, Verantwortlichkeit 127
64) Vgl. vorne § 8 Kap. 7.3.

lament Gelegenheit, zu einem umfassenden Konzept der künftigen Politik vorausschauend Stellung zu nehmen. Mit der Vorlage eines fundierten Programmes legt sich die Regierung zugleich gegenüber Parlament und Oeffentlichkeit in gewissem Umfange fest und muss darum nach Ablauf der Legislaturperiode über dessen Verwirklichung Rechenschaft ablegen. Der Bundesrat hat sich aus diesem Grunde lange gegen ein Regierungsprogramm gesträubt. Zugegeben, auch die Programmlosigkeit hatte ihre Vorteile [65]: sie hinderte Versteifungen und Verbiegungen, dämpfte prestigebewusstes Handeln und ermöglichte schmiegsame Anpassungen an die vehementen Forderungen eines hastigen politischen Alltags. Sie lieferte hingegen die Regierungstätigkeit einem übertriebenen Pragmatismus und vor allem einem fraktionierten Denken aus. Heute ist eine zweckrationale-konsequente Lenkung aus überlegener Distanz und gehobener politischer Wertschau besonders vonnöten, sonst breiten sich Massnahmen und Apparat als Selbstzweck aus. Ein fundiertes Regierungsprogramm kann die erforderliche Lenkungskraft haben, begründet aber gleichzeitig eine entsprechende Verantwortung der Regierung.

2.3.2. Während in der Debatte über das Regierungsprogramm das Parlament eine vorgängige, dirigierende Kontrolle ausübt, nimmt es in der Behandlung des Rechenschaftsberichtes eine n_a_c_h_-t_r_ä_g_l_i_c_h_e_ _E_r_f_o_l_g_s_k_o_n_t_r_o_l_l_e_ _v_o_r. [66] Die Debatte über den Rechenschaftsbericht von 1971 zeigte allerdings, dass die Kontrolle w_e_n_i_g_ _d_u_r_c_h_s_c_h_l_a_g_s_k_r_ä_f_t_i_g ist, aus verschiedenen Gründen:

a) Der erste Richtlinienbericht, auf den sich der Rechenschaftsbericht bezog, war doch recht allgemein und unverbindlich gehalten, sodass sich entsprechend wenig Manki im Ergebnis nachweisen liessen.

---

[65] Eichenberger, a.a.O. 126
[66] Zu den einzelnen Kontrollarten in Bezug auf das Regierungsprogramm siehe vorne § 2 Kap. 4.4.1.

b) Die Verwirklichung des Programmes hängt auch stark von den äussern Umständen und Entwicklungen, sowie von der Mitarbeit und vom Willen anderer Gewalten ab. Die Verteilung der Verantwortlichkeit auf Bundesrat, Parlament (resp. Parteien und Fraktionen), Volk und Stände lässt sich kaum klar und scharf ausmachen.

c) Der Bundesrat ist für sein Programm kollegial verantwortlich. Deshalb haben sich die Regierungsparteien - wohl ebenso aus Angst vor Konterattacken - in ihrer Kritik stark zurückgehalten und weder die Arbeit der eigenen noch der anderen Bundesräte besonders aufs Korn genommen.

d) Die sachliche Kritik lässt sich besser bei den ausführlicheren Geschäftsberichten anbringen, bei deren Behandlung die zu rügenden Punkte vielleicht noch in frischerer Erinnerung als beim Rechenschaftsbericht sind.

e) Schliesslich fehlen in der Schweiz - wie in den USA - die entsprechenden Sanktionen, denn eine Nichtwiederwahl eines bestimmten oder gar des ganzen Bundesrates ist in unserem Allparteiensystem praktisch ausgeschlossen. Andere Sanktionen sind wenig wirksam. [67]

Auch eine mitlaufende Kontrolle in dem Sinne, dass während der Legislaturperiode Abweichungen von bestimmten Richtlinien oder Verspätungen des Programms gerügt werden, war bis anhin selten. [68]

2.3.3. Die Schwäche der parlamentarischen Kontrolle des Regierungsprogramms liegt sowohl in der Schweiz wie auch im Ausland vor allem darin, dass den Parlamenten zum genauen Studium des Programmes die nötige Zeit und Sachkunde fehlen. [69]

---

[67] Vgl. zur Verantwortlichkeit der Regierung für ihr Programm ausführlicher vorne § 9 Kap. 2.5.
[68] Im Gegensatz zu den parlamentarischen Systemen in Grossbritannien (§ 4 Kap. 3.3.3.), Belgien (§ 6 Kap. 2.2.1.) und Frankreichs IV. Republik (§ 5 Kap. 3.3.2.).
[69] Hiezu Eichenberger, Kontrolle 270ff und 285; sowie einlässlich vorne § 2 Kap. 4.4.2.

In der Schweiz wird die Schwäche noch durch das parlamentarische Milizsystem verschärft. Ausserdem stecken die Parlamente in einer Bewertungsnot: einmal werden sie häufiger durch die öffentliche Meinung geprägt als umgekehrt, und dann verfügen sie in der Regel lediglich über den Kontrollmasstab, den ihnen die Regierung selbst in die Hand gibt. Schliesslich können sie sich auch nicht auf das Wesentliche beschränken: zur Debatte des Regierungsprogrammes benötigen der Nationalrat wie auch der deutsche Bundestag und das englische Unterhaus jeweils bis zu einer Woche, wobei die beiden Letztgenannten allerdings ungefähr dreimal mehr Mitglieder als der Nationalrat zählen. In den USA wird darum auf eine Debatte des Regierungsprogrammes ganz verzichtet [70] und in Deutschland und der Schweiz ihre Straffung verlangt. [71]

Wegen der genannten Schwierigkeiten [72] gibt es im Ausland auch keinen institutionalisierten Rechenschaftsbericht der Regierung [73], und in der Schweiz misst man ihm bloss geringe Bedeutung zu: Während die Richtliniendebatten und -berichte in der Oeffentlichkeit einen grossen Widerhall gefunden haben, blieben Rechenschaftsbericht und -debatte praktisch ohne Echo. Das Gleiche gilt in der politischen Diskussion: Weder Botschaft und Berichte des Bundesrates, noch die wenigen wissenschaftlichen Aufsätze und vielen Zeitungsartikel zum schweizerischen Regierungsprogramm nehmen auf seine Bedeutung im Zusammenhang mit der parlamentarischen Kontrolle näher Bezug.

2.3.4. Planung setzt und ersetzt zwar keine verbindlichen Entscheidungen, sondern bereitet sie nur vor; doch gerade die Vorbe-

---

70) Vgl. § 3 Kap. 1.2.3.
71) Für die BRD: Ellwein, Einführung 126 (Anm.10); für die Schweiz: vgl. § 8 Kap. 3.4. und 8.3.
72) Sowie wegen weiterer Schwächen der Rechenschaftsberichte; hiezu einlässlich vorne § 2 Kap. 1.3.4.
73) Die in jüngster Zeit in den USA und in der BRD veröffentlichten Rechenschaftsberichte wurden aus eigener Initiative der Regierung vorgelegt.

reitung kann das Entscheidende sein. [74] Das Parlament muss deshalb an der politischen Planung mitbeteiligt werden, und zwar in der ihm gemässen Funktion der Kontrolle. [75] Um seine Kontrolle bei Planungsinstrumenten wie dem Regierungsprogramm wirksamer werden zu lassen, muss es in seiner Leistungsfähigkeit verbessert werden. Abgesehen von den übrigen Reformpostulaten [76] ist dem Parlament vor allem die erforderliche Sachkunde und Information zu vermitteln:

- Zu diesem Zwecke verlangen BOEHRET und verschiedene amerikanische Sachverständigengruppen [77] für das Parlament dieselben Entscheidungshilfen (Berater, Spezialstäbe, Dokumentationsstellen), wie sie die Regierung besitzt. Dies würde aber die Neuschaffung eines grossen Apparates bedingen, der sich höchstens für Staaten von der Bedeutung der USA oder Grossbritanniens und bloss für komplizierte Planungssysteme wie das PPBS lohnte. Zudem sollte eine loyale Regierung ihr Informationspotential nicht für sich allein benutzen, sondern das Parlament daran teilhaben lassen.

- Im letztgenannten Sinne schlägt GUILLEAUME für die Bundesrepublik die Bildung einer besonderen Konferenz vor [78], die sich aus den vom jeweiligen Projekt berührten Ministern und Chefbeamten, sowie Vertretern der Parlamentsfraktionen, der Parteien und Verbände zusammensetzte. Die ständig tagende Konferenz hätte die vom zentralen Planungsstab erarbeiteten Grundlagen für die Bestimmung der Programmziele

---

74) Ellwein, Einführung 148
75) Dass das Parlament dies wünscht, geht z.B. aus der Initiative der Fraktionspräsidentenkonferenz (betr. Aenderung des GVG) vom 1.10.1973 hervor. Danach soll der Bundesrat u.a. verpflichtet werden, bei all seinen Anträgen die finanziellen und personellen Auswirkungen für Bund, Kantone und Gemeinden zu erörtern (vgl. BBl 1973 II 822f)
76) Vgl. die Zusammenstellungen in: Schlussbericht 482ff und 492 ff; Bäumlin 190ff und 204ff; G. Schmid (in § 9 Anm. 2 zitiert), S. 256ff.
77) Böhret, Entscheidungshilfen 259ff; vgl. auch § 3 Kap.2.5.3.
78) Guilleaume, Regierungslehre 467

zu erörtern und den Regierungschef vor seinem Entscheid zu beraten; zudem könnte sie auch den Vollzug der Programme kontrollieren. Die vorgeschlagene Institution lässt sich mindestens im gegenwärtigen Zeitpunkt nicht auf die Schweiz übertragen. Denn zurzeit betreibt der Bundesrat seine politische Planung hauptsächlich sporadisch, nämlich alle vier Jahre anlässlich der Vorbereitung der Richtlinien für die folgende Legislaturperiode. Die Konferenz käme also nur selten zusammen, sodass die beteiligten Parlamentarier sich fachlich wenig aneignen könnten und in den Beratungen von den Chefbeamten häufig überspielt würden. Tagte die Konferenz hingegen ständig, so würden die Milizparlamentarier zeitlich überfordert. Ausserdem hat es der Bundesrat bis jetzt strikt abgelehnt, das Parlament oder die Parteien an den Programmarbeiten zu beteiligen. [79]

- Am vorteilhaftesten wird den Parlamentariern die Sachkunde durch jene Informationsträger vermittelt, die über die gesamte Bundesverwaltung orientiert sind und zugleich eine relativ unabhängige Stellung innehaben, indem sie rittlings zwischen Verwaltung und Parlament angesiedelt sind. Ein gutes Beispiel dafür ist die Eidgenössische Finanzkontrolle, die den Dienstzweigen der Bundesverwaltung gegenüber selbständig und unabhängig ist und mit den Finanzkommissionen und der Finanzdelegation der eidgenössischen Räte direkt verkehrt. [80] Trotz ihrer administrativen Unterstellung unter das Finanz- und Zolldepartement geniesst sie bezüglich ihrer Prüfungstätigkeit volle Freiheit. Sowohl Bundesrat wie Bundesversammlung können auf ihr Wissen greifen. In ähnlicher Lage befindet sich die Zentralstelle für Organisationsfragen der Bundesverwaltung. Beide Amtsstellen sollen künftig unter Wahrung ihrer gesetzlichen Unabhängigkeit administrativ der Bundeskanzlei unterstellt werden,

---

79) Aus verfassungsrechtlichen Gründen; vgl. § 9 Kap. 2.2., § 10 Kap. 2.5.
80) Vgl. das BG über die Eidg. Finanzkontrolle vom 28.6.1967 (insbes. die Art.1, 8, 14 und 15), sowie die zugehörige Botschaft des Bundesrates vom 25.11.1966 (mit Hinweisen), in: BBl 1966 II 709ff und 715ff

um ihre Unabhängigkeit vom Fachressort zu gewährleisten. [81)]
Eine ähnliche Stellung könnte auch das - noch zu schaffende -
Amt für Gesetzgebung einnehmen, obschon es in das Justiz-
und Polizeidepartement eingegliedert werden soll. [82)] Die
Parlamentarier könnten das Wissen der drei allseitig in-
formierten Organe besonders für die fortlaufende Kontrolle
des Regierungsprogramms zu Hilfe nehmen. In Grossbritannien
gibt es dafür einen beispielhaften Parallelfall: dort überwacht die Treasury die Ausgaben der Verwaltung im Auftrag
des Parlamentes und bildet durch ihre Mittelstellung das
wichtigste Bindeglied zwischen Regierung und Parlament. [83)]

Zusammenfassend gesagt, ist das schweizerische Regierungsprogramm für Parlament und weitere Oeffentlichkeit vor
allem als informativer Ueberblick über die gesamte künftige
Regierungspolitik von einiger Bedeutung. Zugleich gibt es
dem Parlament die Möglichkeit, auf den Kurs der Regierungspolitik in gewissem Masse Einfluss zu nehmen, allerdings nur
in Form vereinzelter abweichender Akzent- und Prioritäts-
setzungen. Ein materieller Programmbeitrag von Bedeutung
und eine wirksame Kontrolle der Programmverwirklichung ist
unter den gegebenen Bedingungen für das Parlament noch wenig wahrscheinlich.

3. Regierungsprogramm und Parteien

3.1. Allgemeines

In der nach 1966 in Gang gekommenen Diskussion über das Regierungsprogramm blieb längere Zeit umstritten, ob das künftige Regierungsprogramm nicht in erster Linie den Zweck verfolgen sollte, die im Bundesrat vertretenen Parteien zu einem gemeinsamen Handeln zu verpflichten. Die Frage, ob das
Allparteiensystem für die Zusammensetzung des Bundesrates

---

81) Expertenbericht II 64 (Ziffer 547.71)
82) Vgl. Expertenbericht II 48 (Ziffer 534)
83) Vgl. § 4 Kap. 2.2.; sowie eingehend Morstein-Marx, Re-
    gierungsprogramm 451ff.

nicht irgendeiner Abmachung bedürfe, war indessen älter: schon 1943 hatte vor der Wahl von Bundesrat Ernst NOBS die sozialdemokratische Presse verlangt, dem Eintritt in die Landesregierung müsse ein Gespräch zwischen den Spitzen der Sozialdemokratie und den bürgerlichen Bundesratsparteien über ein politisches Sachprogramm vorausgehen. [84] Doch wurde die Forderung nach einem Minimalprogramm erst 1966 an den Parteitagen der Freisinnigen und - etwas abgeändert - der Christdemokraten wiederaufgenommen. [85] In der Diskussion um die Tragweite der Motion Schürmann wurde darauf die Frage erörtert, ob das Regierungsprogramm etwa ein für Regierungsparteien und Bundesrat verbindliches Koalitionspapier darstellen könne. Eine solche Ausgestaltung des Programmes wurde in der Folge abgelehnt; auch der Bundesrat hatte sich stets heftig dagegen gewehrt. Weshalb eine verbindliche Koalitionsvereinbarung in unserem Regierungssystem kaum in Frage kommt, sei kurz dargestellt; danach ist noch die Tragweite des Minimalprogrammes zu untersuchen.

3.2. Schwierigkeiten und Nachteile einer Koalitionsvereinbarung in der Schweiz

3.2.1. Die Basis der schweizerischen Allparteienregierung ist gegenwärtig zu breit und die Koalition zu heterogen zusammengesetzt, als dass sie sich auf ein gemeinsames fundiertes Programm festlegen liesse. Das Resultat der Koalitionsgespräche wäre in der heutigen Konstellation ein farbloses, nichtssagendes Programm, bei dessen Verwirklichung die nur scheinbar verdeckten Differenzen wieder aufbrechen würden [86] und das den heutigen Anforderungen für ein Regierungsprogramm nicht entsprechen könnte. Bei der Erarbeitung des Koalitionsprogrammes könnten sich die Regierungsparteien, ausgenommen

---

84) Peter Dürrenmatt, Die Richtlinien und die Politik, in: BN Nr.215 vom 25./26. Mai 1968, S.5
85) Vgl. vorne § 8 Kap. 1.3.
86) Wie bei den Mehrparteienkoalitionen Italiens und Belgiens (§ 6 Kap. 2.1. bzw. 3.1.3.), der Niederlande und Frankreichs IV. Republik (§ 5 Kap. 3.3.2.)

vielleicht die CVP, auch nicht auf profilierte Partei- und Wahlprogramme stützen, auf die sich ihre Kantonalsektionen und Einzelmitglieder verpflichtet fühlten.

Wie sich in den Parlamentsdebatten (über die Richtlinien) und in den ersten "Koalitionsgesprächen" (über die "Legislaturziele") gezeigt hat, wollen sich die _Fraktionen_ _und Parteien_in_zu_vielen Punkten ihre _eigene_Stellungnahme_ _noch_vorbehalten._ Käme dagegen ein umfassender Koalitionsvertrag [87] wirklich zustande, so wäre er viel kritischer zu würdigen als bei echten Koalitionen in parlamentarischen Systemen. [88] Denn er würde zu einem gefährlichen politischen Immobilismus führen, der die politische Kontrolle des Parlamentes über die Exekutive vollends in Frage stellte. Die breite Regierungskoalition darf in der Schweiz keine kompakte Einheit werden, sonst kann die Verantwortlichkeit nicht mehr geltend gemacht werden. Durch die Bindung des grössten Teils beider eidgenössischer Kammern bestünde die Gefahr einer allgemeinen politischen Erstarrung anstelle der erforderlichen lebendigen Auseinandersetzung. Die übrigen, kleinen Fraktionen genügten nicht, um im Parlament eine wirkungsvolle Opposition zu bilden, umsomehr als sie von ganz unterschiedlichen Zielsetzungen getragen sind.

Die genannten Schwierigkeiten wären geringer, wenn sich eine der drei grossen Parteien (FDP, CVP, SP) entschliessen könnte, sich aus der Regierung zurückzuziehen und eine _systematische_Opposition_ zu betreiben. Obschon die Forderung mehrfach gestellt worden ist und auch einzelne Parlamentarier des Regierungslagers in der öffentlichen Diskussion - die CVP sogar in ihrem Aktionsprogramm - mit diesem Gedanken gespielt haben, hat doch keine der drei grossen Parteien jemals ernsthaft daran gedacht, aus der Allparteienregierung auszutreten. Einmal können die Parteien innerhalb der Regierung von ihren Zielen mehr verwirklichen als in einer noch so guten Opposition; und dann ist es heute auch sehr schwierig,

---

87) Wie in der BRD beispielsweise (vgl. § 7 Kap. 3.4.)
88) Hiezu Bäumlin 183

konsequent Alternativen zu entwickeln, ohne über die Erfahrung und den wissenschaftlichen Apparat zu verfügen, wie ihn die Regierung in der Verwaltung besitzt.

3.2.2. Ein zwischen Regierungsparteien und Bundesrat abgesprochenes Programm wäre mit den verfassungsrechtlichen und -politischen Eigenheiten des schweizerischen Regierungssystems kaum zu vereinbaren. [89] Der Bundesrat ist in seinem Bestande vom Vertrauen des Parlaments unabhängig und braucht sich kein bestimmtes Programm vorschreiben zu lassen. Dass der Bundesrat vor seiner Wahl ein Programm vorlegt, aufgrund dessen er gewählt werden soll, ist schon aus formellen Gründen unmöglich, weil er ja in Einzelwahl bestimmt wird. Erst nach der gesamten Erneuerungswahl steht fest, wer der Regierung überhaupt angehört. [90]

Weiter könnten - wie in den USA - die Fraktionen und Parteien für eine mangelhafte Unterstützung des Programms nicht unmittelbar wirksam zur Verantwortung gezogen werden. Zur Durchsetzung des Programms fehlen die Vertrauensfrage und die drohende Auflösung des Parlamentes als Sanktionen. Umgekehrt gibt es auch kein Misstrauensvotum, um den Bundesrat nach krassen Verstössen gegen sein Programm oder wegen argen Verspätungen in seinem Plan abzuberufen. Erst anlässlich der folgenden Erneuerungswahlen in den Bundesrat könnten mit Nichtwiederwahl eines bestimmten Bundesratsmitgliedes oder mit Nichtbeteiligung einer bestimmten Fraktion an der Koalition die angebrachten Sanktionen ausgesprochen werden. Die Stellung der Parteien zur Regierung kann also nur eine distanzierte sein. Bundesrat und Regierungsparteien müssen in gewissem Masse voneinander unabhängig sein, damit das Kollegialsystem funktioniert. [91]

Zumindest fraglich ist ferner, ob nicht eine für die Regierungsfraktionen verbindliche Koalitionsvereinbarung dem Art. 9

---

[89] Ein solches Programm würde die Einführung des parlamentarischen Regierungssystems bedeuten (Schlussbericht 542)
[90] Steiner 82
[91] Petitpierre 15

BV widerspricht. Nach dieser Bestimmung sind ja Weisungen, welche die Parlamentarier empfangen, oder Versprechen, die sie geben, unverbindlich. [92] Dass die Fraktionen auf ihre Mitglieder dennoch einen - je nach Vorlage - grösseren oder kleineren Druck ausüben, ist nicht zu verhindern. [93]

3.2.3. Wegen der unberechenbar ausgeübten Volksrechte ist schliesslich die Verwirklichung des Regierungsprogrammes keinesfalls sicher, weshalb auch die politischen Parteien unsichere Partner werden. Das Regierungsprogramm wird durch Volksbegehren ergänzt oder verändert und durch Referenden gebremst oder durchkreuzt. Damit die späteren Vorlagen des Regierungsprogrammes referendumssicherer würden, müsste noch die vorherige Zustimmung der Wirtschaftsverbände und der kantonalen Parteisektionen eingeholt werden. Ob letzteres in Anbetracht der demokratisch-föderalistischen Parteistruktur in der Schweiz möglich und wünschenswert wäre, ist recht fraglich; denn die nichtkonforme und oppositionelle Haltung der Kantonalparteien ist ein "unentbehrliches Korrektiv der Regierungsverantwortung in der direkten Demokratie". [94] Auch die Verbände wären wohl nur mit Mühe auf eine Koalitionsvereinbarung zu verpflichten. Zudem wäre das Ergebnis - derart vielseitig abgesprochen und abgesichert - ohnehin nur noch ein unprofiliertes, zusammengestrichenes Kompromissprogramm ohne viel Gehalt. Ein verbindliches Regierungsprogramm lässt sich darum im schweizerischen System lediglich für Zeiten eines nationalen Notstandes denken. [95] Zur Zeit des zweiten Weltkrieges haben in der Tat Einigungskonferenzen der Parteien bestanden, welche die Bedeutung von Koalitionsausschüssen hatten. [96]

---

[92] Burckhardt, Komm. zu Art.91, S.715
[93] Aubert Nr.1303f, S.476
[94] Nationalrat Theo Gut, in: NZZ Nr.4229 vom 9.10.1967
[95] Zu den Einwänden gegen ein verbindliches Regierungsprogramm nach dem Modell von E. Gruner siehe vorne § 8 Kap. 4.2. Ein verbindliches Programm ist allgemein unerwünscht (Schlussbericht 531)
[96] Gruner, Opposition 37f und Parteien 32ff; Steiner 85

3.3. Möglichkeiten und Tragweite eines Minimalprogrammes

3.3.1. In der breiten politischen Diskussion von 1967/68 um das Regierungsprogramm war man sich bald darüber einig, dass - wenn auch der Abschluss eines Koalitionsvertrages unmöglich sei - doch die Freiheit der Bundesratsparteien, okkasionell Opposition zu treiben, nicht unbeschränkt sein konnte; eine Affäre wie das Fallieren des Finanz-Sofortprogramms von 1966 durfte sich nicht wiederholen. Die Auslegung der Minimaldisziplin bot aber grosse Schwierigkeiten; man versuchte sie irgendwo zwischen den beiden Polen sklavischer Unterwerfung unter das Programm und totaler Ungebundenheit zu fixieren. Nationalrat Leo SCHUERMANN meinte: "Das Ausbrechen aus der Regierungsfront, die Desavouierung des Programmes ohne Not und ohne Nova wäre politisch bedenklich und könnte auf lange Sicht nicht ohne Konsequenzen", d.h. Ausschluss aus der Regierungskoalition, bleiben.[97] Kurt MUELLER fand zur Formulierung, das Recht auf (okkasionelle) Opposition sei nur bei solchen Vorlagen gegeben, die nicht einen integrierenden Teil des Regierungsprogrammes bildeten; dies sei eine Frage von Treu und Glauben zwischen den Regierungsparteien.[98]

3.3.2. Welches Regierungsprogramm damit gemeint war, blieb vorerst unklar. Der Promotor der bundesrätlichen Richtlinien und einige Votanten in den Debatten über seine Motion und den ersten Richtlinienbericht von 1968 waren noch der Auffassung, die "Richtlinien der Regierungspolitik" könnten dieses Minimalprogramm bedeuten oder zumindest entscheidend prägen. Leo SCHUERMANN etwa vertrat die Ansicht, es mache einen der Zwecke des bundesrätlichen Programmes aus, die Fraktionen - die ja gewissermassen vertragsfähig seien - aufgrund einer gemeinsamen Beurteilung der Lage zu einer Uebereinstimmung für einen beschränkten Zeitraum zu veranlassen.[99] In der Begründung seiner Motion hatte er von

---

97) Schürmann, Richtlinien 413
98) NZZ Nr. 1047 v. 10.3.1967
99) Schürmann, Richtlinien 412

einer "moralisch-politischen Bindung" gesprochen, die für die Regierungsparteien aus der Diskussion und Kenntnisnahme der bundesrätlichen Richtlinien selbstverständlich resultiere. [100] Nationalrat Alfred WEBER (FDP, UR) hatte als Fraktionspräsident in der ersten Richtliniendebatte erläutert:

> "Das verbindende Sachprogramm aus der Hand der Regierung würde zumindest eine Grundlage für ein Minimalprogramm der im Bundesrat vertretenen Fraktionen abgeben; wegen der Einigung nach Massgabe des bundesrätlichen Planes (und zwar eines bereits vorliegenden und nicht durch die Fraktionen erst noch auszuhandelnden) hätte diese "Koalitionsvereinbarung" das Odium ausländischer Beispiele vermieden, die durch ausserparlamentarische, ausserbehördliche oder ausserstaatliche Abmachungen gebildet würden." [101]

Demgemäss wurde auch wiederholt verlangt, dass in Zukunft die Regierungsparteien an der Aufstellung des bundesrätlichen Programms substanziell massgeblich zu beteiligen seien.

Demgegenüber hatte der Bundesrat von Anfang an erklärt, er wolle sein Programm selbständig, ohne Mitbeteiligung der Regierungsfraktionen erarbeiten, in der Auffassung, seine vom Parlament losgelöste Stellung lasse etwas anderes nicht zu. [102]. Es könne verfassungsrechtlich zweifelhaft sein, nur einen Teil des Parlamentes an der Regierungsprogrammierung zu beteiligen. Dass aber auch der Bundesrat ein Minimalprogramm zur Unterstützung seiner künftigen Regierungspolitik begrüssen würde, ging daraus hervor, dass er mehrmals mit Nachdruck die Fraktionen einlud, sich aufgrund seines Pro-

---
100) Vgl. den Verhandlungsbericht in: NZZ Nr. 4050 v. 28.9.1967, S. 31. Auch in Frankreichs IV. Republik und in Belgien wurden aus der Genehmigung des Programmes solche Bindungen hergeleitet - praktisch ohne jeden Erfolg! (Vgl. § 5 Kap. 3.3.2.; § 6 Kap. 2.1. und 2.2.1.).
101) StenBull 1968 NR S.244
102) Er wollte sein Programm mit Nachdruck den Koalitionsverträgen parlamentarischer Regierungssysteme gegenüber stellen.

grammes ins Einvernehmen zu setzen. Eine Vereinbarung der
Regierungsfraktionen läge jedoch auf einer andern Ebene
als sein Programm.

3.3.3. In diesem Sinne gingen die Regierungsfraktionen und -parteien
unter Führung der CVP nach den Nationalratswahlen von 1971
daran, ein eigenes Programm aufzustellen, das die kommenden
Richtlinien 1971/75 des Bundesrates abstützen sollte. [103]
Nach Meinung des CVP-Aktionsprogrammes hätten auch die Neu-
bzw. Erneuerungswahlen in den Bundesrat in Beziehung zum
Programm der Regierungsparteien gesetzt werden sollen [104];
dies konnte jedoch nicht verwirklicht werden. Immerhin kam
im Januar 1972 eine _Vereinbarung_über_die_Legislaturziele_
in der Periode 1971/75 zustande.

In jenen Fragen, die darin nicht aufgeführt sind und
über die auch sonst keine Einigung erzielt werden kann, behalten sich die Regierungsparteien ihre Handlungsfreiheit
vor. Das Minimalprogramm erlaubt also die okkasionelle Opposition, beschränkt sie aber von vornherein auf bestimmte Bereiche. Wenn das Programm auch eine reine Sammlung politischer
Ziele darstellt, ohne etwas über die Mittel und Wege zu ihrer
Verwirklichung zu sagen, so weiss der Bundesrat doch wenigstens, in welchen Fragen er mit einer festen Unterstützung
der Regierungsparteien rechnen kann. Die Tragfähigkeit
der Legislaturziele ist im Augenblick noch schwer abzuschätzen
sie wird sich erst daraus ergeben,mit welchem Willen die Regierungsparteien an ihre Verwirklichung gehen. Immerhin sollen die darin vorgesehenen regelmässigen Kontaktnahmen unter
den Regierungsparteien bereits zu ersten Erfolgen geführt
haben. [105]

---

103) Vgl. hiezu vorne § 8 Kap. 7
104) In Koalitionsverträge wird das Personelle gewöhnlich mit-
aufgenommen (vgl. Schüle 3)
105) Laut einer Bemerkung von Nationalrat Enrico FRANZONI
(CVP); vgl. A.P. Suisse 1972, S.20. Dieser Ansicht ist
aber in jüngster Zeit von seiten der SVP heftig wider-
sprochen worden (vgl. R. Bächtold/U. Zenger, Eine Suppe
zum Auslöffeln, in: Weltwoche Nr. 32 v. 8.8.1973, S.5).

3.3.4. Die jetzige Ausgestaltung des Minimalprogrammes, vielleicht im Gehalt noch angereichert und stärker profiliert, scheint im gegenwärtigen schweizerischen Regierungssystem die einzig praktikable Form zu sein. [106] Ob es auch die optimale ist, kann in dieser Arbeit noch nicht entschieden werden. Richtig dürfte aber sein, dass die Erarbeitung der Legislaturziele der Regierungsparteien und die der bundesrätlichen Richtlinien klar getrennt bleiben. Die Richtlinien sollen ein fundiertes, relativ umfassendes Regierungsprogramm bilden, das von Verwaltung und Bundeskanzlei vorbereitet und vom Bundesrat politisch gewürdigt wird, während die Legislaturziele unter den gegebenen Umständen bloss ein Minimalprogramm bestimmter politischer Ziele darstellen können, über die sich die Regierungsparteien zum voraus verständigt haben. Abgesehen von verfassungsrechtlichen Bedenken wäre es auch nicht opportun, die beiden Programmverfahren näher zu verbinden oder gar zu verschmelzen: Als die Regierungsparteien sich nach den Nationalratswahlen zu den ersten Koalitionsgesprächen trafen, war die Grundkonzeption der Richtlinien, die intensive Vorbereitung braucht, bereits festgelegt, und als die Legislaturziele endgültig verabschiedet wurden, lag der erste Richtlinienentwurf bereits vor. Die Legislaturziele hätten auch zu wenig Substanz gehabt, um die bundesrätlichen Richtlinien massgeblich beeinflussen zu können.

Es dürfte deshalb genügen, dass sich Bundesrat und Regierungsfraktionen - wie bis anhin - von Zeit zu Zeit gegenseitig über den Stand des Regierungs- bzw. Minimalprogrammes orientieren. Wünschenswert wäre allenfalls, dass sich die Regierungsfraktionen - z.B. in einer ihrer regelmässigen Kontaktnahmen - vor der Richtliniendebatte auf eine gemeinsame Stellungnahme zum bundesrätlichen Programm einigen könnten; dadurch würden sie sich nämlich in der Oeffentlichkeit, d.h. vor den Wählern, politisch auf eine Unterstützung

---

[106] Gegen die Verbindlichkeit der Legislaturziele äussert auch die "Arbeitsgruppe Wahlen" grosse Bedenken (vgl. Schlussbericht 531).

des Bundesrates in den von ihnen gebilligten Punkten verpflichten und somit eine klarere Ausgangslage für die Arbeit der kommenden bzw. bereits laufenden Legislaturperiode schaffen.

Zusammenfassend ist festzuhalten, dass das (bundesrätliche) Regierungsprogramm im schweizerischen System selber kein sog. Minimalprogramm für die Regierungsparteien und erst recht keine verpflichtende Koalitionsvereinbarung darstellen kann, dass es aber für den Bundesrat von grossem Vorteil ist, wenn er sich bei der Verwirklichung seines Programmes auf eine entsprechende Vereinbarung der Regierungsfraktionen und -parteien abstützen kann.

- - - - - - - - -

§ 12 Das Regierungsprogramm in den Schweizer Kantonen
==

1. Ueberblick

1.1. Aus den gleichen Bedürfnissen heraus wie im Bunde [1] und angespornt durch dessen erstes, befriedigend ausgefallenes Beispiel - die Richtlinien der Regierungspolitik für 1968/71 - haben in den letzten Jahren mehrere Kantone ebenfalls Regierungsprogramme geschaffen. Allen vorausgeeilt war der Walliser Staatsrat, der schon am 27. Oktober 1964 ein dreissigseitiges "Tätigkeitsprogramm für die kommenden Jahre" verabschiedet hatte; im September 1970 erweiterte er sein Programm durch besondere "Richtlinien der Wirtschafts- und Finanzpolitik" für die Periode 1971/74. [2] Regierungsprogramme gibt es heute auch in den Kantonen Basellandschaft [3] (seit 1968), Schwyz [4], Solothurn [5] und Aargau [6] (1969),

---

[1] Vor allem die Bedürfnisse nach einer Gesamtplanung der Arbeit der Exekutive, nach einer Ergänzung der mittelfristigen Finanzplanung und nach einer Information von Parlament und Volk.
[2] Botschaften des Staatsrates an den Grossen Rat betr. das von ihm entworfene Tätigkeitsprogramm für die kommenden Jahre (vom 27.10.1964) und betr. die Richtlinien der Wirtschafts- und Finanzpolitik für die Periode 1971/74 (vom 29.9.1970)
[3] Leitbild Baselland, herausgegeben vom Regierungsrat des Kantons Basellandschaft, September 1968. Es folgt das Regierungsprogramm für 1974/78; vgl. Markus Jost, Testfall Regierungsprogramm, in: BN Nr. 295 v. 15.12.1973, S. 15; sowie NZ Nr. 26 v. 24.1.1974, S. 23.
[4] Arbeitsprogramm für die Tätigkeit des Regierungsrates in den Jahren 1969 bzw. 1970/71, in: Auszüge aus dem Protokoll des Regierungsrates, Nr. 311 (v. 10.2.1969) und Nr. 1167 (v. 25.5.1970).
[5] Bericht des Regierungsrates des Kantons Solothurn über die Richtlinien für die Regierungspolitik in der Legislaturperiode 1969/73 vom 2. September 1969
[6] Arbeitsprogramm des Regierungsrates für die Arbeitsperiode 1969/73 vom Oktober 1969; Regierungsprogramm 1973 - 1977 vom 2.4.1973

Uri [7] (1970), Obwalden (1971), Luzern [8] (1972), Thurgau und Schaffhausen [9] (1973).

Von den übrigen Kantonen verfügen alle ausser der Waadt und Appenzell-Innerrhoden immerhin über einen mehrjährigen Finanzplan, wobei die Hälfte bereits beim zweiten oder dritten, ja beim fünften (Luzern) oder siebten (St.Gallen) angelangt ist. [10] In ein paar Kantonen sind zudem erste Ansätze eines Regierungsprogrammes vorhanden [11]: Zürich nimmt z.B. am Ende der Legislaturperiode eine Standortbestimmung im Rahmen des Geschäftsberichtes vor und in Genf vermittelt der Präsident des Staatsrates nach den alle vier Jahre stattfindenden Wahlen jeweils einen Problemüberblick.

In den grossen Gemeinden gibt es Ersatzformen für ein Regierungsprogramm etwa in Gestalt programmatischer Erklärungen des Gemeindepräsidenten. Unter dem Titel "Politique d'équipement du conseil administratif" gibt z.B. die Exekutive der Stadt Genf bestimmten Ausführungen in Finanzplan und Budget einen programmatischen Anstrich. [12] Mit der erstmals im Juni 1970 vom Zürcher Stadtrat abgegebenen und im Gemeinderat diskutierten "Standortbestimmung" soll wohl auch eine neue Tradition begründet werden. [13]

1.2. In allen Kantonen kann das Parlament vom Bericht über das Regierungsprogramm lediglich Kenntnis nehmen, nicht aber

---

7) Regierungsprogramm für die Legislaturperiode 1968-1972 vom 11. März 1970
8) Bericht des Regierungsrates des Kantons Luzern an den Grossen Rat vom 25.1.1972 über die Richtlinien für die Regierungspolitik; vgl. auch Stutz 8ff und NZ Nr. 82 v. 18.2.1972, S. 5
9) Bericht des Regierungsrates des Kantons Schaffhausen über Richtlinien für die Regierungstätigkeit vom August 1973; vgl. BN Nr. 181 v. 6.8.1973, S. 3
10) Vgl. Rohr 47f
11) A.a.O. 109
12) A.a.O. 110
13) Auszug aus dem Protokoll des Stadtrates von Zürich v. 25.6.1970

formell darüber beschliessen. Die Programme werden etwa
als Planungen angesehen, die durch den Regierungsrat in
eigener Kompetenz abschliessend behandelt werden können. 14)
Aenderungen des Programms oder einzelner Richtlinien könnten nur mit den üblichen parlamentarischen Mitteln (v.a.
der Motion) erzwungen werden. Nicht zu vergessen ist jedoch,
dass das Parlament dank seines Haushalts- und Gesetzgebungsrechtes - unter Vorbehalt der Volksrechte - die letzte Entscheidung über die konkreten Vorlagen behält.

1.3. Die kantonalen Regierungsprogramme haben recht unterschiedliche Bezeichnungen, z.B. auch "Tätigkeitsprogramm", "Arbeitsprogramm", "Leitbild", "Richtlinien für die Regierungspolitik" oder "Richtlinien für die Regierungstätigkeit". Der Ausdruck Regierungsprogramm wird meistens vermieden, um eine Verwechslung mit den Regierungsprogrammen und -erklärungen parlamentarischer Regierungssysteme auszuschliessen.

Ebenso mannigfaltig wie die Bezeichnung sind Form und Gehalt der verschiedenen Programme, weil die an die Programme gestellten Ansprüche recht unterschiedlich sind. Die Skala reicht von nüchternen Aufgabenkatalogen der Departemente bis zu ausgefeilten Gesamtprogrammen der künftigen Regierungspolitik, von blossen Traktandenlisten bis zu breit erläuterten und bereits eine materielle Stellungnahme enthaltenden Programmen. Lässt sich der programmatische Gehalt auch keineswegs am Umfange ablesen, so fällt doch hier die grosse Vielfalt am stärksten ins Auge. Zwischen den unter zehn Seiten umfassenden ersten Arbeitsprogrammen der Aargauer und Schwyzer Regierung und den mehr als 35 Seiten zählenden Programmen in Uri, Wallis, Luzern und Aargau (1973) bestehen mehr als nur quantitative Unterschiede. Besonders erwähnenswert ist das Leitbild Baselland von 1968, das auf 148 grossformatigen Seiten ein ausgefeiltes Zukunftsbild des Kantons

---

14) Betr. Luzern vgl. NZ, Nr. 82 v. 18.2.1972, S.5; das Aargauer Regierungsprogramm von 1973 verweist in der Einleitung auf die Bezeichnung des Bundesrates ("einseitig planender Regierungsakt mit beschränkter Durchsetzbarkeit")

entwirft und auch hinsichtlich des Zeithorizontes (Perioden 1969/73 und 1973/80) den Rahmen eines gewöhnlichen Regierungsprogrammes sprengt. Dass in den genannten Fällen der Gehalt der Form ungefähr entspricht, ist allerdings nicht zwingend, denn gerade in der Beschränkung auf das Wesentliche könnten sich grundlegende Regierungsentscheide widerspiegeln.

Die _Gliederung_ der kantonalen Programme im besonderen variiert ebenfalls beträchtlich. Das schwyzerische (wie auch das aargauische) Arbeitsprogramm von 1970/72 (bzw. 1969/73) ist z.B. streng nach Departementen unterteilt, während das erste provisorische Programm von 1969 noch primär in die drei Bereiche Gesetzgebung, Organisations- und besondere Verwaltungsaufgaben, sowie Bauten aufgegliedert gewesen ist. Für das Urner und Basellandschäftler Regierungsprogramm wurde bewusst eine funktionale Gliederung in Sachbereiche gewählt, um die grossen Zusammenhänge und den kollegialen Charakter des Regierungsprogrammes zu unterstreichen. Gut aufgebaut ist m.E. das Aargauer Regierungsprogramm von 1973: Es äussert sich nach einer Einleitung (über die Ausgangslage; mit rechtlichen, politischen und methodischen Erwägungen) zunächst zu seinen Rahmenbedingungen, bevor es die Ziele und Massnahmen der folgenden Legislaturperiode aufführt und darauf zum Finanzhaushalt Stellung nimmt; im Anhang sind ferner der Finanzplan für die selbe Periode und ein Grob-Finanzplan für die doppelte Zeitspanne beigefügt.

Auf die kantonalen Regierungsprogramme im einzelnen einzutreten, würde den Rahmen der vorliegenden Arbeit sprengen. Die bisher veröffentlichten Regierungsprogramme stammen aus Kantonen, die sich in ihrer Bevölkerung, wirtschaftlichen Entwicklung und politischen Struktur stark von einander unterscheiden. Zudem befinden sich alle Programme noch in einem ausgesprochenen Versuchsstadium. Es soll deshalb im folgenden eher das allen Gemeinsame und Allgemeingültige kurz dargestellt werden. Aus Grundlage der Betrachtung dienen dabei vor allem die Programme von Uri, Schwyz [15], Luzern, Aargau und Basellandschaft.

2. Ausarbeitung und Vollzug der kantonalen Regierungsprogramme

2.1. Die Ausarbeitung der kantonalen Programme

Die Regierungsprogramme beruhen weitgehend auf Vorschlägen der kantonalen Verwaltung. Bei ihrer Ausarbeitung wird ungefähr folgender Ablauf eingehalten:

- Die Departemente, welche bloss zum Teil und erst noch unterschiedlich planen [16], zeigen auf Anfrage die grundlegenden Probleme ihres Bereiches auf und bringen Lösungsmöglichkeiten vor. Der Departementschef und allenfalls sein Stab werten die Vorschläge aus - wobei sie der erstere auch politisch wägt - und formulieren einen ersten (departementalen) Entwurf.

- Die Teilentwürfe der Ressorts werden sodann gewöhnlich von der Staatskanzlei unter der Leitung des (ersten) Staatsschreibers in ein Gesamtprogramm verarbeitet. [17] Dabei haben die Sachbearbeiter - wie später auch das Regierungskollegium - darauf zu achten, dass der resultierende Entwurf in sich geschlossen ist. In den Kantonen Wallis, Basellandschaft, Aargau und Schaffhausen wird das Programm auch auf die mittelfristige Finanzplanung abgestimmt. [18]

---

15) Die Angaben über Uri und Schwyz stützen sich v.a. auf Auskünfte, die dem Verfasser im Juli 1970 von den damaligen - für das Programm verantwortlichen - Landammannen Alfred Weber (UR) und Aloys Ab Yberg (SZ) erteilt worden sind.
16) Siehe die Bemerkungen im Aargauer Programm von 1973, Einleitung. Für Schwyz vgl. SZ Planung 80, Beilage aller schwyzer Zeitungen (40 S.), von Ende August 1971, S. 3ff.
17) So in Solothurn und Schwyz (vgl. Regierungsratsprotokoll Nr. 2492 v. 1.12.1969). In Uri hat der Landammann das Gesamtprogramm weitgehend selbst formuliert. In Luzern ist das eine Aufgabe des Rechtskonsulenten des Regierungsrates.
18) In Uri und Schwyz besteht immerhin eine stete enge Zusammenarbeit zwischen Landammann und Finanzdirektor. Im übrigen siehe hiezu nachfolgend Ziffer 2.3.

- Das Regierungskollegium berät den Programmentwurf und setzt dabei vorwiegend nach partei-, finanz- und wirtschaftspolitischen Gesichtspunkten zeitliche und finanzielle Prioritäten.

- Vom Regierungsrat verabschiedet, wird das Regierungsprogramm von der Staatskanzlei abschliessend redigiert und als Bericht den Parlamentariern zur Kenntnisnahme und Diskussion im Ratsplenum zugestellt.

2.2. Der Vollzug der Regierungsprogramme wird in den Kantonen vor allem vom Regierungschef und von der Staatskanzlei überwacht. In Uri wurden zudem im Anschluss an das Regierungsprogramm konkrete Arbeits- und Zeitpläne für die Departemente aufgestellt, um die Kontrolle sicherzustellen. Der Luzerner Regierungsrat verlangt von den Departementen regelmässig (bis jetzt alljährlich) Zwischenberichte, um die fortschreitende Realisierung des Programms zu überwachen. [19]

Die Kontrollen innerhalb der Exekutive bilden auch die Grundlage für den Rechenschaftsbericht, der am Ende der Amtszeit dem Parlament Aufschluss über das von der Regierung Erreichte geben soll. Der im Aufbau dem Regierungsprogramm entsprechende Rechenschaftsbericht leitet unmittelbar zum folgenden Programm über und dürfte etwa gleichzeitig - und in Verbindung mit ihm - ausgearbeitet werden. Die Verantwortung für Misserfolge des Regierungsprogrammes trägt aufgrund des auch in den Kantonen geltenden Kollegialitätsprinzipes die gesamte Regierung, doch wird sich die Kritik letztlich wie im Bund gegen den betreffenden Departementsvorsteher richten.

2.3. Das Verhältnis der Regierungsprogramme zu den Finanzplänen ist in den Kantonen verschieden ausgestaltet worden. Die ersten Regierungsprogramme von Aargau, Solothurn, Luzern, Schwyz und Uri verzichteten auf jede Quantifizierung der

---

[19] Stutz 11

Kosten der aufgezählten Aufgaben und Projekte. In Solothurn sollen künftig Regierungsprogramm und Finanzplan in einem einzigen Exposé vereinigt werden. [20] In den Kantonen Wallis und Basellandschaft, sowie neuerdings Aargau und Schaffhausen, sind die beiden Regierungsplanungen bereits miteinander verknüpft: Das Leitbild Baselland von 1968 enthält im fünften und letzten Teil einen ausgefeilten Finanzplan für die Jahre 1969/73 und zudem ein Investitionsprogramm. [21] Im Aargauer Regierungsprogramm von 1973 machen die Ausführungen zum Finanzhaushalt, der Grob-Finanzplan 1973/80 und der Finanzplan 1973/77 zusammen mehr als die Hälfte des gesamten Berichtes aus. Das Walliser Programm von 1964 weist im Abschnitt des Finanzdepartementes detaillierte Planzahlen bis 1970 aus. Für die Periode 1971/74 verknüpft der Kanton Wallis die Finanzplanung nicht mit einem Regierungsprogramm, sondern mit einem Wirtschaftsentwicklungsprogramm, dessen Grundlagen von einer konsultativen Wirtschaftskommission bereitgestellt worden sind; da die Kommission vom Finanzdirektor präsidiert wurde, blieb mithin die Verantwortung für die Aufstellung der wirtschafts- und finanzpolitischen Richtlinien ungeteilt beim Finanzdepartement. Ob sich in Zukunft das Regierungsprogramm gegenüber der bisher in den Kantonen vorherrschenden Finanzplanung zum dominanten Planungsprozess aufschwingen wird, wird sich erst noch zeigen.

Durch den systematischen Einbezug der Finanzplanung in die Ausarbeitung des Regierungsprogrammes wird es möglich, Unterlagen für die vielfach verlangte politische_Prioritätenbildung bereit zu stellen. Die kantonalen Programme, die bereits mit dem Finanzplan verschmolzen worden sind, weisen deshalb die deutlichsten Prioritäten auf. Die übrigen Programme enthalten wenige Dringlichkeitsabstufungen: Die Urner und die Schwyzer Regierung versuchen in ihren Programmen eine

---

20) Richtlinien der Regierungspolitik 1969/73, S. 2
21) Das neue Regierungsprogramm 1974/78 (100 S.) enthält wiederum einen detaillierten Finanzplan (nebst einem Bauprogramm).

gewisse Prioritätensetzung, indem sie in einem besonderen
Schlusskapitel wenigstens eine Kategorie von vordringlichen
Schwerpunkten herausstellen. In den ersten Solothurner, Aargauer und Luzerner Programmen wurden nur da und dort einige
Schwerpunkte und Leitgedanken aufgezeigt.

3. Möglichkeiten und Grenzen der kantonalen Regierungsprogramme

In den Kantonen stand von vornherein fest, dass die Regierungsprogramme wohl als Arbeitsinstrument der Exekutive und als
Informationsmittel für Parlament und Oeffentlichkeit eine
Bedeutung erlangten könnten, _nicht_ hingegen _als Regierungsprogramme_ "im _klassischen parlamentarischen Sinne_" oder _als
"Minimalprogramme"_. Eine Diskussion über diesen Aspekt des
Programmes, der im Bunde so grosse Kontroversen ausgelöst
hatte, kam in den Kantonen nie auf, obschon die politische
Konstellation (Allparteienregierungen) gleich wie im Bunde
war. Alle kantonalen Regierungen betonen in der Einleitung
zu ihren Berichten, dass den Programmen keine rechtliche
Verbindlichkeit zukomme [22], versprachen aber gleichzeitig,
sich für deren Verwirklichung nach besten Kräften einzusetzen.

3.1. Die Regierungsprogramme als internes Arbeitsinstrument der Exekutive

Positive Auswirkungen ihrer Programme erwarten die kantonalen Regierungen zunächst _auf der Regierungsebene_; insbesondere erhoffen sie sich davon eine Aufwertung des Kollegialsystems: Durch den bei der Programmvorbereitung jedem Regierungsmitglied vermittelten Ueberblick über die Aufgaben und
Pläne aller Departemente soll der Einfluss des Kollegiums
auf die einzelnen Sparten verstärkt werden. Das Kollegium
müsse die Arbeit der Verwaltung in ihren Grundzügen zu Be-

---

[22] Der Aargauer Regierungsrat beantragte und der Grosse Rat
beschloss allerdings, die im Regierungsprogramm 1973/77
enthaltenen Prioritäten und die Investitionsplafonds des
Finanzplanes innerhalb der Rahmenbedingungen als verbindlich zu erklären (vgl. Regierungsprogramm 1973/7, Ziff.5,
Antrag 2)

ginn der Amtszeit planen und koordinieren, sowie später anhand der gesetzten Richtlinien fortlaufend kontrollieren. Indem das Regierungsprogramm auch dem V̲e̲r̲w̲a̲l̲t̲u̲n̲g̲s̲k̲a̲d̲e̲r̲ einen Ueberblick gebe, soll es jedem Sachbearbeiter helfen, seine Arbeit als Teil des Ganzen zu sehen und in den Zusammenhang einer umfassenden Regierungspolitik einzuordnen.

Das Programm soll ferner oberster Bezugspunkt der gesamten kantonalen Planung sein. Zudem verlange besonders die lange Ausreifezeit der kantonalen Grossprojekte - nicht zuletzt aus finanzpolitischen Gründen - eine konsequente Realisierungsstrategie. Die erwartete Einleitung einer k̲a̲n̲-̲ t̲o̲n̲a̲l̲e̲n̲ G̲e̲s̲a̲m̲t̲p̲l̲a̲n̲u̲n̲g̲ dürfte allerdings in den meisten Kantonen noch wenig fortgeschritten sein, denn die ersten Programme waren zumeist blosse Arbeitskataloge, Listen relativ konkreter Gesetzgebungs- und Vollzugsmassnahmen, und ihre Terminplanung erfasste gewöhnlich nur das folgende Jahr. Die jüngsten Programme mit ihren zugehörigen Finanzplänen, v.a. das aargauische Programm für 1973/77 und das basellandschaftliche für 1974/78, lassen aber bereits bedeutende Fortschritte erkennen.

3.2. Das Regierungsprogramm im Verhältnis zu Parlament und Oeffentlichkeit

Gegenüber Parlament, Parteien, Gemeinden und weiterer Oeffentlichkeit sollen - nach Auffassung der kantonalen Regierungen - die Regierungsprogramme mit ihrer Gesamtübersicht dem I̲n̲f̲o̲r̲m̲a̲t̲i̲o̲n̲s̲b̲e̲d̲ü̲r̲f̲n̲i̲s̲ und dem Wunsch nach besserer Ueberblickbarkeit und D̲u̲r̲c̲h̲s̲i̲c̲h̲t̲i̲g̲k̲e̲i̲t̲ ̲d̲e̲r̲ ̲R̲e̲g̲i̲e̲r̲u̲n̲g̲s̲t̲ä̲t̲i̲g̲k̲e̲i̲t̲ entgegenkommen. Den Adressaten soll ermöglicht werden, ihre eigenen Ziele, Absichten und Massnahmen auf das kantonale Regierungsprogramm abzustimmen, indem darin nicht nur die Gegenwarts- und Zukunftsprobleme, sondern auch die Mittel und Wege sowie der Zeit- und Finanzbedarf zu ihrer Lösung dargelegt werden.

Die Debatte über das Regierungsprogramm soll dem Parlament Gelegenheit geben, zu einem umfassenden Konzept der künftigen Regierungs- und Verwaltungstätigkeit vorausschauend Stellung zu nehmen und dabei die Akzente allenfalls anders zu setzen. [23] Da sich in der Diskussion die politischen Kräfte äussern, mit denen in der Referendumsdemokratie zu rechnen ist, möchte die Exekutive daraus Anhaltspunkte gewinnen, wo und inwieweit sie bei den vorgesehenen Vorlagen mit der Zustimmung des Parlamentes rechnen kann [24] und wo sie allenfalls ihr Programm zwecks Durchsetzung modifizieren muss.

Das erhoffte Führungsgespräch zwischen Regierung und Parlament scheint bis anhin nicht befriedigend verlaufen zu sein. [25] Das mag zum einen daran liegen, dass die ersten Programme - etwa von Aargau, Solothurn, Luzern und Schwyz - doch recht nüchtern und allzu zurückhaltend abgefasst waren; nur das sofort oder bald Verwirklichbare wurde darin aufgeführt und auf die Nennung von Fernzielen wurde bewusst verzichtet. [26] Zum andern war die Debatte oberflächlich, weil den Parlamentariern offenbar die zu einem genauen Studium des Programmes erforderliche Zeit fehlte. An der Sachkunde sollte es in den Kantonen weniger fehlen, weil die Parlamentarier - wenn sie im Durchschnitt auch weniger qualifiziert als im Bunde sein mögen - den vom Regierungsprogramm behandelten Problemen und erfassten Verhältnissen näher stehen können als im Bunde. Die Oberaufsicht, die das Parlament in der Programm- und der Rechenschaftsdebatte über die Regierung ausübt, dürfte aus den gleichen praktischen und politischen Gründen wie im Bunde wohlwollend und milde ausfallen. [27]

---

23) In Schwyz z.B. setzte der Kantonsrat mit seinem entschiedenen Wunsch nach einem Vorantreiben des Landwirtschaftsberichtes und der Totalrevision der Kantonsverfassung tatsächlich neue Prioritäten.
24) Stutz 9
25) Vgl. die Bemerkungen im aargauischen Programm von 1973 un von W. Jost, in: BN Nr.295 v. 15.12.1973, S.15 (betr.BL)
26) Ausser in den Kantonen Wallis und Basellandschaft
27) Vgl. vorne § 11 Kap. 2.3., sowie allgemein in § 2 Kap. 1.3.4.

3.3. Empfehlungen

Die kantonalen Regierungsprogramme befinden sich wohl alle noch im Versuchsstadium und weisen recht unterschiedliche Formen auf. Im einzelnen sind ihre Möglichkeiten und Grenzen daher - ohne eingehende Untersuchungen - schwer abzuschätzen. Einige allgemeine Ratschläge, wie die Programme künftig zu behandeln und auszubauen sind, können jedoch schon jetzt formuliert werden.

- Die Planung soll auf allen Stufen ausgebaut werden, soweit es durch die Grösse und Finanzkraft des einzelnen Kantons angezeigt ist. Die Vorbereitung der Ziel- und Massnahmenplanung soll in den Departementen verbleiben; ein zentraler Planungsstab bei der Regierung würde wohl gegenüber den z.T. nicht vollamtlichen Regierungsmitgliedern ein zu grosses Eigengewicht einnehmen. Die generelle Stabsstelle der Regierung, d.h. üblicherweise die Staatskanzlei, hat die Fachplanung lediglich zu koordinieren und zu kontrollieren, sowie die Regierung darüber auf dem Laufenden zu halten. Dabei ist, wie z.B. das Aargauer Programm festhält [28], "eine straffere Koordination der Bereichsplanung sowie eine qualitative und quantitative Verbesserung der Planungsgrundlagen unumgänglich".

- Da der Ausbau der mittelfristigen Finanzplanung in allen Kantonen (im Gegensatz zum Bund) weiter fortgeschritten ist als der des Regierungsprogramms, erscheint es sinnvoll, die Programme zunächst mithilfe der schon seit längerer Zeit bestehenden Finanzpläne zu erarbeiten. Später sollte der vom Regierungskollegium ausgehende Planungsprozess für das Regierungsprogramm gegenüber dem vom Finanzdepartement aufgestellten Finanzplan den Vorrang erhalten. Jedenfalls ist in allen Kantonen [29] eine möglichst enge Verknüpfung der beiden Planungsprozesse anzustreben, ins-

---

[28] Regierungsprogramm 1973/77, Einleitung (S. 4/5)
[29] Wie bereits in den Kantonen Wallis, Basellandschaft und Aargau

besondere damit eine finanziell verwirklichbare Dringlichkeitsordnung erstellt werden kann, die ihrerseits die Festsetzung von konkreten Arbeits- und Zeitplänen für die Departemente zulässt.

- Die ersten Regierungsprogramme wurden zur Hauptsache von den Staatskanzleien entworfen und formuliert. Damit diese kein Uebergewicht in der politischen Planung erhalten und damit die einzelnen Regierungsmitglieder in stärkerem Masse frühzeitig mit den Problemen der andern Ressorts vertraut gemacht werden, sollte künftig das Regierungskollegium noch unmittelbarer am Planungsprozess beteiligt werden. Wünschenswert wäre auch, dass im Kollegium weniger einzelne Verwaltungsaufgaben als vielmehr übergeordnete Ziele und zusammenhängende Massnahmenpakete diskutiert würden.

- Die Programmdebatte sollte wie im Bunde durch eine Vorberatung in den Fraktionen vermehrt gestrafft und akzentuiert werden. [30] Ein stärkeres Engagement des Parlamentes könnte vielleicht dadurch erreicht werden, dass das Parlament - wie neuerdings im Aargau [31] - die im Regierungsprogramm enthaltenen Prioritäten und die Investitionsplafonds des Finanzplanes innerhalb der aufgezeigten Rahmenbedingungen als verbindlich erklärt.

---

30) Vgl. vorne § 9 Kap. 3.1.4.
31) Siehe Regierungsprogramm 1973/77, Ziffer 5 (S. 48)

Anhang A

Präsident Dwight EISENHOWERs Regierungsprogramm für 1954 [1)]

1. Vorbereitungen

Schon um die Inauguration herum (anfangs Januar 1953) hielt der Budget Director DODGE nacheinander mit jedem seiner Kabinettskollegen "Einsatzbesprechungen" ab. Seine Stabsleute ergriffen dabei die Gelegenheit, um die Departementschefs über das Regierungsprogramm, wie es sich der Präsident vorstellte, zu orientieren; erörtert wurden dessen Form und Inhalt sowie dessen Möglichkeiten zur politischen Planung und Kontrolle. Dadurch wurden auch die aus der Truman-Administration stammenden Beamten zu einem günstigen Zeitpunkt mit den Gedanken des neuen Präsidenten vertraut gemacht, kannten, als sie den "budget-call" (Aufruf zur Einreichung der Voranschläge der Aemter) beantworten mussten, bereits die Grundzüge des Regierungsprogrammes und wussten, dass sie ihr Departementsprogramm danach auszurichten hatten.

Ende Juni 1953 verlangte das Budgetbüro in seinem budget-call von den Bundesämtern auch einen besonderen Bericht [2)], der umfassen sollte:

1.) Alle fraglichen Punkte, welche das Amt für die Gesetzgebung des nächsten Jahres berücksichtigt haben möchte,

2.) eine Zusammenfassung aller Zielpunkte des Amtes und deren Dringlichkeit,

3.) den Bereitschaftsgrad der Gesetzesentwürfe, sowie weiteres Ergänzungsmaterial,

4.) einen Hinweis auf die Zahl der dazugehörigen Gesetze und Berichte der letzten Legislaturperioden,

---

1) Zum folgenden: Neustadt, Program 984ff
2) Budget Circular A-11, Instructions for the Preparations and Submissions of Annual Budget Estimates, vom 30.6.53, Sect. 86.

5. dies alles mit einer kurzen Würdigung, und einer Prognose der zur Verwirklichung erforderlichen Approbations (Geldbewilligungen)

6. die Namen anderer interessierter Departemente und Agencies.

Im Message-season-letter vom 30. Juli 1953 erbat sich der Präsident für seine Botschaften gehaltvolle Ideen, die auf einem "gründlichen Ueberdenken der Aufgaben des betreffenden Amtes und der zur Erfüllung nötigen Mittel" basieren sollten. Der verlangte Rück- und Vorausblick sollte die besondere Aufmerksamkeit betonen, mit der sich das Amt dem Budget von 1954 und der Formulierung des künftigen Regierungsprogrammes zu widmen hatte.

Anfang Oktober 1953 trafen die Antworten beim Budgetbüro und beim White House Office ein - darunter viele gute Ideen von Beamten aus der Trumanzeit, die eine Gelegenheit sahen, ihre Pläne nach dem Koreakrieg nun doch noch verwirklichen zu können. Auch solche parteifremden Vorschläge berücksichtigte der Präsident, setzte jedoch Bereich, Umfang und Dringlichkeit derselben nach seinem eigenen Aktionsplan fest und festigte so seine Stellung als Herr über das Regierungsprogramm.

Im Budgetbüro trennte der Budget Director die unerwartet ausführlichen departementalen Gesetzgebungsprogramme vom gewöhnlichen Budgetverfahren und überliess sie ganz der Legislative Reference Division zum Sammeln und Sichten (im Oktober und November).

2. Das Verarbeiten der Departementsvorschläge

2.1. Im Weissen Haus warf der Stab einen "knappen" Blick auf die Fülle von Anregungen. Die grobe Prüfung absorbierte anfangs November bereits die Hälfte des Präsidialstabes, da unter der Aegide des einflussreichen Assistant to the President, Sherman ADAMS, 6 bis 10 Mitglieder daran arbeiteten. Jedes Mitglied des Weissen Hauses, das irgendeine Rolle in der

Politik spielte, war interessiert daran, gegenüber den vielen Einzelheiten der Vorschläge aus den Aemtern eine eigenständige, umfassende Stabspolitik zu entwickeln.

2.2. Danach folgten verschiedene Arbeitskonferenzen, in denen die Teilnehmer auf besondere Streitpunkte eingepaukt wurden. Die Oberleitung hatte dabei der Chef der Legislative Reference-Abteilung, Roger JONES, inne, der als Grobeinteilung eine Liste von 300 Hauptvorschlägen zusammen stellte, und zwar aus den Departementalprogrammen (die er selbst überprüft hatte), den Absichten in der Botschaft des Präsidenten von 1953 und aus seiner eigenen Planungserfahrung. Die 300 Hauptpunkte wurden in verschiedenen Sachgruppen systematisch bearbeitet; JONES hatte dabei die besondere Aufgabe, die Vorgeschichte zu skizzieren und die möglichen Argumente dafür und dagegen aufzuzeigen.

In Schlüsselproblemen wurden spezialisierte Stabsbeamte damit beauftragt, weitere Abklärungen vorzunehmen und darüber Bericht zu erstatten: sie überprüften den Tatbestand genau, klärten die Verhaltensweisen und Konflikte der Departemente ab, beurteilten die Meinung des Kongresses und der Oeffentlichkeit, und ermittelten, über welche hängigen Probleme in jedem Fall noch zu beschliessen war. Die Nachforschungen waren keineswegs auf Punkte in den Aemtervorschlägen oder auf die Liste von JONES beschränkt, sondern konnten sich auf jedes in der Diskussion aufgetauchte Problem erstrecken.

2.3. Nachdem sich so bestimmte Ratschläge herausgebildet hatten, entschied die Stabsgruppe des weissen Hauses darüber, wie man zum endgültigen Programm käme. Zuerst konsultierte sie den Präsidenten, wodurch bereits gewisse Vorschläge, wenigstens für 1954, ausschieden. Andere Programmpunkte wurden an Sachverständige des Stabes überwiesen, welche mit den Aemtern zu verhandeln und dem Präsidenten darüber zu berichten hatten. Weitere wurden dem Budgetbüro zur genauen

Behandlung und zum Vergleich mit den Departementsvoranschlägen übergeben. Eine Anzahl besonders vielschichtiger und umstrittener Massnahmen, die für die allgemeine Regierungspolitik oder die Wählerschaft bedeutungsvoll waren [3], wurden dem Kabinett oder Nationalen Sicherheitsrat (NSC) vorgelegt.

3. Die Beratung der wichtigsten Programmpunkte im Kabinett

Jedes betroffene Kabinettsmitglied musste eine umfassende anschauliche Darstellung des Problems vorbereiten und die Vorschläge seines Departementes ausführlich rechtfertigen. Weiter hatte es sich dem Stab des Weissen Hauses zu Kritik und Ratschlag zu stellen, und zwar sowohl bezüglich des Inhalts der Vorschläge wie auch der Präsentationstechnik. Wenn der Stab von der Vorstellung befriedigt war und der Präsident zustimmte, wurde eine Vollkabinettssitzung einberufen. Hier wurde das Problem nochmals dargelegt, eingehend diskutiert, mit Anregungen von allen Seiten bereichert und allenfalls in Einzelheiten abgeändert. Der Präsident nahm stets aktiv teil, auch wenn er die Sitzungen nicht leitete, und setzte die meisten massgeblichen Modifikationen durch.

Das formalisierte Verfahren sollte nicht nur die Substanz der Vorschläge testen, sondern auch die "Verkäuflichkeit" der Vorschläge, d.h. ihre Durchsetzungschance im Kongress. Es sollte ferner eruiert werden, wie sich die Vorschläge noch überzeugender gestalten lassen und wie gross die Bereitschaft der Departemente war, sie auch gegenüber den Kongressausschüssen zu verteidigen. Weiter sollten am Kabinettstisch wegweisende Commitments (Ueberweisungen an den Kongress) erreicht werden, auf denen das Budgetbüro eine wirksame zwischendepartementale Koordination aktueller Gesetzesentwürfe gründen konnte. Indem alle Pläne gegenseitig der Diskussion ausgesetzt waren, wurde die Tendenz der

---

[3] z.B. soziale Sicherheit, Besteuerung, Landwirtschafts- und Auslandshilfe

Kabinettsmitglieder zu einer (ressort-)beschränkten Sicht bekämpft.

Der genannte Kabinettsmechanismus erwies sich im Rückblick als ein gutes Mittel, um recht befriedigende und vor allem erzieherische Ergebnisse zu erzielen. Doch schon beim 1955er-Programm wurden weniger intensive Kabinettsberatungen durchgeführt, weil der anfängliche Elan merklich nachliess, sei es, dass er einer bequemeren Kompromissbereitschaft wich, sei es, dass den Kabinettsmitgliedern der Arbeits- und Zeitaufwand zu gross wurde.

Sicher ist hingegen, dass sich der sonst selbstbewusste Stab des Weissen Hauses zunehmend auf Eisenhowers Regierungsprogramm festlegte, je mehr sich sein praktischer Nutzen offenbarte.

4. Die Aussprache mit der Kongressfraktion

4.1. Präsident EISENHOWER enthüllte sein Programm der Führung der republikanischen Kongressfraktion in einer beispiellosen Serie von sorgfältig inszenierten Besprechungen im Weissen Haus (drei Tage je acht Stunden lang!); der Vicepräsident, der Speaker des Hauses, die Führer der Mehrheitsfraktion und die Einpeitscher nahmen jedesmal teil, ebenso die meisten Kabinettsmitglieder und der Stab des Weissen Hauses. Die Ausschussvorsitzenden und ihre Stellvertreter und Sekretäre (falls ebenfalls republikanisch) wurden eingeladen, wenn die sie betreffenden Angelegenheiten besprochen wurden. Ihre Vorladung und Entlassung war auf einer besonderen Liste vermerkt, ebenso das Erscheinen der Chefbeamten. Mit Rücksicht auf die täglichen Communiqués des Präsidenten und auf seinen ausdrücklichen Wunsch unterliessen die Ein- und Ausgehenden einen längeren Pressekommentar. So erlangte das Weisse Haus erst recht grosse Publizität und es gab bald Schlagzeilen über EISENHOWER und sein Programm.

4.2. Die Besprechungen folgten einem bestimmten Schema: Der Präsident eröffnete die Konferenz mit ein paar Bemerkungen und wandte sich an die direkt betroffenen Stabsleute und Departementsvorsteher, welche mit der im Kabinett bereinigten und verfeinerten Fassung ihrer Programmvorschläge aufwarteten und sie mit Anschauungsmaterial ergänzten. Das ganze Verfahren war nur zum Sehen und Hören bestimmt, denn es wurden dabei keine schriftlichen Zusammenfassungen und Gesetzes- oder Botschaftsentwürfe herumgereicht. Während der Vorstellung gab der Präsident laufend seinen Kommentar dazu ab und erwartete von den Parteiführern Kritik. Wenn die Fraktionsführer prompt und einhellig ihr Interesse an der Beschleunigung einer Vorlage bekundeten, nahm dies der Präsident gewöhnlich sogleich auf und liess die gewünschte Massnahme vorantreiben. In den meisten Fällen jedoch beschränkten sich die republikanischen Kongressmitglieder aufs Hören und Sehen, hatten viel aufzunehmen, wenig zu bestätigen und kaum Zeit für Gegenargumente. Der Präsident und sein Stab ersuchten sie nicht, das Regierungsprogramm gutzuheissen, sondern sie sollten einfach vom Arbeitserfolg der Exekutive beeindruckt sein. Tatsächlich waren die Fraktionsführer mehrheitlich geblendet vom guten Resultat, und der Präsident wurde als Herr der grossen Zahl von Problemen angesehen, denn es zeigte sich, dass sein Programm reale Substanz und Durchsetzungschancen besass. Für das 1955-Programm fanden die Aussprachen mit der Fraktionsleitung schon in viel bescheidenerem Rahmen statt, weil EISENHOWER seit den Zwischenwahlen von 1954 mit einem mehrheitlich demokratischen Kongress zusammenarbeiten musste, also zu den Gesprächen die Leitung beider Fraktionen einzuladen hatte.

5. **Die Vorbereitung der Botschaften und der entsprechenden Gesetze**

5.1. In zweieinhalb Wochen mussten Inhalt und Bereich der drei präsidentiellen Botschaften gegenseitig aufeinander abgestimmt werden. Das Entwerfen der Budgetbotschaft wurde dem Budgetbüro überlassen, aber unter strenger Aufsicht des

White House Office, welches den massgeblichen Inhalt und die Formulierung der konkreten Vorschläge überprüfte. Der Wirtschaftsbericht wurde im Wirtschaftsrat (CEA) redigiert, doch ebenso unter den Argusaugen des Weissen Hauses, das auf die Einhaltung der präsidentiellen Richtlinien achtete. Das Erarbeiten der State-of-the-Union-Botschaft verblieb beim White House Office, und zwar bei einer besonderen Stabsgruppe, der auch ein "Speech and Message Assistant" als Experte der Rhetorik und Koordinator der ganzen Redaktionsarbeit angehörte.

Der erste konsoldierte Entwurf der State-of-the-Union-Botschaft war mit zu vielen Einzelheiten angehäuft, sodass die Präsentation mindestens drei Stunden gedauert hätte. Darum wurden grosse Teile herausgenommen und für die ersten sieben Spezialbotschaften verwendet. Die persönliche Botschaft bekam so den Anstrich eines einleitenden Werkes, welches das Sachregister der folgenden Ergänzungsbände enthielt.

5.2. Unterdessen befleissigten sich die Departemente, die zum Regierungsprogramm gehörenden Gesetzesentwürfe so auszuarbeiten, dass sie sogleich an den Kongress überwiesen werden konnten. Der Chef der Legislative Reference-Abteilung wurde damit beauftragt, die Vorbereitung der Entwürfe, die zwischendepartementale Koordination, die Uebereinstimmung mit dem präsidentiellen Programm und die Ueberweisung an den Kongress genauestens zu überwachen. Deswegen wurde - trotz der Verschiedenheit der einzelnen Dokumente - das Gesamtwerk erstaunlich einheitlich und enthielt wenig Widersprüche; wenn es mehrdeutig war, dann meist mit Absicht. Die wichtigsten Vorschläge waren folglich auch in der Form von Gesetzesentwürfen vorhanden, von der Exekutive und Fraktionsführung schon gebilligt und bereit, im Kongress diskutiert zu werden. Das ausgefeilte Gesetzgebungsprogramm war eine erstaunliche Leistung für ein neues Regierungsteam.

6. Die Vorbereitung der Oeffentlichkeit auf das Programm

In den restlichen fünf Wochen vor der Erklärung des Regierungsprogrammes in den Botschaften (Mitte Januar 1954) gab es im Weissen Haus ständig Pressekonferenzen und "vertrauliche Geschichten" über das Programm und seine Vorbereitung - beides vom Presseamt organisiert. In einer besonderen Ansprache am Radio und im Fernsehen (fireside-chat) wandte sich der Präsident an die Nation und strich sein Programm heraus; so lenkte er dramatisch jedermanns Aufmerksamkeit auf die bevorstehende Enthüllung. Zwei Tage vor der grossen Botschaft unterrichtete der Präsident aus Höflichkeit auch die Kongressminorität (die demokratische Fraktion) über die wichtigsten seiner Empfehlungen. Schliesslich verkündete er sein Regierungsprogramm in der State-of-the-Union-Botschaft, der Budgetbotschaft und dem Wirtschaftsbericht. Er brachte jeweils ein ganzes Bündel von Vorschlägen, berührte jedoch nur einige wichtige Aspekte länger und umriss die restlichen Probleme lediglich. Anschliessend gab er in sieben ergänzenden Botschaften die Einzelheiten bekannt.

7. Die Beurteilung der Programmarbeit

Neben vielen vorteilhaften Eigenschaften hatte EISENHOWERs Regierungsprogramm seine Mängel, wie sie bei einem Erstlingswerk fast unvermeidlich sind.

Die Postulate für die künftige Gesetzgebung stimmten oft nur mangelhaft mit dem Haushaltsvoranschlag für laufende Projekte überein: während z.B. für eine bestimmte Abteilung eine Vermehrung ihrer gegenwärtigen Aufgaben und Befugnisse verlangt wurde, kürzte ihr gleichzeitig das Budgetbüro mit Abstrichen das laufende Programm. Die Zeit war zu knapp gewesen, um in jeder Hinsicht die Ergebnisse der gesonderten finanziellen und gesetzgebungspolitischen Planung noch aufeinander abzustimmen. Später klappte die Koordination zwischen Budgetbüro und Weissem Haus besser.

Das Programm war zwar in sich geschlossen, doch allzu umfangreich, weitschweifig und ohne starke Akzente; einzelne auffällige Vorschläge gingen in einer Menge mässiger und bunter Anregungen unter. Die Botschaften waren grundsätzlich Auszüge (compendia), gross in ihrer breiten Darstellung, aber klein im Anreiz. Wenn auch wenig Dramatisches im Text selbst steckte, gewann EISENHOWER doch einiges dazu, indem er die Aufmerksamkeit auf die Darlegung der Vorschläge in einer abgestimmten Gesamtheit lenkte; die reine Tatsache eines umfassenden Regierungsprogramms war ihm schon Dramatik genug.

Dass das Programm von 1954 wenig zukunftsweisend war, liegt daran, dass EISENHOWER mit einer langen Opposition rechnen musste, und zwar von Seiten der zunehmend stärkeren Demokraten wie auch der eigenen konservativen Reihen. Das Zersplittern und Besänftigen der Gegnerschaft war keine leichte Aufgabe, was sowohl die heftigen Auseinandersetzungen im Innern wie auch die wohlüberlegten Konferenzen mit den Parteiführern zeigen. Das Endergebnis konnte nach den vorgängigen umfangreichen Streitgesprächen unter den Hauptbeteiligten des Programms nur mehr sehr gemässigt sein. -

Wenn man den Verlauf der Ausarbeitung des Regierungsprogrammes verfolgt, könnte man glauben, das Ergebnis sei eher von den Aemtern als vom Präsidenten gezeichnet. Es ist jedoch nicht zu verkennen, dass auch der Regierungsstil des Präsidenten und seine persönlichen Initiativen Programmtechnik und -inhalt geprägt haben, und zwar in vielen entscheidenden Punkten. Trotz der Mängel bedeutete EISENHOWERs Regierungsprogramm für 1954 einen neuen Grad der Führungskraft, indem er

1.) sein Kabinett durch die intensive Beratung zusammenschweisste und auf sein Regierungsprogramm prägte,

2.) dem Kongress einen zuverlässigen Zeitplan für die zu erledigenden Geschäfte in die Hand gab,

3.) den Republikanern für die Wahlen von 1954 zu einem Wahlprogramm verhalf, denn sein Regierungsprogramm – und nicht Senator Mc CARTHYs ausgewählte Streit- und Programmpunkte – bestimmte den Wahlkampf der Republikaner,

4.) die Oeffentlichkeit früher und umfassender über die Vorhaben der Regierung orientierte, als es seine Amtsvorgänger getan haben,

5.) seinen Wählern einen realen Masstab in die Hand gab, um seine Leistungen auf die Wiederwahl von 1956 hin zu messen.

Anhang B
==============

Das Gesetzgebungsprogramm der Regierung ATTLEE für 1945-1949

1. Einleitung

   Die Labourregierungen von 1945 - 1951 haben ihr Gesetzgebungsprogramm und ihre sonstigen Geschäfte im Parlament gründlicher organisiert als irgendeine Regierung zuvor. Dies lag zum einen daran, dass gerade ein langer Krieg zu Ende war und darum das Programm notgedrungen einen besonders grossen Umfang haben musste; zum andern hatte sich die Wählerschaft in den allgemeinen Wahlen eindeutig für weitschauende soziale und wirtschaftliche Reformen ausgesprochen und wollte sich nicht mit einem blossen Abbau der Kriegsmaschine und einer Restauration der Vorkriegsordnung begnügen.

   Die Organisation der Gesetzgebungsplanung, wie sie der mehrmalige "senior minister" Herbert MORRISON auf Grund seiner reichen Erfahrungen ausgestaltet hatte, bewährte sich sehr und wurde deshalb auch von den folgenden konservativen Regierungen, sowie von Premierminister Wilson im wesentlichen beibehalten. Da zudem Morrison der einzige Regierungsfachmann gewesen ist, der den Gang des Gesetzgebungsprogramms eingehend beschrieben hat, ist seine Darstellung immer noch wesentlich. [1]

2. Das Wahlprogramm von Labour als Grundlage

   Vor den allgemeinen Wahlen von 1945 wurde ein Ausschuss des Vorstandes der Labour Party beauftragt, für die bevorstehende Auseinandersetzung ein Manifest und ein Programm zu entwerfen; zum Vorsitzenden dieses Ausschusses wurde Morrison ernannt. Er gab dem Programm einen kühnen und zugleich politisch vernünftigen Inhalt und bemass es so, dass ein Parlament mit einer sicheren Labourmehrheit es in der voraussicht-

---

[1] Zum ganzen Kapitel Morrison 292 - 321

lichen Amtszeit von fünf Jahren verwirklichen konnte. Das
Programm mit dem Titel "Let us face the future" (dt. "Wie
wir die Zukunft bauen wollen") erregte grosses Aufsehen und
Interesse, wurde von der "Labour Party Conference" (Jahres-
kongress) in Blackpool gebilligt und in grosser Auflage gedruckt und verkauft. An Hand dieses politischen Dokumentes
nahm die Labourregierung ihr Gesetzgebungsprogramm und die
übrigen Regierungs- und Verwaltungsaufgaben in Angriff.

3. Die Vorbereitungsarbeiten in den Departementen

3.1. Allgemeines

Alle Minister wussten, dass der Ausschuss für künftige Gesetzgebung das Programm - von unvorhergesehenen dringlichen
Fällen abgesehen - vor Beginn der Sitzungsperiode festlegen
wollte. Sie durften deshalb nicht müssig sein, wenn sie ihre
Projekte ins Programm aufgenommen sehen wollten, und wussten
genau, dass mit dem eigentlichen Entwerfen eines Gesetzes
erst begonnen werden durfte, wenn das Projekt und die damit
verfolgten politischen Ziele vom Ausschuss genehmigt worden
waren. Der Ausschuss wollte vermeiden, dass die Gesetzesvorlagen in Hast zusammengestoppelt werden, und war bestrebt,
die Last der Redaktoren, die Gesetzesentwürfe in die rich-
tige Form zu bringen, möglichst gleichmässig über die Jahre
zu verteilen. Um die Departemente mit diesen Kriterien vertraut zu machen, gab das Schatzamt im März 1948 einen nütz-
lichen Leitfaden über die Vorbereitung von Gesetzesentwürfen
heraus, worin die verschiedenen Phasen dieser Arbeit dargestellt wurden.

3.2. Die Auseinandersetzung im Departement

Die Minister wussten bereits aus dem Wahlmanifest, welche
jener gesetzgeberischen Vorhaben in ihr Ressort fielen; ausserdem hatte das Departement selbst vor dem Amtsantritt des
Ministers gewisse Projekte ins Auge gefasst. Der Minister
durfte sich nicht beschwatzen lassen, Gesetzesprojekte zu

billigen, die nur das Produkt des verständlichen Amtseifers des Departementes darstellten oder gar nur eines einzelnen Beamten, der dem Minister mit einem interessanten Gesetzesentwurf Geschichte zu machen versprach. Weil der Minister gewärtig sein musste, über solche Pläne vom Ausschuss für künftige Gesetzgebung scharf ins Kreuzverhör genommen und damit gar abgewiesen zu werden, prüfte er alle Projekte genau, verteilte sie auf die Sitzungsperioden und entschied dann, was er für die nächste Session vorlegen wollte. Aus taktischen Gründen setzte er vielleicht ein paar weitere geeignete Entwürfe auf seine Liste, die damit grössere Aussicht erhielten, wenigstens für die übernächste Session angenommen zu werden. Sobald sich der Minister für die vorzulegenden Gesetze entschieden hatte, beriet er sich mit seinen "Senior Officials" und dem parlamentarischen Sekretär über die politischen Grundsätze dieser Gesetze. Dazu wurden detaillierte Auskünfte eingeholt, Unterlagen beigezogen, weitere Konferenzen – auch interdepartementale – abgehalten, sodass man über die vorläufige Gestalt und den Rahmen des Gesetzes Klarheit gewann.

3.3. Die Auseinandersetzung mit andern Departementen und dem fachlichen Kabinettsausschuss

Da die meisten Gesetzesentwürfe auch die Interessen und die Arbeit anderer Departemente, besonders oft des Schatzamtes, berührten, wurde nach den vorherigen rein informellen Kontakten nun offiziell mit den betroffenen andern Behörden über die Projekte konferiert. In der Regel unterbreiteten die Minister auch dem für diese Sparte der Politik zuständigen Kabinettsausschuss ein Memorandum, worin ihre Vorschläge und das Schema der geplanten Gesetzesvorlagen skizziert waren. Wurden die Pläne vom Ausschuss verworfen, war die Angelegenheit erledigt, ausser wenn der Minister – was aussergewöhnlich war – beim Kabinett Berufung einlegte. Wurden seine Vorschläge hingegen gebilligt, so wurde seine Stellung gegenüber dem Ausschuss für künftige Gesetzgebung schon stärker, indem er dort mit dieser zusätzlichen Referenz auftrumpfen konnte.

4. **Die Festlegung des Gesetzgebungsprogramms durch den Kabinettsausschuss für künftige Gesetzgebung**

4.1. Verfahren und Organisation

Der Ausschuss für künftige Gesetzgebung setzte sich aus den Führern des Unter- und Obernauses, sowie dem Haupteinpeitscher zusammen und war deswegen gut darüber orientiert, welches Programm dem Parlament zur Bewältigung zuzumuten war. Dem Ausschuss stand ein leistungsfähiges Sekretariat zur Verfügung, das vom erfahrenen Kabinettsamt gestellt und vom Büro des "Chief Whip" zusammen mit andern Beamten unterstützt wurde; das Sekretariat leistete unschätzbare Hilfe und sorgte dafür, dass der Ausschuss alle Informationen und Unterlagen erhielt, die er benötigte.

Der Ausschuss hörte sich die Vorstellungen und Argumente der für die verschiedenen Gesetzesprojekte federführenden Minister an, stellte die entsprechenden Fragen und holte eventuell fehlende Informationen ein. Schliesslich beriet er in aller Ruhe und suchte eine gerechte Entscheidung über die Zusammensetzung des Gesetzgebungsprogrammes für die ganze Amtszeit und besonders die nächste Session zu finden, die dann dem Kabinett zur endgültigen Entscheidung unterbreitet wurde.

4.2. Kriterien der Auslese

Der Ausschuss liess sich in erster Linie von drei Gesichtspunkten leiten:

1.) Beide Häuser des Parlamentes mussten angemessene Zeit und Gelegenheit zur Prüfung der Vorlagen erhalten.

2.) Die Regierung wollte versuchen, die im Parteimanifest niedergelegten gesetzgeberischen Pläne während der Lebensdauer des Parlamentes zu verwirklichen.

3.) Für die Priorität sollte zuerst das Staatswohl [2] und erst dann das Parteiinteresse massgeblich sein.

In zweiter Linie musste das Programm so bemessen sein, dass den Ressortministern genügend Zeit blieb, die neuen Gesetze zu verwirklichen. Die Minister durften durch die aktuelle Gesetzgebungsarbeit nicht so stark in Anspruch genommen werden, dass sie die Planung künftiger Vorlagen zu hastig betreiben mussten.

4.3. <u>Das Verteilen der Projekte auf die einzelnen Jahresprogramme</u>
Mit einer grösseren Mehrheit im Rücken darf die Regierung annehmen, die vollen fünf Jahre [3] im Amt bleiben zu können. Damit wird es ihr möglich, die bedeutenden und politisch umstrittenen Gesetzesvorlagen auf die fünf Sessionen zu verteilen und die Reihenfolge ihres Einbringens frei zu bestimmen. Die grössten Schwierigkeiten bot hier die erste Sitzungsperiode, weil die Regierung Attlee eben erst an die Macht gekommen war und sich erst einarbeiten musste. Doch waren einige vordringliche Entwürfe zur Vorlegung bereit, weil sie schon im Kriegskabinett - gerade von Morrison selbst - vorbereitet worden waren.

Zuerst war das Programm über die ganze Fünfjahresperiode zu verteilen, doch versuchte der Ausschuss diesbezüglich nur die allgemeinen Umrisse herauszuarbeiten, ohne sich bereits endgültig festzulegen. So kam ein allgemeiner Plan über die Reihenfolge des Einbringens der grossen Gesetze zustande; alle Beteiligten waren sich jedoch bewusst, dass der Plan unter Umständen stark modifiziert werden musste. Die Vorbereitungszeit der Gesetzesentwürfe liess sich nicht genau abschätzen, und zudem mochten auch unvorhergesehene Probleme und Krisen auftreten, welche die Regierung im öffentlichen Interesse zu einer Aenderung ihrer Dispositionen zwingen.

---

2) Allerdings aus der politisch geprägten Sicht der Regierung
3) Die gesetzliche Höchstdauer eines Unterhauses

4.4. Das Programm für die einzelne Sitzungsperiode (Sessional Programm)

Damit die Beratungen nicht unter Zeitdruck stattfanden und die Gesetzesentwürfe rechtzeitig fertig wurden, sorgte Morrison dafür, dass der Ausschuss sich schon Monate vor Beginn der nächsten Session über die Gestaltung des Jahresprogrammes Gedanken machte; praktisch hiess das, schon bald nach Sessionsbeginn das Programm für die nächste in Angriff nehmen. Dieser Arbeit wurde eine Skizze des parlamentarischen Zeitplanes für die kommende Session zugrundegelegt, welche der Haupteinpeitscher frühzeitig entworfen hatte [4]. -

Ein erheblicher Teil der Sitzungszeit ist nicht mit der Diskussion von Gesetzesvorlagen der Regierung ausgefüllt, sondern mit der Beratung anderer wichtiger Parlamentsgeschäfte. Dies sind:

a) Die mehrtägige Debatte über die Antwortadresse auf die Thronrede, also über das Regierungsprogramm
b) Die Beratung wichtiger Finanzgesetze und des Haushaltplanes
c) Strittige private Gesetzesanträge
d) Die den einfachen Abgeordneten zur Verfügung stehende Zeit
e) Die Beratung über die Arbeit der öffentlichen Körperschaften
f) Debatten über Rechtsverordnungen
g) Debatten über Vertagungen
h) Unvorhergesehenes

Alle genannten Angelegenheiten bedeuten "wichtige Geschäfte" in dem Sinne, dass für sie Zeit reserviert werden muss, bevor man die Zeit für die Gesetzesvorlagen der Regierung einteilen kann. Die "wichtigen Geschäfte" nahmen nach der Schätzung des Ausschusses 80 bis 85 Sitzungstage in Anspruch, sodass der Regierung zur Beratung ihrer Vorlagen zwischen 60 und 70 Sitzungstage verblieben, etwas verlängerbar durch die Beschneidung der Zeit der "Private Members".

Nach der Ermittlung der zur Beratung der Gesetzesvorlagen verbleibenden Zeit musste der Ausschuss jedes Gesetz darauf-

---

[4] Praktische Beispiele bei Morrison, Anhang A, S. 446

hin prüfen, wieviel Zeit seine zweite Lesung und das Ausschussstadium voraussichtlich erfordern würde, was von den verschiedensten Faktoren abhing und schwer zu schätzen war. [5] Leichter war es, die Länge des Berichtstadiums und der dritten Lesung zu schätzen. Ausgerüstet mit dem Bericht der Einpeitscher über die Grenze des zeitlich Tragbaren traf nun der Ausschuss mit einer Schar von Ministern zusammen, die alle mit grösster Ueberzeugungskraft für die Aufnahme ihrer Gesetzesvorlagen in das Jahresprogramm plädierten und beweisen wollten, dass gerade ihre Vorlagen den strengen Anforderungen des Ausschusses entsprächen. Nicht nur zwischen Ausschussmitgliedern und Ressortministern, sondern auch zwischen diesen entspannten sich die heftigsten Diskussionen.

Danach berieten die drei Ausschussmitglieder darüber, welche Vorlagen der Ressortminister endgültig ins Jahresprogramm aufzunehmen waren. Sie machten sich ein Bild davon, wie die Session aussähe, wenn sie allen Wünschen entsprächen und dann ein Bild vom gekürzten Programm. Auf diese Weise entstand ein übersichtliches Dokument, das die Gesetzesvorlagen wie folgt einteilte:

I. Unaufschiebbare Vorlagen, die unbedingt einzubringen sind.
II. Grössere komplizierte Gesetzesvorlagen
III. Gesetzesvorlagen mittleren Umfangs
IV. Kleine Gesetzesvorlagen
V. Vorlagen, die nur nach Massgabe der zur Verfügung stehenden Zeit einzubringen sind [6]. -
VI. Neubekanntmachungen älterer Gesetze

Danach traf der Ausschuss erneut mit den Ressortministern zusammen und setzte den Enttäuschten die Gründe ihrer Entscheidung eingehend auseinander. Die Minister hatten das Recht, gegen die Entscheidung beim Kabinett Berufung einzulegen, was jedoch selten geschah. Wenn auch manches gute Gesetz vorläufig ausgestellt werden musste, war es doch

---

5) Siehe bei Morrison 309/10
6) Ohne sachliche Aenderung fassen sie lediglich das bestehende, verstreute Recht neu.

besser, dies jetzt - bevor man sich öffentlich darauf festgelegt hatte - zu tun, als am Ende der Sitzungsperiode; denn im letzteren Fall gäbe man zu, dass die Planung der parlamentarischen Arbeit mangelhaft war und riefe bei den Ministern und andern Fürsprechern der Vorlage inner- und ausserhalb des Parlamentes eine grosse Enttäuschung hervor. Die Minister, deren Anträge vorläufig ausgestellt werden mussten, hatten zumindest die Befriedigung, gebührend angehört worden zu sein. Sie konnten einen erneuten Versuch unternehmen, wenn das folgende Jahresprogramm zusammengestellt wurde oder erhielten gar den Trost, dass ihre Vorlage wenigstens in die Klasse 5 aufgenommen wurde.

Der Ausschuss für künftige Gesetzgebung tagte nach Erledigung seines aktuellen Auftrags während der Sitzungsperiode weiter, um sich über die Abwicklung des Programms berichten zu lassen und gegebenenfalls darüber zu beraten, ob und inwiefern eine Revision des Programms erforderlich sei.

5. Die Veröffentlichung des Regierungsprogramms

Das vom Ausschuss detailliert festgelegte Gesetzgebungsprogramm war definitiv im Kabinett zu bestätigen, was ohne bedeutende Aenderungen erfolgte. Auf die Eröffnung der neuen Legislaturperiode hin entwarf das Kabinett unter der Leitung des Premierministers sodann die Thronrede des Monarchen und baute darin das gesamte Gesetzgebungsprogramm als wesentlichsten Teil des Regierungsprogrammes ein. Der Redeentwurf wurde darauf vom Kabinett an den Monarchen "zur Prüfung" durch Seine Majestät geschickt: der Monarch durfte aber wie stets nur Fragen stellen und stilistische Aenderungen vorschlagen und keineswegs die darin vertretene Politik antasten. [7)]

In feierlichem Zeremoniell verlas dann der Monarch zur Eröffnung des Parlaments seine Thronrede und gab so Parlament und Oeffentlichkeit das Regierungsprogramm des kommenden

---

7) Morrison 100

Jahres bekannt. Um die von zwei Abgeordneten der Regierungspartei eingebrachte Antwort- und Dankadresse, welche die Programmziele der Regierung begrüsste und guthiess, entspann sich anschliessend die bekannte erste Grundsatzdebatte des Unterhauses. [8)]

6. <u>Das Entwerfen der Gesetze und deren Prüfung durch den Gesetzgebungsausschuss</u>

Sogleich nach der Autorisation der Gesetzesentwürfe durch den Ausschuss für künftige Gesetzgebung gingen die Minister daran, die Hauptpunkte ("heads") der Gesetze auszuarbeiten. Diese "heads" wurden an den "Parliamentary Counsel" (im Schatzamt) weitergeleitet, der als Redaktor den eigentlichen Gesetzesentwurf abfasste und den andern interessierten Departementen vom Projekt genaue Kenntnis gab, damit sie dazu Stellung nehmen konnten. Dann folgte eine Anzahl Konferenzen zwischen Departement und Redaktor und das übliche vorparlamentarische Gesetzgebungsverfahren.[9)] Zuletzt gingen die Entwürfe an den Gesetzgebungsausschuss [10)], dem es noch heute obliegt, Form und Inhalt der Entwürfe zu prüfen, ehe sie im Parlament eingebracht werden. Diesem Ausschuss gehörten die Mitglieder des Ausschusses für künftige Gesetzgebung an, weiter der Lordkanzler, die Kronanwälte und eine gewisse Anzahl von Ressortministern; zudem pflegten jeweils auch die betroffenen Minister und der Redaktor an den Sitzungen teilzunehmen. Bei der Prüfung der Gesetzesentwürfe ging dieser Ausschuss normalerweise nicht von politischen Gesichtspunkten aus, sondern untersuchte den allgemeinen Aufbau des Gesetzes, die redaktionelle Fassung, seine Billigkeit, ob er den Absichten der Regierung verständlichen Ausdruck gäbe und ob er auch praktisch durchführbar sei.

---

8) Siehe auch vorne § 4 Kap. 1.5.2.
9) Dazu detailliert Morrison 315
10) "Legislation Committee"

Wenn der Entwurf den Gesetzgebungsausschuss passiert hatte, konnte er endlich dem Parlament unterbreitet werden; nur ausnahmsweise wurde er auch noch vom Kabinett geprüft. Mitunter wurden die Entwürfe zudem noch vom sachlichen Kabinettsausschuss unter politischen Gesichtspunkten begutachtet. [11]

---

11) Einzelheiten bei Morrison 317ff

EUROPÄISCHE HOCHSCHULSCHRIFTEN

Reihe II Rechtswissenschaft

Nr. 1   Norbert M. Westenberger, Mainz: Verkehrspsychologische Testverfahren und das Grundgesetz. 104 S. 1967.
Nr. 2   Michel Amaudruz, Genève: La garantie des défauts de la chose vendue et la non-conformité de la chose vendue dans la Loi uniforme sur la vente internationale des objets mobiliers. Etude de droit comparé. 328 p. 1968.
Nr. 3   Hans Egger, Bern: Der Einfluss des Art. 88 SVG auf den Regress der Versicherer. 84 S. 1968.
Nr. 4   Beat Steinemann, Bern: Verkehrsdelikt und Militärstrafrecht. 84 S. 1968.
Nr. 5   Ferdinand Meyer, Zürich: Die Untersuchungskompetenzen des amerikanischen Kongresses. 396 S. 1968.
Nr. 6   Peter Staub, Bern: Die Ergänzung der Motorfahrzeug-Haftpflichtversicherung nach Art. 75 und 76 SVG. 144 S. 1968.
Nr. 7   Paul-Henri Burki, Lausanne: Le problème de l'abus des positions dominantes des grandes entreprises dans le Marché Commun. 148 p. 1968.
Nr. 8   Etienne Grisel, Lausanne: Les exceptions d'incompétence et d'irrecevabilité dans la procédure de la Cour internationale de Justice. 244 p. 1968.
Nr. 9   Michel Béguelin, Bern: Das Gewohnheitsrecht in der Praxis des Bundesgerichts. 152 S. 1968.
Nr. 10 Beatrice Gukelberger, Bern: Die Absichtsdelikte des Schweizerischen Strafgesetzbuches. 96 S. 1968.
Nr. 11 Thomas Geisser, Freiburg: Die Weinbezeichnungen nach schweizerischem, österreichischem, italienischem, französischem und deutschem Recht. 372 S. 1968.
Nr. 12 Hanspeter Kehrli, Zürich: Interkantonales Konkordatsrecht. 200 S. 1968.
Nr. 13 Hansjürg Schnellmann, Zürich: Die Rechtsbeziehungen des Ehemannes zum eingebrachten Gut der Ehefrau. 136 S. 1969.
Nr. 14 Konrad Butz, Zürich: Das Recht der Seefahrt mit Yachten in vergleichender Darstellung. 248 S. 1969.
Nr. 15 Peter J. Bratschi, Bern: Die Bedeutung der Verfassungsinitiative in der Sozialgesetzgebung der Schweiz. 146 S. 1969.
Nr. 16 Felix Wüst, St. Gallen: Die interkantonale Vereinbarung über die Kontrolle der Heilmittel vom 16. Juni 1954. 368 S. 1969.
Nr. 17 Erika Schmidt, Bern: Die Nötigung als selbständiger Tatbestand und als Tatbestandselement im Strafgesetzbuch. 104 S. 1969.
Nr. 18 Paul Ulrich Lanz, Basel: Die Delegation der Befugnisse des Verwaltungsrats. 76 S. 1969.
Nr. 19 Elisabeth Fopp, Zürich: Die Straftaten des alten Menschen. 104 S. 1969.
Nr. 20 Jürg Stucki, Bern: Der Hausfriedensbruch (Art. 186 StGB) verglichen mit den entsprechenden Regeln des amerikanischen Rechts unter besonderer Berücksichtigung des Model Penal Code des American Law Institute. 147 S. 1970.
Nr. 21 Peter V. Saladin, St. Gallen: Das Recht auf Werbung und seine öffentlichrechtlichen Schranken. 356 S. 1969.
Nr. 22 Jenö C. A. Staehelin, Bern: Die gewohnheitsrechtliche Regelung der Gerichtsbarkeit über fremde Staaten im Völkerrecht. Versuch einer Reinterpretation der Praxis. 128 S. 1969.
Nr. 23 Walter A. Stöckli, New York: Church-State and School in Switzerland and the United States. A Study in Comparative Constitutional Law. 52 p. 1969.
Nr. 24 Cécile M. Ringgenberg, Zürich: Die Beziehungen zwischen dem Roten Kreuz und dem Völkerbund. 112 S. 1969.

Nr. 25	Urs Zinsli, Bern: Die Quellenbesteuerung des unselbständigen Erwerbseinkommens in der Schweiz. 216 S. 1970.
Nr. 26	Léon Chaubert, Neuchâtel: L'Union postale universelle. Son statut juridique, sa structure et son fonctionnement. 149 p. 1970.
Nr. 27	Elisabeth Bener-Wittwer, Neuchâtel: Le caractère du droit de marque et les importations parallèles. 196 p. 1970.
Nr. 28	Marx Heinz, Bern: Das dingliche Wohnrecht. 144 S. 1970.
Nr. 29	Hans Engler, Zürich: Die Zivilschutzorganisation in der Schweiz. 168 S. 1970.
Nr. 30	Seref Ünal, Bern: Geschäftsführung und Vertretung bei Kollektivgesellschaften im schweizerischen und im türkischen Recht. 132 S. 1970.
Nr. 31	Susanne Imbach, Bern: Die Heilmittelkontrolle in der Schweiz aus staats- und verwaltungsrechtlicher Sicht. 120 S. 1970.
Nr. 32	Urs Vetsch, Bern: Die staatsrechtliche Beschwerde wegen Verletzung von Konkordaten. 96 S. 1970.
Nr. 33	Markus Boehringer, Bern: Ausführung und Vollzug von Staatsverträgen durch bundesrätliche Verordnungen. 96 S. 1971.
Nr. 34	Georg Lechleiter, Zürich: Das Kind als Gegenstand und Opfer krimineller Misshandlung. 132 S. 1971.
Nr. 35	Bruno Paul Schneider, Bern: Die versicherungsrechtliche Erfassung der Gefahrstatsachen nach schweizerischem und deutschem Recht. 68 S. 1971.
Nr. 36	Ivan Thomas Locher, Bern: Die Selbsthilfe als Voraussetzung staatlicher Hilfsmassnahmen (Art. 31 bis, Abs. 4 BV). 152 S. 1971.
Nr. 37	Conrad Lerch, Zürich: Der Bund und die kantonalen Hochschulen. Gesamtstaatliche Tätigkeit zugunsten von Wissenschaft und Forschung 1740–1970. 324 S. 1971.
Nr. 38	Michael Béky, Zürich: Rechtspolitische Probleme im Zusammenhang mit dem anthropologisch-erbbiologischen Gutachten: Ein Beitrag zur geplanten Teilrevision des schweizerischen Familienrechts. 164 S. 1971.
Nr. 39	Roland Beuttner, Genève: La cession de créance en droit international privé. 160 p. 1971.
Nr. 40	Hans Nater, Zürich: Die Haftpflicht des Geschäftsherrn gemäss OR 55 angesichts der wirtschaftlich-technischen Entwicklung. 142 S. 1971.
Nr. 41	Wolfgang Zoller, Frankfurt: Über die Bedeutung des Art. 80 GG. Gewaltenteilungsgrundsatz und Normensetzung durch die Verwaltung. 186 S. 1971.
Nr. 42	Rudolf Tuor, Bern: Die Berücksichtigung der einheitlichen Mindestgrundsätze über die Behandlung der Gefangenen in der Schweiz. (Dargestellt am Strafvollzug des Kantons Luzern). 292 S. 1971.
Nr. 43	Roland von Büren, Bern: Teilzeitarbeit und temporäre Arbeit als neue Formen von Dienstleistung im schweizerischen Recht. 282 S. 1971.
Nr. 44	Hanns Jürgen Weigel, Frankfurt: Beurteilungsspielraum oder Delegationsbegriff? Der Umfang des verwaltungsgerichtlichen Rechtsschutzes im Hinblick auf das Prinzip der abgeleiteten Staatsgewalt. 180 S. 1971.
Nr. 45	Friedrich Becker, Frankfurt: Das Teilzeitarbeitsverhältnis in arbeitsrechtlicher Sicht. 178 S. 1971.
Nr. 46	Giorgio Bernardoni, Berna: L'azionista unico e l'azionista sovrano nel diritto svizzero e italiano. 112 S. 1971.
Nr. 47	Rudolf Grüninger, Basel: Die Oper im Urheberrecht. 124 S. 1971.
Nr. 48	Johannes Wiederhold, Mannheim: Stiftung und Unternehmen im Spannungsverhältnis. 148 S. 1971.
Nr. 49	Heinrich Ganseforth, Braunschweig: Das Widerstandsrecht des Art. 20 Abs. 4 Grundgesetz im System des Verfassungsschutzes. 186 S. 1972.
Nr. 50	Gerhart Poetzl, Freiburg i.Br.: Die Verwirkung des Namens- und Unterhaltsrechts geschiedener Ehegatten. Ein Beitrag zu den §§ 56, 57 und 66 des Ehegesetzes unter Berücksichtigung des schweizerischen und österreichischen Rechts. 174 S. 1971.

Nr. 51	Antoinette Stucki-Lanzrain, Bern: Die legale Schwangerschaftsunterbrechung. Eine rechtsvergleichende Darstellung von Art. 120 StGB und den entsprechenden Bestimmungen der Vereinigten Staaten von Nordamerika, unter besonderer Berücksichtigung des Model Penal Code. 140 S. 1971.
Nr. 52	Helmut Eichler, Mannheim: Handelsbeeinträchtigung und Wettbewerbsbeschränkung. Eine Studie zu Artikel 85 EWG-Vertrag. 122 S. 1972.
Nr. 53	Konrad Weckerle, Mannheim: Die Verwaltungstreuhand. Die Treugeberrechte bei Insolvenz des Treuhänders. 90 S. 1972.
Nr. 54	Adrian Hungerbühler, Bern: Die Äquivalenz von Leistung und Gegenleistung im Versicherungsvertrag. 112 S. 1972.
Nr. 55	Ulrich Hinkmann, Mannheim: Die Korporationen des Handels und Handwerks in Frankreich vor der Abschaffung durch die Revolution. 118 S. 1972.
Nr. 56	Theophil G. Wirth, St. Gallen: Apotheker und Apotheken im schweizerischen Recht. 228 S. 1972.
Nr. 57	Balthasar Mätzener, Bern: Die Auflösung und Liquidation von Anlagefonds. 140 S. 1972.
Nr. 58	Bruno Bitzi, Freiburg: Der Familienname als Marke unter Berücksichtigung des amerikanischen, deutschen, englischen und französischen Rechts. 136 S. 1972.
Nr. 59	Helga Borrmann, Köln: Pflichtteilsrecht und gesellschaftsvertragliche Fortsetzungsvereinbarungen. 168 S. 1972.
Nr. 60	Alex Barrot, Bern: Die Abwerbung von Arbeitskräften. 180 S. 1973.
Nr. 61	Gero B. Friedel, Frankfurt a.M.: Von nationaler zu supranationaler Wirtschaftsplanung. 196 S. 1972.
Nr. 62	Sophia Wührer, Salzburg: Das Widerstandsrecht in den deutschen Verfassungen nach 1945, ein rechtstheoretisches und rechtspolitisches Problem. 104 S. 1973.
Nr. 63	Jürg Amsler, Bern: Zur Abgrenzung zwischen Diebstahl und Veruntreuung. 160 S. 1972.
Nr. 64	Gero-Falk Borrmann, Köln: Die Beendigung der Geschäftsführerstellung in der GmbH. 150 S. 1972.
Nr. 65	Albrecht von der Heyden, Bielefeld: Das Exportkartell. Eine Untersuchung zu den Grundlagen der Beurteilungskriterien für Exportkartelle im deutschen und englischen Recht der Wettbewerbsbeschränkungen und im Vertrag über die Gründung der EWG. 332 S. 1972.
Nr. 66	Max Hauser: Menschenrechte im Sowjetsystem. 268 S. 1973.
Nr. 67	Jürgen Schmidt, Saarbrücken: Schadenersatz und Strafe. Zur Rechtfertigung des Inhaltes von Schadenersatz aus Verschuldenshaftung. 75 S. 1973.
Nr. 68	Ernst Brückner, Paris: Recours en annulation et recours en constatation dans le contentieux administratif. 122 S. 1973.
Nr. 69	Jürgen Schad, Bern: Die Änderung der Rechtsform der Unternehmung. Eine steuerwirtschaftliche Betrachtung der Umwandlung von Handelsgesellschaften. 146 S. 1973.
Nr. 70	Rainer Stahl, Frankfurt a.M.: Die Bindung der Staatsgewalten an die höchstrichterliche Rechtsprechung. Eine rechtstheoretische Untersuchung auf der Grundlage des Bonner Grundgesetzes. 250 S. 1973.
Nr. 71	Peter Josef Tettinger, Köln: Ingerenzprobleme staatlicher Konjunktursteuerung auf kommunaler Ebene. 404 S. 1973.
Nr. 72	Bruno Gutzwiller, Freiburg: Das Rechtsinstitut der Baulinie speziell dargestellt nach basellandschaftlichem Recht. 184 S. 1973.
Nr. 73	Rolf Benitz, Mannheim: Schadenszurechnung bei qualifiziertem Verschuldenserfordernis. 184 S. 1973.
Nr. 74	Herbert Schorn, Bern: Einkommenssteuerliche Folgen beim Tode des Inhabers einer Einzelfirma und des Gesellschafters einer OHG. 146 S. 1974.